종말론
도표 강해

변동철 지음

쿰란출판사

추천사

저는 작은 농촌마을에 있는 교회를 섬기는 목사입니다.

제가 추천해서는 도움이 안 될 것인데 오직 하나님만 의지하는 저자의 믿음 때문에 추천 글을 씁니다.

첫째 순수한 믿음의 바탕에서 쓰인 책입니다.

추천서 부탁을 받을 때 저는 변 목사님에게 "추천서란 교계와 사회에서 명성이 있는 분에게 받아야 효력이 있지 나 같은 사람에게 받는 것이 아닙니다"라고 했더니 변 목사님이 그러니까 목사님이 해주어야 한다고 하였습니다.

이처럼 변 목사님은 세상 조건을 바라지 않고 주님만 바라보는 순수한 믿음으로 이 책을 썼습니다.

둘째 새롭고 귀한 내용이 담겨있습니다.

저자인 변 목사님은 늘 배우는 자세로 여러 세미나를 참여하였고 수많은 책과 자료를 15년 넘게 모으고 연구하여 구약의 예수 그리스도 모형을 찾아 예표론 5권을 집필했고, 종말론 시리즈 8권

등 많은 책들을 저술하였습니다.

  긴 세월의 기도와 많은 자료를 토대로 저술하였기에 새롭고 귀한 내용이 담겨있습니다.

  전에 변 목사님의 옥탑 서재에 갔을 때 오려서 모은 어마한 양의 자료를 보고 감동이 되어 찍어온 사진을 같이 올립니다.

  셋째 내용이 검증되었습니다.

  이 책을 보고 너무나 유익하여 여러 목사님들을 초청하여 계시록세미나를 열었고, 또 북방신학교를 운영하는 목사님께도 소개해드려 신학교 교수진을 대상으로 강의도 열었습니다. 반응은 모두 뜨거웠고, 칭찬과 박수가 쏟아졌습니다. 가장 이견이 많은 계시록이 이렇게 검증되어 칭찬과 박수를 받았으니 저 또한 확신 가운데 이 책을 소개할 수 있습니다.

  변 목사님의 저서가 이 시대의 전 세계 사역자 분들에게 강력한 말씀의 검으로 무장하는 데 도움이 될 것을 확신하여 기쁜 마음으로 추천합니다.

2015년 4월 16일 새벽
경기도 용인에 있는 화산교회
김영남 목사

추천사

사랑하는 동역자이며 교수이신 변동철 목사님의 발간을 진심으로 축하합니다.

누구나 종말을 입에 담는 시대 상황에 맞추어 종말에 관한 성경의 계시 말씀을 깊이있게 연구하여 성경적이고 논리적인 종말론 시리즈를 집필하여 교계에 내놓았으니 얼마나 소중하고 감사한지요.

상징적이고 예언적인 말씀들의 난해한 문제들을 성경적이고 복음적으로 풀이하기 위해 다양한 자료를 모으고 수많은 책들을 읽으며 씨름한 결과 우리에게 꼭 필요한 책을 주었기에 감사한 마음으로 추천사를 씁니다.

성도들에게는 시대를 분별하며 깨어 있어 예수 그리스도의 거룩한 신부로 단장하도록 깨달음을 주는 책이 되리라 확신하고, 사역자들에게는 주님이 맡겨 주신 교회와 양들을 위해 시대에 맞은 양식을 제공하는 데 유익한 책이 되리라 확신하기에 적극 추천합니다.

Azusa Pacific University(Haggard School of Theology)
실천신학 교수
남가주삼성장로교회
신원규 목사

머리말

저는 신학생 시절부터 요한계시록에 대한 관심이 많아서 다양한 책들을 접했습니다. 그러면서 비유와 상징으로 기록된 요한계시록의 난해 구절들에 대한 확실한 결론을 이끌어내기가 쉽지 않다는 생각 때문에 요한계시록에 대한 연구를 포기하고 지내 왔습니다. 그런데 이 시대가 요한계시록의 말씀을 더 이상 덮어 두기에는 잘못된 해석으로 인해 진리가 왜곡되고 성도들의 영혼이 미혹되어 교회가 아픔을 겪는 사건들이 너무나도 많이 일어나고 있습니다. 따라서 이 시대에 부름 받은 목회자로서 성경의 결론이라고 할 수 있는 요한계시록에 대한 성경적 의미를 체계적으로 정리해야 된다는 시대적 사명감을 체감하게 됩니다.

저는 사탄의 거짓 영에 사로잡힌 거짓 선지자의 미혹으로부터 교회를 지키고 진리를 수호하기 위해, 더 나아가서는 성도들이 다시 오실 예수 그리스도를 대망하는 재림신앙으로 무장되어 예수 그리스도의 신부로 단장하는 계기가 될 것을 소망하며 10년의 세월 동안 요한계시록 연구에 몰두하였습니다. 그 결과 요한계시록 1장부터 22장에 이르기까지 다섯 권의 강해집을 집필했고(1권 《일곱 별과 일곱 금촛대:1-3장》, 2권 《일곱 인봉과 일곱 나팔:4-9장》, 3권 《두 증인과 두 짐승:10-14장》, 4권 《일곱 대접과 음녀의 멸망:15-18장》, 5권 《천년왕국과 신천신지:19-22장》), 《요한계시록 난해문제 집중분석》, 《종말론 도표 강해》,《성경으로 입증한 요한계시록》 등을 집필했습니다. 이제 그동안 집필한 책들이 주님의 몸 된 교회에 유익이 되기를 바라는 마음으로 출판하여 세상에 내어놓습니다.

성경은 점진적 계시로 이루어짐을 믿습니다. 시대에 따라 보다 더 깊고 성경적인 깨달음이 성령 안에서 교회들 위에 성취될 것임을 확신합니다. 저의 글이 있기까지 앞선 선배 목사님들의 연구와 글들이 디딤돌이 되어 주었음에 감사합니다. 이제 이 작은 종의 부족한 글이 또 하나의 디딤돌이 되기를 간절히 바라는 마음으로 이 책을 출판합니다.

이 책이 출판되기까지 은혜의 장중에 붙들어 주신 하나님께 모든 영광을 올려 드립니다. 같은 꿈과 비전을 가지고 기도하며 협력해 주신 동행교회 교우들과 사랑하는 아내와 가족들의 오랜 인내에도 고맙다는 말을 전합니다. 또한 출판을 위해 컴퓨터 입력에 힘써 주신 김명자 권사님과 출판을 위해 기쁜 마음으로 물질을 후원해 준 태건이 가정(이형주, 전인재 집사)에도 사랑과 축복의 마음을 전합니다.

부족한 글임에도 추천해 주신 존경하는 선배 목사님들과 출판을 맡아 주신 쿰란출판사 이형규 장로님과 수고해 주신 모든 분들께 진심으로 감사드립니다.

저를 사랑하고, 제가 사랑하는 모든 분들께 하나님의 사랑과 은혜가 충만하길 기원합니다.

2015년 6월 1일
동행교회에서
변동철 목사

차례

추천사 김영남 목사 … 2
추천사 신원규 목사 … 4
머리말 … 5

1부 다니엘서와 종말론

1. 2장 연구 … 12
2. 7장 연구 … 31
3. 8장 연구 … 42
4. 9장 연구 … 58
5. 10장 연구 … 110
6. 11장 연구 … 114
7. 12장 연구 … 138

2부 여호와의 절기와 종말론

1. 안식일 … 170
2. 유월절 … 175
3. 무교절 … 199
4. 초실절 … 209
5. 오순절 … 220
6. 나팔절 … 230
7. 속죄일 … 239
8. 초막절 … 248

3부 요한계시록 도표 강해
1. 요한계시록 해석의 제(諸) 견해 ··· 262
2. 7인, 7나팔, 7대접 ··· 289
3. 세 가지 화(禍) ··· 304
4. 두 증인의 사역기간 ··· 327
5. 해를 입은 여자 ··· 334
6. 하나님의 인과 짐승의 표(666) ··· 356
7. 일곱 머리 열 뿔 짐승과 음녀의 비밀 ··· 369
8. 어린 양의 혼인잔치 ··· 402
9. 첫째 부활과 둘째 부활 ··· 421
10. 천년왕국과 신천신지 ··· 435
11. 백보좌 심판과 상급 ··· 443

부록 1-도표
부록 2-요한계시록 전체 도표

1부
다니엘서와 종말론

1 / 2장 연구
2 / 7장 연구
3 / 8장 연구
4 / 9장 연구
5 / 10장 연구
6 / 11장 연구
7 / 12장 연구

2장 연구

느부갓네살 왕의 꿈의 신상에 계시된 세상 역사

"왕이여 왕이 한 큰 신상을 보셨나이다 그 신상이 왕의 앞에 섰는데 크고 광채가 특심(特甚)하며 그 모양이 심히 두려우니 그 우상의 머리는 정금이요 가슴과 팔들은 은이요 배와 넓적다리는 놋이요 그 종아리는 철이요 그 발은 얼마는 철이요 얼마는 진흙이었나이다 또 왕이 보신즉 사람의 손으로 하지 아니하고 뜨인 돌이 신상의 철과 진흙의 발을 쳐서 부숴뜨리매 때에 철과 진흙과 놋과 은과 금이 다 부숴져 여름 타작마당의 겨같이 되어 바람에 불려 간 곳이 없었고 우상을 친 돌은 태산을 이루어 온 세계에 가득하였나이다 그 꿈이 이러한즉 내가 이제 그 해석을 왕 앞에 진술하리이다 왕이여 왕은 열왕의 왕이시라 하늘의 하나님이 나라와 권세와 능력과 영광을 왕에게 주셨고 인생들과 들짐승과 공중의 새들, 어느 곳에 있는 것을 무론하고 그것들을 왕의 손에 붙이사 다 다스리게 하셨으니 왕은 곧 그 금 머리니이다 왕의 후에 왕만 못한 다른 나라가 일어날 것이요 셋째로 또 놋 같은 나라가 일어나서 온 세계를 다스릴 것이며 넷째 나라는 강하기가 철 같으리니 철은 모든 물건을 부숴뜨리고 이기는 것이라 철이 모든 것을 부수는 것같이 그 나라가 뭇 나라를 부숴뜨리고 빻을 것이며 왕께서 그 발과 발가락이 얼마는 토기장이의 진흙이요 얼마는 철인 것을 보셨은즉 그 나라가 나뉠 것이며 왕께서 철과 진흙이 섞인 것을 보셨은즉 그 나라가 철의 든든함이 있을 것이나 그 발가락이 얼마는 철이요 얼마는 진흙인즉 그 나라가 얼마는 든든하고 얼마는 부숴질 만할 것이며 왕께서 철과 진흙이 섞인 것을 보셨은즉 그들이 다른 인종과 서로 섞일 것이나 피차에 합하지 아니함이 철과 진흙이 합하지 않음과 같으리이다 이 열왕의 때에 하늘의 하나님이 한 나라를 세우시리니 이것은 영원히 망하지도 아니할 것이요 그 국권이 다른 백성에게로 돌아가지도 아니할 것이요 도리어 이 모든 나라를 쳐서 멸하고 영원히 설 것이라 왕이 사람의 손으로 아니하고 산에서 뜨인 돌이 철과 놋과 진흙과 은과 금을 부숴뜨린 것을 보신 것은 크신 하나님이 장래 일을 왕께 알게 하신 것이라 이 꿈이 참되고 이 해석이 확실하니이다"(단 2:31-45).

1부 다니엘서와 종말론 13

다니엘은 14세 때 바벨론에 포로로 끌려갔다. 이스라엘이 하나님을 등지고 우상숭배에 빠져 하나님의 징계의 채찍인 바벨론에게 멸망을 당하게 되었다. 이때가 "유다 왕 여호야김이 위에 있은 지 삼 년"(단 1:1)이었으니 주전 605년경이 된다. 다니엘의 포로생활 기간은 "다니엘은 고레스 왕 원년까지 있으니라"(단 1:21)는 말씀으로 미루어 주전 526년경까지 약 78년간으로 볼 수 있다.

다니엘서는 요한계시록과 밀접한 관계를 이루는 계시예언으로 이루어져 있다. 다니엘의 등장은 마치 사도 요한의 경우와 비슷하다.

사도 요한이 "하나님의 말씀과 예수의 증거를 인하여 밧모라 하는 섬에"(계 1:9) 유배되어 '요한계시록'을 계시받아 기록하게 되었다면, 하나님께 신실했던 다니엘은 바벨론의 포로로 끌려간 곳에서 다니엘서를 기록하게 되었다.

다니엘서가 인류 종말에 있어서 유대인들의 남은 자들의 최종적인 구원과 메시아 왕국의 궁극적 승리를 보여주신 계시예언이라면, 요한계시록은 영적 이스라엘 된 교회를 위해 인류 종말에 관한 계시를 보여주심으로 승리의 주가 되시는 예수 그리스도와 그를 따르는 무리들(교회)의 궁극적 승리를 선포함으로 '하나님 나라'에 대한 소망과 확신을 갖게 한다.

본문에 계시되고 있는 느부갓네살 왕의 신상에 대한 꿈 해석은 다니엘서 전체 계시내용의 출발점이며, 종말론 해석의 핵심적 계시예언 가운데 하나다.

"느부갓네살이 위에 있은 지 이 년에"(단 2:1) 꿈을 꾸었으니 주전 603년경의 일이다.

하나님께서 바벨론 왕 느부갓네살의 꿈에 신상의 이상을 보여주신 것은 이스라엘의 최종적인 구원의 소망과, 세계를 지배하는 역대의 제국이 모두 무너지고 영원한 하나님 나라가 세워지도록 계획하시고 역사하시며 성취하실 것임을 나타내 보이신 것이다.

세계적인 제국을 건설하여 열왕의 왕 위에 즉위한 느부갓네살 왕은 왕 위에 있은 지 2년 되던 어느 날 자신의 왕국이 더욱 번창하고 든든히 세워져 영원히 계속되기를 바라는 마음으로 장래의 일을 생각하며 침상에 들었다(단 2:29).

하나님은 그날 밤 그 뇌에 이상을 보여주셨는데, 바벨론 제국의 운명과 후일에 인류역사에 등장할 제국들의 운명을 보여주시면서 바벨론을 필두(筆頭)로 장차 세상 역사 가운데 나타날 제국들은 모두 무너지고 그 위에 '뜨인 돌'(예수 그리스도)로 말미암아 세워질 영원한 하나님의 나라가 굳게 설 것임을 보게 하셨다.

이는 이 세상 역사가 느부갓네살 왕의 생각대로 이루어지지 않을 것을 분명히 알게 하고, 더 나아가 이 세상의 역사를 계획하시고 섭리하시며 성취하시는 주관자가 하나님이심을 선포하는 놀라운 이상이었다.

> "다니엘이 말하여 가로되 영원 무궁히 하나님의 이름을 찬송할 것은 지혜와 권능이 그에게 있음이로다 그는 때와 기한을 변하시며 왕들을 폐하시고 왕들을 세우시며 지혜자에게 지혜를 주시고 지식자에게 총명을 주시는도다"(단 2:20-21).

> "그 기한이 차매 나 느부갓네살이 하늘을 우러러보았더니 내 총명이 다시 내게로 돌아온지라 이에 내가 지극히 높으신 자에게 감사하며 영생하시는 자를 찬양하고 존경하였노니 그 권세는 영원한 권세요 그 나라는 대대에 이르리로다 땅의 모든 거민을 없는 것같이 여기시며 하늘의 군사에게든지 땅의 거민에게든지 그는 자기 뜻대로 행하시나니 누가 그의 손을 금하든지 혹시 이르기를 네가 무엇을 하느냐 할 자가 없

도다"(단 4:34-35).

1. 느부갓네살 왕의 꿈에 계시된 신상과 역사에 나타날 제국들

〈신상의 부위와 제국들〉

신상의 부위	견해 1	견해 2	견해 3
머리(금)	바벨론 (주전 606-539)	바벨론	바벨론
가슴과 두 팔 (은)	메대 · 바사 (주전 539-331)	메대 · 바사	메대 · 바사
배와 넓적다리 (동)	헬라 (주전 331-168)	헬라	헬라
종아리 (철)	로마 (주전 168-주후 476)	로마	로마
발 (철과 진흙)	로마의 10황제 (로마 시대)	로마의 분열왕국 (주후 476-세상 끝)	적그리스도의 열 뿔 (종말의 때)
뜨인 돌	초림 예수	재림 예수	재림 예수

위의 도표에서 볼 수 있듯이 느부갓네살 왕의 꿈에 나타난 신상의 모습에서 머리로부터 종아리까지는 해석상의 이견(異見)이 없다. 그런데 신상의 발에 대한 해석부터는 서로 다른 견해를 주장하고 있다.

신학자들의 견해에 따라 여러 갈래의 해석이 있는 신상의 발(철과 진흙이 섞임)에 대한 성경적 견해는 어느 것인가? 세 번째 견해가 성경에 가장 조화되는 주장이라고 여겨진다.

1) 신상에 나타난 부위와 역사에 나타날 제국들이 다섯이기 때문이다.

(1) 32-33절 말씀에 나타난 신상의 부위는 분명 다섯으로 구분되어 있다.

"그 우상의 머리는 정금이요 가슴과 팔들은 은이요 배와 넓적다리는 놋이요 그 종아리는 철이요 그 발은 얼마는 철이요 얼마는 진흙이었나이다"(단 2:32-33).

본문의 내용을 문장에 따라 해석함으로 본문의 의도를 정확하게 파악하여 해석해야 성경적 해석이라고 할 수 있다.

하나님의 말씀인 성경은 하나님에 의해 기록된 완전한 문장이다. 하나님의 영감으로 기록된 성경은 그 낱말이나 문장에 오류가 있을 수 없고, 우리가 읽고 깨닫기에 충분히 쉽고 명료한 문장으로 기록하셨다. 본문을 자세히 살펴보면 신상을 이루는 부위는 분명 다섯으로 계시되고 있다. 신상을 이루는 제국들은 네 나라가 아니라 다섯 나라임을 나타내고 있다.

첫 번째 나라로 "그 우상의 머리는 정금이요"라고 말한다.
두 번째 나라로 "가슴과 팔들은 은이요"라고 구분한다.
세 번째 나라로 "배와 넓적다리는 놋이요"라고 소개한다.
네 번째 나라로 "그 종아리는 철이요"라고 언급한다.
다섯 번째 나라로 "그 발은 얼마는 철이요 얼마는 진흙이었나이다"라고 계시한다.

여기서 모든 부위를 완전하게 하나하나 구분된 문장으로 계시해 주신 것은 우리가 이해하기 쉽게 해주신 것임을 알 수 있다. 넓적다리와 종아리가 몸의 다른 부위요 각기 다른 나라로 구분된 것처럼, 종아리와 발은 몸의 다른 부위며, 각기 다른 나라를 나타냄이 확실하다. 그러므로 느부갓네살 왕의 꿈에 계시된 신상에 등장하는 제국들은 네 나라가 아니라 다섯 나라임을 의심할 여지가 없다.

(2) 36-44절 말씀에 나타난 다니엘의 해석에서도 다섯 나라임을

나타내고 있다.

　신상에 대해 해석하는 다니엘의 말에 신상에 계시된 나라는 다섯 나라임을 보여준다.
　첫 번째, 금 머리 제국의 바벨론이다.

> "그 꿈이 이러한즉 내가 이제 그 해석을 왕 앞에 진술하리이다 왕이여 왕은 열왕의 왕이시라 하늘의 하나님이 나라와 권세와 능력과 영광을 왕에게 주셨고 인생들과 들짐승과 공중의 새들, 어느 곳에 있는 것을 무론하고 그것들을 왕의 손에 붙이사 다 다스리게 하셨으니 왕은 곧 그 금머리니이다"(단 2:36-38).

　두 번째, 은 가슴 두 팔의 나라인 메대 · 바사제국이다.
　금 머리의 느부갓네살 왕 후에 나타날 "왕만 못한 다른 나라"는 바벨론 이후에 나타날 '메대 · 바사' 제국을 의미한다.

> "왕의 후에 왕만 못한 다른 나라가 일어날 것이요"(단 2:39).

　세 번째, 놋 배와 넓적다리의 나라인 헬라 제국이다.

> "또 놋 같은 나라가 일어나서 온 세계를 다스릴 것이며"(단 2:39).

　네 번째, 철 종아리의 나라인 로마 제국이다.

> "넷째 나라는 강하기가 철 같으리니 철은 모든 물건을 부숴뜨리고 이기는 것이라 철이 모든 것을 부수는 것같이 그 나라가 뭇 나라를 부숴뜨리고 빻을 것이며"(단 2:40).

다섯 번째, 철과 진흙이 섞인 발의 나라인 열왕의 연합국이다.

> "왕께서 그 발과 발가락이 얼마는 토기장이의 진흙이요 얼마는 철인 것을 보셨은즉 그 나라가 나뉠 것이며 왕께서 철과 진흙이 섞인 것을 보셨은즉 그 나라가 철의 든든함이 있을 것이나 그 발가락이 얼마는 철이요 얼마는 진흙인즉 그 나라가 얼마는 든든하고 얼마는 부숴질 만한 것이며 왕께서 철과 진흙이 섞인 것을 보셨은즉 그들이 다른 인종과 서로 섞일 것이나 피차에 합하지 아니함이 철과 진흙이 합하지 않음과 같으리이다"(단 2:41-43).

신상을 통해 계시된 나라가 네 나라가 아니라 다섯 나라이기 때문에 '뜨인 돌'이신 예수 그리스도가 신상을 쳐서 멸망시키고 영원한 하나님의 나라를 세우는 때는 넷째 나라인 로마 시대의 초림으로 말미암아 이루어지는 것이 아니라 다섯 번째 나라인 발의 나라가 세상을 다스릴 때인 종말의 때 예수님의 재림으로 성취될 사건임을 나타낸다.

2) '뜨인 돌'이 철과 진흙이 섞인 발의 나라를 쳐서 멸망시키는 시대이기 때문이다

> "이 열왕의 때에 하늘의 하나님이 한 나라를 세우시리니 이것은 영원히 망하지도 아니할 것이요 그 국권이 다른 백성에게로 돌아가지도 아니할 것이요 도리어 이 모든 나라를 쳐서 멸하고 영원히 설 것이라 왕이 사람의 손으로 아니하고 산에서 뜨인 돌이 철과 놋과 진흙과 은과 금을 부숴뜨린 것을 보신 것은 크신 하나님이 장래 일을 왕께 알게 하신 것이라 이 꿈이 참되고 이 해석이 확실하니이다"(단 2:44-45).

'뜨인 돌'이 예수 그리스도를 상징한다는 해석에는 이견(異見)이 없을 것이다. '뜨인 돌'이 되신 예수님이 세상 나라를 쳐서 멸하시고 그 국권이 다른 백성들에게로 돌아가지 아니할 영원한 하나님의 나라를 세우실 때가 언제인가? 이 세상에 철과 진흙으로 이루어진 발의 나라, 즉 열왕이 다스리는 나라들의 연합국이 세워진 시대임을 계시해 주고 있다.

'뜨인 돌'이 임하여 신상을 쳐서 멸하고 영원한 하나님의 나라를 건설하는 때는 '철 종아리'로 상징되는 로마 제국 시대가 아님을 직시(直視)해야 한다.

만약 철 종아리 시대와 진흙과 철이 섞인 발 시대가 동일한 로마 제국 시대를 나타낸다면 예수님의 초림의 시기는 서로마가 멸망한 주후 476년이나 아니면 동로마가 멸망한 주후 1453년경이라야 한다. 왜냐하면 '뜨인 돌'로 상징된 예수님은 로마를 쳐서 멸망시킨 주인공이기 때문이다. 그러므로 신상의 종말은 예수님의 초림이나 신약시대의 교회를 상징하는 영적인 '하나님의 나라'를 의미하는 것이 아니다. 뜨인 돌이 세상의 제국들을 쳐서 멸망시키고 영원한 하나님 나라를 세우는 때는 초림의 때인 철 종아리로 상징된 로마 제국 시대가 아니라 그 이후에 등장할 철과 진흙이 섞인 발의 나라인 열왕의 연합국으로 이루어진 날의 때다. 이는 종말에 나타날 적그리스도와 열 뿔의 때요, 재림의 때로 해석함이 성경의 지지를 받는다.

다니엘 7장 13-14절 말씀이 이를 뒷받침하는 결정적 증거다.

> "내가 또 밤 이상 중에 보았는데 인자 같은 이가 하늘 구름을 타고 와서 옛적부터 항상 계신 자에게 나아와 그 앞에 인도되매 그에게 권세와 영광과 나라를 주고 모든 백성과 나라들과 각 방언 하는 자로 그를 섬기게 하였으니 그 권세는 영원한 권세라 옮기지 아니할 것이요 그 나라

는 폐하지 아니할 것이니라"(단 7:13-14).

위의 말씀은 '뜨인 돌' 되신 예수 그리스도에 의해 세워질, 영원히 망하지도 아니하고 그 국권이 다른 백성에게로 돌아가지도 아니할 하나님의 나라는 "인자 같은 이가 하늘 구름을 타고 와서" 이루는 것임을 계시해 주고 있다. 그때가 언제인가? 그때가 예수 그리스도의 재림의 때임을 의심하거나 부인할 사람이 있겠는가?

"그날 환난 후에 즉시 해가 어두워지며 달이 빛을 내지 아니하며 별들이 하늘에서 떨어지며 하늘의 권능들이 흔들리리라 그때에 인자의 징조가 하늘에서 보이겠고 그때에 땅의 모든 족속들이 통곡하며 그들이 인자가 구름을 타고 능력과 큰 영광으로 오는 것을 보리라 저가 큰 나팔 소리와 함께 천사들을 보내리니 저희가 그 택하신 자들을 하늘 이 끝에서 저 끝까지 사방에서 모으리라"(마 24:29-31).

"볼지어다 구름을 타고 오시리라 각인의 눈이 그를 보겠고 그를 찌른 자들도 볼 터이요 땅에 있는 모든 족속이 그를 인하여 애곡하리니 그러하리라 아멘"(계 1:7).

"지혜 있는 뜻이 여기 있으니 그 일곱 머리는 여자가 앉은 일곱 산이요 또 일곱 왕이라 다섯은 망하였고 하나는 있고 다른 이는 아직 이르지 아니하였으나 이르면 반드시 잠깐 동안 계속하리라……네가 보던 열 뿔은 열 왕이니 아직 나라를 얻지 못하였으나 다만 짐승으로 더불어 임금처럼 권세를 일시 동안 받으리라 저희가 한 뜻을 가지고 자기의 능력과 권세를 짐승에게 주더라 저희가 어린 양으로 더불어 싸우려니와 어린 양은 만주의 주시요 만왕의 왕이시므로 저희를 이기실 터이요 또 그와 함께 있는 자들 곧 부르심을 입고 빼내심을 얻고 진실한 자들은 이기리로다"(계 17:9-14).

"또 내가 하늘이 열린 것을 보니 보라 백마와 탄 자가 있으니 그 이름은 충신과 진실이라 그가 공의로 심판하며 싸우더라……그의 입에서 이한 검이 나오니 그것으로 만국을 치겠고 친히 저희를 철장으로 다스리며 또 친히 하나님 곧 전능하신 이의 맹렬한 진노의 포도주 틀을 밟겠고 그 옷과 그 다리에 이름 쓴 것이 있으니 만왕의 왕이요 만주의 주라 하였더라"(계 19:11-16).

3) 다니엘서의 다른 증거들과 조화를 이루기 때문이다

(1) 다니엘 7장에 계시되고 있는 열 뿔 짐승과 조화를 이루는 해석이다.

"이에 내가 넷째 짐승의 진상을 알고자 하였으니 곧 그것은 모든 짐승과 달라서 심히 무섭고 그 이는 철이요 그 발톱은 놋이며 먹고 부숴뜨리고 나머지는 발로 밟았으며 또 그것의 머리에는 열 뿔이 있고 그 외에 또 다른 뿔이 나오매 세 뿔이 그 앞에 빠졌으며 그 뿔에는 눈도 있고 큰 말하는 입도 있고 그 모양이 동류(同類)보다 강하여 보인 것이라 내가 본즉 이 뿔이 성도들로 더불어 싸워 이기었더니 옛적부터 항상 계신 자가 와서 지극히 높으신 자의 성도를 위하여 신원하셨고 때가 이르매 성도가 나라를 얻었더라 모신 자가 이처럼 이르되 넷째 짐승은 곧 땅의 넷째 나라인데 이는 모든 나라보다 달라서 천하를 삼키고 밟아 부숴뜨릴 것이며 그 열 뿔은 이 나라에서 일어날 열 왕이요 그 후에 또 하나가 일어나리니 그는 먼저 있던 자들과 다르고 또 세 왕을 복종시킬 것이며 그가 장차 말로 지극히 높으신 자를 대적하며 또 지극히 높으신 자의 성도를 괴롭게 할 것이며 그가 또 때와 법을 변개코자 할 것이며 성도는 그의 손에 붙인 바 되어 한 때와 두 때와 반 때를 지내리라 그러나 심판이 시작된즉 그는 권세를 빼앗기고 끝까지 멸망할 것이요 나라와 권세와 온 천하 열국의 위세가 지극히 높으신 자의 성민에게 붙인 바 되리니 그의 나라는 영원한 나라이라 모든 권세 있는 자가 다 그를 섬겨 복종하리라……"(단 7:19-27).

위에 계시된 열 뿔 짐승은 요한계시록 13장과 17장에 계시되고 있는 '일곱 머리 열 뿔 짐승'과 동일한 대상으로, 이 짐승이야말로 예수 그리스도의 재림의 때가 임박한 종말의 시점에 등장할 '적그리스도' 임을 알 수 있다.

"내가 보니 바다에서 한 짐승이 나오는데 뿔이 열이요 머리가 일곱이라 그 뿔에는 열 면류관이 있고 그 머리들에는 참람된 이름들이 있더라……용이 짐승에게 권세를 주므로 용에게 경배하며 짐승에게 경배하여 가로되 누가 이 짐승과 같으뇨 누가 능히 이로 더불어 싸우리요 하더라 또 짐승이 큰 말과 참람된 말 하는 입을 받고 또 마흔두 달 일할 권세를 받으니라 짐승이 입을 벌려 하나님을 향하여 훼방하되 그의 이름과 그의 장막 곧 하늘에 거하는 자들을 훼방하더라 또 권세를 받아 성도들과 싸워 이기게 되고 각 족속과 백성과 방언과 나라를 다스리는 권세를 받으니"(계 13:1-7).

"곧 성령으로 나를 데리고 광야로 가니라 내가 보니 여자가 붉은 빛 짐승을 탔는데 그 짐승의 몸에 참람된 이름들이 가득하고 일곱 머리와 열 뿔이 있으며……지혜 있는 뜻이 여기 있으니 그 일곱 머리는 여자가 앉은 일곱 산이요 또 일곱 왕이라 다섯은 망하였고 하나는 있고 다른 이는 아직 이르지 아니하였으나 이르면 반드시 잠깐 동안 계속하리라……네가 보던 열 뿔은 열 왕이니 아직 나라를 얻지 못하였으나 다만 짐승으로 더불어 임금처럼 권세를 일시 동안 받으리라 저희가 한 뜻을 가지고 자기의 능력과 권세를 짐승에게 주더라 저희가 어린 양으로 더불어 싸우려니와 어린 양은 만주의 주시요 만왕의 왕이시므로 저희를 이기실 터이요 또 그와 함께 있는 자들 곧 부르심을 입고 빼내심을 얻고 진실한 자들은 이기리로다"(계 17:3-14).

열 뿔 짐승이 나타나 성도들과 싸워 이기고, 참람된 말 하는 입의 말로 높으신 하나님을 대적하며, 마흔두 달(한 때 두 때 반 때) 일할 권세를 받아 세상을 다스리며, 만주의 주시요 만왕의 왕으로 임하시는 어린 양 예수와 싸우다가 패배하여 멸망에 처하게 되고, 하나님의 영원한 나라가 세워지는 때는 예수 그리스도의 재림의 때에 성취될 것임을 누가 부인하겠는가?

(2) 다니엘 9장의 70이레 계시와 조화를 이루는 해석이다.

"네 백성과 네 거룩한 성을 위하여 칠십 이레로 기한을 정하였나니 허물이 마치며 죄가 끝나며 죄악이 영속되며 영원한 의가 드러나며 이상과 예언이 응하며 또 지극히 거룩한 자가 기름 부음을 받으리라 그러므로 너는 깨달아 알지니라 예루살렘을 중건(重建)하라는 영이 날 때부터 기름 부음을 받은 자 곧 왕이 일어나기까지 일곱 이레와 육십이 이레가 지날 것이요 그때 곤란한 동안에 성이 중건되어 거리와 해자(垓子)가 이룰 것이며 육십 이레 후에 기름 부음을 받은 자가 끊어져 없어질 것이며 장차 한 왕의 백성이 와서 그 성읍과 성소를 훼파하려니와 그의 종말은 홍수에 엄몰됨 같을 것이며 또 끝까지 전쟁이 있으리니 황폐할 것이 작정되었느니라 그가 장차 많은 사람으로 더불어 한 이레 동안의 언약을 굳게 정하겠고 그가 그 이레의 절반에 제사와 예물을 금지할 것이며 또 잔포하여 미운 물건이 날개를 의지하여 설 것이며 또 이미 정한 종말까지 진노가 황폐케 하는 자에게 쏟아지리라 하였느니라"(단 9:24-27).

다니엘 2장의 느부갓네살 왕의 꿈에 나타난 신상과 9장에 계시된 70이레는 서로의 해석을 보완(補完)하는 데 있어서 밀접한 관계를 가지고 있다.

2장에서는 '하나님 나라'를 이루는 시발점이 신상의 금 머리를 상징하는 바벨론으로부터 시작하고 있으며, 9장에 계시된 70이레 계시내용에서는 70이레의 시작점이 바벨론 포로로 끌려간 이스라엘 백성들에게 예루살렘 성을 중건하라는 영(令)이 내려지는 시점으로부터 시작된다.

70이레의 계시내용은 '7이레'와 '62이레'와 '1이레'의 구별된 계시기간의 합으로 이루어지는데, 7이레와 62이레가 지나는 69이레 시점에서 기름 부음을 받은 왕이 세워진다. 이는 주후 26년 예수 그리스도의 세례의 사건으로 성취되었다. 예수님은 세례받으실 때 성령으로 기름 부음을 받아 공생애를 시작하셨다.

"예수께서 세례를 받으시고 곧 물에서 올라오실새 하늘이 열리고 하나님의 성령이 비둘기같이 내려 자기 위에 임하심을 보더니 하늘로서 소리가 있어 말씀하시되 이는 내 사랑하는 아들이요 내 기뻐하는 자라 하시니라"(마 3:16-17).

'69이레'가 지난 후 '70이레'의 기간이 이르기까지 그 사이에 기름 부음을 받은 자가 끊어져 없어지는 사건과 예루살렘 성읍과 성소가 훼파되는 사건이 성취될 것이다.

69이레와 1이레 사이에는 '공백기'가 존재하는데, 느부갓네살 신상의 '철 종아리'로 상징된 '로마 시대'와 '철과 진흙이 섞인 발'로 상징된 열왕의 연합국으로 이루어질 나라 사이에 역사적 공백기가 이어지고 있는 것과 일치한다. 이는 요한계시록 17장에 계시된 일곱 머리 열 뿔 짐승의 계시내용과도 일치되는데, 일곱 머리인 일곱 왕 가운데 이미 패망한 다섯 왕(애굽, 앗수르, 바벨론, 메대·바사, 헬라)은 역사에 등장했다가 사라진 제국의 왕들이며, 지금 있는 제국의 왕은 사도 요한 시절의 '로마'를 의미한다.

느부갓네살 왕의 꿈에 나타난 신상의 '철 종아리'로 상징된 나라가 예수님 초림 때 이스라엘과 열국을 다스리는 강한 제국을 형성하고 있었다. 그리고 이제 '장차' 임하게 될 일곱 번째 나라가 있을 것이다. 이는 '철과 진흙이 섞인 발'로 상징되는 열왕의 연합국이 될 것이다. 여섯 번째 머리에 해당하는 로마 시대와 장차 임하게 될 일곱 번째 머리의 왕국 사이에는 유대인 역사의 공백기 기간이 존재한다는 것을 깨닫게 되길 바란다.

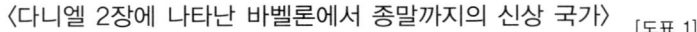

〈다니엘 2장에 나타난 바벨론에서 종말까지의 신상 국가〉 [도표 1]

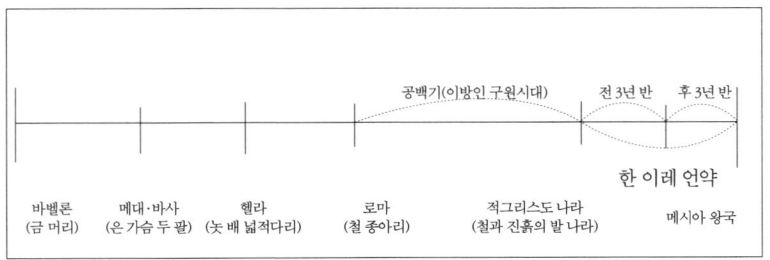

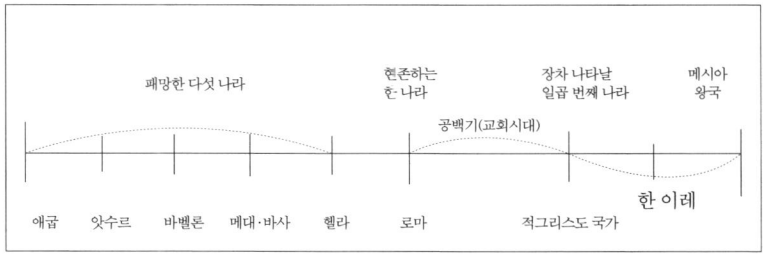

다니엘서의 70이레 계시는 이스라엘 백성들에게 정하신 기간이다. 다니엘서는 교회에게 주신 책이기도 하지만, 일차적으로는 이스라엘 백성들을 대상으로 예언해 주신 계시말씀임을 기억해야 한다. 다니엘서는 이스라엘 백성의 회복과 영원한 메시아 왕국의 소망을 심어 주는 책으로 계시되었다.

이스라엘의 역사관이나 메시아관은 예수 그리스도의 초림과는 거리가 있다.

그들이 바라는 하나님 나라는 교회시대가 끝나는 시점, 즉 이방인의 구원의 수가 차는 시점에 이르러 마지막 '1이레'가 성취되는 시점에 세워질 것이다. 이스라엘 백성들에게 약속된 마지막 '한 이레'는 땅 끝까지 복음이 증거되고 이방인의 충만한 수가 구원의 백성 가운데 들어오는 교회시대의 공백 기간을 지낸 뒤에 다시 시작될 것이다.

그 시대가 곧 느부갓네살 왕의 꿈에 계시된 신상의 발에 해당하는 열왕의 연합국이 이 땅을 지배하는 나라로 등장할 때다. 우리는 성경의 예언이 실상으로 이루어질 것임을 믿는다. 이 시대에 철같이 강한 나라들과 진흙같이 부숴지기 쉬운 약한 나라들이 연합하는 사건이 이루어지고 있다는 것은 분명히 성경이 계시한 발의 나라가 등장하는 사건의 징조임을 깨닫는 교회와 성도가 되길 바란다.

"또 하나님이 이방을 믿음으로 말미암아 의로 정하실 것을 성경이 미리 알고 먼저 아브라함에게 복음을 전하되 모든 이방이 너를 인하여 복을 받으리라 하였으니 그러므로 믿음으로 말미암은 자는 믿음이 있는 아브라함과 함께 복을 받느니라"(갈 3:8-9).

"이 백성들의 마음이 완악하여져서 그 귀로는 둔하게 듣고 그 눈을 감았으니 이는 눈으로 보고 귀로 듣고 마음으로 깨달아 돌아와 나의 고침을 받을까 함이라 하였으니 그런즉 하나님의 이 구원을 이방인에게로 보내신 줄 알라 저희가 또한 들으리라 하더라"(행 28:27-28).

"형제들아 너희가 스스로 지혜 있다 함을 면키 위하여 이 비밀을 너희가 모르기를 내가 원치 아니하노니 이 비밀은 이방인의 충만한 수가 들어오기까지 이스라엘의 더러는 완악하게 된 것이라 그리하여 온 이스라엘이 구원을 얻으리라"(롬 11:25-26).

4) 요한계시록 말씀과 조화를 이루는 해석이기 때문이다

다니엘서는 요한계시록과 밀접한 관계가 있는 하나님의 계시예언이다. 다니엘서는 요한계시록을 풀어 해석하는 열쇠와 같은 중요한 책이다. 다니엘서를 해석함에 있어서 요한계시록 말씀과 자연스럽게 조화를 이루도록 해석하는 방법을 취하는 것이 매우 중요하다. 본문에 계시된 느부갓네살 왕의 꿈에 나타난 신상의 이상은 요한계시록 13장과 17장 말씀에 계시되고 있는 '일곱 머리 열 뿔 짐승'과 조화를 이루는 해석을 취하는 것이 바람직하다.

"내가 보니 바다에서 한 짐승이 나오는데 뿔이 열이요 머리가 일곱이라 그 뿔에는 열 면류관이 있고 그 머리들에는 참람된 이름들이 있더라"(계 13:1).

"……여자가 붉은 빛 짐승을 탔는데 그 짐승의 몸에 참람된 이름들이 가득하고 일곱 머리와 열 뿔이 있으며……천사가 가로되 왜 기이히 여기느냐 내가 여자와 그의 탄 바 일곱 머리와 열 뿔 가진 짐승의 비밀을 네게 이르리라 ……그 일곱 머리는 여자가 앉은 일곱 산이요 또 일곱 왕이라 다섯은 망하였고 하나는 있고 다른 이는 아직 이르지 아니하였으나 이르면 반드시 잠깐 동안 계속하리라 전에 있었다가 시방 없어진 짐승은 여덟째 왕이니 일곱 중에 속한 자라 저가 멸망으로 들어가리라 네가 보던 열 뿔은 열 왕이니 아직 나라를 얻지 못하였으나 다만 짐승으로 더불어 임금처럼 권세를 일시 동안 받으리라 저희가 한 뜻을 가지고 자기의 능력과 권세를 짐승에게 주더라 저희가 어린 양으로 더불어 싸우려니와 어린 양은 만주의 주시요 만왕의 왕이시므로 저희를 이기실 터이요 또 그와 함께 있는 자들 곧 부르심을 입고 **빼내심**을 얻고 진실한 자들은 이기리로다"(계 17:3-14).

 요한계시록의 말씀이 예수님 재림의 때인 종말에 나타날 사건들을 나타내는 말씀임에는 이견(異見)이 없을 것이다. 재림이 임박한 마지막 때에 등장하는 '일곱 머리 열 뿔 짐승'은 예수 그리스도의 몸 된 교회를 핍박하고 하나님을 훼방하는 적그리스도를 나타낸다는 해석에도 별다른 이견이 없을 것이다.
 '일곱 머리 열 뿔 짐승'에 대해 기이히 여기는 사도 요한에게 천사가 그 비밀을 가르쳐 주기를 "그 일곱 머리는 여자가 앉은 일곱 산이요 또 일곱 왕이라 다섯은 망하였고 하나는 있고 다른 이는 아직 이르지 아니하였으나 이르면 반드시 잠깐 동안 계속하리라"고 말해 주고 있다.

일곱 왕 중에 이미 망한 '다섯 왕'은 무엇이며, 지금 있는 하나는 무엇인가? 이미 패망한 다섯 왕은 사도 요한 전에 이스라엘과 세상을 지배했던 나라들이고, 지금 있는 하나는 사도 요한 당시에 존재하고 있는 나라이며, 나머지 아직 이르지 않은 한 나라는 '장차' 나타나게 될 나라임을 나타낸다. 이미 패망한 다섯 나라는 애굽, 앗수르, 바벨론, 메대·바사, 헬라를 의미하고, 지금 있는 한 나라는 로마를 나타낸다고 해석하는 것에 신학자들의 견해가 일치한다. 그러므로 철 종아리의 나라인 로마 시대가 일곱 머리 중 여섯 번째 나라에 속한 것이고, 그 이후 장차 나타날 한 머리의 나라가 일곱 번째 머리 왕의 나라가 될 것임이 분명하다. 이 나라는 예수 그리스도의 종말의 때에 나타날 적그리스도의 나라가 될 것임을 확신할 수 있다.

7장 연구

바다에서 나오는 큰 짐승 넷과 영원한 하나님의 나라

"……하늘의 네 바람이 큰 바다로 몰려 불더니 큰 짐승 넷이 바다에서 나왔는데 그 모양이 각각 다르니 첫째는 사자와 같은데 독수리의 날개가 있더니 내가 볼 사이에 그 날개가 뽑혔고 또 땅에서 들려서 사람처럼 두 발로 서게 함을 입었으며 또 사람의 마음을 받았으며 다른 짐승 곧 둘째는 곰과 같은데 그것이 몸 한편을 들었고 그 입의 잇사이에는 세 갈빗대가 물렸는데 그에게 말하는 자가 있어 이르기를 일어나서 많은 고기를 먹으라 하였으며 그 후에 내가 또 본즉 다른 짐승 곧 표범과 같은 것이 있는데 그 등에는 새의 날개 넷이 있고 그 짐승에게 또 머리 넷이 있으며 또 권세를 받았으며 내가 밤 이상 가운데 그다음에 본 넷째 짐승은 무섭고 놀라우며 또 극히 강하며 또 큰 철 이가 있어서 먹고 부숴뜨리고 그 나머지를 발로 밟았으며 이 짐승은 전의 모든 짐승과 다르고 또 열 뿔이 있으므로 내가 그 뿔을 유심히 보는 중 다른 작은 뿔이 그 사이에서 나더니 먼저 뿔 중에 셋이 그 앞에 뿌리까지 뽑혔으며 이 작은 뿔에는 사람의 눈 같은 눈이 있고 또 입이 있어 큰 말을 하였느니라 내가 보았는데 왕좌가 놓이고 옛적부터 항상 계신 이가 좌정하셨는데 그 옷은 희기가 눈 같고 그 머리털은 깨끗한 양의 털 같고 그 보좌는 불꽃이요 그 바퀴는 붙는 불이며 불이 강처럼 흘러 그 앞에서 나오며 그에게 수종하는 자는 천천이요 그 앞에 시위한 자는 만만이며 심판을 베푸는데 책들이 펴 놓였더라 그때에 내가 그 큰 말하는 작은 뿔의 목소리로 인하여 주목하여 보는 사이에 짐승이 죽임을 당하고 그 시체가 상한 바 되어 붙는 불에 던진 바 되었으며 그 남은 모든 짐승은 그 권세를 빼앗겼으나 그 생명은 보존되어 정한 시기가 이르기를 기다리게 되었더라 내가 또 밤 이상 중에 보았는데 인자 같은 이가 하늘 구름을 타고 와서 옛적부터 항상 계신 자에게 나아와 그 앞에 인도되매 그에게 권세와 영광과 나라를 주고 모든 백성과 나라들과 각 방언하는 자로 그를 섬기게 하였으니 그 권세는 영원한 권세라 옮기지 아니할 것이요 그 나라는 폐하지 아니할 것이니라"(단 7:2-14).

다니엘 7장에 계시되고 있는 네 짐승에 대한 해석에는 크게 두 견해가 있다.

견해 1) 7장에 계시된 네 나라를 2장에 계시된 역대 제국들과 동일한 나라들로 해석하는 견해다.
첫 번째 짐승은 바벨론, 두 번째 짐승은 메대 · 바사, 세 번째 짐승은 헬라, 네 번째 짐승은 로마로 풀이한다.

견해 2) 네 짐승은 다니엘 2장에 계시되고 있는 신상의 국가들처럼 세상 역사에 각기 다른 시대에 따라 등장하는 제국들이 아니라 인류의 종말에 네 나라가 동시에 등장하는 것이라고 주장한다. 그렇게 주장하는 결정적 증거로 11-12절에 나오는 '작은 뿔'과 '그 남은 모든 짐승'의 운명에서 찾을 수 있음을 들고 있다.

> "그때에 내가 그 큰 말하는 작은 뿔의 목소리로 인하여 주목하여 보는 사이에 짐승이 죽임을 당하고 그 시체가 상한 바 되어 붙는 불에 던진 바 되었으며 그 남은 모든 짐승은 그 권세를 빼앗겼으나 그 생명은 보존되어 정한 시기(時期)가 이르기를 기다리게 되었더라"(단 7:11-12).

두 번째 견해가 성경의 지지를 받는 주장으로 여겨진다.

1. 네 짐승은 하늘의 네 바람의 영향으로 등장하기 때문이다

> "다니엘이 진술하여 가로되 내가 밤에 이상을 보았는데 하늘의 네 바람이 큰 바다로 몰려 불더니 큰 짐승 넷이 바다에서 나왔는데 그 모양이 각각 다르니"(단 7:2-3).

본문을 통해 보는 것처럼 '바다에서 나오는 큰 짐승 넷'은 '하늘의 네 바람'과 연관되어 출현하게 되는 것을 알 수 있다. 하늘에서 큰 바다로 몰려 부는 하늘의 네 바람은 네 짐승의 영적 배경을 이루고 있음을 보여준다. 바다에서 나오는 네 짐승의 영적 배경이 되는 '하늘의 네 바람'에 대한 성경의 증거를 살펴보자. 성경은 '하늘의 네 바람'이 하늘의 영적 존재로, 하나님이 부리시는 사자들(천사)을 의미한다고 증거하고 있다.

> "또 천사들에 관하여는 그는 그의 천사들을 바람으로, 그의 사역자들을 불꽃으로 삼으시느니라"(히 1:7).

> "내가 또 눈을 들어 본즉 네 병거가 두 산 사이에서 나왔는데 그 산은 놋 산이더라 첫째 병거는 홍마들이, 둘째 병거는 흑마들이, 셋째 병거는 백마들이, 넷째 병거는 어룽지고 건장한 말들이 메었는지라 내가 내게 말하는 천사에게 물어 가로되 내 주여 이것들이 무엇이니이까 천사가 대답하여 가로되 이는 하늘의 네 바람인데 온 세상의 주 앞에 모셨다가 나가는 것이라 하더라"(슥 6:1-5).

'하늘의 네 바람'으로 증거되는 네 말들은 하나님의 보내심을 받아 땅에 두루 다니며 세상의 형편을 살피고, 세상 형편을 '여호와의 사자'에게 보고하는 사역을 감당하는 사자(천사)들이다.

> "내가 밤에 보니 사람이 홍마를 타고 골짜기 속 화석류나무 사이에 섰고 그 뒤에는 홍마(紅馬)와 자마(紫馬)와 백마(白馬)가 있기로 내가 가로되 내 주여 이들이 무엇이니이까 내게 말하는 천사가 내게 이르되 이들이 무엇인지 내가 네게 보이리라 하매 화석류나무 사이에 선 자가 대

답하여 가로되 이는 여호와께서 땅에 두루 다니라고 보내신 자들이니라 그들이 화석류나무 사이에 선 여호와의 사자에게 고하되 우리가 땅에 두루 다녀 보니 온 땅이 평안하여 정온하더이다"(슥 1:8-11).

요한계시록은 '땅의 사방 바람'과 '네 천사'의 관계를 좀 더 명확하게 계시해 주고 있다.

"이 일 후에 내가 네 천사가 땅 네 모퉁이에 선 것을 보니 땅의 사방의 바람을 붙잡아 바람으로 하여금 땅에나 바다에나 각종 나무에 불지 못하게 하더라"(계 7:1).

"나팔 가진 여섯째 천사에게 말하기를 큰 강 유브라데에 결박한 네 천사를 놓아 주라 하매 네 천사가 놓였으니 그들은 그 년 월 일 시에 이르러 사람 삼분의 일을 죽이기로 예비한 자들이더라"(계 9:14-15).

'하늘의 네 바람'이 바다로 몰려 불어 '바다에서 큰 짐승 넷'이 나오는 때가 언제인가? 여섯째 나팔이 불려지는 때요, '둘째 화'인 유브라데 전쟁이 일어나 사람 3분의 1이 죽게 되는 시기임을 계시해 주고 있다. 그러므로 다니엘 7장에 계시되고 있는 바다에서 나오는 '네 짐승'은 장차 역사의 종말에 나타나 유브라데 전쟁에 참여하게 될 4대 열강으로 보는 것이 성경에 가장 적합한 해석이다.

2. 네 짐승의 최종 운명이 이를 입증한다.

"그때에 내가 그 큰 말하는 작은 뿔의 목소리로 인하여 주목하여 보는 사이에 짐승이 죽임을 당하고 그 시체가 상한 바 되어 붙는 불에 던진 바 되었으며 그 남은 모든 짐승은 그 권세를 빼앗겼으나 그 생명은 보존되어 정한 시기가 이르기를 기다리게 되었더라"(단 7:11-12).

위의 말씀은 바다에서 나오는 '네 짐승'이 2장의 신상을 이루는 국가들이 아니라는 사실을 입증하는 결정적 증거말씀이다.

2장에 계시된 느부갓네살 왕의 꿈에 나타난 신상의 제국들은 세상 역사의 각기 다른 시기에 차례대로 등장하는 나라들이었다. 그러나 7장에 계시되고 있는 바다에서 나오는 '네 짐승'은 동일시대에 나타나는 나라들이며, 그 시기는 예수 그리스도의 재림의 때라는 사실을 계시해 주고 있다.

작은 뿔 짐승이 심판을 받아 죽임을 당하는 시기에 그 나머지 세 짐승도 같이 생존하고 있었으며, 작은 뿔 짐승이 죽은 후에도 "그 남은 모든 짐승은 그 권세를 빼앗겼으나 그 생명은 보존되어 정한 시기가 이르기를 기다리게 되었더라"는 사실을 밝혀 주고 있다. 그러므로 '네 짐승'은 2장의 신상 계시에 속하는 바벨론, 메대·바사, 헬라, 로마 등을 나타내는 것이 아니며, 오히려 인류 역사의 종말에 '하늘의 네 바람'의 역사로 말미암아 동일한 목적(유브라데 전쟁)을 위하여 동일한 시대에 동시적으로 나타나게 될 4대 열강을 의미한다고 보아야 한다.

4대 열강이 어느 나라가 될 것인지에 대한 확실한 대답을 알 수는 없다. 다니엘 11장에 예언된 전쟁에 참여하는 나라들을 통해 엿볼 수 있는 것은, 인류의 종말에 유럽과 아랍(이슬람권)을 구심점으로 온 세계가 뚜렷한 4대 열강으로 등장할 것이며, 전쟁에 참여하게 될 것이라는 사실이다.

3. 장차 예수님의 재림으로 이루어질 영원한 하나님의 나라 (천년왕국)가 세워지기 직전에 등장하기 때문이다

> "내가 그 곁에 모신 자 중 하나에게 나아가서 이 모든 일의 진상을 물으매 그가 내게 고하여 그 일의 해석을 알게 하여 가로되 그 네 큰 짐승은 네 왕이라 세상에 일어날 것이로되 지극히 높으신 자의 성도들이 나라를 얻으리니 그 누림이 영원하고 영원하고 영원하리라"(단 7:16-18).

다니엘이 계시를 받은 때는 '바벨론 왕 벨사살 원년'(단 7:1)이다. 위의 계시말씀을 자세히 살펴보면 바다에서 나오는 '네 짐승' 중 어느 하나도 다니엘 시대에 등장하고 있지 않았다는 것을 알 수 있다.

17절 말씀에서 "그 네 큰 짐승은 네 왕이라 세상에 일어날 것이로되"라고 말씀하고 있다. 만약 바다에서 나온 네 짐승 중 첫 번째 짐승이 느부갓네살 신상의 금 머리에 해당하는 '바벨론'을 나타낸다면 이 나라는 이미 존재한 지 오래된 나라다. 계시 당시 역사 위에 이미 등장하여 오래된 나라를 "세상에 일어날 것이로되"라는 미래형으로 계시하겠는가?

'네 짐승'은 신상의 나라들이 아니라 장차 종말의 때에 동시적으로 등장하는 4대 열강으로 해석하는 것이 본문의 의도에 적합한 해석이다.

18절 말씀에서 "지극히 높으신 자의 성도들이 나라를 얻으리니 그 누림이 영원하고 영원하고 영원하리라"고 계시하고 있다. 이 나라는 '넷째 짐승'의 작은 뿔로 등장하는 적그리스도를 최종적으로 심판한 후에 세우시는 하나님의 나라다.

이는 70이레 중 마지막 '한 이레'의 후 3년 반인 짐승의 통치기간, 즉 '한 때와 두 때와 반 때'를 지낸 직후에 성취될 사건으로, 재림 예수 그리스도가 왕으로 통치하시는 '천년왕국'을 의미한다.

"모신 자가 이처럼 이르되 넷째 짐승은 곧 땅의 넷째 나라인데 이는 모든 나라보다 달라서 천하를 삼키고 밟아 부숴뜨릴 것이며 그 열 뿔은 이 나라에서 일어날 열 왕이요 그 후에 또 하나가 일어나리니 그는 먼저 있던 자들과 다르고 또 세 왕을 복종시킬 것이며 그가 장차 말로 지극히 높으신 자를 대적하며 또 지극히 높으신 자의 성도를 괴롭게 할 것이며 그가 또 때와 법을 변개코자 할 것이며 성도는 그의 손에 붙인 바 되어 한 때와 두 때와 반 때를 지내리라 그러나 심판이 시작된즉 그는 권세를 빼앗기고 끝까지 멸망할 것이요 나라와 권세와 온 천하 열국의 위세가 지극히 높으신 자의 성민에게 붙인 바 되리니 그의 나라는 영원한 나라이라 모든 권세 있는 자가 다 그를 섬겨 복종하리라"(단 7:23-27).

"내가 또 밤 이상 중에 보았는데 인자 같은 이가 하늘 구름을 타고 와서 옛적부터 항상 계신 자에게 나아와 그 앞에 인도되매 그에게 권세와 영광과 나라를 주고 모든 백성과 나라들과 각 방언 하는 자로 그를 섬기게 하였으니 그 권세는 영원한 권세라 옮기지 아니할 것이요 그 나라는 폐하지 아니할 것이니라"(단 7:13-14).

"내가 본즉 이 뿔이 성도들로 더불어 싸워 이기었더니 옛적부터 항상 계신 자가 와서 지극히 높으신 자의 성도를 위하여 신원하셨고 때가 이르매 성도가 나라를 얻었더라"(단 7:21-22).

위의 세 가지 사건은 동일한 시대에 동일하게 이루어질 동일한 사건을 반복적으로 계시해 주는 말씀이다. '네 짐승'이 '하늘 구름을 타고 오시는 인자 같은 이'로 말미암아 심판을 받게 되고, "옛적부터 항상 계신 자가 와서 지극히 높으신 자의 성도를 위하여 신원"하심으로 성도를 괴롭힌 열 뿔 짐승이 심판을 받아 멸망하고, 영원한 하나님의 나라가 세워지게 되는 사건이 이루어지는 시기는 예수 그리스도의 재림의 때이며, "모든 권세 있는 자가 다 그를 섬겨 복종"하게 되는 영원한 하나님 나라는 '천년왕국'을 나타내는 확실한 표현이다.

〈마지막 한 이레 도표〉

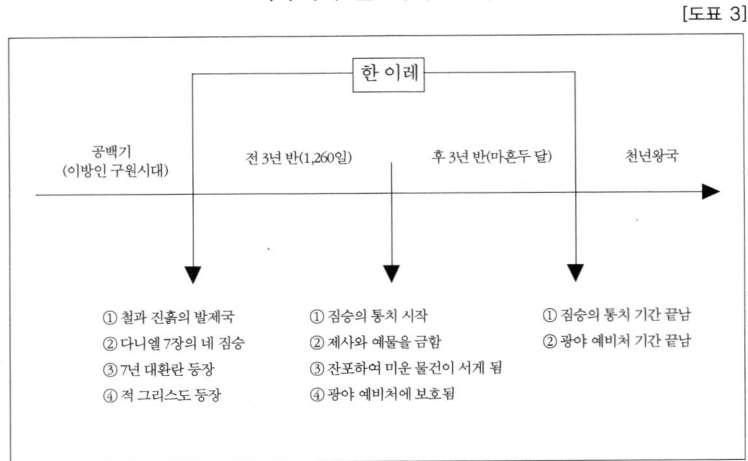

[도표 3]

4. 다니엘서 전체 계시 흐름에 조화를 이루기 때문이다

다니엘 2장의 신상들에 나타난 시대별 제국들에 대하여 그 나라들이 어떤 나라들인지에 대한 계시가 8장에 반복 계시되고 있다.

신상의 첫 번째 '금 머리'에 대해서는 "왕은 곧 그 금 머리니이다"

(단 2:38)라고 해석함으로 그 나라가 '바벨론' 제국임을 분명히 밝혀 주었다.

그다음에 세워질 두 번째 나라인 '은 가슴 두 팔'로 상징되는 메대·바사 제국에 대해서 8장에서는 '두 뿔 가진 숫양'으로 계시하고 있다.

"네가 본 바 두 뿔 가진 숫양은 곧 메대와 바사 왕들이요"(단 8:20).

7장의 계시에서 바다에서 나오는 두 번째 짐승은 '곰'이다. 그 곰이 메대·바사를 상징한다고 볼 수 없는 것은, 8장에서 메대·바사를 '두 뿔 가진 숫양'으로 계시해 주고 있기 때문이다.

2장에서 세 번째 제국인 '놋 배와 넓적다리'로 상징되는 헬라제국에 대해서 8장에서는 '털이 많은 숫염소'로 계시하고 있다.

"털이 많은 숫염소는 곧 헬라 왕이요 두 눈 사이에 있는 큰 뿔은 곧 그 첫째 왕이요"(단 8:21).

7장에 계시되고 있는 세 번째 짐승은 '표범'이다. 표범이 헬라를 상징한다고 볼 수 없는 것은 한 성경(다니엘서) 안에서 동일한 한 나라를 각기 다른 짐승의 상징으로 계시하지 않을 것으로 보기 때문이다.

2장에서 네 번째 제국인 '철 종아리'로 상징된 로마 제국과 7장에 계시되고 있는 넷째 짐승의 모습은 그 모습이 전혀 다르다.

7장에 계시되고 있는 넷째 짐승은 "그 이는 철이요 그 발톱은 놋이며……머리에는 열 뿔이 있고 그 외에 또 다른 뿔이 나오매 세 뿔이 그 앞에 빠졌으며 그 뿔에는 눈도 있고 큰 말하는 입도 있고……

그가 장차 말로 지극히 높으신 자를 대적하며 또 지극히 높으신 자의 성도를 괴롭게 할 것이며 그가 또 때와 법을 변개코자 할 것이며 성도는 그의 손에 붙인 바 되어 한 때와 두 때와 반 때를 지내리라 그러나 심판이 시작된즉 그는 권세를 빼앗기고 끝까지 멸망할 것"(단 7:19-26)임을 계시해 주고 있다.

2장에 계시되고 있는 느부갓네살 왕의 꿈에 나타난 신상은 각 시대에 차례대로 나타날 제국들이 신상의 각 부위마다 금, 은, 놋, 철, 철과 진흙으로 구성되는 특징을 지니고 있다. 각 신체 부위마다 각기 다른 재질로 그 나라의 특징을 표현하고 있다. 그런데 7장에 계시된 넷째 짐승은 그 이는 철이요 그 발톱은 놋이다. 이는 '놋 배와 넓적다리'의 나라인 헬라제국의 특징과 '철 종아리'의 나라인 로마 제국의 특징을 한 몸에 지니고 있어 그 짐승이 신상의 네 번째 나라인 로마를 나타낸다는 해석은 설득력이 없다.

7장에 계시된 넷째 짐승은 머리에 '열 뿔'을 지녔다. '열 뿔'은 '열 왕'을 의미한다. 그런데 그 '열 뿔' 가운데서 다른 '한 작은 뿔'이 생겨 나왔다. 이 '작은 뿔'의 할 일에 대하여, 종말의 때인 70이레의 마지막 한 이레의 후 3년 반(한 때 두 때 반 때, 마흔두 달, 1,260일) 동안 하나님의 백성들을 핍박하다가 구름을 타고 오시는 인자 같은 분의 심판을 받아 그 권세를 빼앗기고 멸망을 당하게 된다고 설명해 주고 있다.

하나님의 백성들의 눈물과 고통을 신원해 주시고 영원한 하나님의 나라를 세우시는 주님의 재림의 시점에 그 넷째 짐승이 통치자로 존재할 것임을 보여준다. 이 같은 사실은 넷째 짐승이 '철 종아리'의 로마와 동일한 나라가 될 수 없음을 의미한다. 이 같은 일은 결코 지난날 로마가 한 일이 아니다.

넷째 짐승으로 등장하여 '작은 뿔'의 통치자로 세워지는 적그리스도의 나라와 적그리스도는 주님의 재림으로 말미암아 최종적인 심판을 받아 멸망을 당하는 나라다.

　인류 역사 종말의 때를 계시하고 있는 70이레의 마지막 '한 이레'의 절반인 후 3년 반 동안 이 세상을 통치하며 성도들을 핍박하고 거룩하신 하나님을 대적하다가 심판을 받아 멸망을 당하게 되고, '뜨인 돌'이신 예수 그리스도의 재림으로 말미암아 세워질 영원한 하나님의 나라, '천년왕국'이 세워질 것임을 보여주고 있다.

> "또 짐승이 큰 말과 참람된 말 하는 입을 받고 또 마흔두 달 일할 권세를 받으니라 짐승이 입을 벌려 하나님을 향하여 훼방하되 그의 이름과 그의 장막 곧 하늘에 거하는 자들을 훼방하더라"(계 13:5-6).

> "네가 보던 열 뿔은 열 왕이니 아직 나라를 얻지 못하였으나 다만 짐승으로 더불어 임금처럼 권세를 일시 동안 받으리라 저희가 한 뜻을 가지고 자기의 능력과 권세를 짐승에게 주더라 저희가 어린 양으로 더불어 싸우려니와 어린 양은 만주의 주시요 만왕의 왕이시므로 저희를 이기실 터이요 또 그와 함께 있는 자들 곧 부르심을 입고 빼내심을 얻고 진실한 자들은 이기리로다"(계 17:12-14).

3 8장 연구

짐승의 머리에 나타난 작은 뿔

"숫염소가 스스로 심히 강대하여 가더니 강성할 때에 그 큰 뿔이 꺾이고 그 대신에 현저한 뿔 넷이 하늘 사방을 향하여 났더라 그중 한 뿔에서 또 작은 뿔 하나가 나서 남편과 동편과 또 영화로운 땅을 향하여 심히 커지더니 그것이 하늘 군대에 미칠 만큼 커져서 그 군대와 별 중에 몇을 땅에 떨어뜨리고 그것을 짓밟고 또 스스로 높아져서 군대의 주재를 대적하며 그에게 매일 드리는 제사를 제하여 버렸고 그의 성소를 헐었으며 범죄함을 인하여 백성과 매일 드리는 제사가 그것에게 붙인 바 되었고 그것이 또 진리를 땅에 던지며 자의(自意)로 행하여 형통하였더라 내가 들은즉 거룩한 자가 말하더니 다른 거룩한 자가 그 말하는 자에게 묻되 이상에 나타난 바 매일 드리는 제사와 망하게 하는 죄악에 대한 일과 성소와 백성이 내어준 바 되며 짓밟힐 일이 어느 때까지 이를꼬 하매 그가 내게 이르되 이천삼백 주야(晝夜)까지니 그때에 성소(聖所)가 정결하게 함을 입으리라 하였느니라……네가 본 바 두 뿔 가진 숫양은 곧 메대와 바사 왕들이요 털이 많은 숫염소는 곧 헬라 왕이요 두 눈 사이에 있는 큰 뿔은 곧 그 첫째 왕이요 이 뿔이 꺾이고 그 대신에 네 뿔이 났은즉 그 나라 가운데서 네 나라가 일어나되 그 권세만 못하리라 이 네 나라 마지막 때에 패역자들이 가득할 즈음에 한 왕이 일어나니 그 얼굴은 엄장하며 궤휼에 능하며 그 권세가 강할 것이나 자기의 힘으로 말미암은 것이 아니며 그가 장차 비상하게 파괴를 행하고 자의로 행하여 형통하며 강한 자들과 거룩한 백성을 멸하리라 그가 꾀를 베풀어 제 손으로 궤휼을 이루고 마음에 스스로 큰 체하며 또 평화한 때에 많은 무리를 멸하며 또 스스로 서서 만왕의 왕을 대적할 것이나 그가 사람의 손을 말미암지 않고 깨어지리라"(단 8:8-25).

1. 다니엘 8장에 계시된 사건의 종말론적 의미

다니엘 8장의 계시는 벨사살 왕 3년에 다니엘에게 보인 이상이다. 이는 처음 이상을 본 7장의 계시 이후 2년이 지난 후의 사건으로 주전 551년경이다.

> "나 다니엘에게 처음에 나타난 이상 후 벨사살 왕 삼 년에 다시 이상이 나타나니라"(단 8:1).

〈다니엘 8장의 역사 도표〉

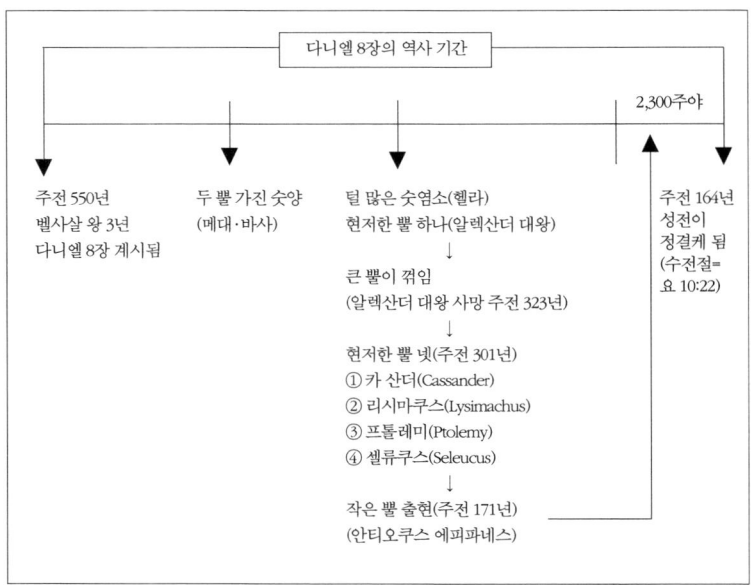

[도표 4]

다니엘이 본 이상은 '두 뿔 가진 숫양'(메대·바사)의 모습과 이 숫양을 쳐서 그 두 뿔을 꺾고 땅에 엎드러뜨리고 짓밟아버리는 '털이 많은 숫염소'(헬라)가 등장하는 모습이었다. 그런데 그 '숫염소'가 심히 강성할 때에 큰 뿔(헬라의 첫 번째 왕인 알렉산더 대왕)이 꺾이고 그 대신에 그 숫염소로부터 현저한 뿔 넷(헬라의 네 장군인 셀류쿠스, 프톨레미, 카산더, 리시마쿠스)이 하늘 사방을 향하여 났는데, 그중 한 뿔(셀류쿠스)에서 또 작은 뿔 하나(시리아의 안티오쿠스 에피파네스)가 나서 이스라엘을 '2,300주야' 괴롭히는 모습을 보게 된 것이 8장에 계시된 내용의 줄거리다.

7장에서 먼저 인류의 종말에 등장할 네 짐승 중 네 번째 짐승의 '작은 뿔'을 통해 하나님의 대적자 적그리스도의 출현을 계시하신 후, 8장에서 이스라엘 말기에 '털이 많은 숫염소(헬라)'의 네 뿔 중 하나(셀류쿠스)에서 '작은 뿔'(시리아의 안티오쿠스 에피파네스)이 나타나 하나님을 대적하는 모습을 보여주신 것은, 종말에 나타날 적그리스도의 모형적 실상을 통해 역사적 교훈으로 보여주시려는 뜻이 담겨 있다.

8장에 계시되고 있는 '숫염소'의 머리에서 출현하는 '작은 뿔'이 영화로운 땅 예루살렘에 저지른 행위가 장차 인류의 종말에 등장할 7장의 '작은 뿔'이 자행할 행위와 동일한 역사로 나타난다. 이는 장차 종말의 시대를 살아갈 하나님의 백성 된 이스라엘에게 과거의 역사를 거울 삼아 적그리스도를 분별함으로 그의 거짓 약속에 속거나 미혹되지 말 것과 이스라엘에게 언약된 메시아 왕국이 반드시 이루어질 것을 믿음으로 끝까지 인내하고 승리하기를 바라시는 계시임을 알 수 있다.

"그러므로 너희가 선지자 다니엘의 말한 바 멸망의 가증한 것이 거룩한 곳에 선 것을 보거든(읽는 자는 깨달을진저) 그때에 유대에 있는 자들은 산으로 도망할지어다 지붕 위에 있는 자는 집 안에 있는 물건을 가질러 내려가지 말며 밭에 있는 자는 겉옷을 가질러 뒤로 돌이키지 말지어다 그날에는 아이 밴 자들과 젖 먹이는 자들에게 화가 있으리로다 너희는 도망하는 일이 겨울에나 안식일에 되지 않도록 기도하라 이는 그때에 큰 환난이 있겠음이라 창세로부터 지금까지 이런 환난이 없었고 후에도 없으리라"(마 24:15-21).

마태복음 24장은 예수님이 종말에 일어날 일들을 계시하신 말씀을 증거하고 있는 장이기 때문에 '종말장'이라고 불린다. 예수님이 말씀하신 다니엘서의 인용 구절은 다니엘 7장과 9장 말씀이다.

다니엘 7장에서는 '작은 뿔'로, 9장에서는 '한 이레의 언약을 굳게 정할 자'이며, '이레의 절반에 제사와 예물을 금지할 자'요, '잔포하여 미운 물건이 날개를 의지하여 설 자'로 계시되고 있는 자가 인류 종말에 등장할 '적그리스도'를 상징하는 인물이다.

예수님이 다니엘서를 인용해서 말씀하신 위의 말씀은 장차 종말에 있을 '한 이레'의 성취 때에 예루살렘에 거주하고 있는 유대인들에게 중요한 계시말씀임을 깨달아야 한다. 예수님이 언급하신 종말의 때에 일어날 사건들에 대한 모든 말씀이 상징적 표현이 아니라 실제적인 상황으로 이루어질 사건임을 명심해야 한다. 이 사실을 강조하기 위해 8장에서 '숫염소의 작은 뿔'(시리아의 안티오쿠스 에피파네스) 계시를 통해 역사 위에 교훈을 남겨 주는 계시예언을 주신 것이다.

스가랴 선지자는 다음과 같이 예언한다.

"여호와의 날이 이르리라 그날에 네 재물이 약탈되어 너의 중에서 나누이리라 내가 열국을 모아 예루살렘과 싸우게 하리니 성읍이 함락되며 가옥이 약탈되며 부녀가 욕을 보며 성읍 백성이 절반이나 사로잡혀

가려니와 남은 백성은 성읍에서 끊쳐지지 아니하리라 그때에 여호와
께서 나가사 그 열국을 치시되 이왕 전쟁 날에 싸운 것같이 하시리라
그날에 그의 발이 예루살렘 앞 곧 동편 감람산에 서실 것이요 감람산은
그 한가운데가 동서로 갈라져 매우 큰 골짜기가 되어서 산 절반은 북으
로, 절반은 남으로 옮기고 그 산 골짜기는 아셀까지 미칠지라 너희가
그의 산골짜기로 도망하되 유다 왕 웃시야 때에 지진을 피하여 도망하
던 것같이 하리라 나의 하나님 여호와께서 임하실 것이요 모든 거룩한
자가 주와 함께하리라"(슥 14:1-5).

2. 7장과 8장의 두 "작은 뿔"의 시대적 구분

다니엘서에는 7장과 8장 두 번에 걸쳐 '작은 뿔'의 등장 모습이
계시되고 있다.

7장과 8장에 계시되는 '두 작은 뿔'에 대한 정확한 비교 분석이 이
루어지지 않으면 '두 작은 뿔'에 대한 해석과 적용에 혼란을 가져온
다. '두 작은 뿔'은 그 등장 시기와 역할이 중요함으로 혼란을 방지
하기 위해 8장의 '작은 뿔'이 등장하는 역사적 시기와 상황을 명확
하게 밝혀 주고 있다.

"네가 본 바 두 뿔 가진 숫양은 곧 메대와 바사 왕들이요 털이 많은 숫
염소는 곧 헬라 왕이요 두 눈 사이에 있는 큰 뿔은 곧 그 첫째 왕이요
이 뿔이 꺾이고 그 대신에 네 뿔이 났은즉 그 나라 가운데서 네 나라가
일어나되 그 권세만 못하리라 이 네 나라 마지막 때에 패역자들이 가득
할 즈음에 한 왕이 일어나리니……"(단 8:20-23).

7장에서는 영원한 하나님의 나라(뜨인 돌의 나라)가 성취되기 직전

인 인류 역사의 종말의 때에(신상의 '철과 진흙이 섞인 발'의 제국) 등장할 '작은 뿔'(적그리스도)의 등장 시기와 활동 등을 계시하고 있다. 반면에 8장에서는 2장에 계시된 신상의 두 번째 나라인 '은 가슴과 두 팔'로 상징된 메대·바사(두 뿔 가진 숫양)의 등장과 그 나라를 멸망시키고 등장하는 세 번째 나라인 '놋 배와 넓적다리'로 상징된 헬라(털이 많은 숫염소) 제국에서 나타나는 '작은 뿔'(시리아의 안티오쿠스 에피파네스)을 계시하여 줌으로 '두 작은 뿔'이 나타나 활동하는 시대적 구분을 분명히 밝혀 '두 작은 뿔' 해석의 혼란을 막아 주고 있다.

'털이 많은 숫염소'의 나라인 헬라의 첫 번째 왕인 알렉산더 대왕이 사망한 시기는 주전 323년경으로 정복 사역 중에 열병으로 갑자기 사망하게 되었고, 알렉산더 대왕 사망 후 20여 년이 지난 주전 301년경에 헬라 제국의 네 명의 장군(카산더, 리시마쿠스, 프톨레미, 셀류쿠스)에 의하여 4개의 나라로 분할되었다.

이후 네 나라가 패망할 즈음에 셀류쿠스의 나라인 시리아에 '안티오쿠스 에피파네스'가 왕으로 즉위하면서 8장에 계시된 '작은 뿔'의 계시가 역사 위에 실상으로 이루어지게 된다.

7장과 8장에 계시되고 있는 '두 작은 뿔'은 동일한 시대의 동일한 대상이 아님을 분명히 알 수 있다. '두 작은 뿔'의 등장과 활동 시기가 전혀 다르다는 사실을 기억해야 한다.

많은 사람들이 7장과 8장의 '작은 뿔'을 동일시하는 오해(誤解)를 범하고, 더 나아가 8장에 나오는 2,300주야를 예수 그리스도의 재림에 맞추어 억지로 해석하여 진리를 왜곡시키는 실수를 범하고 있다.

"……그중에 알기 어려운 것이 더러 있으니 무식한 자들과 굳세지 못한 자들이 다른 성경과 같이 그것도 억지로 풀다가 스스로 멸망에 이르느니라 그러므로 사랑하는 자들아 너희가 이것을 미리 알았은즉 무법

1부 다니엘서와 종말론 47

한 자들의 미혹에 이끌려 너희 굳센 데서 떨어질까 삼가라"(벧후 3:16-17).

〈다니엘서 작은 뿔 역사 도표〉

[도표 5]

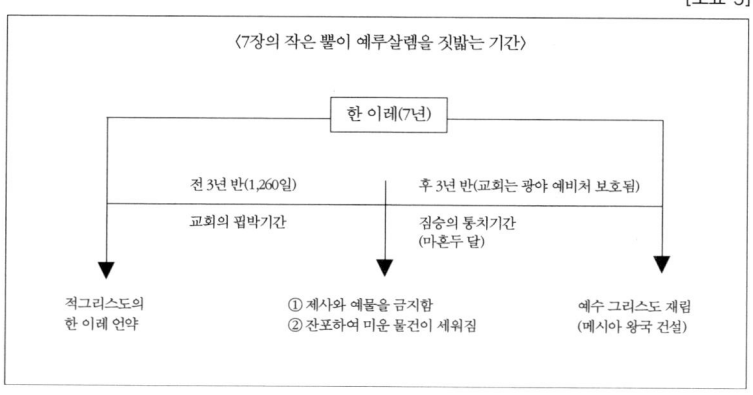

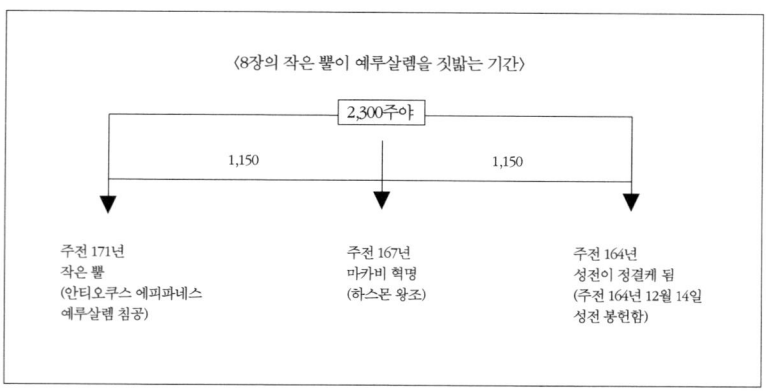

3. 7장의 '작은 뿔'과 8장의 '작은 뿔' 비교

다니엘서 계시의 핵심은 '작은 뿔'의 등장과 '하나님 나라' 도래(到來)에 있다. 7장과 8장에 계시되는 두 개의 '작은 뿔'에 대한 올바른 성경적 해석과 역사적 분별은 대단히 중요한 문제로 대두(擡頭)된다.

앞에서 살펴본 것처럼 7장에 계시되고 있는 '작은 뿔'은 장차 인류의 종말에 등장할 '작은 뿔'로서 재림하실 예수 그리스도를 대적하여 싸울 '적그리스도'를 상징하고, 8장에 계시되고 있는 '작은 뿔'은 그 이전 헬라로부터 파생된 시리아의 왕으로 등장할 '안티오쿠스 4세 에피파네스'를 지칭하는 계시임을 보여준다. 이는 장차 종말에 나타날 '적그리스도'의 예표요 모형적 인물로 등장하여 활동하게 되는데, 장차 종말에 나타날 적그리스도의 행위를 역사적 사실로 보여줌으로 말세에 구원받은 성도들이 깨어 있게 하시려는 교훈적 계시임을 알 수 있다.

7장에 계시된 '작은 뿔'은 다니엘 9장, 12장, 요한계시록 13장, 17장, 19장 말씀과 맥락(脈絡)을 이루는 계시내용이며, 8장에 계시된 '작은 뿔'은 다니엘 11장 20-35절 말씀과 맥(脈)을 같이하는 계시말씀이다.

1) '두 작은 뿔'의 같은 점

'작은 뿔'이라는 공통된 상징으로 계시되고 있는 7장의 '작은 뿔'(적그리스도)과 8장의 '작은 뿔'(시리아의 왕 안티오쿠스 에피파네스)의 등장과 예루살렘에 행한 행위는 거의 모든 면에서 일치를 이룬다.

(1) 사탄의 화신(化身)으로 현현(顯現)한 인물이다.

8장에 등장하는 '작은 뿔'에 대해 23-24절 말씀에서 "이 네 나라 마지막 때에 패역자들이 가득할 즈음에 한 왕이 일어나리니 그 얼굴은 엄장하며 궤휼에 능하며 그 권세가 강할 것이나 자기의 힘으로 말미암은 것이 아니며 그가 장차 비상하게 파괴를 행하고 자의로 행하여 형통하며 강한 자들과 거룩한 백성을 멸하리라"(단 8:23-24)고 계시해 주고 있다.

위의 말씀에 보면 8장에 등장하는 '작은 뿔'(시리아 왕 안티오쿠스 에피파네스)의 강한 권세와 강포한 성품과 잔인성과 파괴 행동은 "자기의 힘으로 말미암은 것이 아니다"라고 밝혀 주고 있다. 이 같은 그의 권세와 성품과 행위는 장차 이 땅에 등장할 '적그리스도'(7장의 작은 뿔)의 경우를 통해 그 힘의 실체가 드러나는데, 이는 그 힘이 자기의 힘이 아니라 사탄의 힘이라는 사실이다.

> "내가 본 짐승은 표범과 비슷하고 그 발은 곰의 발 같고 그 입은 사자의 입 같은데 용이 자기의 능력과 보좌와 큰 권세를 그에게 주었더라……용이 짐승에게 권세를 주므로 용에게 경배하며 짐승에게 경배하여 가로되 누가 이 짐승과 같으뇨 누가 능히 이로 더불어 싸우리요 하더라 또 짐승이 큰 말과 참람된 말 하는 입을 받고 또 마흔두 달 일할 권세를 받으니라"(계 13:2-5).

(2) 스스로 높아져 군대의 주재를 대적하는 인물이다.

8장에 등장하는 '작은 뿔'에 대해 11절 말씀에서 "또 스스로 높아져서 군대의 주재를 대적했다"고 말해 주고 있다. 이는 장차 임할 적그리스도(7장의 작은 뿔)의 행위에 대해 예언하는 요한계시록 13장 6절 말씀과 동일한 행위다.

> "짐승이 입을 벌려 하나님을 향하여 훼방하되 그의 이름과 그의 장막 곧 하늘에 거하는 자들을 훼방하더라"(계 13:6).

안티오쿠스 에피파네스는 자신을 '데오스 에피파네스'란 이름으로 부르기도 했는데, 그 이름의 뜻은 '현전(現前)하시는 하나님'이란 뜻이다. 이는 장차 종말에 등장할 일곱 머리 열 뿔 짐승(적그리스도)이 참람된 입과 이름들을 가지고 활동하게 될 것임을 보여준다.

> "내가 보니 바다에서 한 짐승이 나오는데 뿔이 열이요 머리가 일곱이라 그 뿔에는 열 면류관이 있고 그 머리들에는 참람된 이름들이 있더라……용이 짐승에게 권세를 주므로 용에게 경배하며 짐승에게 경배하여 가로되 누가 이 짐승과 같으뇨 누가 능히 이로 더불어 싸우리요 하더라 또 짐승이 큰 말과 참람된 말 하는 입을 받고……"(계 13:1-5).

(3) 매일 드리는 제사와 예물을 금하고 우상숭배를 강요하는 인물이다.

8장에 계시되고 있는 '작은 뿔'은 "……그에게 매일 드리는 제사를 제하여 버렸고 그의 성소를 헐었으며 범죄함을 인하여 백성과 매일 드리는 제사가 그것에게 붙인 바 되었고 그것이 또 진리를 땅에 던지며 자의(自意)로 행하였다"(단 8:11-12)고 말하고 있다.

안티오쿠스 에피파네스(8장의 작은 뿔)는 매일 드리는 제사를 금지시켰다. 그는 자신의 우상을 제우스 모양으로 만들어 유대인들에게 섬기도록 강요하는 죄를 범하기까지 했다. 유대 역사학자 요세푸스의 기록에 따르면, 안티오쿠스 에피파네스는 하나님의 성전에서 그 제단을 헐고 그 자리에 우상 제단을 만들어 그 제단 위에 돼지를 올려놓았다고 증거하고 있다.

8장에 계시되고 있는 '작은 뿔'(시리아의 왕 안티오쿠스 에피파네스)의 이 같은 행위가 사실인즉 장차 인류의 종말에 나타날 적그리스도(7장의 작은 뿔)에 의해 자행될 신앙적 핍박과 죄악이 어떠할지 짐작하게 한다.

> "그러므로 너희가 선지자 다니엘의 말한 바 멸망의 가증한 것이 거룩한 곳에 선 것을 보거든 (읽는 자는 깨달을진저)"(마 24:15).

> "그가 장차 많은 사람으로 더불어 한 이레 동안의 언약을 굳게 정하겠고 그가 그 이레의 절반에 제사와 예물을 금지할 것이며 또 잔포하여 미운 물건이 날개를 의지하여 설 것이며……"(단 9:27).

> "또 짐승이 큰 말과 참람된 말 하는 입을 받고 마흔두 달 일할 권세를 받으니라 짐승이 입을 벌려 하나님을 향하여 훼방하되 그의 이름과 그의 장막 곧 하늘에 거하는 자들을 훼방하더라 또 권세를 받아 성도들과 싸워 이기게 되고 각 족속과 백성과 방언과 나라를 다스리는 권세를 받으니 죽임을 당한 어린 양의 생명책에 창세 이후로 녹명되지 못하고 이 땅에 사는 자들은 다 짐승에게 경배하리라"(계 13:5-8).

2) 두 '작은 뿔'의 다른 점

두 '작은 뿔'은 공통점을 가지고 있기도 하지만, 뚜렷하게 구별되는 차이점도 계시되고 있다.

(1) 두 '작은 뿔'의 등장 시기가 다르다.

앞에서 자세히 살펴본 바와 같이 8장의 작은 뿔은 2장의 신상 계시 중 세 번째 나라인 '놋 배와 넓적다리'의 나라인 헬라 제국 시대에 등장하는 시리아 왕 안티오쿠스 에피파네스에 대한 계시예언이며, 7장의 작은 뿔은 2장의 신상 계시의 마지막 나라인 '철과 진흙이 섞인 발' 나라인 장차 종말의 때에 '뜨인 돌'이신 예수 그리스도의 재림 때 나타날 적그리스도 국가의 통치자를 상징하고 있다. 이는 다니엘 9장에 계시된 70이레의 마지막 '한 이레' 동안의 언약을 굳게 정하게 될 인물이다.

> "육십이 이레 후에 기름 부음을 받은 자가 끊어져 없어질 것이며 장차 한 왕의 백성이 와서 그 성읍과 성소를 훼파하려니와 그의 종말은 홍수에 엄몰됨 같을 것이며 또 끝까지 전쟁이 있으리니 황폐할 것이 작정되었느니라 그가 장차 많은 사람으로 더불어 한 이레 동안의 언약을 굳게 정하겠고 그가 그 이레의 절반에 제사와 예물을 금지할 것이며 또 잔포하여 미운 물건이 날개를 의지하여 설 것이며 또 이미 정한 종말까지 진노가 황폐케 하는 자에게 쏟아지리라 하였느니라"(단 9:26-27).

(2) 성소를 더럽히는 기간이 다르다.

8장의 작은 뿔이 성소를 더럽히는 기간은 2,300주야(晝夜)다.

> "내가 들은즉 거룩한 자가 말하더니 다른 거룩한 자가 그 말하는 자에게 묻되 이상에 나타난 바 매일 드리는 제사와 망하게 하는 죄악에 대한 일과 성소와 백성이 내어준 바 되며 짓밟힐 일이 어느 때까지 이를꼬 하매 그가 내게 이르되 이천삼백 주야까지니 그때에 성소가 정결하게 함을 입으리라 하였느니라"(단 8:13-14).

다니엘 8장의 계시예언은 역사 위에 그대로 성취되어 나타났다. 털 많은 숫염소의 현저한 큰 뿔인 헬라의 알렉산더 대왕이 갑자기 죽고(주전 323년), 헬라는 네 명의 장군(카산더, 리시마쿠스, 프톨레미, 셀류쿠스)이 분할하여 다스리게 되었다. 이는 숫염소의 큰 뿔이 꺾이고 나타난 네 뿔이 역사 위에 실상으로 이루어진 사건이다. 이 네 뿔 중 하나에서 작은 뿔이 나왔는데, 이는 셀류쿠스의 시리아 왕 안티오쿠스 에피파네스의 등장으로 역사 위에 성취된다.

안티오쿠스 4세인 안티오쿠스 에피파네스가 예루살렘을 짓밟은 주전 171년부터 2,300주야가 지나는 중간인 주전 167년 유대에 마카비 혁명이 일어나고, 주전 164년 12월에 성전이 정결케 됨으로 이 또한 역사 위에 사실로 이루어졌다.

다니엘 8장의 '작은 뿔'이 예루살렘과 성소를 짓밟고 하나님의 백성을 괴롭게 하는 기간은 2,300주야지만, 7장의 '작은 뿔'이 성소를 더럽히고 하나님의 백성들과 싸워 이기는 통치 기간은 70이레의 마지막 '한 이레'의 절반인 후 3년 반(한 때 두 때 반 때, 1,260일, 마흔두 달) 동안이므로 그 기간이 다르다.

"그 열 뿔은 이 나라에서 일어날 열 왕이요 그 후에 또 하나가 일어나리니 그는 먼저 있던 자들과 다르고 또 세 왕을 복종시킬 것이며 그가 장차 말로 지극히 높으신 자를 대적하며 또 지극히 높으신 자의 성도를 괴롭게 할 것이며 그가 또 때와 법을 변개코자 할 것이며 성도는 그의 손에 붙인 바 되어 한 때와 두 때와 반 때를 지내리라"(단 7:24-25).

"육십이 이레 후에 기름 부음을 받은 자가 끊어져 없어질 것이며 장차 한 왕의 백성이 와서 그 성읍과 성소를 훼파하려니와 그의 종말은 홍수에 엄몰됨 같을 것이며 또 끝까지 전쟁이 있으리니 황폐할 것이 작정되었느니라 그가 장차 많은 사람으로 더불어 한 이레 동안의 언약을 굳게 정하겠고 그가 그 이레의 절반에 제사와 예물을 금지할 것이며 또 잔포하여 미운 물건이 날개를 의지하여 설 것이며 또 이미 정한 종말까지 진노가 황폐케 하는 자에게 쏟아지리라 하였느니라"(단 9:26-27).

"……이 기사의 끝이 어느 때까지냐 하기로……반드시 한 때 두 때 반 때를 지나서 성도의 권세가 다 깨어지기까지니 그렇게 되면 이 모든 일이 다 끝나리라 하더라"(단 12:6-7).

"매일 드리는 제사를 폐하며 멸망케 할 미운 물건을 세울 때부터 일천이백구십 일을 지낼 것이요 기다려서 일천삼백삼십오 일까지 이르는 그 사람은 복이 있으리라"(단 12:11-12).

"주의 임하심과 세상 끝에는 무슨 징조가 있사오리이까 예수께서 대답하여 가라사대 너희가 사람의 미혹을 받지 않도록 주의하라……난리와 난리 소문을 듣겠으나 너희는 삼가 두려워 말라 이런 일이 있어야 하되 끝은 아직 아니니라 민족이 민족을, 나라가 나라를 대적하여 일어나겠고 처처에 기근과 지진이 있으리니 이 모든 것이 재난의 시작이니라……이 천국 복음이 모든 민족에게 증거되기 위하여 온 세상에 전파되리니 그제야 끝이 오리라 그러므로 너희가 선지자 다니엘의 말한 바 멸망의 가증한 것이 거룩한 곳에 선 것을 보거든 (읽는 자는 깨달을진저) 그때에 유대에 있는 자들은 산으로 도망할지어다"(마 24:3-16).

"또 짐승이 큰 말과 참람된 말 하는 입을 받고 또 마흔두 달 일할 권세를 받으니라 짐승이 입을 벌려 하나님을 향하여 훼방하되 그의 이름과 그의 장막 곧 하늘에 거하는 자들을 훼방하더라 또 권세를 받아 성도들과 싸워 이기게 되고 각 족속과 백성과 방언과 나라를 다스리는 권세를 받으니 죽임을 당한 어린 양의 생명책에 창세 이후로 녹명되지 못하고 이 땅에 사는 자들은 다 짐승에게 경배하리라 누구든지 귀가 있거든 들을지어다"(계 13:5-9).

(3) 패망하게 되는 이유가 다르다.

8장의 작은 뿔인 안티오쿠스 에피파네스의 패망은 사람의 손으로 말미암지 않고 깨어지리라고 예언한다.

"……그가 사람의 손을 말미암지 않고 깨어지리라"(단 8:25).

안티오쿠스 에피파네스는 주전 167년 마카비 혁명으로 시리아 군의 패전 소식을 듣고 화가 치밀어 병을 얻게 되었다. 그 후 그는 자금의 필요로 엘리마이스에 있는 나네아 아데미스 신전을 약탈하려다가 실패하고 주전 163년 봄에 정신 이상으로 사망했다.

7장의 작은 뿔인 적그리스도의 패망은 구름을 타고 임하시는 예수 그리스도의 심판을 받아 멸망하게 될 것임을 예언하고 있다.

"내가 보았는데 왕좌가 놓이고 옛적부터 항상 계신 이가 좌정하셨는데 그 옷은 희기가 눈 같고 그 머리털은 깨끗한 양의 털 같고 그 보좌는 불꽃이요……심판을 베푸는데 책들이 펴 놓였더라 그때에 내가 그 큰 말하는 작은 뿔의 목소리로 인하여 주목하여 보는 사이에 짐승이 죽임을 당하고 그 시체가 상한 바 되어 붙는 불에 던진 바 되었으며"(단 7:9-11).

"그가 장차 말로 지극히 높으신 자를 대적하며 또 지극히 높으신 자의 성도를 괴롭게 할 것이며 그가 또 때와 법을 변개코자 할 것이며 성도 는 그의 손에 붙인 바 되어 한 때와 두 때와 반 때를 지내리라 그러나 심판이 시작된즉 그는 권세를 빼앗기고 끝까지 멸망할 것이요"(단 7:25-26).

"저희가 어린 양으로 더불어 싸우려니와 어린 양은 만주의 주시요 만 왕의 왕이시므로 저희를 이기실 터이요 또 그와 함께 있는 자들 곧 부 르심을 입고 빼내심을 얻고 진실한 자들은 이기리로다"(계 17:14).

"또 내가 보매 그 짐승과 땅의 임금들과 그 군대들이 모여 그 말 탄 자 와 그의 군대로 더불어 전쟁을 일으키다가 짐승이 잡히고 그 앞에서 이 적을 행하던 거짓 선지자도 함께 잡혔으니 이는 짐승의 표를 받고 그의 우상에게 경배하던 자들을 이적으로 미혹하던 자라 이 둘이 산 채로 유 황불 붙는 못에 던지우고"(계 19:19-20).

4 9장 연구

70이레 예언에 계시된 종말 기한(期限)

"네 백성과 네 거룩한 성을 위하여 칠십 이레로 기한을 정하였나니 허물이 마치며 죄가 끝나며 죄악이 영속되며 영원한 의가 드러나며 이상과 예언이 응하며 또 지극히 거룩한 자가 기름 부음을 받으리라 그러므로 너는 깨달아 알지니라 예루살렘을 중건하라는 영이 날 때부터 기름 부음을 받은 자 곧 왕이 일어나기까지 일곱 이레와 육십이 이레가 지날 것이요 그때 곤란한 동안에 성이 중건되어 거리와 해자가 이룰 것이며 육십이 이레 후에 기름 부음을 받은 자가 끊어져 없어질 것이며 장차 한 왕의 백성이 와서 그 성읍과 성소를 훼파하려니와 그의 종말은 홍수에 엄몰됨 같을 것이며 또 끝까지 전쟁이 있으리니 황폐할 것이 작정되었느니라 그가 장차 많은 사람으로 더불어 한 이레 동안의 언약을 굳게 정하겠고 그가 그 이레의 절반에 제사와 예물을 금지할 것이며 또 잔포하여 미운 물건이 날개를 의지하여 설 것이며 또 이미 정한 종말까지 진노가 황폐케 하는 자에게 쏟아지리라 하였느니라"(단 9:24-27).

다니엘이 '칠십 이레'의 예언의 말씀을 깨닫게 된 시기는 갈대아 나라의 왕으로 세움 받은 메대 족속 다리오 왕 원년(주전 538년)으로, 다니엘의 나이 약 82세가 되던 때다.

다니엘이 '칠십 이레'의 계시말씀을 깨닫게 된 동기는 그가 예레미야 선지자에게 임한 하나님의 말씀을 기록하여 서책으로 남긴 성경을 깊이 묵상하고 궁구했기 때문이며, 또한 하나님께 기도하며 간구함으로 말미암아 가능한 일이었다.

"메대 족속 아하수에로의 아들 다리오가 갈대아 나라 왕으로 세움을 입던 원년 곧 그 통치 원년에 나 다니엘이 서책으로 말미암아 여호와의 말씀이 선지자 예레미야에게 임하여 고하신 그 연수를 깨달았나니 곧 예루살렘의 황무(荒蕪)함이 칠십 년 만에 마치리라 하신 것이니라 내가 금식하며 베옷을 입고 재를 무릅쓰고 주 하나님께 기도하며 간구하기를 결심하고 내 하나님 여호와께 기도하며 자복하여 이르기를 크시고 두려워할 주 하나님, 주를 사랑하고 주의 계명을 지키는 자를 위하여 언약을 지키시고 그에게 인자(仁慈)를 베푸시는 자시여"(단 9:1-4).

"내가 이같이 말하여 기도하며 내 죄와 및 내 백성 이스라엘의 죄를 자복하고 내 하나님의 거룩한 산을 위하여 내 하나님 여호와 앞에 간구할 때 곧 내가 말하여 기도할 때에 이전 이상 중에 본 그 사람 가브리엘이 빨리 날아서 저녁 제사를 드릴 때 즈음에 내게 이르더니 내게 가르치며 내게 말하여 가로되 다니엘아 내가 이제 네게 지혜와 총명을 주려고 나왔나니 곧 네가 기도를 시작할 즈음에 명령이 내렸으므로 이제 네게 고하러 왔느니라 너는 크게 은총을 입은 자라 그런즉 너는 이 일을 생각하고 그 이상을 깨달을지니라 네 백성과 네 거룩한 성을 위하여 칠십 이레로 기한을 정하였나니 허물이 마치며 죄가 끝나며 죄악이 영속되며 영원한 의가 드러나며 이상과 예언이 응하며 또 지극히 거룩한 자가 기름 부음을 받으리라"(단 9:20-24).

하나님께서는 다니엘에게 '칠십 이레'의 예언의 말씀을 계시해 주시기 위해 예레미야서를 읽게 하셨고, 말씀을 깊이 있게 궁구하고 기도하도록 은총을 베푸셨다.

70년의 포로시대가 끝나갈 무렵에 다니엘에게 은총을 베푸사 예레미야서를 읽게 하시고, '칠십 이레'의 예언의 말씀을 깨닫도록 다니엘서에 계시해 주신 하나님께서 이제 '칠십 이레'의 예언이 성취되기 직전의 시대인 종말의 시대를 맞이하고 있는 이 시대의 주의 종들에게도 종말에 대한 계시말씀들을 읽고 깨닫기를 사모하며 기도하도록 은총을 베푸시길 소원한다.

〈70이레 도표〉

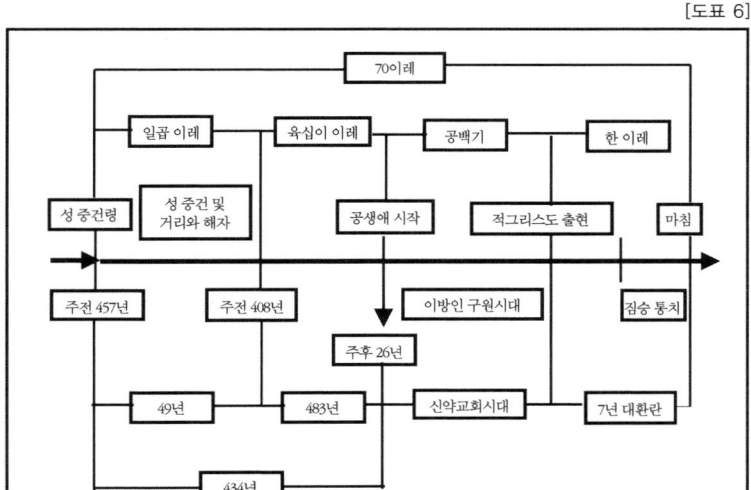

[도표 6]

1. '이레' 기간의 해석방법

"네 백성과 네 거룩한 성을 위하여 칠십 이레로 기한(期限)을 정하였나니……"(단 9:24).

다니엘이 받은 '이레'의 기간을 두고 신학자들은 연수의 기간이나 상징의 기간으로 보고 있다.

다니엘서에 계시되고 있는 칠십 이레의 '이레' 기간은 '연수'의 기간으로 해석함이 타당하다. 이레의 기간을 연수로 해석하지 않으면 70이레 예언은 성경적으로 풀리지 않는 미궁에 빠지게 된다. 이레 기간을 연수로 해석할 때 하나님의 계시말씀이 역사 속에서 성취되어 가는 것을 확인할 수 있고, 하나님의 계시예언이 예수 그리스도의 초림과 재림사건으로 온전히 성취되는 진리 말씀임이 입증된다. 예수님은 아무 때나 오신 것이 아니라 하나님 말씀의 계시 예언대로 정확한 때에 오셨다.

"때가 차매 하나님이 그 아들을 보내사 여자에게서 나게 하시고 율법 아래 나게 하신 것은"(갈 4:4).

하나님의 구원사역은 하나님의 계획과 계시말씀의 일정표에 따라 한 치의 오차 없이 때에 따라 정확무오하게 역사 위에 성취되는 사건임을 보여준다.

예수님이 태어나신 곳, 태어나신 방법, 태어나신 시기, 공생애 시작 시기, 십자가에 죽으시는 날, 부활하실 날, 성령님을 보내주시는 날까지 모든 예언이 그대로 역사 속에 성취되었음을 볼 때, 하나님의 계획과 계시말씀이 얼마나 세밀하고 정확한 진리 말씀인가를 알 수 있다.

> "비와 눈이 하늘에서 내려서는 다시 그리로 가지 않고 토지를 적시어서 싹이 나게 하며 열매가 맺게 하여 파종하는 자에게 종자를 주며 먹는 자에게 양식을 줌과 같이 내 입에서 나가는 말도 헛되이 내게로 돌아오지 아니하고 나의 뜻을 이루며 나의 명하여 보낸 일에 형통하리라"(사 55:10-11).

2. 70이레 시작 기점

다니엘이 계시받은 70이레의 예언은 "예루살렘을 중건하라"는 영(슈)에서 출발하고 있다.

1) 제1차 귀환령(주전 536년)을 기점으로 보는 견해

첫 번째 귀환령은 고레스 왕 원년인 주전 536년에 있었다.

> "바사 왕 고레스는 말하노니 하늘의 신 여호와께서 세상 만국으로 내게 주셨고 나를 명하사 유다 예루살렘에 전을 건축하라 하셨나니 이스라엘의 하나님은 참 신이시라 너희 중에 무릇 그 백성 된 자는 다 유다 예루살렘으로 올라가서 거기 있는 여호와의 전을 건축하라 너희 하나님이 함께하시기를 원하노라"(스 1:2-3).

이사야 선지자는 "예루살렘에 대하여는 이르기를 중건되리라 하며 성전에 대하여는 이르기를 네 기초가 세움이 되리라"(사 44:28)고 예언하였는데, 그 예언이 정확히 성취되어 고레스 왕 원년 주전 536

년에 1차 귀환령이 내려졌다.

1차 귀환령을 70이레의 기점으로 보는 견해가 있지만 다음과 같은 문제점이 있다.

(1) 성 중건이 맞지 않는다.

예루살렘으로 귀환한 유대 백성들이 조서도 없이 성을 중건하려 한다는 대적들의 고소로 고레스 2년(주전 536년)부터 다리오 왕이 즉위(주전 520년, 학 1:1)할 때까지 16년간 성전 건축이 일시 동안 중단되었기 때문에 '일곱 이레'(7×7년=49년) 동안에 성이 중건되리라는 예언에 맞지 않는다.

(2) 예수님 공생애 시작 연대와 맞지 않는다.

• 성 중건령의 선포 − 일곱 이레 = 성 중건과 거리와 해자가 이루어짐(주전 536년-49년=주전 487년)

• 성 중건과 거리와 해자가 이루어짐 − 육십이 이레 = 한 왕의 탄생(주전 487년-434년=주전 53년)

• 한 왕의 탄생 − 공생애 시작 = 오차의 발생(주전 53년-주후 30년 =23년의 오차)

"예수님께서 가르치심을 시작할 때에 삼십 세쯤 되시니라"(눅 3:23) 한 말씀과 맞지 않는다.

2) 제2차 귀환령(주전 457년)을 기점으로 보는 견해

제2차 귀환령은 아닥사스다 1세(Artaxerxes I, 재위 주전 464-424년)의 제7년(주전 457년) 에스라에게 내려진 조서의 내용이다.

> "여호와의 계명의 말씀과 이스라엘에게 주신 율례의 학사인 학사 겸 제사장 에스라에게 아닥사스다 왕이 내린 조서 초본은 아래와 같으니라 모든 왕의 왕 아닥사스다는 하늘의 하나님의 율법에 완전한 학사 겸 제사장 에스라에게 조서하노니 우리 나라에 있는 이스라엘 백성과 저희 제사장들과 레위 사람들 중에 예루살렘으로 올라갈 뜻이 있는 자는 누구든지 너와 함께 갈지어다"(스 7:11-13).

2차 귀환령을 70이레 기점으로 보는 견해에는 예수 그리스도의 공생애 시작 시간(눅3:23)과 일치하는 장점이 있다.

• 성 중건령 - 일곱 이레 = 성 중건과 거리와 해자가 이루어짐(주전 457년-49년=주전 408년)

• 성 중건과 거리와 해자가 이루어짐 - 육십이 이레 = 한 왕의 탄생(주전 408년-434년=주후 26년)

• 한 왕의 탄생 = 공생애 시작[주후 26년-30세(눅 3:23)=-4년(서력기원 4년 틀림)]

3) 제3차 귀환령(주전 445년)을 기점으로 보는 견해

제3차 귀환령은 주전 445년 아닥사스다 왕 제20년에 내려진 조서의 내용이다.

> "내가 또 왕에게 아뢰되 왕이 만일 즐겨 하시거든 강 서편 총독들에게 내리시는 조서를 내게 주사 저희로 나를 용납하여 유다까지 통과하게 하시고 또 왕의 삼림 감독 아삽에게 조서를 내리사 저로 전에 속한 영문의 문과 성곽과 나의 거할 집을 위하여 들보 재목을 주게 하옵소서 하매 내 하나님의 선한 손이 나를 도우심으로 왕이 허락하고 군대 장관과 마병을 보내어 나와 함께하게 하시기로 내가 강 서편에 있는 총독들에게 이르러 왕의 조서를 전하였더니"(느 2:7-9).

3차 귀환령 시점인 주전 445년을 70이레 기점으로 볼 때, 주전 445년에 483년(69이레)을 더하면 주후 38년이 되므로 예수님 공생애 시점인 30세(눅 3:23)와 일치하지 않는 문제점을 드러낸다.

아닥사스다 왕에게 고소한 사마리아인들의 호소에 의하면 주전 457년 왕이 머물고 있는 영토에 올라온 이스라엘 사람들이 이미 그 지대를 수축하고 성곽을 건축하였다고 보고하고 있다.

> "왕에게 고하나이다 왕에게서 올라온 유다 사람들이 우리의 곳 예루살렘에 이르러 이 패역하고 악한 성읍을 건축하는데 이미 그 지대를 수축하고 성곽을 건축하오니"(스 4:12).

성경 66권 말씀 가운데 약 27%가 '예언'과 관련된 말씀의 계시다. 이 예언에 대한 계시 말씀 가운데 약 3분의 1은 '초림'에 관한 것이고, 3분의 2는 '종말과 재림'에 관한 계시예언이다.

성경 약 5분의 1에 해당하는 계시말씀이 종말과 재림에 관한 예언의 말씀으로 이루어져 있다. 그러므로 예언된 계시말씀을 깊이 있게 살펴 연구하고, 그 뜻을 깨달아 가르치며, 지켜 행하게 하는 것은 교회를 맡은 사명자로 쓰임 받는 목회자들에게 대단히 중요한 사역임이 분명하다.

다니엘처럼 하나님의 말씀을 읽고, 예언의 말씀을 깨닫기 위해 기도하며, 가르치기를 힘써야 한다. 예언의 말씀들을 덮어 버리고 가르치는 사명을 회피한다면, 이는 사실상 말씀을 가르치는 자의 직무유기가 될 것이다.

> "에스라가 여호와의 율법을 연구하여 준행하며 율례와 규례를 이스라엘에게 가르치기로 결심하였었더라"(스 7:10).

3. 70이레에 대한 견해들

다니엘 9장의 70이레의 계시예언에 대한 해석에는 여러 견해가 주장되고 있다.

70이레 해석 여하에 따라 요한계시록 해석의 방향이 전혀 달라지고, 종말론에 대한 시각이 완전히 달라지는 결정적 요인이 되기 때문에 성경적 견해를 취하는 것이 대단히 중요하다.

70이레에 대한 해석 방법론은 크게 연속적 해석법(continuous inter Pretation)과 공백기적 해석법(gap inter pretation)으로 분류된다.

연속적 해석법을 취하는 신학자들 가운데서도 전통적인 견해, 자유주의적 견해(과거주의적 해석), 상징적 견해로 구분되고, 공백기적 해석법을 취하는 신학자들도 세대주의적 견해와 역사기 전천년적 견해로 갈라진다.

1) 연속적 해석법(Continuous Inter Pretation)

이 견해는 70이레의 예언이 공백기 없이 계속 이어져서 이루어지는 사건임을 주장하는 이론이다. 이 견해는 무천년설을 주장하는 사람들이 취하는 이론이다. 이들은 70이레 해석의 초점을 예수 그리스도의 초림사건에 맞추고 있다.

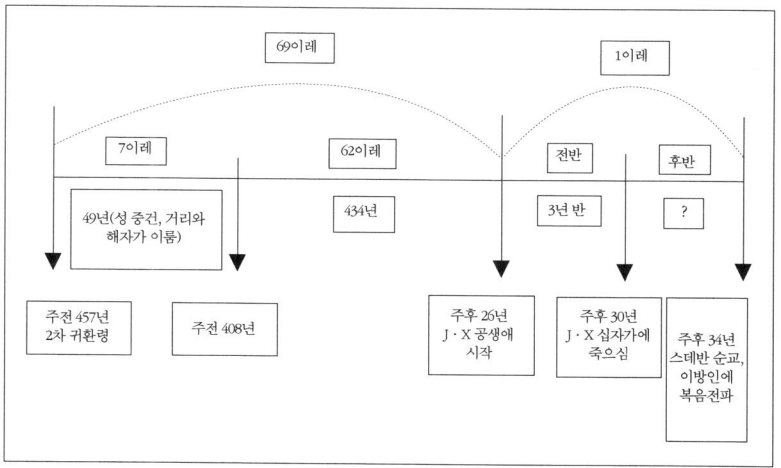

[도표 7]

이 견해는 69이레와 마지막 한 이레 절반까지는 예수 그리스도의 십자가 죽으심으로 입증되지만, 그 나머지 이레는 절반에 대한 마무리가 맞지 않아 성경적 대답을 할 수 없는 문제점을 드러낸다.

2) 공백기적 해석법(Gap Inter Pretation)

이 견해는 70이레의 예언내용 가운데 7이레와 62이레까지의 사건은 시간적으로 이어져 성취되는 사건이지만 69이레 후에 남은 마지막 1이레 예언은 시간적인 공백기를 거친 후에 이루어질 것으로 보는 견해다.

역사기 전천년을 주장하는 사람들이 이 견해를 취하며, 예수 그리스도의 재림에 초점을 맞추어 해석하는 종말론적 해석방법이다.

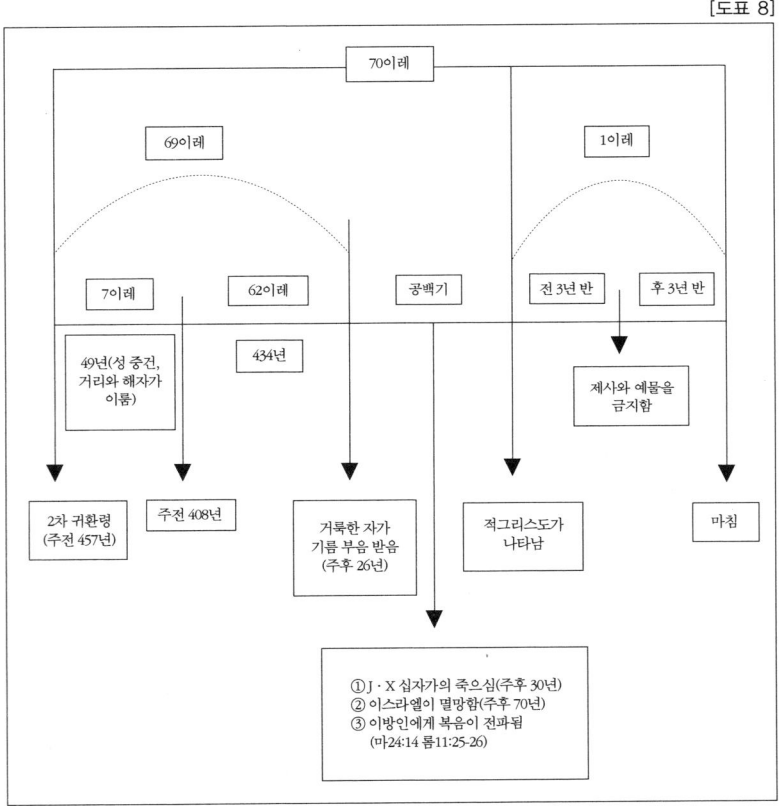

[도표 8]

4. 70이레의 말씀에 대한 고찰
1) 9장 24절

"네 백성과 네 거룩한 성을 위하여 칠십 이레로 기한(期限)을 정하였나니 허물이 마치며 죄가 끝나며 죄악이 영속되며 영원한 의가 드러나며 이상과 예언이 응하며 또 지극히 거룩한 자가 기름 부음을 받으리라"(단 9:24).

70이레에 대해 계시하고 있는 24-27절 말씀의 사건은 문맥의 흐름으로 볼 때 연속적인 사건으로 해석함이 자연스럽다. 많은 사람들이 24절 말씀을 예수님의 재림시기에 성취될 내용으로 해석하면서 여러 가지 말로 자신들의 주장을 변호하지만, 70이레의 계시 흐름을 볼 때, 24절의 계시예언은 예수 그리스도의 초림으로 말미암아 성취되는 말씀으로 해석함이 보다 더 자연스럽고, 성경의 지지를 받는 해석이다.

(1) "네 백성과 네 거룩한 성을 위하여."

본문의 말씀은 70이레 해석에 결정적인 열쇠가 된다.
'네 백성과 네 거룩한 성'이 가리키는 대상은 누구인가?
본문이 계시하는 대상을 '신약시대의 성도들과 하나님의 교회'라고 해석하는 것은 본문의 의도를 벗어난 주장이다. 본문의 의도를 제대로 파악하지 않고 상징적으로 해석하여 신약시대의 성도들과 하나님의 교회라고 해석해 버리면 70이레 해석은 미궁에 빠지게 된다.
70이레 계시는 다니엘에게 계시된 예언의 말씀이다. '네 백성과 네 거룩한 성'에서 '네'라고 하는 대상은 다니엘을 지칭하는 말이다. 그러므로 "네 백성과 네 거룩한 성"이란 말은 다니엘의 백성인 유대인과 다니엘의 고국을 의미하는 예루살렘 성을 의미한다고 해석함이 본문의 의도에 충실한 해석이다.

'네 백성'은 다니엘의 혈통적인 백성으로 이스라엘 백성을 나타내고, '네 거룩한 성'은 다니엘의 고국에 속한 예루살렘 성을 의미한다는 사실에 이의(異議)가 있을 수 없다. 어떤 이유에서든 본문의 말씀에 계시된 '네 백성과 네 거룩한 성'을 상징적으로 해석해서 성도들과 하나님의 교회라 주장하는 것은 본문의 의도를 왜곡시키는 해석이다.

(2) "칠십 이레로 기한(期限)을 정하였나니."

하나님께서는 다니엘에게 "네 백성과 네 거룩한 성을 위하여 70이레로 기한을 정했다"고 계시해 주셨다.

70이레로 기한을 정한 것은 분명 이스라엘을 위한 것이다.

70이라는 숫자를 상징적 의미로 해석하는 것은 본문의 의도에 맞지 않고, 시간적 기한에 미쳐 성취된 역사적 사실에 대한 적용에도 어려움이 따르게 된다.

70이란 숫자가 상징적 의미를 지닌 것으로 보기 어려운 것은 70이레를 '7이레', '62이레', '1이레' 등의 기간으로 나누어 성취되는 사건들을 계시하고 있기 때문이다.

'7이레', '62이레', '1이레' 등은 제각기 그 시기에 성취될 사건들을 취하는 나름대로의 의미가 주어진 기한의 숫자이며, 이것들이 모두 합쳐져서 70이레의 기한(期限)이 마치게 되기 때문에 70이라는 숫자를 가지고 상징적 의미를 부여하여 해석하는 방법을 취할 수 없다.

(3) "허물이 마치며 죄가 끝나며 죄악이 영속되며 영원한 의가 드러나며 이상과 예언이 응하며 또 지극히 거룩한 자가 기름 부음을 받으리라."

본문의 말씀이 성취되는 시기가 언제인가 하는 질문에 대한 대답에는 초림 때와 재림 때로 그 주장이 상충(相衝)되고 있다. 24절 전체의 문맥 흐름으로 볼 때 본문의 사건이 이루어지는 시기는 예수 그리스도 재림 때가 아니라 초림으로 말미암아 성취되는 내용이라 해석하는 것이 자연스럽다. "허물이 마치고 죄가 끝나며 죄악이 영속되며 영원한 의가 드러나며 이상과 예언이 응하며 또 지극히 거룩한 자가 기름 부음을 받으리라"고 말씀한다. "허물이 마치고 죄가 끝나며 죄악이 영속되며 영원한 의가 드러나며 이상과 예언이 응하는" 사건은 "지극히 거룩한 자가 기름 부음을 받는" 일과 연계되어 이루어지는 사건임을 계시해 주고 있다.

"지극히 거룩한 자가 기름 부음을 받는" 사건은 예수 그리스도께서 세례받으실 때 성령의 기름 부음을 받는 사건으로 성취된다. 그러므로 본문에 계시된 예언도 초림으로 말미암아 성취되는 사건으로 해석하는 것이 타당하다.

① 허물이 마치며.

'허물'(Transgression)이라는 히브리어 '페쇠아'(פשע)는 '이미 알려진 법을 고의적으로 범하는 죄'라는 의미를 가진다(창 31:36, 50:17; 출 23:21; 레 16:16, 21).

'마치며'라는 히브리어 '칼라'(כלא)는 '제거하다, 숨기다, 가두다, 체포하다'의 의미가 있다. 우리의 모든 허물과 죄가 숨겨지고 제거되는 일은 예수 그리스도의 재림으로 말미암는 사건으로 해석하기보다 초림으로 말미암아 이루어지는 사건으로 해석함이 성경적이라고 여겨진다.

하나님이 보내신 어린 양 예수 그리스도를 구주로 믿고 영접하여 세례를 받은 모든 성도들은 모든 죄와 허물을 사함 받고 의롭다 함을 얻으며, 영생을 얻고, 하나님의 자녀 된 권세를 받게 되었음에 이견(異見)을 제시할 사람이 있겠는가?

"모세가 광야에서 뱀을 든 것같이 인자도 들려야 하리니 이는 저를 믿는 자마다 영생을 얻게 하려 하심이니라 하나님이 세상을 이처럼 사랑하사 독생자를 주셨으니 이는 저를 믿는 자마다 멸망치 않고 영생을 얻게 하려 하심이니라"(요 3:14-16).

"영접하는 자 곧 그 이름을 믿는 자들에게는 하나님의 자녀가 되는 권세를 주셨으니 이는 혈통으로나 육정(肉情)으로나 사람의 뜻으로 나지 아니하고 오직 하나님께로서 난 자들이니라 말씀이 육신이 되어 우리 가운데 거하시매 우리가 그 영광을 보니 아버지의 독생자의 영광이요 은혜와 진리가 충만하더라"(요 1:12-14).

"너희의 허물과 죄로 죽었던 너희를 살리셨도다 그때에 너희가 그 가운데서 행하여 이 세상 풍속을 좇고 공중의 권세 잡은 자를 따랐으니 곧 지금 불순종의 아들들 가운데서 역사하는 영이라 전에는 우리도 다 그 가운데서 우리 육체의 욕심을 따라 지내며 육체와 마음의 원하는 것을 하여 다른 이들과 같이 본질상 진노의 자녀이었더니 긍휼에 풍성하신 하나님이 우리를 사랑하신 그 큰 사랑을 인하여 허물로 죽은 우리를 그리스도와 함께 살리셨고 (너희가 은혜로 구원을 얻은 것이라) 또 함께 일으키사 그리스도 예수 안에서 함께 하늘에 앉히시니"(엡 2:1-6).

② 죄가 끝나며.

'죄'(sin)라는 히브리어 '하타아'(חטא)는 '목표에서 빗나가다'의 의미다.

'끝나며'라는 히브리어 '하탐'(חתם)은 '밀폐하다, 인봉하다'의 의미가 있다.

하나님의 은혜로 말미암아 우리의 죄를 사함 받아 다시는 죄의 종이 되지 않게 되는 사건은 예수 그리스도의 재림으로 말미암는 사건이라기보다는 예수 그리스도의 초림으로 말미암아 이루어지는 구속의 사건이라고 해석하는 것이 타당하다. 예수님은 인류의 모든 죄를 전가 받고 십자가에 피 흘려 죽으심으로 인류의 죄를 대속하기 위해 이 땅에 육신의 몸을 입으시고 종의 형체를 가져 사람들과 같이 되어 사람의 모양으로 이 땅에 오셨다.

> "그는 근본 하나님의 본체시나 하나님과 동등됨을 취할 것으로 여기지 아니하시고 오히려 자기를 비어 종의 형체를 가져 사람들과 같이 되었고 사람의 모양으로 나타나셨으매 자기를 낮추시고 죽기까지 복종하셨으니 곧 십자가에 죽으심이라"(빌 2:6-8).

> "……성경대로 그리스도께서 우리 죄를 위하여 죽으시고 장사지낸 바 되었다가 성경대로 사흘 만에 다시 살아나사"(고전 15:3-4).

예수 그리스도가 혈육 있는 육신의 몸을 입고 이 땅에 오셔서 세례 요한에게 세례를 받는 사건은 인류의 모든 죄가 하나님의 어린 양 예수 그리스도께 전가(轉嫁)되는 사건이다.

하나님의 어린 양 예수 그리스도의 머리에 인류를 대표해서 세례 요한이 안수(按手)함으로 인류의 모든 죄가 속죄양으로 오신 예수 그리스도께 전가됨으로 하나님의 의(義)를 이루는 화목제물이 되신 것이다.

"내가 진실로 너희에게 말하노니 여자가 낳은 자 중에 세례 요한보다 큰 이가 일어남이 없도다……"(마 11:11).

"이때에 예수께서 갈릴리로서 요단 강에 이르러 요한에게 세례를 받으려 하신대 요한이 말려 가로되 내가 당신에게 세례를 받아야 할 터인데 당신이 내게로 오시나이까 예수께서 대답하여 가라사대 이제 허락하라 우리가 이와 같이 하여 모든 의(義)를 이루는 것이 합당하니라 하신대 이에 요한이 허락하는지라"(마 3:13-15).

예수님이 세례 요한에게 세례를 받으시는 사건은 하나님의 어린 양으로 오신 예수님이 인류의 모든 죄를 전가 받는 사건이며, 장차 십자가에 피 흘려 죽게 되는 세례를 인치는 사건이었다.

예수님은 이미 세례 요한에게 물 세례를 받으셨고, 또한 성령 세례도 받으셨다. 그럼에도 불구하고 예수님은 장차 받아야 할 '세례'가 있음을 가르치시면서, 장차 받아야 할 세례가 받기 쉽지 않은 고통의 세례임을 말씀하고 있다. 장차 받아야 할 예수님의 세례는 인류의 모든 죄를 짊어지고 십자가에 죽어야 하는 고통과 장사지냄을 의미하고 있다.

"세베대의 아들 야고보와 요한이 주께 나아와 여짜오되 선생님이여 무엇이든지 우리의 구하는 바를 우리에게 하여 주시기를 원하옵나이다 이르시되 너희에게 무엇을 하여 주기를 원하느냐 여짜오되 주의 영광 중에서 우리를 하나는 주의 우편에, 하나는 좌편에 앉게 하여 주옵소서 예수께서 가라사대 너희 구하는 것을 너희가 알지 못하는도다 너희가 나의 마시는 잔을 마시며 나의 받는 세례를 받을 수 있느냐 저희가 말하되 할 수 있나이다 예수께서 이르시되 너희가 나의 마시는 잔을 마시며 나의 받는 세례를 받으려니와 내 좌우편에 앉는 것은 나의 줄 것이 아니라 누구를 위하여 예비되었든지 그들이 얻을 것이니라"(막 10:35-40).

"나는 받을 세례가 있으니 그 이루기까지 나의 답답함이 어떠하겠느냐"(눅 12:50).

"무릇 그리스도 예수와 합하여 세례를 받은 우리는 그의 죽으심과 합하여 세례 받은 줄을 알지 못하느뇨 그러므로 우리가 그의 죽으심과 합하여 세례를 받음으로 그와 함께 장사(將事)되었나니 이는 아버지의 영광으로 말미암아 그리스도를 죽은 자 가운데서 살리심과 같이 우리로 또한 새 생명 가운데서 행하게 하려 함이니라"(롬 6:3-4).

"너희가 세례로 그리스도와 함께 장사한 바 되고 또 죽은 자들 가운데서 그를 일으키신 하나님의 역사를 믿음으로 말미암아 그 안에서 함께 일으키심을 받았느니라"(골 2:12).

"친히 나무에 달려 그 몸으로 우리 죄를 담당하셨으니 이는 우리로 죄에 대하여 죽고 의에 대하여 살게 하려 하심이라……"(벧전 2:24).

③ 죄악이 영속되며.

'죄악'(עָוֹן 아온)은 범죄로서 죄책, 형벌을 뜻하는 말이다.
'영속되다'라는 히브리어 '카파르'(כפר)는 '덮는다'라는 의미를 지닌다.

하나님의 은혜로 말미암아 믿음을 선물 받은 성도들은 예수 그리스도의 속죄 피가 죄악을 덮음으로 하나님께 당당히 나아갈 수 있는 복을 누리게 되었다.

"우리가 그 안에서 그를 믿음으로 말미암아 담대함과 하나님께 당당히 나아감을 얻느니라"(엡 3:12).

"그러므로 우리에게 큰 대제사장이 있으니 승천하신 자 곧 하나님 아들 예수시라 우리가 믿는 도리를 굳게 잡을지어다……그러므로 우리가 긍휼하심을 받고 때를 따라 돕는 은혜를 얻기 위하여 은혜의 보좌 앞에 담대히 나아갈 것이니라"(히 4:14, 16)

"저에 대하여 모든 선지자도 증거하되 저를 믿는 사람들이 다 그 이름을 힘입어 죄 사함을 받는다 하였느니라"(행 10:43).

"그 불법을 사하심을 받고 그 죄를 가리우심을 받는 자는 복이 있고 주께서 그 죄를 인정치 아니하실 사람은 복이 있도다……"(롬 4:7-8).

"우리가 알거니와 우리 옛 사람이 예수와 함께 십자가에 못 박힌 것은 죄의 몸이 멸하여 다시는 우리가 죄에게 종 노릇 하지 아니하려 함이니 이는 죽은 자가 죄에서 벗어나 의롭다 하심을 얻었음이니라"(롬 6:6-7).

"그리스도께서 하나님 곧 우리 아버지의 뜻을 따라 이 악한 세대에서 우리를 건지시려고 우리 죄를 위하여 자기 몸을 드리셨으니"(갈 1:4).

"내가 저희 불의를 긍휼히 여기고 저희 죄를 다시 기억하지 아니하리라 하셨느니라"(히 8:12).

"또 저희 죄와 저희 불법을 내가 다시 기억지 아니하리라 하셨으니 이
것을 사하셨은즉 다시 죄를 위하여 제사드릴 것이 없느니라 그러므로
형제들아 우리가 예수의 피를 힘입어 성소에 들어갈 담력을 얻었나니"
(히 10:17-19).

④ 영원한 의가 드러나며.

'의'(righteousness)라는 히브리어 '체데크'(צֶדֶק)는 사죄와 밀접하게 관계된 말이다.

본문에 '영원한 의'라고 하였는데 헹스텐버그는 두 가지 이유에서 영원하다고 말한다. 즉 그 의의 출처가 영원하신 하나님의 계획에서 왔으니 영원하고, 그 의의 존속기간으로 볼 때에 모든 피조물과 대조하여 썩지 않는 것이니 영원하다(사 51:5-8, 45:17).

이 땅에 영원한 의(義)가 드러난 사건은 의로우신 예수 그리스도가 오심으로 성취된다. 죄 없으신 예수 그리스도가 육신의 몸을 입고 이 땅에 속죄양으로 성육하신 사건이 영원하신 하나님의 의가 드러난 사건임을 부인할 사람이 있겠는가?

"복음에는 하나님의 의(義)가 나타나서 믿음으로 믿음에 이르게 하나
니 기록된 바 오직 의인(義人)은 믿음으로 말미암아 살리라 함과 같으
니라"(롬 1:17).

"이제는 율법 외에 하나님의 한 의가 나타났으니 율법과 선지자들에게
증거를 받은 것이라 곧 예수 그리스도를 믿음으로 말미암아 모든 믿는

자에게 미치는 하나님의 의니 차별이 없느니라 모든 사람이 죄를 범하였으매 하나님의 영광에 이르지 못하더니 그리스도 예수 안에 있는 구속으로 말미암아 하나님의 은혜로 값 없이 의롭다 하심을 얻은 자 되었느니라 이 예수를 하나님이 그의 피로 인하여 믿음으로 말미암는 화목제물로 세우셨으니 이는 하나님께서 길이 참으시는 중에 전에 지은 죄를 간과(看過)하심으로 자기의 의로우심을 나타내려 하심이니 곧 이때에 자기의 의로우심을 나타내사 자기도 의로우시며 또한 예수 믿는 자를 의롭다 하려 하심이니라"(롬 3:21-26).

"하나님이 죄를 알지도 못하신 자로 우리를 대신하여 죄를 삼으신 것은 우리로 하여금 저의 안에서 하나님의 의(義)가 되게 하려 하심이니라"(고후 5:21).

"믿음이 오기 전에 우리가 율법 아래 매인 바 되고 계시될 믿음의 때까지 갇혔느니라 이같이 율법이 우리를 그리스도에게로 인도하는 몽학선생이 되어 우리로 하여금 믿음으로 말미암아 의롭다 함을 얻게 하려 함이니라……너희가 다 믿음으로 말미암아 그리스도 예수 안에서 하나님의 아들이 되었으니 누구든지 그리스도와 합하여 세례를 받은 자는 그리스도로 옷 입었느니라"(갈 3:23-27).

⑤ 이상과 예언이 응하며

'응하며'(to seal)라는 말은 히브리어 '하탐'(חתם)으로 어떤 권위에 의해서 '밀폐하다, 인봉하다'의 의미를 갖는다.

"이상과 예언이 응한다"라는 말은 하나님이 옛적에 하나님의 사람들에게 보여주셨던 이상과 선지자들을 통하여 백성들에게 말씀하신 예언이 실상으로 이루어짐을 나타낸다.

구약성경에 증거되고 있는 수많은 이상과 예언은 예수 그리스도를 증거하는 예표요, 모형이며, 그림자다.

> "너희가 성경에서 영생을 얻는 줄 생각하고 성경을 상고(詳考)하거니와 이 성경이 곧 내게 대하여 증거하는 것이로다"(요 5:39).

> "이에 모세와 및 모든 선지자의 글로 시작하여 모든 성경에 쓴 바 자기에 관한 것을 자세히 설명하시니라"(눅 24:27).

> "그러므로 먹고 마시는 것과 절기나 월삭이나 안식일을 인하여 누구든지 너희를 폄론하지 못하게 하라 이것들은 장래 일의 그림자이나 몸은 그리스도의 것이니라"(골 2:16-17).

예수 그리스도의 초림은 구약성경의 이상과 예언이 실상으로 응한 사건임을 누가 부인할 수 있겠는가?

> "옛적에 선지자들로 여러 부분과 여러 모양으로 우리 조상들에게 말씀하신 하나님이 이 모든 날 마지막에 아들로 우리에게 말씀하셨으니 이 아들을 만유의 후사로 세우시고 또 저로 말미암아 모든 세계를 지으셨느니라"(히 1:1-2).

⑥ 지극히 거룩한 자가 기름 부음을 받으리라.

"지극히 거룩한 자가 기름 부음을 받으리라"는 예언의 성취는 예수 그리스도께서 세례 받으실 때 성령의 기름 부음을 받는 사건으로 이루어졌다는 사실에 이의(異議)를 제기할 사람이 있겠는가?

"이때에 예수께서 갈릴리로서 요단 강에 이르러 요한에게 세례를 받으려 하신대 요한이 말려 가로되 내가 당신에게 세례를 받아야 할 터인데 당신이 내게로 오시나이까 예수께서 대답하여 가라사대 이제 허락하라 우리가 이와 같이 하여 모든 의(義)를 이루는 것이 합당하니라 하신대 이에 요한이 허락하는지라 예수께서 세례를 받으시고 곧 물에서 올라오실새 하늘이 열리고 하나님의 성령이 비둘기같이 내려 자기 위에 임하심을 보시더니 하늘로서 소리가 있어 말씀하시되 이는 내 사랑하는 아들이요 내 기뻐하는 자라 하시니라"(마 3:13-17).

"이튿날 요한이 예수께서 자기에게 나아오심을 보고 가로되 보라 세상 죄를 지고 가는 하나님의 어린 양이로다 내가 전에 말하기를 내 뒤에 오는 사람이 있는데 나보다 앞선 것은 그가 나보다 먼저 계심이라 한 것이 이 사람을 가리킴이라 나도 그를 알지 못하였으나 내가 와서 물로 세례를 주는 것은 그를 이스라엘에게 나타내려 함이라 하니라 요한이 또 증거하여 가로되 내가 보매 성령이 비둘기같이 하늘로서 내려와서 그의 위에 머물렀더라 나도 그를 알지 못하였으나 나를 보내어 물로 세례를 주라 하신 그이가 나에게 말씀하시되 성령이 내려서 누구 위에든지 머무는 것을 보거든 그가 곧 성령으로 세례를 주는 이인 줄 알라 하셨기에 내가 보고 그가 하나님의 아들이심을 증거하였노라 하니라 또 이튿날 요한이 자기 제자 중 두 사람과 함께 섰다가 예수의 다니심을 보고 말하되 보라 하나님의 어린 양이로다"(요 1:29-36).

"하나님이 나사렛 예수에게 성령과 능력을 기름 붓듯 하셨으매 저가 두루 다니시며 착한 일을 행하시고 마귀에게 눌린 모든 자를 고치셨으니 이는 하나님이 함께하셨음이라"(행 10:38).

예수님이 세례를 받으시고 성령과 능력으로 기름 부음을 받으신 후 공생애를 시작하는 시점은 정확하게 70이레 중 7이레와 62이레가 마치는 69이레 되던 주후 26년으로 예수님이 30세 되던 때임을 알 수 있다.

"예수께서 가르치심을 시작할 때에 삼십 세쯤 되시니라……"(눅 3:23).

"주의 성령이 내게 임하셨으니 이는 가난한 자에게 복음을 전하게 하시려고 내게 기름을 부으시고 나를 보내사 포로 된 자에게 자유를, 눈 먼 자에게 다시 보게 함을 전파하며 눌린 자를 자유케 하고 주의 은혜의 해를 전파하게 하려 하심이라 하였더라"(눅 4:18-19).

2) 9장 25절

"그러므로 너는 깨달아 알지니라 예루살렘을 중건(重建)하라는 영이 날 때부터 기름 부음을 받은 자 곧 왕이 일어나기까지 일곱 이레와 육십이 이레가 지날 것이요 그때 곤란한 동안에 성이 중건되어 거리와 해자(垓字)가 이룰 것이며"(단 9:25).

예루살렘 성을 중건하라는 영(令)이 내린 날로부터 '일곱 이레'가 되는 기간이 찰 때 일어날 사건이 있고, 그 사건이 성취된 후 또다시 '육십이 이레'의 기간이 찰 때 이루어지게 될 사건이 있음을 계시해 주는 예언의 말씀이다.

(1) "예루살렘을 중건(重建)하라는 영이 날 때부터……일곱 이레……지날 것이요 그때 곤란한 동안에 성이 중건되어 거리와 해자가 이룰 것이며."

예루살렘을 중건하라는 영이 날 때부터 일곱 이레가 차는 기간에 이루어질 사건은 '성이 중건되어 거리와 해자가 이루어지는' 사건이다. 이 사건은 주전 408년 안에 성취될 사건임을 나타낸다. 본문의 계시예언은 예루살렘의 중건령이 내린 시점으로부터 '일곱 이레'의 기한이 차는 동안에 이루어질 사건임을 명백히 증거하고 있다.

본문이 계시하고 있는 기한의 한정성을 무시한 채 헤롯 대왕이 유다를 다스릴 때 건축한 예루살렘 성전 건축사건을 본문의 성취사건이라 주장하는 이론은 본문의 계시예언과 전혀 맞지 않는 비성경적 견해임을 알 수 있다.

(2) "예루살렘을 중건(重建)하라는 영이 날 때부터 기름 부음을 받은 자 곧 왕이 일어나기까지 일곱 이레와 육십이 이레가 지날 것이요."

본문이 계시하고 있는 '기름 부음을 받은 왕'은 예수 그리스도를 지칭한다는 사실에 이의(異議)를 제기할 사람이 없을 것이다. 또 본문에 계시된 '기름 부음을 받은 왕'과 26절에 예언된 '육십이 이레 후에 끊어져 없어질 기름 부음을 받은 자'는 동일인물임에도 모두 동의할 것이다. 그렇다면 이 왕이 기름 부음을 받는 시점은 언제인가?

예루살렘을 중건하라는 영이 내려진 날로부터 '일곱 이레'와 '육십이 이레'가 합해진 '69이레'의 기한이 차는 날이 될 것임을 계시해 주고 있다.

앞에서 살펴본 바와 같이 본문의 사건이 성취되는 시점은 예수 그리스도께서 세례를 받으시고 공생애를 시작하신 시점(주후 26년)과 일치를 이루고 있다.

> "예수께서 세례를 받으시고 곧 물에서 올라오실새 하늘이 열리고 하나님의 성령이 비둘기같이 내려 자기 위에 임하심을 보시더니"(마 3:16).

> "이는 한 아기가 우리에게 났고 한 아들을 우리에게 주신 바 되었는데 그 어깨에는 정사를 메었고 그 이름은 기묘자(奇妙者)라, 모사(謀士)라, 전능하신 하나님이라, 영존하시는 아버지라, 평강의 왕이라 할 것임이라 그 정사와 평강의 더함이 무궁하며 또 다윗의 위에 앉아서 그 나라를 굳게 세우고 자금(自今) 이후 영원토록 공평과 정의로 그것을 보존하실 것이라 만군의 여호와의 열심이 이를 이루시리라"(사 9:6-7).

> "하나님이 나사렛 예수에게 성령과 능력을 기름 붓듯 하셨으매 저가 두루 다니시며 착한 일을 행하시고 마귀에게 눌린 모든 자를 고치셨으니 이는 하나님이 함께하셨음이라"(행 10:38).

> "예수께서 가르치심을 시작할 때에 삼십 세쯤 되시니라……"(눅 3:23).

> "또 내가 하늘이 열린 것을 보니 보라 백마와 탄 자가 있으니 그 이름은 충신과 진실이라 그가 공의로 심판하며 싸우더라 그 눈이 불꽃 같고 그 머리에 많은 면류관이 있고 또 이름 쓴 것이 하나가 있으니 자기밖에 아는 자가 없고 또 그가 피 뿌린 옷을 입었는데 그 이름은 하나님의

말씀이라 칭하더라 하늘에 있는 군대들이 희고 깨끗한 세마포를 입고 백마를 타고 그를 따르더라 그의 입에서 이한 검이 나오니 그것으로 만국을 치겠고 친히 저희를 철장으로 다스리며 또 친히 하나님 곧 전능하신 이의 맹렬한 진노의 포도주 틀을 밟겠고 그 옷과 그 다리에 이름 쓴 것이 있으니 만왕의 왕이요 만주의 주라 하였더라"(계 19:11-16).

3) 9장 26절

"육십이 이레 후에 기름 부음을 받은 자가 끊어져 없어질 것이며 장차 한 왕의 백성이 와서 그 성읍과 성소를 훼파(毁破)하려니와 그의 종말은 홍수에 엄몰됨 같을 것이며 또 끝까지 전쟁이 있으리니 황폐할 것이 작정되었느니라"(단 9:26).

26절 말씀은 "육십이 이레 후에" 이루어질 사건을 계시해 주고 있다. 육십이 이레 후는 '칠십 이레' 중 '육십구 이레' 이후의 시점을 말한다. 이는 예수 그리스도의 공생애 시작 이후에 성취될 사건을 나타내는 계시예언이다.

(1) "육십이 이레 후에 기름 부음을 받은 자가 끊어져 없어질 것이며."

① 육십이 이레 후에.

'후(後)에'라는 히브리어 '아하르'(אַחַר)는 '시간을 알 수 없는 장래'라는 의미가 있다.

'일곱 이레'와 '육십이 이레'의 기한(期限)이 찼을 때 즉 '육십구 이레'가 되었을 때 기름 부음을 받은 자 곧 예수 그리스도가' 후(後)에' 죽임을 당하게 될 것임을 예언하는 말씀임에 틀림없다. 그런데 그 사건이 발생하는 시점이 나머지 '한 이레' 속에 속하는 사건이 아니라는 사실을 '육십이 이레 후에'라는 계시언어 속에 포함시키고 있다.

"기름 부음 받은 자가 끊어지는" 사건뿐만 아니라 그 뒤에 연계되는 "장차 한 왕의 백성이 와서 그 성읍과 성소를 훼파하는" 사건, "또 끝까지 전쟁이 있으리니 황폐할 것이 작정되었느니라"는 사건 등이 이루어지는 시기(時期)는 '칠십 이레'의 기한(期限)에 속하지 않는 사건임을 "육십이 이레 후에"라는 낱말 속에 내포되어 계시하고 있음을 알 수 있다.

② 기름 부음을 받은 자가 끊어져 없어질 것이며.

"육십이 이레 후에 기름 부음을 받은 자가 끊어져 없어질" 사건은 예수 그리스도가 십자가에 못 박혀 죽으시는 사건을 계시하는 예언의 말씀이라는 사실에는 이의(異議)가 없을 것이다.

> "빌라도가 패(牌)를 써서 십자가 위에 붙이니 나사렛 예수 유대인의 왕이라 기록되었더라"(요 19:19).

> "그는 실로 우리의 질고를 지고 우리의 슬픔을 당하였거늘 우리는 생각하기를 그는 징벌을 받아서 하나님에게 맞으며 고난을 당한다 하였노라 그가 찔림은 우리의 허물을 인함이요 그가 상함은 우리의 죄악을 인함이라 그가 징계를 받음으로 우리가 평화를 누리고 그가 채찍에 맞음으로 우리가 나음을 입었도다 우리는 다 양 같아서 그릇 행하여 각기

제 길로 갔거늘 여호와께서는 우리 무리의 죄악을 그에게 담당시키셨도다……그가 곤욕과 심문을 당하고 끌려갔으니 그 세대 중에 누가 생각하기를 그가 산 자의 땅에서 끊어짐은 마땅히 형벌 받을 내 백성의 허물을 인함이라 하였으리요 그는 강포를 행치 아니하였고 그 입에 궤사가 없었으나 그 무덤이 악인과 함께 되었으며 그 묘실이 부자와 함께 되었도다……나의 의로운 종이 자기 지식으로 많은 사람을 의롭게 하며 또 그들의 죄악을 친히 담당하리라"(사 53:4-11).

(2) "장차 한 왕의 백성이 와서 그 성읍과 성소를 훼파하려니와."

본문에 대한 해석에는 크게 두 가지 견해가 있다.

① 주후 70년 로마의 디도(Titus) 장군에 의해 이루어진 사건으로 보는 견해

이 예언의 능력과 정확성은 주후 70년 로마의 디도 베스파시아누스 장군의 예루살렘 침공으로 말미암아 역사 위에 실상으로 이루어짐으로 확인되었다고 주장한다.

주후 69년에 베스파시안이 로마의 황제에 즉위함으로 플라비안 왕조가 시작되었다.

베스파시안은 그의 아들 디도를 사령관으로 하여 알렉산드리아에서 예루살렘으로 진격하여 예루살렘을 정복하게 된다. 주후 70년에 로마의 침략으로 예루살렘이 황폐된 사실은 유대인 역사가 요세푸스에 의해 분명하게 기술되었다. 그의 기록에 의하면, 예루살렘을 포위하여 장기간의 싸움을 계속하는 동안에 110만 명이 죽었고, 97,000명이 노예로 팔렸으며, 성전은 완전히 파괴되었고, 성읍은 여

지없이 파괴되었다.

예수님은 장차 일어날 위의 사건을 예견하며 예루살렘 성을 바라보며 우셨다.

> "가까이 오사 성을 보시고 우시며 가라사대 너도 오늘날 평화에 관한 일을 알았더면 좋을 뻔하였거니와 지금 네 눈에 숨기웠도다 날이 이를지라 네 원수들이 토성을 쌓고 너를 둘러 사면으로 가두고 또 너와 및 그 가운데 있는 네 자식들을 땅에 메어치며 돌 하나도 돌 위에 남기지 아니하리니 이는 권고 받는 날을 네가 알지 못함을 인함이니라 하시니라"(눅 19:41-44).

위의 말씀은 분명 예루살렘 성과 그 속에 살던 이스라엘 백성들이 주후 70년 로마의 디도 장군에 의해 멸망당한 사건으로 이루어진 사실적 사건이다.

우리가 분명히 해야 할 일은 이 사건이 '칠십 이레'에 속한 한정된 사건으로 볼 수 없다는 것이다. 이는 '일곱 이레'와 '육십이 이레'가 지난 후, 즉 '육십구 이레'가 지난 후 그리고 마지막 '한 이레'인 '칠십 번째 이레' 사이의 공백기에 성취된 사건임을 인정해야 한다는 것이다.

② 종말의 때에 적그리스도에 의해 성취될 사건으로 보는 견해

예수 그리스도의 재림에 초점을 맞춰 해석하는 견해로, 본문에 계시된 '장차 한 왕'과 27절에 계시되고 있는 '장차 많은 사람으로 더불어 한 이레 동안의 언약을 굳게 정하는 그'가 동일한 인물이라고 주장한다. 이는 다니엘 7장에 계시되는 '작은 뿔'이요 신약에서 증

거하는 '대적하는 자, 곧 적그리스도'와 하나의 인물이라고 해석한다. 예수님은 이 자의 등장에 큰 의미를 두면서 "그러므로 너희가 선지자 다니엘의 말한 바 멸망의 가증한 것이 거룩한 곳에 선 것을 보거든 (읽는 자는 깨달을진저)"(마 24:15)라고 말씀하셨다. 예수님이 말씀하신 '멸망의 가증한 것'은 곧 '황폐케 하는 자'로 본문에 계시되고 있는 인물과 동일인물이므로 본문에 계시된 사건은 예수 그리스도의 재림 때 성취되는 종말론적 사건으로 해석하는 것이 타당하다고 주장한다. 예수님은 이 사건이 일어날 것을 언급하셨다.

> "너희가 예루살렘이 군대들에게 에워싸이는 것을 보거든 그 멸망이 가까운 줄을 알라 그때에 유대에 있는 자들은 산으로 도망할지며 성내에 있는 자들은 나갈지며 촌에 있는 자들은 그리로 들어가지 말지어다 이 날들은 기록된 모든 것을 이루는 형벌의 날이니라 그날에는 아이 밴 자들과 젖 먹이는 자들에게 화가 있으리니 이는 땅에 큰 환난과 이 백성에게 진노가 있겠음이로다 저희가 칼날에 죽임을 당하며 모든 이방에 사로잡혀 가겠고 예루살렘은 이방인의 때가 차기까지 이방인들에게 밟히리라 일월성신에는 징조가 있겠고 땅에서는 민족들이 바다와 파도의 우는 소리를 인하여 혼란한 중에 곤고하리라 사람들이 세상에 임할 일을 생각하고 무서워하므로 기절하리니 이는 하늘의 권능들이 흔들리겠음이라 그때에 사람들이 인자가 구름을 타고 능력과 큰 영광으로 오는 것을 보리라 이런 일이 되기를 시작하거든 일어나 머리를 들라 너희 구속이 가까웠느니라 하시더라"(눅 21:20-28).

"여호와의 날이 이르리라 그날에 네 재물이 약탈되어 너의 중에서 나누이리라 내가 열국을 모아 예루살렘과 싸우게 하리니 성읍이 함락되며 가옥이 약탈되며 부녀가 욕을 보며 성읍 백성이 절반이나 사로잡혀

가려니와 남은 백성은 성읍에서 끊쳐지지 아니하리라"(슥 14:1-2).

(3) "그의 종말은 홍수에 엄몰됨 같을 것이며 또 끝까지 전쟁이 있으리니 황폐할 것이 작정되었느니라."

본문의 대상이 누구인가 하는 대답에도 세 가지 의견으로 구분된다.

① 로마로 보는 견해

본문에 계시된 대상이 로마 제국을 의미한다고 보는 견해다.
예루살렘을 침략하여 성읍과 성전을 훼파한 로마 제국이 장차 게르만 민족의 침입을 받아 쇠망할 것을 예언하는 말씀으로, 게르만 민족이 침입하여 밀려오기를 홍수가 휩쓸어 가듯이 로마 제국의 영광이 그렇게 엄몰됨을 계시하는 말씀으로 해석한다.
주후 476년 8월 22일 오도아케르가 로마 제국의 마지막 황제인 아우구스툴루스 로물루스 황제(어린 로물루스라는 별명을 가짐)를 폐위시킴으로 주전 753년부터 시작된 로마 제국이 1,260년의 영욕을 뒤로하고 역사에서 사라지는 것을 홍수에 엄몰됨같이 망할 것으로 말한 것이라고 주장한다.

② 이스라엘로 보는 견해

'그의 종말'은 하나님을 배반한 이스라엘에 대한 심판적 징벌을 가리키는 것으로 보는 견해다.

"그러므로 의인 아벨의 피로부터 성전과 제단 사이에서 너희가 죽인 바라갸의 아들 사가랴의 피까지 땅 위에서 흘린 의로운 피가 다 너희에게 돌아가리라 내가 진실로 너희에게 이르노니 이것이 다 이 세대에게 돌아가리라"(마 23:35-36).

"빌라도가 아무 효험도 없이 도리어 민란(民亂)이 나려는 것을 보고 물을 가져다가 무리 앞에서 손을 씻으며 가로되 이 사람의 피에 대하여 나는 무죄하니 너희가 당하라 백성이 다 대답하여 가로되 그 피를 우리와 우리 자손에게 돌릴지어다 하거늘 이에 바라바는 저희에게 놓아주고 예수는 채찍질하고 십자가에 못 박히게 넘겨주니라"(마 27:24-26).

③ 적그리스도(작은 뿔)로 보는 견해

'그의 종말'은 '황폐케 하는 자'의 종말을 의미한다고 보는 견해다. 27절에 "이미 정한 종말까지 진노가 황폐케 하는 자에게 쏟아지리라"고 말씀하고 있어 '그의 종말'은 곧 장차 한 이레 동안의 언약을 굳게 정하고, 이레의 절반에 제사와 예물을 금지하며, 잔포하여 미운 물건을 세우는 일을 행하게 될 적그리스도로 해석하는 것이 타당하다고 주장한다.

"저희가 어린 양으로 더불어 싸우려니와 어린 양은 만주의 주시요 만왕의 왕이시므로 저희를 이기실 터이요 또 그와 함께 있는 자들 곧 부르심을 입고 빼내심을 얻고 진실한 자들은 이기리로다"(계 17:14).

4) 9장 27절

"그가 장차 많은 사람으로 더불어 한 이레 동안의 언약을 굳게 정하겠고 그가 그 이레의 절반에 제사와 예물을 금지할 것이며 또 잔포(殘暴)하여 미운 물건이 날개를 의지하여 설 것이며 또 이미 정한 종말까지 진노가 황폐케 하는 자에게 쏟아지리라 하였느니라"(단 9:27).

본문의 해석은 요한계시록 6장에 계시되고 있는 '흰 말 탄 자'의 해석과 같이 '적그리스도'에 관한 계시로 보는 견해와 '예수 그리스도'로 보는 두 견해가 상충(相衝)되고 있다.

'칠십 이레' 예언을 예수 그리스도의 초림에 맞추는 무천년설 학자들은 본문의 '그'가 예수 그리스도를 의미한다고 주장한다. 그들은 '한 이레' 동안의 언약을 영적으로 보고 막연한 시간으로 해석한다. 그들은 '그'를 예수 그리스도로, '많은 사람'을 은혜 안에 들어오는 구속받은 사람으로 해석한다.

반면에 역사기 전천년설 학자들은 '칠십 이레' 예언을 예수 그리스도의 재림에 초점을 맞추어 해석하고, 본문의 '그'를 '적그리스도'로 해석하는 방법을 취한다. 그들은 '일곱 이레'(49년)와 '육십이 이레'(434년)가 실제적 기간으로 계시된 기한에 미쳐 성 중건과 예수 그리스도의 공생애 시작이 성취되었으므로 장차 있을 '한 이레'(7년)의 기간도 문자적으로 성취될 실제적 기간으로 본다.

그들은 장차 예수 그리스도의 재림의 때가 임박할 종말의 때에 적그리스도가 나타나며, 7년 대환란이 시작될 것이며, 각종 환난의 주인공으로 활동할 것이라고 주장한다.

필자는 역사기 전천년설 입장에서 본문을 해석할 때 성경과 자연스럽게 조화를 이룬다고 본다. 본문을 예수 그리스도의 재림의 때가 임박한 종말의 때에 성취될 사건으로 해석하는 것이 성경의 지지를 받기 때문이다.

예수님이 감람산 위에 앉으셨을 때 제자들이 주의 임하심과 세상 끝에 일어날 징조를 묻는 질문에 답하시면서 다니엘 9장 27절의 본문의 사건을 인용하셨다.

> "예수께서 감람산 위에 앉으셨을 때에 제자들이 종용히 와서 가로되 우리에게 이르소서 어느 때에 이런 일이 있겠사오며 또 주의 임하심과 세상 끝에는 무슨 징조가 있사오리이까……이 천국 복음이 모든 민족에게 증거되기 위하여 온 세상에 전파되리니 그제야 끝이 오리라 그러므로 너희가 선지자 다니엘의 말한 바 멸망의 가증한 것이 거룩한 곳에 선 것을 보거든 (읽는 자는 깨달을진저) 그때에 유대에 있는 자들은 산으로 도망할지어다……이는 그때에 큰 환난이 있겠음이라 창세로부터 지금까지 이런 환난이 없었고 후에도 없으리라 그 날들을 감하지 아니할 것이면 모든 육체가 구원을 얻지 못할 것이나 그러나 택하신 자들을 위하여 그 날들을 감하시리라"(마 24:3-22).

(1) "그가 장차 많은 사람으로 더불어 한 이레 동안의 언약을 굳게 정하겠고."

'칠십 이레'는 '일곱 이레'(49년, 성 중건과 거리와 해자가 이루어짐)와 '육십이 이레'(434년, 거룩한 자가 기름 부음을 받음: 예수 그리스도가 세례를 받으실 때 성령을 받음으로 성취됨)와 마지막 '한 이레'로 구별된 사건이 연계된 계시예언이다.

무천년설 학자들이 마지막 '한 이레'를 영적 기간으로 보지만, 우리는 이를 취할 수 없다. 우리는 '일곱 이레'(49년)와 '육십이 이레'(434년)가 문자적 기한(期限)에 미쳐 역사적으로 성취되었기 때문에 마지막 '한 이레'(7년)도 문자적으로 성취될 것임을 믿는다.

문자적 기한(期限)으로 성취될 사건으로 믿는 사람들을 시한부 종말론자들로 매도하거나 세대주의자라고 비판하는 어리석음을 범하는 사람이 되지 않기를 바란다.

어느 해석이 성경적인가 하는 관점이 중요한 것이지, 어떤 신학 노선이냐가 중요한 것이 아니라고 생각한다. 다니엘처럼 성경을 깊이 있게 연구하고 기도하는 자세를 취함으로 하나님의 계시예언을 깨달아 아는 지혜가 있길 바란다.

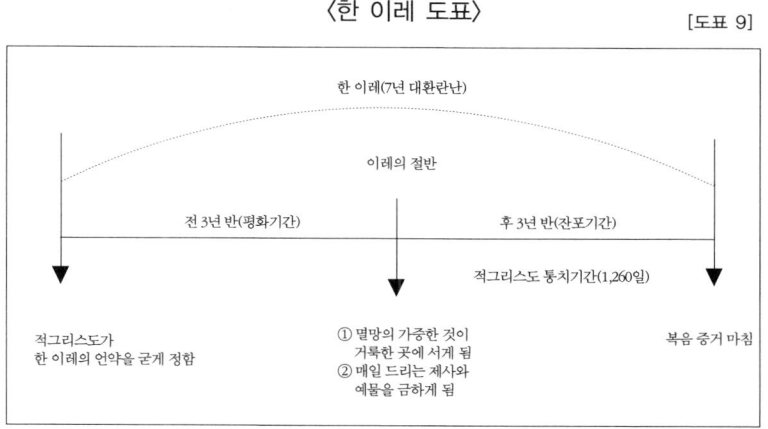

〈한 이레 도표〉 [도표 9]

다니엘서의 70이레는 요한계시록과 깊은 관계를 이루는 말씀이다. 다니엘서의 많은 부분이 요한계시록과 짝을 이루는 계시예언임을 보여준다. 다니엘서는 종말에 대해 증거하는 요한계시록을 해석하는 열쇠와도 같은 계시예언이다.

본문에 말씀이 예수 그리스도의 초림으로 말미암아 성취되는 사건이 아니라 예수 그리스도의 재림 때인 인류의 종말에 이루어질 사건임을 입증하는 결정적인 성경의 증거는 종말에 대해 증거해 주신 마태복음 24장의 예수님의 말씀이다.

"……주의 임하심과 세상 끝에는 무슨 징조가 있사오리이까……이 천국 복음이 모든 민족에게 증거되기 위하여 온 세상에 전파되리니 그제야 끝이 오리라 그러므로 너희가 선지자 다니엘의 말한 바 멸망의 가증한 것이 거룩한 곳에 선 것을 보거든 (읽는 자는 깨달을진저) 그때에 유대에 있는 자들은 산으로 도망할지어다……이는 그때에 큰 환난이 있겠음이라 창세로부터 지금까지 이런 환난이 없었고 후에도 없으리라 그날들을 감하지 아니할 것이면 모든 육체가 구원을 얻지 못할 것이나 그러나 택하신 자들을 위하여 그 날들을 감하시리라"(마 24:3-22).

예수님은 다니엘서의 말씀의 성취가 "주의 임하심과 세상 끝"에 이루어질 사건임을 명백히 밝혀 주심으로 그 계시말씀에 대한 오류된 해석을 미연(未然)에 방지하고 있다. 본문의 사건이 역사에 나타날 시기는 분명 "천국 복음이 모든 민족에게 증거되기 위하여 온 세상에 전파되는" 말씀이 실상으로 이루어진 후에 발생할 것임을 말씀하고 있다.

예수님의 확실한 증거말씀에도 불구하고 최근까지 본문의 사건이 예수님의 초림 때 성취되었다고 주장하는 사람들이 있다. 왜 하나님의 말씀인 성경의 확실한 증거말씀을 부인하고 자신들의 생각과 논리를 주장하는지 이해하기 어렵다. 아무리 체계적인 논리와 주장이라 할지라도 하나님의 기록된 말씀인 성경말씀을 넘어서지 않는 신실한 믿음과 진실되고 용기 있는 선한 마음을 갖기 바란다.

"형제들아 내가 너희를 위하여 이 일에 나와 아볼로를 가지고 본을 보였으니 이는 너희로 하여금 기록한 말씀 밖에 넘어가지 말라 한 것을 우리에게서 배워 서로 대적하여 교만한 마음을 먹지 말게 하려 함이라"(고전 4:6).

다니엘에게 계시된 '70이레'의 예언은 유대인의 역사 기한(期限)에 대한 계시예언이다. 70이레 도표에서 볼 수 있는 것처럼, 주전 457년 성 건축령(令)이 70이레가 시작되는 시점이고, 7이레가 지난 주전 408년에 이르는 기간에 성이 중건되고 거리와 해자가 이루어질 것이고, 그 후 62이레가 지난 주후 26년에 예수 그리스도가 세례를 받고 성령 충만함이 임한 후 공생애를 시작함으로 "지극히 거룩한 자가 기름 부음을 받으리라"는 계시예언이 성취되었음을 알 수 있다.

이제 마지막 '한 이레' 기간을 남겨두고 유대인의 역사는 잠정적 공백기를 갖게 된다. 이는 유대인들이 기다리며 꿈꾸던 메시아 왕국이 예수 그리스도의 초림으로 세워지지 않고 재림 때 이루어지도록 되어 있음을 보여준다. 우리가 잘 알고 있는 것처럼 레위기 23장에 계시되고 있는 '여호와의 절기'는 예수 그리스도를 통해 성취되는 여호와 하나님의 '구원 시간표'라고 할 수 있다.

여호와의 8대 절기가 예수 그리스도를 통해 어떻게 성취될 것인가에 대해 살펴보자.

① 안식일 - 안식일의 주인으로 오신 예수님의 초림
② 유월절 - 하나님의 어린 양으로 오신 예수 그리스도의 십자가의 대속 죽음
③ 무교절 - 인류의 모든 죄를 지고 무덤에 묻힌 예수 그리스도의 장사지냄
④ 초실절 - 부활의 첫 열매가 되신 예수 그리스도의 부활하심
⑤ 오순절 - 부활 승천하신 예수 그리스도께서 언약하신 성령님을 보내주심
⑥ 나팔절 - 장차 천사장의 나팔 소리와 함께 임하시는 예수 그리

스도의 재림
⑦ 속죄일 - 천년왕국이 끝나고 구속을 완성하심으로 심판주가 되시는 예수 그리스도
⑧ 초막절 - 새 하늘과 새 땅인 천국에서 영생복락을 얻게 하시는 예수 그리스도

여호와의 8대 절기 가운데 안식일부터 오순절까지의 절기는 예수 그리스도의 초림사역으로 성취되었다. 이제 우리는 여섯 번째 절기인 나팔절의 성취를 기다리고 있다. 나팔절이 예수 그리스도의 재림을 의미하는 절기라는 사실에는 이견(異見)이 없을 것이다.

지금은 오순절 이후 나팔절이 이루어지기까지 공백기가 이어지고 있다. 이 공백기가 오순절 이후 나팔절까지 4달 동안의 농사기간이며, 이방인의 구원시대임을 보여준다.

69이레가 성취되고 그 이후의 '한 이레'가 시작되기까지 공백기가 있는 이유는 유대인들이 예수 그리스도의 복음을 부인함으로 복음이 이방인에게 넘어갔기 때문임을 성경은 증거 해준다.

"예수께서 들으시고 기이히 여겨 좇는 자들에게 이르시되 내가 진실로 너희에게 이르노니 이스라엘 중 아무에게서도 이만한 믿음을 만나 보지 못하였노라 또 너희에게 이르노니 동서로부터 많은 사람이 이르러 아브라함과 이삭과 야곱과 함께 천국에 앉으려니와 나라의 본 자손들은 바깥 어두운 데 쫓겨나 거기서 울며 이를 갊이 있으리라"(마 8:10-12).

"바울과 바나바가 담대히 말하여 가로되 하나님의 말씀을 마땅히 먼저 너희에게 전할 것이로되 너희가 버리고 영생 얻음에 합당치 않은 자로

자처하기로 우리가 이방인에게로 향하노라 주께서 이같이 우리를 명하시되 내가 너를 이방의 빛을 삼아 너로 땅 끝까지 구원하게 하리라 하셨느니라 하니 이방인들이 듣고 기뻐하여 하나님의 말씀을 찬송하며 영생을 주시기로 작정된 자는 다 믿더라 주의 말씀이 그 지방에 두루 퍼지니라 이에 유대인들이 경건한 귀부인들과 그 성내 유력자들을 선동하여 바울과 바나바를 핍박케 하여 그 지경에서 쫓아내니 두 사람이 저희를 향하여 발에 티끌을 떨어 버리고 이고니온으로 가거늘 제자들은 기쁨과 성령이 충만하니라"(행 13:46-52).

다니엘에게 계시하신 70이레의 기한(期限)은 유대 백성들에게 주신 역사의 기한이다.

70이레 가운데서 69이레와 그 이후 '기름 부음 받은 왕'이 끊어지는 사건까지 이 땅 위에 그대로 성취되었으므로 마지막 '한 이레' 사건도 이 땅에서 이루어질 것이 분명하다. 그 사건은 장차 '나팔절' 절기인 예수 그리스도의 재림이 임박한 7년 대환란 시기가 될 것임이 자명(自明)하다.

하나님의 백성에게 계시하신 '여호와의 8대 절기'는 반드시 성취될 하나님의 구원 시간표다. 초림까지의 사역은 오순절 성령의 임하심까지로 끝이 나고, 이제 나팔절을 예비하고 있다. 그 시기가 되면 유대인들에게 다시금 '한 이레'의 역사가 이어질 것이며, 그들이 예수 그리스도의 복음을 듣고 회개하고 돌이켜 구원에 참예하게 될 것임을 성경은 명확하게 증거하고 있다.

"……주의 임하심과 세상 끝에는 무슨 징조가 있사오리이까……이 천국 복음이 모든 민족에게 증거되기 위하여 온 세상에 전파되리니 그제야 끝이 오리라 그러므로 너희가 선지자 다니엘의 말한 바 멸망의 가증한 것이 거룩한 곳에 선 것을 보거든 (읽는 자는 깨달을진저) 그때에 유대에 있는 자들은 산으로 도망할지어다"(마 24:3-16).

"그러므로 내가 말하노니 하나님이 자기 백성을 버리셨느뇨 그럴 수 없느니라 나도 이스라엘인이요 아브라함의 씨에서 난 자요 베냐민 지파라 하나님이 그 미리 아신 자기 백성을 버리지 아니하셨나니……그러므로 내가 말하노니 저희가 넘어지기까지 실족하였느뇨 그럴 수 없느니라 저희의 넘어짐으로 구원이 이방인에게 이르러 이스라엘로 시기나게 함이니라 저희의 넘어짐이 세상의 부요함이 되며 저희의 실패가 이방인의 부요함이 되거든 하물며 저희의 충만함이리요 내가 이방인인 너희에게 말하노라 내가 이방인의 사도인 만큼 내 직분을 영광스럽게 여기노니 이는 곧 내 골육을 아무쪼록 시기케 하여 저희 중에서 얼마를 구원하려 함이라……하나님이 원 가지들도 아끼지 아니하셨은즉 너도 아끼지 아니하시리라……네가 원 돌감람나무에서 찍힘을 받고 본성을 거스려 좋은 감람나무에 접붙임을 얻었은즉 원 가지인 이 사람들이야 얼마나 더 자기 감람나무에 접붙이심을 얻으랴 형제들아 너희가 스스로 지혜 있다 함을 면키 위하여 이 비밀을 너희가 모르기를 내가 원치 아니하노니 이 비밀은 이방인의 충만한 수가 들어오기까지 이스라엘의 더러는 완악하게 된 것이라 그리하여 온 이스라엘이 구원을 얻으리라"(롬 11:1-26).

성경의 확실한 계시말씀에도 불구하고 유대인들의 역사가 예수 그리스도의 초림 때 끝났다고 주장하는 사람들은 성경 밖에 넘어가는 교만을 행하는 것이며, 성경을 자의(自意)로 해석하여 억지 주장을 가르침으로 진리를 왜곡시키는 무지하고 어리석은 행위를 범하는 것이다.

'칠십 이레'의 마지막 '한 이레'(7년) 동안 이 땅에 있게 될 7년 대환란 기간에 적그리스도가 나타나 활동함으로 본문의 계시예언이 실상으로 이루어질 것이다.

(2) "그가 그 이레의 절반에 제사와 예물을 금지할 것이며."

적그리스도가 갖가지 공략을 통해 이스라엘의 평화를 보장하는 언약을 시행할 것이다. 그러나 머지않아 그 언약을 변개하고 잔포하게 행함으로 그 언약이 산산이 깨어지고 말 것이다. 평화의 언약을 세우며 역사에 등장한 적그리스드는 곧 이스라엘이 제사를 드리지 못하게 금하고, 자신이 하나님의 자리에 서서 경배 받기를 강요하게 될 것이다. 교회는 더 이상 하나님께 예배하지 못하게 되고, 예수 그리스도만이 구속주가 된다는 복음을 증거하지 못하도록 핍박을 받게 될 것이다.

본문에 대한 가장 올바른 해석은 다니엘서 자체의 계시증거들과 맥(脈)이 통하도록 해석하는 것이고, 더 나아가 성경의 지지를 받는 해석이라야 할 것이다.

본문의 사건과 동일한 사건에 대한 계시예언이 다니엘서에 자주 (7장, 8장, 11장, 12장) 등장한다.

> "그 열 뿔은 이 나라에서 일어날 열 왕이요 그 후에 또 하나가 일어나리니 그는 먼저 있던 자들과 다르고 또 세 왕을 복종시킬 것이며 그가 장차 말로 지극히 높으신 자를 대적하며 또 지극히 높으신 자의 성도를 괴롭게 할 것이며 그가 또 때와 법을 변개코자 할 것이며 성도는 그의 손에 붙인 바 되어 한 때와 두 때와 반 때를 지내리라 그러나 심판이 시작된즉 그는 권세를 빼앗기고 끝까지 멸망할 것이요 나라와 권세와 온

천하 열국의 위세가 지극히 높으신 자의 성민에게 붙인 바 되리니 그의 나라는 영원한 나라이라 모든 권세 있는 자가 다 그를 섬겨 복종하리라 하여"(단 7:24-27).

"그중 한 뿔에서 또 작은 뿔 하나가 나서 남편과 동편과 또 영화로운 땅을 향하여 심히 커지더니 그것이 하늘 군대에 미칠 만큼 커져서 그 군대와 별 중에 몇을 땅에 떨어뜨리고 그것을 짓밟고 또 스스로 높아져서 군대의 주재를 대적하며 그에게 매일 드리는 제사를 제하여 버렸고 그의 성소를 헐었으며 범죄함을 인하여 백성과 매일 드리는 제사가 그것에게 붙인 바 되었고 그것이 또 진리를 땅에 던지며 자의(自意)로 행하여 형통하였더라"(단 8:9-12).

"군대는 그의 편에 서서 성소 곧 견고한 곳을 더럽히며 매일 드리는 제사를 폐하며 멸망케 하는 미운 물건을 세울 것이며 그가 또 언약을 배반하고 악행하는 자를 궤휼로 타락시킬 것이나 오직 자기의 하나님을 아는 백성은 강하여 용맹을 발하리라"(단 11:31-32).

"내가 들은즉 그 세마포 옷을 입고 강물 위에 있는 자가 그 좌우 손을 들어 하늘을 향하여 영생하시는 자를 가리켜 맹세하여 가로되 반드시 한 때 두 때 반 때를 지나서 성도의 권세가 다 깨어지기까지니 그렇게 되면 이 모든 일이 다 끝나리라……매일 드리는 제사를 폐하며 멸망케 할 미운 물건을 세울 때부터 일천이백구십 일을 지낼 것이요 기다려서 일천삼백삼십오 일까지 이르는 그 사람은 복이 있으리라"(단 12:7-12).

이상에 증거되고 있는 다니엘서 자체의 증거말씀 가운데서 8장과

11장의 계시예언은 헬라에서 분열된 셀류쿠스 왕조의 안티오쿠스 4세 에피파네스에 의해 역사 위에 성취된 사건이고, 7장과 12장의 계시예언은 장차 이 땅에 나타날 '작은 뿔'로 상징되는 '적그리스도'로 말미암아 이루어질 사건에 대한 예언으로 본문의 사건을 성취할 주인공이 될 인물이라고 볼 수 있다.

8장과 11장의 '작은 뿔'로 상징된 주인공은 북방 왕(시리아)의 안티오쿠스 4세 에피파네스를 지칭하는데, 이는 장차 역사의 종말인 70이레 중 마지막 '한 이레'에 대한 본문의 사건을 성취하게 될 7장과 12장의 '작은 뿔'인 '적그리스도'의 예표요, 모형적 인물임을 보여준다.

결론적으로 본문에 계시된 예언의 성취자는 예수 그리스도가 아니라 다니엘서 전반(全般)에 걸쳐 예언되고 있는 '작은 뿔'인 '적그리스도'에 의한 사건임을 깨닫게 된다.

본문에 계시된 "그가 그 이레의 절반에 제사와 예물을 금지할 것이며"라는 예언이 예수 그리스도의 십자가 죽으심을 통해 구약의 제사가 마치게 된 것을 의미한다고 주장하는 사람들이 있다. 하지만 다니엘서 전체 문맥의 흐름과 성경의 전반적 증거를 살펴볼 때 수용하기 어려운 오해(誤解)임이 드러난다.

'제사와 예물을 금지한다'는 것은 제사를 완성함으로 마치게 되었다는 의미로 받아들일 수 없는 문장의 의미를 보여준다. '제사와 예물을 금지했다'는 것은 강제적으로 하지 못하게 했다는 의미를 담고 있다. 이는 7장의 '작은 뿔'이 "지극히 높으신 자를 대적하며 또 지극히 높으신 자의 성도를 괴롭게 하는"(단 7:25) 행위와 상통한다.

8장의 '작은 뿔'이 "스스로 높아져서 군대의 주재를 대적하며 그에게 매일 드리는 제사를 제하여 버렸고 그의 성소를 헐었으며 범죄함을 인하여 백성과 매일 드리는 제사가 그것에게 붙인 바"(단 8:11-

12) 된 사건과 일치한다.

11장에서 "북방 왕……군대는 그의 편에 서서 성소 곧 견고한 곳을 더럽히며 매일 드리는 제사를 폐하며 멸망케 하는 미운 물건을 세울 것이며 그가 또 언약을 배반하는"(단11:28-32) 행위와 동일하다.

12장의 "매일 드리는 제사를 폐하며 멸망케 할 미운 물건을 세우는"(단 12:11) 사건과 맥락(脈絡)이 같은 사건이다.

그러므로 본문의 사건은 장차 인류의 종말에 등장하는 '작은 뿔'의 역사, 즉 적그리스도가 대주재(大主宰)가 되신 하나님께 드리는 제사와 예물을 금지시키고 자신을 높여 경배하도록 역사하게 될 것임을 계시하는 예언이라고 해석하는 것이 다니엘서 전체의 계시예언과 상통(相通)하는 성경적 정해(正解)다.

"그가 그 이레의 절반에 제사와 예물을 금지할 것이라"는 본문의 말씀을 예수 그리스도가 십자가에 못 박혀 속죄제사를 완성했으므로 제사를 그치게 했다고 해석하는 것은 성경의 가르침과 상반(相反)된 주장이 된다는 사실을 정각(正覺)해야 한다.

예수님이 하나님의 어린 양으로 오사 속죄양이 되심으로 십자가에 피 흘려 대속하심으로 다시는 속죄를 위한 제사를 드릴 필요가 없게 된 것은 사실이다.

"그리스도께서 장래 좋은 일의 대제사장으로 오사 손으로 짓지 아니한 곧 이 창조에 속하지 아니한 더 크고 온전한 장막으로 말미암아 염소와 송아지의 피로 아니하고 오직 자기 피로 영원한 속죄를 이루사 단번에 성소에 들어가셨느니라"(히 9:11-12).

"저가 한 제물로 거룩하게 된 자들을 영원히 온전케 하셨느니라……이것을 사하셨은즉 다시 죄를 위하여 제사드릴 것이 없느니라"(히 10:14, 18).

예수 그리스도를 구주로 영접한 성도들은 예수 그리스도께서 십자가에서 죄를 대속(代贖)하는 피 흘림의 희생제물이 되어 주셨음을 믿음으로 죄를 사함 받고 의롭다 칭함 받아 영생을 얻고, 천국에 들어갈 수 있는 하나님의 자녀가 되는 권세를 얻게 되었다.

"모세가 광야에서 뱀을 든 것같이 인자도 들려야 하리니 이는 저를 믿는 자마다 영생을 얻게 하려 하심이니라 하나님이 세상을 이처럼 사랑하사 독생자를 주셨으니 이는 저를 믿는 자마다 멸망치 않고 영생을 얻게 하려 하심이니라"(요 3:14-16).

"영접하는 자 곧 그 이름을 믿는 자들에게는 하나님의 자녀가 되는 권세를 주셨으니"(요 1:12).

"곧 예수 그리스도를 믿음으로 말미암아 모든 믿는 자에게 미치는 하나님의 의니 차별이 없느니라 모든 사람이 죄를 범하였으매 하나님의 영광에 이르지 못하더니 그리스도 예수 안에 있는 구속으로 말미암아 하나님의 은혜로 값 없이 의롭다 하심을 얻은 자 되었느니라 이 예수를 하나님이 그의 피로 인하여 믿음으로 말미암는 화목 제물로 세우셨으니 이는 하나님께서 길이 참으시는 중에 전에 지은 죄를 간과하심으로 자기의 의로우심을 나타내려 하심이니 곧 이때에 자기의 의로우심을 나타내사 자기도 의로우시며 또한 예수 믿는 자를 의롭다 하려 하심이니라"(롬 3:22-26).

이제 예수의 구속을 믿는 성도들은 다시 죄 사함을 얻기 위해 피 흘림의 제사를 드릴 필요가 없다. 그러나 구원받은 성도들은 구속에 대한 은혜와 사랑에 감사하며 하나님께 더욱더 신령과 진정으로 예배하며, 하나님을 기쁘시게 하는 찬미의 제사를 드리고 믿음으로 예물을 드려 하나님의 복음사역을 감당해야 한다.

성경은 예수님이 제사와 예물을 금지하신 것이 아니라 오히려 신령과 진정한 마음과 믿음으로 드리도록 이끄시는 영원한 대제사장이 되심을 증거하고 있다.

"그러므로 형제들아 우리가 예수의 피를 힘입어 성소에 들어갈 담력을 얻었나니 그 길은 우리를 위하여 휘장 가운데로 열어 놓으신 새롭고 산 길이요 휘장은 곧 저의 육체니라 또 하나님의 집 다스리는 큰 제사장이 계시매 우리가 마음에 뿌림을 받아 양심의 악을 깨닫고 몸을 맑은 물로 씻었으니 참 마음과 온전한 믿음으로 하나님께 나아가자"(히 10:19-22).

"그러므로 예수도 자기 피로써 백성을 거룩케 하려고 성문 밖에서 고난을 받으셨느니라 그런즉 우리는 그 능욕을 지고 영문 밖으로 그에게 나아가자 우리가 여기는 영구한 도성이 없고 오직 장차 올 것을 찾나니 이러므로 우리가 예수로 말미암아 항상 찬미의 제사를 하나님께 드리자 이는 그 이름을 증거하는 입술의 열매니라 오직 선을 행함과 서로 나눠 주기를 잊지 말라 이 같은 제사는 하나님이 기뻐하시느니라"(히 13:12-16).

"너희도 산 돌같이 신령한 집으로 세워지고 예수 그리스도로 말미암아 하나님이 기쁘게 받으실 신령한 제사를 드릴 거룩한 제사장이 될지니라"(벧전 2:5).

"……예수 그리스도로 말미암아 은혜와 평강이 너희에게 있기를 원하노라 우리를 사랑하사 그의 피로 우리 죄에서 우리를 해방하시고 그 아버지 하나님을 위하여 우리를 나라와 제사장으로 삼으신 그에게 영광과 능력이 세세토록 있기를 원하노라 아멘"(계 1:5-6).

예수님이 예물을 금하신 일이 있는가? 예수님은 오히려 믿음으로 예물을 드려야 함을 가르치셨다.

"그러므로 예물을 제단에 드리다가 거기서 네 형제에게 원망 들을 만한 일이 있는 줄 생각나거든 예물을 제단 앞에 두고 먼저 가서 형제와 화목하고 그 후에 와서 예물을 드리라"(마 5:23-24).

"화 있을진저 외식하는 서기관들과 바리새인들이여 너희가 박하와 회향과 근채의 십일조를 드리되 율법의 더 중한 바 의(義)와 인(仁)과 신(信)은 버렸도다 그러나 이것도 행하고 저것도 버리지 말아야 할지니라"(마 23:23).

구약의 '할례'가 신약에 와서는 '세례'로 변하였고, 구약의 '피 흘림의 제사'는 신약에 와서 예수 그리스도의 속죄 피를 믿음으로 하나님께 제사하는 '예배'로 변했으며, 구약의 '예물'은 신약에 와서 '헌금'(연보)으로 변했을 뿐이지 폐한 것이 아니다.

하나님께서는 신약시대에 와서도 성도들의 '산 제사'를 기뻐 받으시고, 감사와 정성으로 드리는 '예물'을 기뻐하신다.

"우리 조상들은 이 산에서 예배하였는데 당신들의 말은 예배할 곳이 예루살렘에 있다 하더이다 예수께서 가라사대 여자여 내 말을 믿으라 이 산에서도 말고 예루살렘에서도 말고 너희가 아버지께 예배할 때가 이르리라 너희는 알지 못하는 것을 예배하고 우리는 아는 것을 예배하노니 이는 구원이 유대인에게서 남이니라 아버지께 참으로 예배하는 자들은 신령과 진정으로 예배할 때가 오나니 곧 이때라 아버지께서는 이렇게 자기에게 예배하는 자들을 찾으시느니라 하나님은 영이시니 예배하는 자가 신령과 진정으로 예배할지니라"(요 4:20-24).

"그러므로 형제들아 내가 하나님의 모든 자비하심으로 너희를 권하노니 너희 몸을 하나님이 기뻐하시는 거룩한 산 제사로 드리라 이는 너희의 드릴 영적 예배니라"(롬 12:1).

"예수께서 눈을 들어 부자들이 연보궤에 헌금 넣는 것을 보시고 또 어떤 가난한 과부의 두 렙돈 넣는 것을 보시고 가라사대 내가 참으로 너희에게 말하노니 이 가난한 과부가 모든 사람보다 많이 넣었도다 저들은 그 풍족한 중에서 헌금을 넣었거니와 이 과부는 그 구차한 중에서 자기의 있는 바 생활비 전부를 넣었느니라 하시니라"(눅 21:1-4).

"이러므로 내가 이 형제들로 먼저 너희에게 가서 너희의 전에 약속한 연보를 미리 준비케 하도록 권면하는 것이 필요한 줄 생각하였노니 이렇게 준비하여야 참 연보답고 억지가 아니니라 이것이 곧 적게 심는 자는 적게 거두고 많이 심는 자는 많이 거둔다 하는 말이로다 각각 그 마음에 정한 대로 할 것이요 인색함으로나 억지로 하지 말지니 하나님은 즐겨 내는 자를 사랑하시느니라"(고후 9:5-7).

"용이 짐승에게 권세를 주므로 용에게 경배하며 짐승에게 경배하여 가로되 누가 이 짐승과 같으뇨 누가 능히 이로 더불어 싸우리요 하더라 또 짐승이 큰 말과 참람된 말 하는 입을 받고 또 마흔두 달 일할 권세를 받으니라 짐승이 입을 벌려 하나님을 향하여 훼방하되 그의 이름과 그의 장막 곧 하늘에 거하는 자들을 훼방하더라 또 권세를 받아 성도들과 싸워 이기게 되고 각 족속과 백성과 방언과 나라를 다스리는 권세를 받으니 죽임을 당한 어린 양의 생명책에 창세 이후로 녹명되지 못하고 이 땅에 사는 자들은 다 짐승에게 경배하리라"(계 13:4-8).

(3) "또 잔포하여 미운 물건이 날개를 의지하여 설 것이며."
'잔포(殘暴)하다'라는 말은 그의 활동이 성격을 드러내 주는 말이다. 그가 얼마나 잔포한지 요한계시록 13장에 그의 모습이 잘 드러나고 있다.

"내가 보니 바다에서 한 짐승이 나오는데 뿔이 열이요 머리가 일곱이라 그 뿔에는 열 면류관이 있고 그 머리들에는 참람된 이름들이 있더라 내가 본 짐승은 표범과 비슷하고 그 발은 곰의 발 같고 그 입은 사자의 입 같은데 용이 자기의 능력과 보좌와 큰 권세를 그에게 주었더라"(계 13:1-2).

한 이레 동안의 언약을 굳게 정할 그의 성격이 잔포한데, 이를 예수 그리스도라 칭하는 것은 불합리한 주장이므로 거부된다.
마음이 온유하고 겸손하신 주님을 어찌 '잔포(殘暴)한 자'와 동일시할 수 있는가?
'잔포하여 미운 물건'의 히브리어 '쉬쿠츠 샤멤'(שמם שקוץ)은 문자적으로 '가증한 황폐케 하는 자'라는 뜻으로 다니엘 11장 31절과 12장 11절에 증거되고 있는 '멸망케 하는 미운 물건'과 유사한 표현이며, 예수님이 종말의 때에 대해 예언하신 마태복음 24장 15절 말씀에 증거되고 있는 '멸망의 가증한 것'과 동일한 대상으로 이는 적그리스도를 의미하는 것이다.

7장의 '작은 뿔'(적그리스도)의 예표요 모형 된 인물이 8장의 '작은 뿔'인 안티오쿠스 4세 에피파네스다. 그가 행한 본문의 성취 사건에 대해 유대의 역사학자 요세푸스는 기록하기를 "그가 하나님의 거룩한 성전의 제단을 허물고 우상의 제단을 세워 그 위에 돼지를 올려 놓았다"고 전하고 있다. 잔포하여 미운 물건이 날개를 의지하여 선다는 것은 곧 거룩한 성전에 적그리스도의 우상이 세워지게 될 것을 의미한다.

> "짐승 앞에서 받은 바 이적을 행함으로 땅에 거하는 자들을 미혹하며 땅에 거하는 자들에게 이르기를 칼에 상하였다가 살아난 짐승을 위하여 우상을 만들라 하더라 저가 권세를 받아 그 짐승의 우상에게 생기를 주어 그 짐승의 우상으로 말하게 하고 또 짐승의 우상에게 경배하지 아니하는 자는 몇이든지 다 죽이게 하더라"(계 13:14-15).

(4) "또 이미 정한 종말까지 진노가 황폐케 하는 자에게 쏟아지리라 하였느니라."

적그리스도는 하나님을 대적하고 하나님의 장막에 거하는 성도들을 훼방하는 자로 영적 세상과 육적 세상 모두를 황폐케 하는 사탄의 종이다. 적그리스도가 활동하는 시기는 '칠십 이레'의 마지막 '한 이레' 동안으로 종말의 때임을 드러낸다. 그의 활동이 큰 권능과 능력으로 진행되어 오래 지속될 것처럼 보이지만, 사실 그의 활동 시기는 잠시 동안으로 정해졌으며, 그 정한 종말 기간 동안에는 왕성하게 느껴지지만 하나님의 진노가 그 위에 쏟아져 그 멸망이 속히 이루어질 것임을 계시해 주고 있다. '정한 종말'은 하나님이 작정하셨으므로 반드시 이루어질 것임을 내포하는 말이며, 적그리스도가 하나님의 진노의 심판을 받아 완전히 파멸될 것임을 의미하는 말이다.

> "모신 자가 이처럼 이르되 넷째 짐승은 곧 땅의 넷째 나라인데 이는 모든 나라보다 달라서 천하를 삼키고 밟아 부숴뜨릴 것이며 그 열 뿔은 이 나라에서 일어날 열 왕이요 그 후에 또 하나가 일어나리니 그는 먼저 있던 자들과 다르고 또 세 왕을 복종시킬 것이며 그가 장차 말로 지극히 높으신 자를 대적하며 또 지극히 높으신 자의 성도를 괴롭게 할 것이며 그가 또 때와 법을 변개코자 할 것이며 성도는 그의 손에 붙인 바 되어 한 때와 두 때와 반 때를 지내리라 그러나 심판이 시작된즉 그는 권세를 빼앗기고 끝까지 멸망할 것이요"(단 7:23-26).

> "저희가 어린 양으로 더불어 싸우려니와 어린 양은 만주의 주시요 만왕의 왕이시므로 저희를 이기실 터이요 또 그와 함께 있는 자들 곧 부르심을 입고 빼내심을 얻고 진실한 자들은 이기리로다"(계 17:14).

> "또 내가 보매 그 짐승과 땅의 임금들과 그 군대들이 모여 그 말 탄 자와 그의 군대로 더불어 전쟁을 일으키다가 짐승이 잡히고 그 앞에서 이적을 행하던 거짓 선지자도 함께 잡혔으니 이는 짐승의 표를 받고 그의 우상에게 경배하던 자들을 이적으로 미혹하던 자라 이 둘이 산 채로 유황 불 붙는 못에 던지우고"(계 19:19-20).

5 10장 연구

역사와 계시의 주권자가 되시는 인자

"바사 왕 고레스 삼 년에 한 일이 벨드사살이라 이름 한 다니엘에게 나타났는데 그 일이 참되니 곧 큰 전쟁에 관한 것이라 다니엘이 그 일을 분명히 알았고 그 이상을 깨달으니라 그때에 나 다니엘이 세 이레 동안을 슬퍼하며 세 이레가 차기까지 좋은 떡을 먹지 아니하며 고기와 포도주를 입에 넣지 아니하며 또 기름을 바르지 아니하니라 정월 이십사 일에 내가 힛데겔이라 하는 큰 강가에 있었는데 그때에 내가 눈을 들어 바라본즉 한 사람이 세마포 옷을 입었고 허리에는 우바스 정금 띠를 띠었고 그 몸은 황옥 같고 그 얼굴은 번갯빛 같고 그 눈은 횃불 같고 그 팔과 발은 빛난 놋과 같고 그 말소리는 무리의 소리와 같더라……인자와 같은 이가 있어 내 입술을 만진지라 내가 곧 입을 열어 내 앞에 섰는 자에게 말하여 가로되 내 주여 이 이상을 인하여 근심이 내게 더하므로 내가 힘이 없어졌나이다 내 몸에 힘이 없어졌고 호흡이 남지 아니하였사오니 내 주의 이 종이 어찌 능히 내 주로 더불어 말씀할 수 있으리이까 또 사람의 모양 같은 것 하나가 나를 만지며 나로 강건케 하여 가로되 은총을 크게 받은 사람이여 두려워하지 말라 평안하라 강건하라 강건하라 그가 이같이 내게 말하매 내가 곧 힘이 나서 가로되 내 주께서 나로 힘이 나게 하셨사오니 말씀하옵소서 그가 이르되 내가 어찌하여 네게 나아온 것을 네가 아느냐 이제 내가 돌아가서 바사군과 싸우려니와 내가 나간 후에는 헬라군이 이를 것이라 오직 내가 먼저 진리의 글에 기록된 것으로 네게 보이리라 나를 도와서 그들을 대적하는 자는 너희 군 미가엘뿐이니라 내가 또 메대 사람 다리오 원년에 일어나 그를 돕고 강하게 한 일이 있었느니라"(단 10:1-11:1).

다니엘이 '큰 전쟁'에 관한 이상을 계시받은 것은 바사 왕 고레스가 유대인들에게 예루살렘 성전 재건의 조서를 내린 지 2년이 지난 시기인 '바사 왕 고레스 삼 년'(주전 534년)의 일이었다(단 10:1). 다니엘에게 10장 이후의 '큰 전쟁'에 관한 내용을 계시하신 분은 삼위 하나님 중 2위이신 성자 하나님이심을 알 수 있다.

"그때에 내가 눈을 들어 바라본즉 한 사람이 세마포 옷을 입었고 허리에는 우바스 정금 띠를 띠었고 그 몸은 황옥 같고 그 얼굴은 번갯빛 같고 그 눈은 횃불 같고 그 팔과 발은 빛난 놋과 같고 그 말소리는 무리의 소리와 같더라"(단 10:5-6).

"인자와 같은 이가 있어 내 입술을 만진지라 내가 곧 입을 열어 내 앞에 섰는 자에게 말하여 가로되 내 주여 이 이상을 인하여 근심이 내게 더하므로 내가 힘이 없어졌나이다 내 몸에 힘이 없어졌고 호흡이 남지 아니하였사오니 내 주의 이 종이 어찌 능히 내 주로 더불어 말씀할 수 있으리이까 또 사람의 모양 같은 것 하나가 나를 만지며 나로 강건케 하여 가로되 은총을 크게 받은 사람이여 두려워하지 말라 평안하라 강건하라 강건하라 그가 이같이 내게 말하매 내가 곧 힘이 나서 가로되 내 주께서 나로 힘이 나게 하셨사오니 말씀하옵소서"(단 10:16-19).

성삼위 하나님 가운데 2위 하나님이신 성자 하나님께서 성육신 이전 현현(顯現)하실 때, 때로는 '여호와의 사자'로 '영광스러운 천사의 모습'으로 '인자와 같은 사람'의 모습으로 나타나 활동하신 사실을 성경은 증거해 준다. 다니엘 3장에서도 다니엘의 세 친구가 느부갓네살 금신상에 절하지 않음으로 극렬히 타는 풀무불에 던져지는 사건이 일어났을 때, 성자 하나님이 풀무불 가운데 함께하심으로 그들의 결박을 풀어주고 보호해 주신 사건이 증거되고 있다.

> "이 세 사람 사드락과 메삭과 아벳느고는 결박된 채 극렬히 타는 풀무 가운데 떨어졌더라 때에 느부갓네살 왕이 놀라 급히 일어나서 모사들에게 물어 가로되 우리가 결박하여 불 가운데 던진 자는 세 사람이 아니었느냐 그들이 왕에게 대답하여 가로되 왕이여 옳소이다 왕이 또 말하여 가로되 내가 보니 결박되지 아니한 네 사람이 불 가운데로 다니는데 상하지도 아니하였고 그 넷째의 모양은 신들의 아들과 같도다"(단 3:23-25).

메대 사람 다리오 원년에 다리오 왕을 도와 그를 강하게 함으로 바벨론을 패망케 한 일이 인자께서 배후에서 역사하신 일이었음을 밝혀 주고 있다.

> "내가 또 메대 사람 다리오 원년에 일어나 그를 돕고 강하게 한 일이 있었느니라"(단 11:1).

이제는 하나님의 계시말씀에 따라 바사 국을 패망시키고 헬라 제국을 세우게 될 것임을 계시해 주신다.

> "그가 이르되……이제 내가 돌아가서 바사 군과 싸우려니와 내가 나간 후에는 헬라 군이 이를 것이라 오직 내가 먼저 진리의 글에 기록된 것으로 네게 보이리라"(단 10:20-21).

이 같은 사실은 인자 되신 예수 그리스도께서 인생의 생사화복을 주관하시고 세상 모든 나라의 흥망성쇠를 주관하시는 역사의 주권자가 되심을 깨닫게 하기 위한 계시임을 보여준다.

"촛대 사이에 인자 같은 이가 발에 끌리는 옷을 입고 가슴에 금띠를 띠고 그 머리와 털의 희기가 흰 양털 같고 눈 같으며 그의 눈은 불꽃 같고 그의 발은 풀무에 단련한 빛난 주석 같고 그의 음성은 많은 물 소리와 같으며 그 오른손에 일곱 별이 있고 그 입에서 좌우에 날선 검이 나오고 그 얼굴은 해가 힘있게 비취는 것 같더라 내가 볼 때에 그 발 앞에 엎드러져 죽은 자같이 되매 그가 오른손을 내게 얹고 가라사대 두려워 말라 나는 처음이요 나중이니 곧 산 자라 내가 전에 죽었었노라 볼지어다 이제 세세토록 살아 있어 사망과 음부의 열쇠를 가졌노니"(계 1:13-18).

세상의 모든 역사는 우연히 일어나는 것이 아니고, 또 사람의 뜻과 능력으로 이루어지는 것이 아니라 하나님의 뜻과 계획과 섭리에 의해 진행된다는 사실을 명백히 선포하는 하나님의 말씀이다.

"다니엘이 말하여 가로되 영원 무궁히 하나님의 이름을 찬송할 것은 지혜와 권능이 그에게 있음이로다 그는 때와 기한을 변하시며 왕들을 폐하시고 왕들을 세우시며 지혜자에게 지혜를 주시고 지식자에게 총명을 주시는도다"(단 2:20-21).

"그 기한이 차매 나 느부갓네살이 하늘을 우러러보았더니 내 총명이 다시 내게로 돌아온지라 이에 내가 지극히 높으신 자에게 감사하며 영생하시는 자를 찬양하고 존경하였느니 그 권세는 영원한 권세요 그 나라는 대대에 이르리로다 땅의 모든 거민을 없는 것같이 여기시며 하늘의 군사에게든지 땅의 거민에게든지 그는 자기 뜻대로 행하시나니 누가 그의 손을 금하든지 혹시 이르기를 네가 무엇을 하느냐 할 자가 없도다"(단 4:34-35).

6 11장 연구

남방 왕과 북방 왕의 전쟁

"그 위를 이을 자가 토색하는 자로 그 나라의 아름다운 곳으로 두루 다니게 할 것이나 그는 분노함이나 싸움이 없이 몇 날이 못 되어 망할 것이요 또 그 위를 이을 자는 한 비천한 사람이라 나라 영광을 그에게 주지 아니할 것이나 그가 평안한 때를 타서 궤휼로 그 나라를 얻을 것이며……그가 그 힘을 떨치며 용맹을 발하여 큰 군대를 거느리고 남방 왕을 칠 것이요 남방 왕도 심히 크고 강한 군대를 거느리고 맞아 싸울 것이나 능히 당하지 못하리니 이는 그들이 모략을 베풀어 그를 침이니라 자기의 진미를 먹는 자가 그를 멸하리니 그 군대가 흩어질 것이요 많은 자가 엎드려 죽으리라……작정된 기한에 그가 다시 나와서 남방에 이를 것이나 이번이 그 전번만 못하리니 이는 깃딤의 배들이 이르러 그를 칠 것임이라 그가 낙심하고 돌아가며 거룩한 언약을 한하고 임의로 행하며 돌아가서는 거룩한 언약을 배반하는 자를 중히 여길 것이며 군대는 그의 편에 서서 성소 곧 견고한 곳을 더럽히며 매일 드리는 제사를 폐하며 멸망케 하는 미운 물건을 세울 것이며 그가 또 언약을 배반하고 악행하는 자를 궤휼로 타락시킬 것이나 오직 자기의 하나님을 아는 백성은 강하여 용맹을 발하리라……이 왕이 자기 뜻대로 행하며 스스로 높여 모든 신보다 크다 하며 비상한 말로 신들의 신을 대적하며 형통하기를 분노하심이 쉴 때까지 하리니 이는 그 작정된 일이 반드시 이룰 것임이니라……마지막 때에 남방 왕이 그를 찌르니 북방 왕이 병거와 마병과 많은 배로 회리바람처럼 그에게로 마주 와서 그 여러 나라에 들어가며 물이 넘침같이 지나갈 것이요 그가 또 영화로운 땅에 들어갈 것이요 많은 나라를 패망케 할 것이나 오직 에돔과 모압과 암몬 자손의 존귀한 자들은 그 손에서 벗어나리라 그가 열국에 그 손을 펴리니 애굽 땅도 면치 못할 것이므로 그가 권세로 애굽의 금 은과 모든 보물을 잡을 것이요 리비아 사람과 구스 사람이 그의 시종이 되리라 그러나 동북에서부터 소문이 이르러 그로 번민케 하므로 그가 분노하여 나가서 많은 무리를 다 도륙하며 진멸코자 할 것이요 그가 장막 궁전을 바다와 영화롭고 거룩한 산 사이에 베풀 것이나 그의 끝이 이르리니 도와줄 자가 없으리라"(단 11:20-45).

1. 남북전쟁이 준비되는 역사적 섭리 과정

다니엘 11장 1-4절 말씀은 남북전쟁이 일어나기 전에 이 땅 위에 진행될 바사와 헬라의 등장과 쇠퇴 과정을 계시해 주고 있다.

"내가 또 메대 사람 다리오 원년에 일어나 그를 돕고 강하게 한 일이 있었느니라 이제 내가 참된 것을 네게 보이리라 보라 바사에서 또 세 왕이 일어날 것이요 그 후의 넷째는 그들보다 심히 부요할 것이며 그가 그 부요함으로 강하여진 후에는 모든 사람을 격동시켜 헬라 국을 칠 것이며 장차 한 능력 있는 왕이 일어나서 큰 권세로 다스리며 임의로 행하리라 그러나 그가 강성할 때에 그 나라가 갈라져 천하 사방에 나누일 것이나 그 자손에게로 돌아가지도 아니할 것이요 또 자기가 주장하던 권세대로도 되지 아니하리니 이는 그 나라가 뽑혀서 이외의 사람들에게로 돌아갈 것임이니라"(단 11:1-4).

1) 바사에서 일어날 네 왕과 그 종말

1절에서 '내가'라고 계시하고 있는 대상은 10장에서 살펴본 바와 같이 인자되신 예수님의 성육신 이전에 현현(顯現)하신 성자 하나님이시다. 바벨론이 메대의 왕 다리오에게 멸망을 당하게 된 것이 성자 하나님의 역사로 말미암았음을 밝혀 주고 있다.

이제 바사가 하나님의 섭리로 말미암아 역사의 무대에 등장하여 느부갓네살의 신상의 두 번째 제국인 '은 가슴 두 팔'의 나라가 성취되었지만 그 나라는 오래가지 않을 것임을 계시해 주고 있다. 2절 말씀의 계시에 보면, 바사에서 네 번째 왕까지 일어나는데 마지막으로 등장한 왕은 부요함으로 강해진 후에 헬라를 치겠지만 결국 패배하게 되어 역사의 패권은 바사로부터 헬라 시대로 옮겨지게 될 것임을 계시해 주고 있다.

바사의 고레스 왕을 이어 장차 세 왕이 일어날 것이 계획되어 있음을 계시해 주는데, 이는 ① 캄비세스(Cambyses, 주전 529-522년), ② 스멜디스(Smerdis, 주전 522-521년), ③ 다리오 히스타스피스(Darius Hystaspis, 주전 521-486년)를 가리킨다.

그 후에 나타나 헬라를 정복하려고 공격하게 될 네 번째 바사 왕은 에스더서에서 '아하수에로'(Ahasuerus)로 언급된 크세르크세스(Xerxes, 주전 486-465년)다. 그는 즉위 후 그의 부왕 다리오가 실패한 헬라 정복 사업을 물려받아 막강한 경제적, 군사적 힘을 바탕으로 마게도냐를 침공했다. 그의 정복사역은 초기에는 성공한 듯 보였으나 살라미스(Salamis) 전투에서 8장에 계시된 털 많은 숫염소의 현저한 큰 뿔로 상징된 헬라의 첫 왕 알렉산더에게 결정적인 패배를 당하였다. 그 후 플라타이아(Plataer) 전투를 끝으로 페르시아 제국은 멸망당했다.

2) 장차 일어날 한 능력 있는 왕과 그 나라의 미래

본문에서 장차 일어날 '한 능력 있는 왕'은 2장의 신상에 나타난 '놋 배와 넓적다리' 나라인 헬라의 첫 번째 왕인 알렉산더 대왕을 지칭한다. 그에 대해 8장에서는 털 많은 숫염소의 두 눈 사이에 올라온 '현저한 뿔'이라고 계시하고 있다.

본문의 3-4절 말씀은 알렉산더 대왕에 의해 강성하게 세워지는 헬라제국의 발흥과 그의 죽음으로 발생할 제국의 분열에 대해 계시해 주고 있다.

4절 말씀은 네 가지 측면에서 헬라 제국의 장래를 계시해 주고 있는데, 예언된 말씀 그대로 역사 위에 성취되어 하나님의 계시의 진실성과 확고한 성취 능력을 입증해 주고 있다.

(1) 그가 강성할 때에 갑자기 사망할 것임.

헬라의 첫 번째 왕인 알렉산더 대왕(주전 336-323년)은 그의 부친 필립포스 왕이 암살당해 죽은 후에 왕위에 올랐다. 그는 주전 334년경 바사를 정복하였고, 애굽을 정복하여 나일 강가에 자기 이름을 딴 알렉산드리아 시를 건설하였다. 그 후 주전 323년경 아라비아 원정을 준비하던 중 열병인 말라리아를 앓다가 그의 나이 32세 때 사망하게 되었다.

(2) 자기가 주장하던 대로 되지 않았다.

"……또 자기가 주장하던 권세대로도"라는 계시말씀도 정확하게 성취된 바, 전 세계를 자신의 수하(手下)에 두겠다던 알렉산더의 교만과 정복 야욕이 질병과 죽음 앞에 물거품처럼 사라져 버린 사실을 나타낸다.

(3) 그 나라가 뽑혀서 이외의 사람들에게 사방으로 나뉘어 돌아갈 것이다.

"……그 나라가 갈라져 천하 사방에 나누일 것이나……그 나라가 뽑혀서 이외의 사람들에게로 돌아갈 것임이니라"라는 계시예언도 역사 위에 그대로 성취되었다.

알렉산더 대왕이 사망한 뒤(주전 323년) 약 20년 후에 헬라는 알렉산더의 막료였던 4명의 장군(카산더, 리시마쿠스, 셀류쿠스, 프톨레미)에 의해 분할 통치됨으로 위의 계시예언이 역사 위에 실상으로 성취되었다.

> "내 입에서 나가는 말도 헛되이 내게로 돌아오지 아니하고 나의 뜻을 이루며 나의 명하여 보낸 일에 형통하리라"(사 55:11).

2. 남방 왕(애굽)과 북방 왕(시리아) 전쟁

1) 4대 열국의 등장과 남북전쟁에 대한 계시의미

성경의 예언대로 헬라는 알렉산더 대왕이 죽은 후 그 막료였던 4명의 장군들에 의해 4등분되어 통치되는 시대를 맞이하게 되었다. 카산더(Cassander)는 마케도니아, 리시마쿠스(Lysimachus)는 트리키야, 프톨레미(Ptolemy)는 애굽, 셀류쿠스(Seleucus)는 시리아를 통치하게 되었다. 이 4대 열국들은 로마에 의해 합병되기까지 분쟁이 그치지 않았는데, 특히 남방 왕인 애굽과 북방 왕인 시리아의 싸움은 치열한 전쟁으로 계속 이어진다.

다니엘서 11장은 네 나라 가운데 이 두 나라, 즉 남방의 애굽과 북방의 시리아 사이의 전쟁을 계시해 주고 있으며, 이 전쟁 과정에서 8장에 계시되고 있는 '작은 뿔'인 시리아 왕 안티오쿠스 에피파네스가 등장하게 되고, 남방 왕과 북방 왕의 전쟁은 종말의 전쟁 계시까지 이어지는 놀라운 계시예언으로 이어지고 있다.

5절 이하에 예언되고 있는 남방 왕과 북방 왕의 지루한 전쟁 상황에 대해 많은 부분을 상세히 기록하고 있는 것은 장차 적그리스도(7장의 작은 뿔)의 예표로 등장할 8장의 작은 뿔의 실체인 북방 왕 시리아의 안티오쿠스 에피파네스의 역사적 등장을 드러내려는 데 그 목적이 있다. 그의 등장과 행위를 통해 종말에 등장하여 최후의 남북 전쟁을 주도할 적그리스도의 실체를 보여주시고자 함이다. 그 이유는 유대 백성들이 역사의 교훈을 거울 삼아 종말에 나타날 적그리스도에게 미혹되지 말고 구원에 참예하는 백성이 되기를 바라시는 하나님의 의도를 엿볼 수 있다.

"그런 일은 우리의 거울이 되어 우리로 하여금 저희가 악을 즐겨 한 것 같이 즐겨 하는 자가 되지 않게 하려 함이니"(고전 10:6).

다니엘 11장은 7장의 작은 뿔과 8장의 작은 뿔이 인류의 종말에 어떻게 연결되는가에 대한 해답을 제공해 준다.

종말의 사건을 계시해 주는 요한계시록 17장에 계시된 일곱 머리 열 뿔 짐승에 관한 계시예언 가운데 "또 일곱 왕이라 다섯은 망하였고 하나는 있고 다른 이는 아직 이르지 아니하였으나 이르면 반드시 잠깐 동안 계속하리라 전에 있었다가 시방 없어진 짐승은 여덟째 왕이니 일곱 중에 속한 자라 저가 멸망으로 들어가리라"(계 17:10-11)고 말씀한다.

이 계시예언 중에 '여덟째 왕'에 대한 성경적 해답을 찾을 수 있는 계시내용이 다니엘 11장의 '안티오쿠스 에피파네스'의 등장과 행위에 대한 계시예언이다.

2) 남 · 북(애굽과 시리아)전쟁 시작 배경

5-6절은 남북 간의 1차 전쟁의 배경을 계시해 주는 예언이다.

"남방의 왕은 강할 것이나 그 군들 중에 하나는 그보다 강하여 권세를 떨치리니 그 권세가 심히 클 것이요 몇 해 후에 그들이 서로 맹약(盟約)하리니 곧 남방 왕의 딸이 북방 왕에게 나아가서 화친(和親)하리라 그러나 이 공주의 힘이 쇠하고 그 왕은 서지도 못하며 권세가 없어질 뿐 아니라 이 공주와 그를 데리고 온 자와 그를 낳은 자와 그때에 도와 주던 자가 다 버림을 당하리라"(단 11:5-6).

5절 말씀에서 "남방의 왕은 강할 것이나"라는 말씀은 이집트 지역을 통치하던 프톨레미 1세(Ptolemy I)가 주전 3세기 내내 팔레스타인에 대한 치리권을 가졌던 사실을 염두에 둔 것이다. "그 군들 중에 하나는 그보다 강하여 권세를 떨치리니 그 권세가 심히 클 것이요"라는 말씀은 분열된 네 왕조 중의 하나인 시리아 왕국의 초대 왕인 셀류쿠스 니카토르(Seleucus Nicator)를 지칭하는 것으로, 본래 남방 왕 프톨레미 왕조보다 미약한 세력으로 출발했지만 지속적인 정복 사역으로 주전 200년경 프톨레미 왕조의 통치하에 있던 팔레스타인을 정복하고 인도에까지 이르는 광대한 지역을 통치하는 막강한 세력으로 군림하게 된 역사적 사실로 성취되었다.

6절 말씀은 셀류쿠스 왕조와 프톨레미 왕조가 서로 동맹을 맺기 위해 시도했던 정략결혼이 실패할 것임을 언급한 것이다. 이 절의 사건은 주전 250년 프톨레미 2세인 필라델푸스(Philadelphus)가 그의 딸 베레니스(Berenice)를 셀류쿠스 왕조의 안티오쿠스 2세인 데오스(Theos)와 결혼시켰으나 데오스의 전처인 라오디스(Laodice)가 베레니스와 그의 아들을 살해하고 결국에는 안티오쿠스 2세마저 독살함으로 이 정략결혼이 실패로 돌아간 사실로 성취되었다. 이후 실권을 장악한 라오디스가 베레니스의 동조자들을 제거하고 자신의 아들을 왕위에 즉위시켰는데 그가 바로 셀류쿠스 2세인 셀류쿠스 칼리니쿠스(Seleucus Callinicus)다. 이 역사적 배경이 결국 남방 왕과 북방 왕 전쟁의 시작 배경이 되었음을 보여주고 있다.

3) 남북(애굽과 시리아)의 1차 전쟁

7-8절 말씀은 남방 왕과 북방 왕의 제1차 전쟁에 대한 계시예언이다.

> "그러나 이 공주의 본족에서 난 자 중에 하나가 그의 위를 이어 북방 왕의 군대를 치러 와서 그의 성에 들어가서 그들을 쳐서 이기고 그 신들과 부어 만든 우상들과 그 은과 금의 아름다운 기구를 다 노략하여 애굽으로 가져갈 것이요 몇 해 동안은 그가 북방 왕을 치지 아니하리라"(단 11:7-8).

"그러나 이 공주의 본족에서 난 자 중에 하나가 그의 위를 이어 북방 왕의 군대를 치러 와서"라는 본문의 계시예언은 부왕 프톨레미 2세 필라델푸스의 뒤를 이어 왕위에 오른 프톨레미 3세 유엘게테스(Euergetes)가 주전 246년 누이 베레니스의 복수를 위해 북방 왕 곧 시리아의 셀류쿠스 칼리니쿠스를 공격하여 6년간(주전 246-241년) 전쟁을 수행한 사실로 성취되었다. "그의 성에 들어가서 그들을 쳐서 이기고 그 신들과 부어 만든 우상들과 그 은과 금의 아름다운 기구를 다 노략하여 애굽으로 가져갈 것이요"라는 본문의 계시예언은 전쟁에서 승리한 남방 왕 유엘게테스가 자기 누이를 살해한 라오디스를 죽여 누이의 원수를 갚고, 4,000달란트의 금과 2,500여 개의 우상들을 전리품으로 탈취해 감으로 본문의 계시예언이 실상으로 이루어졌다.

"몇 해 동안은 그가 북방 왕을 치지 아니하리라"는 본문말씀은 주전 240년 프톨레미 3세 셀류쿠스 2세와 평화조약을 체결하게 될 것임을 예언하는 계시말씀이다.

4) 남북(애굽과 시리아)의 2차 전쟁

9절 말씀은 남방 왕과 북방 왕의 제2차 전쟁에 대한 계시예언이다.

"북방 왕이 남방 왕의 나라로 쳐들어갈 것이나 자기 본국으로 물러가리라"(단 11:9).

북방 왕 곧 시리아의 셀류쿠스 2세 칼리니쿠스가 7-8절에 언급된 프톨레미 3세 유엘게테스의 시리아 침공인 1차 전쟁의 패배를 보복하기 위해 평화조약을 파기하고 남방의 애굽을 침공한 남북 간의 2차 전쟁에 대한 계시예언이다. 이 전쟁에서 북방 왕이 대패하고 소수의 남은 군대를 이끌고 본국으로 퇴각함으로 본문의 계시가 정확하게 성취되었다.

5) 남북(애굽과 시리아)의 3차 전쟁

10-12절은 두 나라 사이의 제3차 전쟁에 대한 계시예언이다.

"그 아들들이 전쟁을 준비하고 심히 많은 군대를 모아서 물의 넘침같이 나아올 것이며 그가 또 와서 남방 왕의 견고한 성까지 칠 것이요 남방 왕은 크게 노하여 나와서 북방 왕과 싸울 것이라 북방 왕이 큰 무리를 일으킬 것이나 그 무리가 그의 손에 붙인 바 되리라 그가 큰 무리를 사로잡은 후에 그 마음이 스스로 높아져서 수만 명을 엎드러뜨릴 것이나 그 세력은 더하지 못할 것이요"(단 11:10-12).

10절 말씀의 '그 아들들'은 셀류쿠스 2세의 두 아들 셀류쿠스 3세인 소테르와 안티오쿠스 3세 마그누스를 지칭한다. 이들 중 먼저 셀류쿠스 3세가 주전 227년에 왕위에 즉위했으나 소아시아 전쟁에서 동료들에게 살해되었으며(주전 227년), 그의 동생인 안티오쿠스 3세가 그 왕위를 계승하게 되었다.

본문은 안티오쿠스 3세가 왕위에 즉위한 뒤 페니키아와 팔레스타인 원정에 나선 사실로 성취된다(주전 219-218년). 그는 막강한 군대를 동원하여 남방 왕의 견고한 성까지 점령하는 전과(戰果)를 거두기도 하지만 남방 왕 프톨레미 4세인 필로파토르(Philopator)의 반격에 막혀 결국 라피아(Raphia) 전투에 패배함으로 본문의 계시예언이 성취되었다.

프톨레미 4세는 그 전쟁의 승리로 교만해져서 수만 명의 포로를 사형시키는 악행을 행하였고, 그 후 원인 모를 죽음을 당하게 되었다(주전 203년).

6) 남북(애굽과 시리아)의 4차 전쟁

13-16절 말씀은 두 나라 사이의 제4차 전쟁을 예언하는 계시말씀이다.

"북방 왕은 돌아가서 다시 대군을 전보다 더 많이 준비하였다가 몇 때 곧 몇 해 후에 대군과 많은 물건을 거느리고 오리라 그때에 여러 사람이 일어나서 남방 왕을 칠 것이요 네 백성 중에서도 강포한 자가 스스로 높아져서 이상을 이루려 할 것이나 그들이 도리어 넘어지리라 이에 북방 왕은 와서 토성을 쌓고 견고한 성읍을 취할 것이요 남방 군대는 그를 당할 수 없으며 또 그 택한 군대라도 그를 당할 힘이 없을 것이므로 오직 와서 치는 자가 임의로 행하리니 능히 그 앞에 설 사람이 없겠고 그가 영화로운 땅에 설 것이요 그 손에 멸망이 있으리라"(단 11:13-16).

제3차 전쟁에서 패배한 북방 왕 안티오쿠스 3세는 그 후 페르시아 지방과 아시아 지방에 원정하여 북으로는 카스피해, 동으로는 인더스 강까지 이르는 영토를 확보하며(주전 212-204년) 다시 국력을 키워 나갔다. 당시 남방(애굽)의 프톨레미 왕조는 프톨레미 4세 필로파토르가 죽고 네 살 먹은 프톨레미 5세 에피파네스가 왕위에 즉위하게 됨으로써(주전 203년) 내부적인 동요가 일어나게 되었다. 북방 왕 안티오쿠스 3세는 남방(애굽)의 내정 불안을 기회로 삼아 남방 왕을 공격하여 파니움 전투에서 애굽의 스코파스 휘하 군대를 격파하였으며(주전 200년), 페니키아 해변의 시돈마저 함락시키고 팔레스타인을 수중에 넣게 되었다(주전 198년).

"네 백성 중에서도 강포한 자가 스스로 높아져서 이상을 이루려 할 것이나 그들이 도리어 넘어지리라"는 예언의 말씀은 그 당시 친 셀류쿠스파 유대인들이 북방 왕 안티오쿠스 3세의 남방 침공에 동조하여 팔레스타인의 독립을 쟁취하려 했지만, 남방의 스코파스(Scopas) 장군에 의해 무위로 돌아간 사실로 성취되었다.

7) 남북(애굽과 시리아)의 5차 전쟁

20-28절 말씀은 북방(시리아)에 안티오쿠스 에피파네스가 왕위에 오르고, 남방 왕을 침공하게 되는 제5차 전쟁에 대한 계시예언이다.

"그 위를 이을 자가 토색하는 자로 그 나라의 아름다운 곳으로 두루 다니게 할 것이나 그는 분노함이나 싸움이 없이 몇 날이 못 되어 망할 것이요 또 그 위를 이를 자는 한 비천한 사람이라 나라 영광을 그에게 주지 아니할 것이나 그가 평안한 때를 타서 궤휼로 그 나라를 얻을 것이며 넘치는 물 같은 군대가 그에게 넘침을 입어 패할 것이요 동맹한 왕도 그렇게 될 것이며 그와 약조한 후에 그는 거짓을 행하여 올라올 것이요 적은 백성을 거느리고 강하게 될 것이며 그가 평안한 때에 그 도의 가장 기름진 곳에 들어와서 그 열조와 열조의 조상이 행하지 못하던 것을 행할 것이요 그는 노략하며 탈취한 재물을 우리에게 흩어 주며 모략을 베풀어 얼마 동안 산성들을 칠 것인데 때가 이르기까지 그리하리라 그가 그 힘을 떨치며 용맹을 발하여 큰 군대를 거느리고 남방 왕을 칠 것이요 남방 왕도 심히 크고 강한 군대를 거느리고 맞아 싸울 것이나 능히 당하지 못하리니 이는 그들이 모략을 베풀어 그를 침이니라 자기의 진미를 먹는 자가 그를 멸하리니 그 군대가 흩어질 것이요 많은 자가 엎드러져 죽으리라 이 두 왕이 마음에 서로 해하고자 하여 한 밥상에 앉았을 때에 거짓말을 할 것이라 일이 형통하지 못하리니 이는 작정된 기한에 미쳐서 그 일이 끝날 것임이니라 북방 왕은 많은 재물을 가지고 본국으로 돌아가리니 그는 마음으로 거룩한 언약을 거스리며 임의로 행하고 본토로 돌아갈 것이며"(단 11:20-28).

20절 말씀은 안티오쿠스 3세의 뒤를 이어 왕위를 계승할 셀류쿠스 4세 필로파토르(주전 185-175년)에 관한 예언이다.

'토색하는 자'는 셀류쿠스 4세가 강제적인 세금 징수를 목적으로 임명한 재무장관 헬리오도루스에게 독살당하게 되어 본문의 계시 예언대로 성취되었다.

21절 말씀은 셀류쿠스 4세의 뒤를 이어 안티오쿠스 에피파네스(Antiochus Epiphanes)가 왕위에 즉위할 것을 예언하는 말씀이다.

형 셀류쿠스 4세의 뒤를 이어 왕위에 등극하게 되는 안티오쿠스 4

세인 에피파네스는 형의 독살자인 헬리오도루스를 제거하고 실질적인 왕위 계승자인 형의 장자 '데메트리우스'(Demetrius) 대신 왕위에 오르게 된다. 그에 대해 "비천한 사람이라" 하고, 궤휼로 나라를 얻을 것이라는 예언은 그의 즉위 과정과 통치 행위에 대한 적절한 표현으로 보여진다.

22-24절의 말씀은 안티오쿠스 에피파네스가 북방 왕위에 오른 뒤 거짓되고 비열한 방법으로 자신의 야욕(野慾)을 채우는 행위를 자행할 것임을 예언하고 있다. 그는 주변의 왕들과 거짓으로 위장된 동맹을 맺은 뒤 그들이 방심한 틈을 타서 전격적으로 그들의 영토를 침략하는 비열한 수법을 사용하였다.

25-28절은 북방 왕 안티오쿠스 에피파네스가 남방 왕 필로메토르(Philomator, 주전 180-146년)를 공격하여 전쟁을 일으키는 남북 제5차 전쟁을 예언하는 말씀이다.

에피파네스는 자신의 누이인 클레오파트라(Cleopatra)의 아들인 조카 프톨레미 6세 필로메토르를 공격하여 그를 포로로 잡게 된다.

에피파네스의 누이 클레오파트라가 남방 왕 프톨레미 5세의 왕비가 된 것은 안티오쿠스 3세인 마그누스가 애굽과 평화조약을 맺고(주전 197년), 자신의 딸인 클레오파트라를 남방 왕 프톨레미 5세의 왕비로 주어(주전 195년) 자신의 영향력을 강화하려 했지만, 오히려 클레오파트라가 남편 프톨레미 5세와 결탁하여 그로 하여금 로마와 동맹을 맺게 함으로써 안티오쿠스 3세에게 치명적인 타격을 입히게 되었다(단 11:17).

27절 말씀은 남방 왕 프톨레미 6세가 사로잡혀 북방으로 끌려간 뒤, 대신 그 동생 프톨레미 7세 피스콘(Piscon, 주전 170-117년)이 왕위에 즉위한 역사적 배경 속에서 에피파네스가 애굽에 대한 영향력을 강화하려는 속셈으로 감금된 프톨레미 6세와 강제로 평화조약을 맺고 애굽을 알렉산드리아를 중심한 프톨레미 7세의 통치 왕국과 멤피스를 중심한 프톨레미 6세가 통치하는 왕국으로 분열시키려는 전략을 시도했다. 그러나 북방 왕 안티오쿠스 에피파네스와 남방 왕 프톨레미 6세가 맺은 평화조약 체결은 두 사람 모두 거짓된 속셈을 가진 조약이었다.

북방 왕 에피파네스는 애굽을 양분(兩分)시켜 남방의 세력을 약화시킴으로 애굽에 대한 자신의 영향력을 강화하고 주도권을 가지려는 탐욕을 가진 전략적 조약이었고, 남방 왕 프톨레미 6세는 복수를 위해 기회를 잡기 위한 목적을 마음에 품고 조약에 임했다. 결국 이 조약이 후일에 프톨레미 6세와 프톨레미 7세의 연합과 로마의 장군 포필리우스 라에나스(Popilus Laenas)가 이끄는 군대의 간섭으로 파기되어 본문의 계시예언이 성취된다.

28절의 계시예언은 북방 왕 에피파네스가 1차 남방 원정(제5차 전쟁)을 성공리에 마치고 많은 전리품(戰利品)을 챙겨서 본국으로 돌아가는 여정에 이스라엘을 침공해 자신의 통치하에 둔다. 그는 '야손'(Jason) 대신 자신이 지명한 '메넬라우스'(Menelaus)를 대제사장에 복위시키고 성전 기물을 탈취하며 예루살렘 성 안에 이방의 군대를 주둔시켰다.

8) 남북(애굽과 시리아)의 6차 전쟁

29-35절의 예언은 북방 왕인 안티오쿠스 에피파네스가 2차 남방 원정에 나서는 남북 사이의 제6차 전쟁에 대한 예언이다.

"작정된 기한에 그가 다시 나와서 남방에 이를 것이나 이번이 그 전번
만 못하리니 이는 깃딤의 배들이 이르러 그를 칠 것임이라 그가 낙심하

고 돌아가며 거룩한 언약을 한하고 임의로 행하며 돌아가서는 거룩한 언약을 배반하는 자를 중히 여길 것이며 군대는 그의 편에 서서 성소 곧 견고한 곳을 더럽히며 매일 드리는 제사를 폐하며 멸망케 하는 미운 물건을 세울 것이며 그가 또 언약을 배반하고 악행하는 자를 궤휼로 타락시킬 것이나 오직 자기의 하나님을 아는 백성은 강하여 용맹을 발하리라 백성 중에 지혜로운 자가 많은 사람을 가르칠 것이나 그들이 칼날과 불꽃과 사로잡힘과 약탈을 당하여 여러 날 동안 쇠패하리라 그들이 쇠패할 때에 도움을 조금 얻을 것이나 많은 사람은 궤휼로 그들과 친합(親合)할 것이며 또 그들 중 지혜로운 자 몇 사람이 쇠패하여 무리로 연단되며 정결케 되며 희게 되어 마지막 때까지 이르게 하리니 이는 작정된 기한이 있음이니라"(단 11:29-35).

북방 왕 안티오쿠스 에피파네스는 두 번째 남방을 침공하여 남북 사이의 제6차 전쟁을 시도한다. 그는 구브로(Cyprus)를 점령하고 알렉산드리아까지 진군했으나 로마의 개입으로 애굽 원정에 실패하고 퇴각하게 된다. '깃딤의 배들'은 마게도냐의 로마 군대로 포필리우스 라에나스가 이끄는 지중해 함대를 나타낸다. 로마는 안티오쿠스 4세 에피파네스의 애굽에 대한 간섭을 원치 않았으며 거짓 약속으로 평화조약을 맺은 뒤 애굽에 영향력을 행사하려던 안티오쿠스 에피파네스의 야욕을 저지했다. 로마는 안티오쿠스 에피파네스에게 평화조약을 준수할 것을 강요했고, 로마 정부의 강한 입김에 굴복하고 본국으로 퇴각할 수밖에 없었다.

30절 말씀에서 "거룩한 언약을 한하고"라는 말씀은 북방 왕 안티오쿠스 4세 에피파네스가 포로로 잡혀온 프톨레미 6세와 강제로 맺은 평화조약을 의미한다.

2차 원정에 실패한 안티오쿠스 에피파네스는 퇴각하는 길에 그

분풀이 대상으로 유대를 심하게 박해함으로 위의 계시예언을 성취하게 된다.

30절 말씀에서 "거룩한 언약을 배반하는 자"는 안티오쿠스 4세인 에피파네스에 의해 대제사장으로 임명되어 그의 성전 약탈을 묵인하고 신앙 양심을 저버린 메넬라우스와 그의 추종자들을 포함해 에피파네스의 헬라화 정책에 동조한 모든 배교한 유대인들을 지칭한다.

유대 역사가 요세푸스의 기록에 따르면, 유대인들이 부정하게 여기는 돼지를 만들어 올려놓았다고 기록하고 있다. 이는 31절 말씀이 성취된 사건이며, 인류의 종말에 다시 한 번 예루살렘 성에서 적그리스도에 의해 감행될 사건임을 예표한다(단 9:27; 마 24:15).

본문에 예언된 안티오쿠스 에피파네스의 신앙적 핍박과 성전 파괴와 하나님을 대적하는 교만한 행위들은 다니엘 8장 9절 이하에 예언된 '작은 뿔'의 실체를 드러내는 사건이며, 더 나아가서 장차 종말에 등장할 7장의 '작은 뿔'과 9장의 '한 이레 동안의 언약을 굳게 정하는 자' 곧 요한계시록 13장과 17장에 계시되고 있는 적그리스도의 실체가 누구인가를 보여주고 있다.

다니엘서에 예언되고 있는 '두 작은 뿔'에 대한 성경적 증거를 다시 한 번 살펴보자.

"숫염소가 스스로 심히 강대하여 가더니 강성할 때에 그 큰 뿔이 꺾이고 그 대신 현저한 뿔 넷이 하늘 사방을 향하여 났더라 그중 한 뿔에서 또 작은 뿔 하나가 나서 남편과 동편과 또 영화로운 땅을 향하여 심히 커지더니 그것이 하늘 군대에 미칠 만큼 커져서 그 군대와 별 중에 몇을 땅에 떨어뜨리고 그것을 짓밟고 또 스스로 높아져서 군대의 주재를 대적하며 그에게 매일 드리는 제사를 제하여 버렸고 그의 성소를 헐었으며 범죄함을 인하여 백성과 매일 드리는 제사가 그것에게 붙인 바 되었고 그것이 또 진리를 땅에 던지며 자의(自意)로 행하여 형통하였더라 내가 들은즉 거룩한 자가 말하더니 다른 거룩한 자가 그 말하는 자에게 묻되 이상에 나타난 바 매일 드리는 제사와 망하게 하는 죄악에 대한 일과 성소와 백성이 내어준 바 되며 짓밟힐 일이 어느 때까지 이를꼬 하매 그가 내게 이르되 이천삼백 주야(晝夜)까지니 그때에 성소가 정결하게 함을 입으리라 하였느니라"(단 8:8-14).

"그 열 뿔은 이 나라에서 일어날 열 왕이요 그 후에 또 하나가 일어나리니 그는 먼저 있던 자들과 다르고 또 세 왕을 복종시킬 것이며 그가 장차 말로 지극히 높으신 자를 대적하며 또 지극히 높으신 자의 성도를 괴롭게 할 것이며 그가 또 때와 법을 변개코자 할 것이며 성도는 그의 손에 붙인 바 되어 한 때와 두 때와 반 때를 지내리라 그러나 심판이 시작된즉 그는 권세를 빼앗기고 끝까지 멸망할 것이요 나라와 권세와 온 천하 열국의 위세가 지극히 높으신 자의 성민에게 붙인 바 되리니 그의 나라는 영원한 나라이라 모든 권세 있는 자가 다 그를 섬겨 복종하리라"(단 7:24-27).

"육십이 이레 후에 기름 부음을 받은 자가 끊어져 없어질 것이며 장차 한 왕의 백성이 와서 그 성읍과 성소를 훼파하려니와 그의 종말은 홍수에 엄몰됨 같을 것이며 또 끝까지 전쟁이 있으리니 황폐할 것이 작정되었느니라 그가 장차 많은 사람으로 더불어 한 이레 동안의 언약을 굳게 정하겠고 그가 그 이레의 절반에 제사와 예물을 금지할 것이며 또 잔포하여 미운 물건이 날개를 의지하여 설 것이며 또 이미 정한 종말까지 진노가 황폐케 하는 자에게 쏟아지리라 하였느니라"(단 9:26-27).

"이 천국 복음이 모든 민족에게 증거되기 위하여 온 세상에 전파되리니 그제야 끝이 오리라 그러므로 너희가 선지자 다니엘의 말한 바 멸망의 가증한 것이 거룩한 곳에 선 것을 보거든 (읽는 자는 깨달을진저) 그때에 유대에 있는 자들은 산으로 도망할지어다……이는 그때에 큰 환난이 있겠음이라 창세로부터 지금까지 이런 환난이 없었고 후에도 없으리라"(마 24:14-21).

"내가 보니 바다에서 한 짐승이 나오는데 뿔이 열이요 머리가 일곱이라 그 뿔에는 열 면류관이 있고 그 머리들에는 참람된 이름들이 있더라 내가 본 짐승은 표범과 비슷하고 그 발은 곰의 발 같고 그 입은 사자의 입 같은데 용이 자기의 능력과 보좌와 큰 권세를 그에게 주었더라 그의 머리 하나가 상하여 죽게 된 것 같더니 그 죽게 되었던 상처가 나으매 온 땅이 이상히 여겨 짐승을 따르고 용이 짐승에게 권세를 주므로 용에게 경배하며 짐승에게 경배하여 가로되 누가 이 짐승과 같으뇨 누가 능히 이로 더불어 싸우리요 하더라 또 짐승이 큰 말과 참람된 말 하는 입을 받고 또 마흔두 달 일할 권세를 받으니라 짐승이 입을 벌려 하나님을 향하여 훼방하되 그의 이름과 그의 장막 곧 하늘에 거하는 자들을 훼방하더라 또 권세를 받아 성도들과 싸워 이기게 되고 각 족속과 백성과 방언과 나라를 다스리는 권세를 받으니 죽임을 당한 어린 양의 생명책에 창세 이후로 녹명되지 못하고 이 땅에 사는 자들은 다 짐승에게 경배하리라"(계 13:1-8).

"천사가 가로되 왜 기이히 여기느냐 내가 여자와 그의 탄 바 일곱 머리와 열 뿔 가진 짐승의 비밀을 네게 이르리라 네가 본 짐승은 전에 있었다가 시방 없으나 장차 무저갱으로부터 올라와 멸망으로 들어갈 자니 땅에 거하는 자들로서 창세 이후로 생명책에 녹명되지 못한 자들이 이전에 있었다가 시방 없으나 장차 나올 짐승을 보고 기이히 여기리라 지혜 있는 뜻이 여기 있으니 그 일곱 머리는 여자가 앉은 일곱 산이요 또 일곱 왕이라 다섯은 망하였고 하나는 있고 다른 이는 아직 이르지 아니 하였으나 이르면 반드시 잠간 동안 계속하리라 전에 있었다가 시방 없 어진 짐승은 여덟째 왕이니 일곱 중에 속한 자라 저가 멸망으로 들어가 리라 네가 보던 열 뿔은 열 왕이니 아직 나라를 얻지 못하였으나 다만 짐승으로 더불어 임금처럼 권세를 일시 동안 받으리라 저희가 한 뜻을 가지고 자기의 능력과 권세를 짐승에게 주더라 저희가 어린 양으로 더 불어 싸우려니와 어린 양은 만주의 주시요 만왕의 왕이시므로 저희를 이기실 터이요 또 그와 함께 있는 자들 곧 부르심을 입고 빼내심을 얻 고 진실한 자들은 이기리로다 또 천사가 내게 말하되 네가 본 바 음녀 의 앉은 물은 백성과 무리와 열국과 방언들이니라 네가 본 바 이 열 뿔 과 짐승이 음녀를 미워하여 망하게 하고 벌거벗게 하고 그 살을 먹고 불로 아주 사르리라 하나님이 자기 뜻대로 할 마음을 저희에게 주사 한 뜻을 이루게 하시고 저희 나라를 그 짐승에게 주게 하시되 하나님 말씀 이 응하기까지 하심이니라 또 네가 본 바 여자는 땅의 임금들을 다스리 는 큰 성이라 하더라"(계 17:7-18).

이상의 계시말씀들을 통해 다니엘 8장에 예언된 '작은 뿔'은 헬라 시대에 등장할 시리아의 안티오쿠스 4세 에피파네스를 통해 역사 위에 등장하였고, 7장에 예언된 '작은 뿔'은 9장에 예언된 70이레의 마지막 '한 이레'를 성취하기 위해 인류 역사의 종말인 예수 그리스 도의(다니엘 2장의 뜨인 돌) 재림 직전에 안티오쿠스 에피파네스와 같 은 사탄의 화신(化身)으로 일곱 머리 열 뿔 짐승인 적그리스도가 등 장하게 될 것임을 알 수 있다.

9) 마지막 때에 발생하게 될 남방 왕과 북방 왕의 7차 전쟁

36-45절의 말씀은 장차 인류 역사의 종말인 마지막 때에 발생하게 될 남방 왕과 북방 왕의 제7차 전쟁에 대한 계시예언이다.

"이 왕이 자기 뜻대로 행하며 스스로 높여 모든 신보다 크다 하며 비상한 말로 신들의 신을 대적하며 형통하기를 분노하심이 쉴 때까지 하리니 이는 그 작정된 일이 반드시 이룰 것임이니라 그가 모든 것보다 스스로 크다 하고 그 열조의 신들과 여자의 사모(思慕)하는 것을 돌아보지 아니하며 아무 신이든지 돌아보지 아니할 것이나 그 대신에 세력의 신을 공경할 것이요 또 그 열조가 알지 못하던 신에게 금 은 보석과 보물을 드려 공경할 것이며 그는 이방 신을 힘입어 크게 견고한 산성들을 취할 것이요 무릇 그를 안다 하는 자에게는 영광을 더하여 여러 백성을 다스리게도 하며 그에게서 뇌물을 받고 땅을 나눠 주기도 하리라 마지막 때에 남방 왕이 그를 찌르니 북방 왕이 병거와 마병과 많은 배로 회리바람처럼 그에게로 마주 와서 그 여러 나라에 들어가며 물이 넘침 같이 지나갈 것이요 그가 또 영화로운 땅에 들어갈 것이요 많은 나라를 패망케 할 것이나 오직 에돔과 모압과 암몬 자손의 존귀한 자들은 그 손에서 벗어나리라 그가 열국에 그 손을 펴리니 애굽 땅도 면치 못할 것이므로 그가 권세로 애굽의 금 은과 모든 보물을 잡을 것이요 리비아 사람과 구스 사람이 그의 시종이 되리라 그러나 동북에서부터 소문이 이르러 그로 번민케 하므로 그가 분노하여 나가서 많은 무리를 다 도륙하며 진멸코자 할 것이요 그가 장막 궁전을 바다와 영화롭고 거룩한 산 사이에 베풀 것이나 그의 끝이 이르리니 도와줄 자가 없으리라"(단 11:36-45).

35절까지의 사건은 8장의 '작은 뿔'인 북방(시리아) 왕 안티오쿠스 4세 에피파네스의 역사(役事)로 말미암아 역사 위에 성취된 사건들이다. 그러나 36절부터 계시되는 예언의 내용은 시리아 왕 안티오쿠스 에피파네스 통치 시대에 이루어질 사건이 아니라 인류 종말에 등장하는 7장의 '작은 뿔'인 적그리스도에 의해 전개(展開)될 사건들이다.
　35절까지 계시된 북방(시리아) 왕 안티오쿠스 에피파네스는 장차 역사의 종말에 등장할 적그리스도의 예표요, 모형적 인물로 등장시키는 계시예언이고, 36절 이하는 안티오쿠스 에피파네스와 동일한 역사(役事)를 감행할 안티오쿠스 에피파네스의 실체인 적그리스도의 등장 모습을 계시해 주는 예언이다.
　35절 이상(以上)의 안티오쿠스 에피파네스와 36절 이하(以下)의 안티오쿠스 에피파네스에 대한 연계(連繫) 문제는 요한계시록 17장 8절에서 그 해답을 찾을 수 있다.

　　"네가 본 짐승은 전에 있었다가 시방 없으나 장차 무저갱으로부터 올라와 멸망으로 들어갈 자니 땅에 거하는 자들로서 창세 이후로 생명책에 녹명되지 못한 자들이 이전에 있었다가 시방 없으나 장차 나올 짐승을 보고 기이히 여기리라"(계 17:8).

　(1) 사탄의 화신(化身)으로 등장하는 적그리스도의 활동

　36-39절은 '장차' 역사의 종말의 때에 "무저갱으로부터 올라와 멸망으로 들어갈 자"인 적그리스도로서의 안티오쿠스 에피파네스의 모습이다.
　36절에 계시되는 '이 왕'은 북방(시리아) 왕으로 안티오쿠스 4세 에피파네스가 아니라 다니엘 7장에 예언된 '작은 뿔'이요, 9장에 예언

된 마지막 '한 이레' 동안의 역사를 성취할 자요, 요한계시록 13장과 17장에 예언된 '일곱 머리 열 뿔 짐승'으로 등장하는 인물이다.

36절에 보면, "이 왕이 자기 뜻대로 행하며" 세상을 통치한다.

그는 그 누구의 간섭이나 지배에 의해 움직이는 것이 아니라 자의(自意)로 행한다.

이 세상에는 그를 간섭하거나 지배할 다른 왕이 존재하지 않는 통치체제를 구축하고 모든 통치 권한을 자기 손에 쥐고 모든 인류를 지배하며 다스리게 된다.

36절에 보면, 그는 "스스로 높여 모든 신보다 크다 하며 비상한 말로 신들의 신을 대적한다"고 예언한다.

37절 이하에서는 사탄의 힘으로 역사하는 그의 교만한 모습이 계시되고 있다.

적그리스도가 하나님을 대적하고 훼방하며 자신을 신의 자리에까지 높이는 교만을 자행(恣行)할 것임을 보여준다. 이는 요한계시록 13장에 계시된 '일곱 머리 열 뿔 짐승'과 동일한 행위다.

"내가 보니 바다에서 한 짐승이 나오는데 뿔이 열이요 머리가 일곱이라 그 뿔에는 열 면류관이 있고 그 머리들에는 참람된 이름들이 있더라……용이 자기의 능력과 보좌와 큰 권세를 그에게 주었더라……용이 짐승에게 권세를 주므로 용에게 경배하며 짐승에게 경배하여 가로되 누가 이 짐승과 같으뇨 누가 능히 이로 더불어 싸우리요 하더라 또 짐승이 큰 말과 참람된 말 하는 입을 받고 또 마흔두 달 일할 권세를 받으니라 짐승이 입을 벌려 하나님을 향하여 훼방하되 그의 이름과 그의 장막 곧 하늘에 거하는 자들을 훼방하더라 또 권세를 받아 성도들과 싸워 이기게 되고 각 족속과 백성과 방언과 나라를 다스리는 권세를 받으니"(계 13:1-7).

"형통하기를 분노하심이 쉴 때까지 하리니 이는 그 작정된 일이 반드시 이룰 것임이니라"는 말씀처럼 적그리스도는 사탄의 능력과 보좌와 권세를 모두 받아 역사하기 때문에 만사에 형통하게 되는데, 이는 하나님께서 작정하신 일을 이루기까지 그의 일을 막지 않으시기 때문이다. 그러나 하나님의 작정된 일을 이루게 되면 하나님의 심판을 받아 그의 역사는 마치게 되고, 그의 활동의 마침과 더불어 세상 나라의 통치는 종말을 맞이하게 된다.

(2) 마지막(종말) 때에 일어날 남방 왕과 북방 왕의 전쟁

40-45절의 예언은 장차 인류 역사의 '마지막 때' 발생하게 될 남방 왕과 북방 왕 사이의 전쟁에 대한 계시예언이다.

40절 말씀에 남방 왕과 북방 왕의 전쟁 시기를 "마지막 때에"라고 계시하고 있다. 여기서 말하는 '남방 왕과 북방 왕'은 헬라로부터 분열된 프톨레미 왕조의 애굽과 셀류쿠스 왕조의 시리아를 의미하지 않는다. 이 전쟁은 35절까지의 전쟁의 양상과 전혀 다른 전쟁을 나타낸다. 이 전쟁이 일어나는 '마지막 때'는 인류 역사의 종말을 의미한다. 이 전쟁은 중동을 기점으로 일어나게 될 '유브라데 전쟁'에 대한 계시예언으로 보아야 한다.

> "여섯째 천사가 나팔을 불매 내가 들으니 하나님 앞 금단 네 뿔에서 한 음성이 나서 나팔 가진 여섯째 천사에게 말하기를 큰 강 유브라데에 결박(結縛)한 네 천사를 놓아 주라 하매 네 천사가 놓였으니 그들은 그 년 월 시에 이르러 사람 삼분의 일을 죽이기로 예비한 자들이더라 마병대의 수는 이만 만이니 내가 그들의 수를 들었노라"(계 9:13-16).

'마지막 때'에 중동을 기점으로 시작되는 남방 왕과 북방 왕의 전쟁은 결국 제3차 세계대전으로 확전될 것이고, 이 땅에는 전무후무한 환난의 바람이 휘몰아칠 것임을 성경은 계시하고 있다.

> "그때에 네 민족을 호위하는 대군 미가엘이 일어날 것이요 또 환난이 있으리니 이는 개국 이래로 그때까지 없던 환난일 것이며 그때에 네 백성 중 무릇 책에 기록된 모든 자가 구원을 얻을 것이라"(단 12:1).

> "그러므로 너희가 선지자 다니엘의 말한 바 멸망의 가증한 것이 거룩한 곳에 선 것을 보거든 (읽는 자는 깨달을진저) 그때에 유대에 있는 자들은 산으로 도망할지어다……이는 그때에 큰 환난이 있겠음이라 창세로부터 지금까지 이런 환난이 없었고 후에도 없으리라"(마 24:15-21).

이 전쟁은 역사의 종말에 일어날 사건이므로 정확한 해답을 제시하기 어려운 계시예언이다. 우리는 인류 역사의 '마지막 때에' 이 세상에 네 바람으로 인한 네 짐승이 등장하여 전대미문의 제3차 세계대전이 일어날 것임을 의심 없이 받아들인다. 이는 요한계시록에 계시되고 있는 일곱째 나팔 가운데 여섯째 나팔인 '둘째 화'가 임하는 사건임을 알 수 있다.

7 12장 연구

종말의 환난과 인내함으로 승리한 성도들의 복

"그때에 네 민족을 호위하는 대군 미가엘이 일어날 것이요 또 환난이 있으리니 이는 개국 이래로 그때까지 없던 환난일 것이며 그때에 네 백성 중 무릇 책에 기록된 모든 자가 구원을 얻을 것이라 땅의 티끌 가운데서 자는 자 중에 많이 깨어 영생을 얻는 자도 있겠고 수욕을 받아서 무궁히 부끄러움을 입을 자도 있을 것이며 지혜 있는 자는 궁창의 빛과 같이 빛날 것이요 많은 사람을 옳은 데로 돌아오게 한 자는 별과 같이 영원토록 비취리라 다니엘아 마지막 때까지 이 말을 간수하고 이 글을 봉함하라 많은 사람이 빨리 왕래하며 지식이 더하리라……내가 들은즉 그 세마포 옷을 입고 강물 위에 있는 자가 그 좌우 손을 들어 하늘을 향하여 영생하시는 자를 가리켜 맹세하여 가로되 반드시 한 때 두 때 반 때를 지나서 성도의 권세가 다 깨어지기까지니 그렇게 되면 이 모든 일이 다 끝나리라 하더라……그가 가로되 다니엘아 갈지어다 대저 이 말은 마지막 때까지 간수하고 봉함할 것임이니라 많은 사람이 연단을 받아 스스로 정결케 하며 희게 할 것이나 악한 사람은 악을 행하리니 악한 자는 아무도 깨닫지 못하되 오직 지혜 있는 자는 깨달으리라 매일 드리는 제사를 폐하며 멸망케 할 미운 물건을 세울 때부터 일천이백구십 일을 지낼 것이요 기다려서 일천삼백삼십 일까지 이르는 그 사람은 복이 있으리라 너는 가서 마지막을 기다리라 이는 네가 평안히 쉬다가 끝 날에는 네 업을 누릴 것임이니라"(단 12:1-13).

1. 다니엘 12장의 의미

다니엘 12장은 다니엘서의 마지막 장이며, 인류 역사의 마지막 종말에 성취될 환난과 하나님 나라의 도래(到來)로 하나님의 선민들이 영원한 구원을 획득하고 복을 받게 될 것임을 계시해 주는 예언의 말씀이다.

다니엘서의 마지막 장인 12장의 계시예언은 다니엘의 백성이라 칭하고 있는 이스라엘의 궁극적인 구원의 확실한 보장이 계시되고 있어 역사 속에서 연속된 고난이 반드시 끝이 날 것과 궁극적으로 이스라엘이 소망하는 메시아 왕국이 세워질 것임을 예언해 줌으로 소망을 갖게 하는 말씀으로 끝을 맺고 있다.

하나님께서는 선민 이스라엘에게 말씀하시되 하나님의 선택에 결코 후회함이 없으심을 들려주신다. 하나님께서는 이스라엘 백성들에게 궁극적으로 구원을 베푸시고, 메시아 왕국의 축복을 주시기 위해 그들을 연단하는 과정에서 환난과 시련을 통과하게 하시는 분이심을 보여준다. 이스라엘의 궁극적인 구원은 확실히 약속되어 있다.

> "그러므로 내가 말하노니 하나님이 자기 백성을 버리셨느뇨 그럴 수 없느니라 나도 이스라엘이요 아브라함의 씨에서 난 자요 베냐민 지파라 하나님이 그 미리 아신 자기 백성을 버리지 아니하셨나니……저희 눈은 흐려 보지 못하고 저희 등은 항상 굽게 하옵소서 하였느니라……그러므로 내가 말하노니 저희가 넘어지기까지 실족하였느뇨 그럴 수 없느니라 저희의 넘어짐으로 구원이 이방인에게 이르러 이스라엘로 시기나게 함이니라 저희의 넘어짐이 세상의 부요함이 되며 저희의 실패가 이방인의 부요함이 되거든 하물며 저희의 충만함이리요 내가 이방인인 너희에게 말하노라 내가 이방인의 사도인 만큼 내 직분을 영

광스럽게 여기노니 이는 곧 내 골육을 아무쪼록 시기케 하여 저희 중에서 얼마를 구원하려 함이라 저희를 버리는 것이 세상의 화목이 되거든 그 받아들이는 것이 죽은 자 가운데서 사는 것이 아니면 무엇이리요……옳도다 저희는 믿지 아니하므로 꺾이우고 너는 믿으므로 섰느니라 높은 마음을 품지 말고 도리어 두려워하라 하나님이 원 가지들도 아끼지 아니하셨은즉 너도 아끼지 아니하시리라……네가 원 돌감람나무에서 찍힘을 받고 본성을 거스려 좋은 감람나무에 접붙임을 얻었은즉 원 가지인 이 사람들이야 얼마나 더 자기 감람나무에 접붙이심을 얻으랴 형제들아 너희가 스스로 지혜 있다 함을 면키 위하여 이 비밀을 너희가 모르기를 내가 원치 아니하노니 이 비밀은 이방인의 충만한 수가 들어오기까지 이스라엘의 더러는 완악하게 된 것이라 그리하여 온 이스라엘이 구원을 얻으리라……하나님의 은사와 부르심에는 후회하심이 없느니라"(롬 11:1-29).

"하나님은 인생이 아니시니 식언치 않으시고 인자가 아니시니 후회가 없으시도다 어찌 그 말씀하신 바를 행치 않으시며 하신 말씀을 실행치 않으시랴"(민 23:19).

만일 유대인들에게 환난과 시련으로 인한 고난만 있고, 궁극적인 승리와 구원의 소망과 확실한 언약이 없다면, 다니엘서를 비롯한 모든 성경의 말씀은 빛과 생명이 되신 하나님의 사랑의 메시지가 될 수 없기에 흑암처럼 암담하고 절망적인 저주의 음성으로 남게 된다.

성경은 선민들에게 심판과 진노와 저주의 음성으로 끝나는 말씀이 아니라 궁극적인 구원과 승리와 복을 언약하시는 위로와 축복의 메시지다.

다니엘 12장의 결론은 곧 성경의 결론적 계시예언이라고 할 수 있다. 그래서 다니엘서는 하나님의 계시말씀인 성경의 마지막 책인 요한계시록 해석의 열쇠와도 같은 밀접한 연계(連繫)를 이루고 있다.

2. 마지막 때 일어날 대환란과 이스라엘의 궁극적 구원

1절 말씀은 "그때에 네 민족을 호위하는 대군 미가엘이 일어날 것이요 또 환난이 있으리니 이는 개국 이래로 그때까지 없던 환난일 것이며 그때에 네 백성 중 무릇 책에 기록된 모든 자가 구원을 얻을 것이라"고 예언해 주고 있다.

1) 마지막 때 일어나는 대환란의 이유

하나님께서 자녀로 선택하신 백성들을 양육하실 때 '독수리'처럼 양육하시는 분이심을 밝히신다.

> "……내가 어떻게 독수리 날개로 너희를 업어 내게로 인도하였음을 너희가 보았느니라"(출 19:4).

> "여호와의 분깃은 자기 백성이라 야곱은 그 택하신 기업이로다 여호와께서 그를 황무지에서, 짐승의 부르짖는 광야에서 만나시고 호위하시며 보호하시며 자기 눈동자같이 지키셨도다 마치 독수리가 그 보금자리를 어지럽게 하며 그 새끼 위에 너풀거리며 그 날개를 펴서 새끼를 받으며 그 날개 위에 그것을 업는 것같이 여호와께서 홀로 그들을 인도하셨고 함께한 다른 신이 없었도다"(신 32:9-12).

하나님께서 언약하신 영원한 나라가 이루어지기 직전에 이 땅 위에 역사 이래로 없던 대환란을 겪게 하시는 이유가 여기에 있다. 하나님의 자녀로 바로 서게 하시기 위해, 환난의 풀무 속에서 연단됨으로 신앙이 정금같이 다져지고 철저한 회개로 영혼을 씻어 희게 하는 사건이 선행(先行)되어야 하기 때문에, 마지막 때 가장 큰 환난을 통과하게 하실 것임을 계시해 주고 있다.

"슬프다 어찌 그리 금이 빛을 잃고 정금이 변하였으며 성소의 돌이 각 거리 머리에 쏟아졌는고 시온의 아들들이 보배로워 정금에 비할러니 어찌 그리 토기장이의 만든 질항아리같이 여김이 되었는고"(애 4:1-2).

"……그 성은 정금인데 맑은 유리 같더라"(계 21:18).

"많은 사람이 연단을 받아 스스로 정결케 하며 희게 할 것이나 악한 사람은 악을 행하리니 악한 자는 아무도 깨닫지 못하되 오직 지혜 있는 자는 깨달으리라"(단 12:10).

"불의를 하는 자는 그대로 불의를 하고 더러운 자는 그대로 더럽고 의로운 자는 그대로 의를 행하고 거룩한 자는 그대로 거룩되게 하라 보라 내가 속히 오리니 내가 줄 상이 내게 있어 각 사람에게 그의 일한 대로 갚아 주리라"(계 22:11-12).

"장로 중에 하나가 응답하여 내게 이르되 이 흰옷 입은 자들이 누구며 또 어디서 왔느뇨 내가 가로되 내 주여 당신이 알리이다 하니 그가 나더러 이르되 이는 큰 환난에서 나오는 자들인데 어린 양의 피에 그 옷을 씻어 희게 하였느니라"(계 7:13-14).

2) 환난과 구원의 때

1절 말씀에 "그때에"라는 낱말이 두 번 기록되어 있다.

처음 "그때에"는 환난의 때를, 두 번째 "그때에"는 이스라엘의 구원의 때를 지시하는 말이다. 그럼 그 환난과 구원의 때가 언제인가?

'그때'는 다니엘 11장 40-45절의 예언이 이루어질 때로, 이 땅에 유브라데 전쟁이 일어나는 시기를 의미한다. 12장 7절에 예언되고 있는 "한 때 두 때 반 때를 지나서"의 시점을 가리킨다.

1절에 계시되고 있는 '그때'의 시기는 역사에 등장하여 적그리스도의 모형(8장의 작은 뿔)으로 활동했던 시리아의 왕 안티오쿠스 에피파네스 때가 아니며, 로마의 디도(Titus) 장군에 의한 주후 70년의 예루살렘 점령 시대도 아니며, 교회시대도 아니며 장차 이 땅에 찾아올 요한계시록 13장, 17장에 계시되고 있는 종말의 때에 있는 적그리스도(단 7장의 작은 뿔)가 나타나 한 때와 두 때와 반 때(후 3년 반)를 다스리는 때가 찬 시점을 의미한다. 이때가 바로 다니엘 9장에 예언된 70이레 기한(期限) 중 마지막 '한 이레'가 찬 시점임을 알 수 있다.

> "……반드시 한 때 두 때 반 때를 지나서 성도의 권세가 다 깨어지기까지니 그렇게 되면 이 모든 일이 다 끝나리라 하더라"(단 12:7).

"그가 장차 말로 지극히 높으신 자를 대적하며 또 지극히 높으신 자의 성도를 괴롭게 할 것이며 그가 또 때와 법을 변개코자 할 것이며 성도는 그의 손에 붙인 바 되어 한 때와 두 때와 반 때를 지내리라 그러나 심판이 시작된즉 그는 권세를 빼앗기고 끝까지 멸망할 것이요 나라와 권세와 온 천하 열국의 위세가 지극히 높으신 자의 성민에게 붙인 바 되리니 그의 나라는 영원한 나라이라 모든 권세 있는 자가 다 그를 섬겨 복종하리라 하여"(단 7:25-27).

"네 백성과 네 거룩한 성을 위하여 칠십 이레로 기한을 정하였나니 허물이 마치며 죄가 끝나며 죄악이 영속되며 영원한 의가 드러나며 이상과 예언이 응하며 또 지극히 거룩한 자가 기름 부음을 받으리라 그러므로 너는 깨달아 알지니라 예루살렘을 중건하라는 영이 날 때부터 기름 부음을 받은 자 곧 왕이 일어나기까지 일곱 이레와 육십 이 이레가 지날 것이요 그때 곤란한 동안에 성이 중건되어 거리와 해자가 이룰 것이며 육십이 이레 후에 기름 부음을 받은 자가 끊어져 없어질 것이며 장차 한 왕의 백성이 와서 그 성읍과 성소를 훼파하려니와 그의 종말은 홍수에 엄몰됨 같을 것이며 또 끝까지 전쟁이 있으리니 황폐할 것이 작정되었느니라 그가 장차 많은 사람으로 더불어 한 이레 동안의 언약을 굳게 정하겠고 그가 그 이레의 절반에 제사와 예물을 금지할 것이며 또 잔포하여 미운 물건이 날개를 의지하여 설 것이며 또 이미 정한 종말까지 진노가 황폐케 하는 자에게 쏟아지리라 하였느니라"(단 9:24-27).

"……주의 임하심과 세상 끝에는 무슨 징조가 있사오리이까 예수께서 대답하여 가라사대 너희가 사람의 미혹을 받지 않도록 주의하라 많은 사람이 내 이름으로 와서 이르되 나는 그리스도라 하여 많은 사람을 미혹케 하리라 난리와 난리 소문을 듣겠으나 너희는 삼가 두려워 말라 이런 일이 있어야 하되 끝은 아직 아니니라 민족이 민족을, 나라가 나라를 대적하여 일어나겠고 처처에 기근과 지진이 있으리니 이 모든 것이 재난의 시작이니라 그때에 사람들이 너희를 환난에 넘겨주겠으며 너희를 죽이리니 너희가 내 이름을 위하여 모든 민족에게 미움을 받으리라……그러나 끝까지 견디는 자는 구원을 얻으리라 이 천국 복음이 모든 민족에게 증거되기 위하여 온 세상에 전파되리니 그제야 끝이 오리라 그러므로 너희가 선지자 다니엘의 말한 바 멸망의 가증한 것이 거룩한 곳에 선 것을 보거든 (읽는 자는 깨달을지저) 그때에 유대에 있는 자들은 산으로 도망할지어다……너희의 도망하는 일이 겨울에나 안식일에 되지 않도록 기도하라 이는 그때에 큰 환난이 있겠음이라 창세로부터 지금까지 이런 환난이 없었고 후에도 없으리라"(마 24:3-21).

"용이 짐승에게 권세를 주므로 용에게 경배하며 짐승에게 경배하여 가로되 누가 이 짐승과 같으뇨 누가 능히 이로 더불어 싸우리요 하더라 또 짐승이 큰 말과 참람된 말 하는 입을 받고 또 마흔두 달 일할 권세를 받으니라 짐승이 입을 벌려 하나님을 향하여 훼방하되 그의 이름과 그의 장막 곧 하늘에 거하는 자들을 훼방하더라 또 권세를 받아 성도들과 싸워 이기게 되고 각 족속과 백성과 방언과 나라를 다스리는 권세를 받으니 죽임을 당한 어린 양의 생명책에 창세 이후로 녹명되지 못하고 이 땅에 사는 자들은 다 짐승에게 경배하리라 누구든지 귀가 있거든 들을지어다 사로잡는 자는 사로잡힐 것이요 칼로 죽이는 자는 자기도 마땅히 칼에 죽으리니 성도들의 인내와 믿음이 여기 있느니라"(계 13:4-10).

"짐승 앞에서 받은 바 이적을 행함으로 땅에 거하는 자들을 미혹하며 땅에 거하는 자들에게 이르기를 칼에 상하였다가 살아난 짐승을 위하여 우상을 만들라 하더라 저가 권세를 받아 그 짐승의 우상에게 생기를 주어 그 짐승의 우상으로 말하게 하고 또 짐승의 우상에게 경배하지 아니하는 자는 몇이든지 다 죽이게 하더라 저가 모든 자 곧 작은 자나 큰 자나 부자나 빈궁한 자나 자유한 자나 종들로 그 오른손에나 이마에 표를 받게 하고 누구든지 이 표를 가진 자 외에는 매매를 못하게 하니 이 표는 곧 짐승의 이름이나 그 이름의 수(數)라 지혜가 여기 있으니 총명 있는 자는 그 짐승의 수를 세어 보라 그 수는 사람의 수니 육백육십육이니라"(계 13:14-18).

3) 구원의 대상

1절에 "그때에 네 백성 중 무릇 책에 기록된 모든 자가 구원을 얻을 것이라"고 예언한다.

1절 말씀에 예언되고 있는 구원의 대상이 누구인가라는 정확한 성경적 해답을 찾는 것은 매우 중요한 사항(事項)이다.

다니엘서는 이스라엘에 대한 역사의 기한에 대해 계시예언임을 염두(念頭)에 둘 필요성이 있다. 다니엘에게 '네 백성'이라고 말씀하신 것은 분명 '이스라엘 백성'을 지칭하는 말씀이다. 다니엘에게 '네 백성'이 누구를 의미하겠는가? 아무리 다니엘서를 상징적으로 해석하는 사람이라도 다니엘에게 말한 '네 백성'을 구원받을 교회의 성도들이라고 주장하는 억지를 부리지는 않을 것이다.

다니엘에게 계시하신 "그때에 네 백성 중 무릇 책에 기록된 모든 자가 구원을 얻을 것이라"는 예언은 교회시대에 복음이 땅 끝까지 증거되어 구원받을 이방인의 충만한 수가 차는 종말의 때에 복음이 유대인들에게 돌아가 이스라엘의 선택받은 백성들이 구원을 받게 될 것임을 보여주는 계시예언이다.

"그러므로 내가 말하노니 하나님이 자기 백성을 버리셨느뇨 그럴 수 없느니라……하나님이 그 미리 아신 자기 백성을 버리지 아니하셨나니……그런즉 어떠하뇨 이스라엘이 구하는 그것을 얻지 못하고 오직 택하심을 입은 자가 얻었고 그 남은 자들은 완악하여졌느니라……그러므로 내가 말하노니 저희가 넘어지기까지 실족하였느뇨 그럴 수 없느니라 저희의 넘어짐으로 구원이 이방인에게 이르러 이스라엘로 시기나게 함이니라 저희의 넘어짐이 세상의 부요함이 되며 저희의 실패가 이방인의 부요함이 되거든 하물며 저희의 충만함이리요……형제들아 너희가 스스로 지혜 있다 함을 면키 위하여 이 비밀을 너희가 모르기를 내가 원치 아니하노니 이 비밀은 이방인의 충만한 수가 들어오기까지 이스라엘의 더러는 완악하게 된 것이라 그리하여 온 이스라엘이 구원을 얻으리라 기록된 바 구원자가 시온에서 오사 야곱에게서 경건치 않은 것을 돌이키시겠고 내가 저희 죄를 없이할 때에 저희에게 이루어질 내 언약이 이것이라 함과 같으니라"(롬 11:1-27).

바울 사도는 하나님이 비밀로 감추어 두었던 구원의 깊은 지혜와 지식의 말씀을 깨달아 증거해 주고 있다. 바울 사도는 "이 비밀을 너희가 모르기를 내가 원치 아니하노니"라고 말씀하고 있다. 사도 바울은 이방인의 충만한 수가 구원받게 되는 시기가 되면 복음이 유대인들에게 돌아가 그들이 구원에 등참하게 되도록 계획하시고 계시하신 말씀의 언약을 확실하게 증거해 주고 있다. 유대인의 구원은 인류의 종말에 이루어지는데 '책에 기록된 자들'만 구원받는 백성에 해당할 것임을 말씀하고 있다.

"죽임을 당한 어린 양의 생명책에 창세 이후로 녹명(錄名)되지 못하고 이 땅에 사는 자들은 다 짐승에게 경배하리라"(계 13:8).

3. 영생과 심판의 부활

2절 말씀은 부활이 있을 것임을 계시해 주는 예언이다.

"땅의 티끌 가운데서 자는 자 중에 많이 깨어 영생을 얻는 자도 있겠고 수욕을 받아서 무궁히 부끄러움을 입을 자도 있을 것이며"(단 12:2).

본문에 언급된 부활에 대한 계시예언에 대해 몇 가지 살펴보기로 하자.

1) 영의 부활이 아니라 육체의 부활을 나타낸다

"땅의 티끌 가운데서 자는 자 중에 많이 깨어 영생(永生)을 얻는 자"가 있을 것임을 말씀하고 있다. '땅의 티끌 가운데 자는 자'는 육체를 입고 살다가 죽음을 맞아 땅에 묻힌 사람을 가리킨다. 이들 중에 '깨어 영생을 얻는 자'도 있다는 말씀은 영생의 몸인 부활체를 입고 부활하게 될 것임을 의미한다.

예수 그리스도의 속죄와 부활을 믿는 성도들은 믿음으로 말미암아 구원을 얻고 영생을 얻는다. 예수 그리스도를 믿음으로 말미암아 구원을 얻고, 영생으로 거듭난 영혼이 된 성도들은 육체가 죽은 뒤 영혼이 천국에 올라가 하나님의 나라에서 생활한다. 그런데 장차 영생한 영혼이 영생하는 부활의 몸을 덧입고 영육간에 영생하게 되는 날이 계시되어 있다.

> "만일 너희 속에 하나님의 영이 거하시면 너희가 육신에 있지 아니하고 영에 있나니 누구든지 그리스도의 영이 없으면 그리스도의 사람이 아니라 또 그리스도께서 너희 안에 계시면 몸은 죄로 인하여 죽은 것이나 영은 의를 인하여 산 것이니라 예수를 죽은 자 가운데서 살리신 이의 영이 너희 안에 거하시면 그리스도 예수를 죽은 자 가운데서 살리신 이가 너희 안에 거하시는 그의 영으로 말미암아 너희 죽을 몸도 살리시리라"(롬 8:9-11).

"이뿐 아니라 또한 우리 곧 성령의 처음 익은 열매를 받은 우리까지도 속으로 탄식하여 양자 될 것 곧 우리 몸의 구속을 기다리느니라"(롬 8:23).

예수님의 초림 때 유대인들 중 사두개인들은 부활이 없다고 믿었다.

"부활(復活)이 없다 하는 사두개인들이 예수께 와서 물어 가로되 선생님이여 모세가 우리에게 써 주기를 사람의 형이 자식이 없이 아내를 두고 죽거든 그 동생이 그 아내를 취하여 형을 위하여 후사를 세울지니라 하였나이다 칠 형제가 있었는데 맏이 아내를 취(娶)하였다가 후사가 없이 죽고 둘째도 그 여자를 취하였다가 후사가 없이 죽고 셋째도 그렇게 하여 일곱이 다 후사가 없었고 최후에 여자도 죽었나이다 일곱 사람이 다 그를 아내로 취하였으니 부활을 당하여 저희가 살아날 때에 그 중에 뉘 아내가 되리이까 예수께서 가라사대 너희가 성경도 하나님의 능력도 알지 못하므로 오해함이 아니냐 사람이 죽은 자 가운데서 살아날 때에는 장가도 아니 가고 시집도 아니 가고 하늘에 있는 천사들과 같으니라"(막 12:18-25; 마 22:23-30; 눅 20:27-36).

"이는 사두개인은 부활도 없고 천사도 없고 영도 없다 하고 바리새인은 다 있다 함이라"(행 23:8).

지금 이 시대의 유대인들도 부활에 대한 믿음에 대해서는 불신하는 사람들이 많을 것이다. 그런데 다니엘은 여기서 부활에 대한 계시를 예언하고 있다.

기독교 복음의 두 기둥이 있다면 하나는 예수 그리스도의 구속(救贖)의 복음이고, 또 하나는 예수 그리스도의 부활(復活)의 복음이라

할 수 있다. 예수 그리스도의 부활은 영의 부활이 아니라 무덤 속에 있던 육체가 사흘 만에 부활하신 사건이다. 예수님의 부활을 믿는 성도들은 반드시 영광스러운 영생의 몸으로 부활할 것임을 성경은 언약하고 있다.

"주여 저 유혹하던 자가 살았을 때에 말하되 내가 사흘 후에 다시 살아나리라 한 것을 우리가 기억하노니 그러므로 분부하여 그 무덤을 사흘까지 굳게 지키게 하소서 그의 제자들이 와서 시체를 도적질하여 가고 백성에게 말하되 그가 죽은 자 가운데서 살아났다 하면 후의 유혹이 전보다 더 될까 하나이다 하니 빌라도가 가로되 너희에게 파수꾼이 있으니 가서 힘대로 굳게 하라 하거늘 저희가 파수꾼과 함께 가서 돌을 인봉하고 무덤을 굳게 하니라"(마 27:63-66).

"안식일이 다하여 가고 안식 후 첫날이 되려는 미명에 막달라 마리아와 다른 마리아가 무덤을 보려고 왔더니 큰 지진이 나며 주의 천사가 하늘로서 내려와 돌을 굴려 내고 그 위에 앉았는데 그 형상이 번개 같고 그 옷은 눈같이 희거늘 수직하던 자들이 저를 무서워하여 떨며 죽은 사람과 같이 되었더라 천사가 여자들에게 일러 가로되 너희는 무서워 말라 십자가에 못 박히신 예수를 너희가 찾는 줄을 내가 아노라 그가 여기 계시지 않고 그의 말씀하시던 대로 살아나셨느니라 와서 그의 누우셨던 곳을 보라"(마 28:1-6).

"이 말을 할 때에 예수께서 친히 그 가운데 서서 가라사대 너희에게 평강이 있을지어다 하시니 저희가 놀라고 무서워하여 그 보는 것을 영으로 생각하는지라 예수께서 가라사대 어찌하여 두려워하며 어찌하여 마음에 의심이 일어나느냐 내 손과 발을 보고 나인 줄 알라 또 나를 만져 보라 영은 살과 뼈가 없으되 너희 보는 바와 같이 나는 있느니라 이 말씀을 하시고 손과 발을 보이시나……여기 무슨 먹을 것이 있느냐 하시니 이에 구운 생선 한 토막을 드리매 받으사 그 앞에서 잡수시더라"(눅 24:36-43).

"형제들아 내가 너희에게 전한 복음을 너희로 알게 하노니 이는 너희가 받은 것이요 또 그 가운데 선 것이라 너희가 만일 나의 전한 그 말을 굳게 지키고 헛되이 믿지 아니하였으면 이로 말미암아 구원을 얻으리라 내가 받은 것을 먼저 너희에게 전하였노니 이는 성경대로 그리스도께서 우리 죄를 위하여 죽으시고 장사지낸 바 되었다가 성경대로 사흘 만에 다시 살아나사 게바에게 보이시고 후에 열두 제자에게와 그 후에 오백여 형제에게 일시에 보이셨나니 그중에 지금까지 태반이나 살아 있고 어떤 이는 잠들었으며 그 후에 야고보에게 보이셨으며 그 후에 모든 사도에게와 맨 나중에 만삭 되지 못하여 난 자 같은 내게도 보이셨느니라"(고전 15:1-8).

"형제들아 내가 이것을 말하노니 혈과 육은 하나님 나라를 유업으로 받을 수 없고 또한 썩은 것은 썩지 아니한 것을 유업으로 받지 못하느니라 보라 내가 너희에게 비밀을 말하노니 우리가 다 잠잘 것이 아니요 마지막 나팔에 순식간에 홀연히 다 변화하리니 나팔 소리가 나매 죽은 자들이 썩지 아니할 것으로 다시 살고 우리도 변화하리라 이 썩을 것이 불가불 썩지 아니할 것을 입겠고 이 죽을 것이 죽지 아니함을 입으리로다……그러므로 내 사랑하는 형제들아 견고하며 흔들리지 말며 항상 주의 일에 더욱 힘쓰는 자들이 되라 이는 너희 수고가 주 안에서 헛되지 않은 줄을 앎이니라"(고전 15:50-58).

"내가 그리스도와 그 부활의 권능과 그 고난에 참예함을 알려 하여 그의 죽으심을 본받아 어찌하든지 죽은 자 가운데서 부활에 이르려 하노니 내가 이미 얻었다 함도 아니요 온전히 이루었다 함도 아니라 오직 내가 그리스도 예수께 잡힌 바 된 그것을 잡으려고 좇아가노라 형제들아 나는 아직 내가 잡은 줄로 여기지 아니하고 오직 한 일 즉 뒤에 있는 것은 잊어버리고 앞에 있는 것을 잡으려고 푯대를 향하여 그리스도 예수 안에서 하나님이 위에서 부르신 부름의 상을 위하여 좇아가노라"(빌 3:10-14).

"여자들은 자기의 죽은 자를 부활로 받기도 하며 또 어떤 이들은 더 좋은 부활을 얻고자 하여 악형을 받되 구차히 면하지 아니하였으며"(히 11:35).

"오직 우리의 시민권은 하늘에 있는지라 거기로서 구원하는 자 곧 주 예수 그리스도를 기다리노니 그가 만물을 자기에게 복종케 하실 수 있는 자의 역사로 우리의 낮은 몸을 자기 영광의 몸의 형체와 같이 변케 하시리라"(빌 3:20-21).

2) 재림의 때가 아니라 백보좌 심판의 때임을 보여준다.

2절에 계시되고 있는 말씀은 생명의 부활과 심판의 부활이 있을 것이라는 계시예언이다. 이 예언이 성취되는 시점이 언제인가? 이 시기는 예수님 재림의 때에 성취될 사건이 아니라 천년왕국의 때가 차고 하나님의 백보좌 심판이 시행되는 시점임을 정각(正覺)해야 한다. 성경을 자세히 고찰해 보면, 예수 그리스도 안에서 삶을 얻게 되는 부활사건이 장차 두 번 있을 것임을 증거해 준다. 부활장이라 칭하는 고린도전서 15장 22-26절 말씀을 살펴보자.

> "아담 안에서 모든 사람이 죽은 것같이 그리스도 안에서 모든 사람이 삶을 얻으리라 그러나 각각 자기 차례대로 되니니 먼저는 첫 열매인 그리스도요 다음에는 그리스도 강림하실 때에 그에게 붙은 자요 그 후에는 나중이니 저가 모든 정사와 모든 권세와 능력을 멸하시고 나라를 아버지 하나님께 바칠 때라 저가 모든 원수를 그 발 아래 둘 때까지 불가불 왕 노릇 하시리니 맨 나중에 멸망받을 원수는 사망이니라"(고전 15:22-26).

본문은 그리스도 안에서 삶을 얻게 될 부활의 사건이 앞으로 두 번 있음을 보여준다.

첫 번째 부활은 "그리스도 강림하실 때에 그에게 붙은 자"의 부활이다. 이는 예수 그리스도 재림 시 성취되는 부활사건으로 장차 나타날 '첫째 부활' 사건임을 알 수 있다. 이 첫째 부활에 참예할 대상은 "예수의 증거와 하나님의 말씀을 인하여 목 베임을 받은 자"들로 '순교자'들을 가리킨다. 창세 이후로 주의 재림 시까지 하나님의 말씀과 예수 그리스도의 복음을 증거하다가 순교당한 성도들이 첫째 부활에 참예하여 천년왕국에서 예수 그리스도와 더불어 왕 노릇 하게 될 것임을 증거해 준다.

> "또 내가 보좌들을 보니 거기 앉은 자들이 있어 심판하는 권세를 받았더라 또 내가 보니 예수의 증거와 하나님의 말씀을 인하여 목 베임을 받은 자의 영혼들과 또 짐승과 그의 우상에게 경배하지도 아니하고 이마와 손에 그의 표를 받지도 아니한 자들이 살아서 그리스도로 더불어 천 년 동안 왕 노릇 하니 (그 나머지 죽은 자들은 그 천 년이 차기까지

살지 못하더라) 이는 첫째 부활이라 이 첫째 부활에 참예하는 자들은 복이 있고 거룩하도다 둘째 사망이 그들을 다스리는 권세가 없고 도리어 그들이 하나님과 그리스도의 제사장이 되어 천 년 동안 그리스도로 더불어 왕 노릇 하리라"(계 20:4-6).

두 번째 부활은 첫째 부활에 참예하지 못한 모든 잠자는 자들(죽은 모든 사람들)의 부활이다. 이 부활사건이 곧 다니엘 12장 2절 말씀이 성취되는 사건이다. 이 시점은 천년왕국이 끝나고 하나님의 백보좌 심판이 진행될 시점이다. 이때 이 땅에 육신을 입고 살다가 죽은 모든 자가 부활하여 하나님의 심판대 앞에서 심판을 받고 영생(永生)과 영벌(永罰)로 갈라진다.

고린도전서 15장 24-26절에 "그 후에는 나중이니 저가 모든 정사와 모든 권세와 능력을 멸하시고 나라를 아버지 하나님께 바칠 때라 저가 모든 원수를 그 발 아래 둘 때까지 불가불 왕 노릇 하시리니 맨 나중에 멸망받을 원수는 사망이니라"라고 증거하고 있다. 예수 그리스도께서 나라를 아버지 하나님께 바치시고 사망도 멸망을 받게 될 때가 언제인가? 요한계시록은 이 질문에 대한 해답을 계시해 주고 있다.

"일곱째 천사가 나팔을 불매 하늘에 큰 음성들이 나서 가로되 세상 나라가 우리 주와 그 그리스도의 나라가 되어 그가 세세토록 왕 노릇 하시리로다 하니 하나님 앞에 자기 보좌에 앉은 이십사 장로들이 엎드려 얼굴을 대고 하나님께 경배하여 가로되 감사하옵나니 옛적에도 계셨고 시방도 계신 주 하나님 곧 전능하신 이여 친히 큰 권능을 잡으시고 왕 노릇 하시도다 이방들이 분노하매 주의 진노가 임하여 죽은 자를 심판하시며 종 선지자들과 성도들과 또 무론대소하고 주의 이름을 경외하는 자들에게 상 주시며 또 땅을 망하게 하는 자들을 멸망시키실 때로 소이다 하더라"(계 11:15-18).

"일곱째 천사가 소리 내는 날 그 나팔을 불게 될 때에 하나님의 비밀이 그 종 선지자들에게 전하신 복음과 같이 이루리라"(계 10:7).

일곱째 천사가 나팔을 불게 될 때, 즉 마지막 나팔이 울려 퍼질 때가 이 땅에 불어닥칠 세 가지 화 중 마지막 '셋째 화'의 사건이 성취되는 시점이다. 이 시점은 천년왕국이 끝나게 될 때 일어날 '곡과 마곡의 전쟁'의 때요, 하나님의 백보좌 심판이 시행될 때임을 성경은 입증해 준다.

"천 년이 차매 사탄이 그 옥에서 놓여 나와서 땅의 사방 백성 곧 곡과 마곡을 미혹하고 모아 싸움을 붙이리니 그 수가 바다 모래 같으리라 저희가 지면에 널리 펴져 성도들의 진과 사랑하시는 성을 두르매 하늘에서 불이 내려와 저희를 소멸하고 또 저희를 미혹하는 마귀가 불과 유황 못에 던지우니 거기는 그 짐승과 거짓 선지자도 있어 세세토록 밤낮 괴로움을 받으리라 또 내가 크고 흰 보좌와 그 위에 앉으신 자를 보니 땅과 하늘이 그 앞에서 피하여 간 데 없더라 또 내가 보니 죽은 자들이 무론대소하고 그 보좌 앞에 섰는데 책들이 펴 있고 또 다른 책이 펴졌으니 곧 생명책이라 죽은 자들이 자기 행위를 따라 책들에 기록된 대로 심판을 받으니 바다가 그 가운데서 죽은 자들을 내어주고 또 사망과 음부도 그 가운데서 죽은 자들을 내어주매 각 사람이 자기의 행위대로 심판을 받고 사망과 음부도 불못에 던지우니 이것은 둘째 사망 곧 불못이라 누구든지 생명책에 기록되지 못한 자는 불못에 던지우더라"(계 20:7-15).

모든 죽은 자들이 부활하여 선악을 따라 심판을 받고, 사망과 음부도 둘째 사망의 불못에 던져짐으로 하나님의 구속사역이 완성되는 시점이 바로 마지막 나팔이 울려 퍼지고 하나님의 백보좌 심판이 시행되는 시점이다.

"보라 내가 너희에게 비밀을 말하노니 우리가 다 잠잘 것이 아니요 마지막 나팔에 순식간에 홀연히 다 변화하리니 나팔 소리가 나매 죽은 자들이 썩지 아니할 것으로 다시 살고 우리도 변화하리라 이 썩을 것이 불가불 썩지 아니할 것을 입겠고 이 죽을 것이 죽지 아니함을 입으리로다 이 썩을 것이 썩지 아니함을 입고 이 죽을 것이 죽지 아니함을 입을 때에는 사망이 이김의 삼킨 바 되리라고 기록된 말씀이 응하리라"(고전 15:51-54).

"이를 위하여 그리스도께서 죽었다가 다시 살으셨으니 곧 죽은 자와 산 자의 주가 되려 하심이니라 네가 어찌하여 네 형제를 판단하느뇨 어찌하여 네 형제를 업신여기느뇨 우리가 다 하나님의 심판대 앞에 서리라 기록되었으되 주께서 가라사대 내가 살았노니 모든 무릎이 내게 꿇을 것이요 모든 혀가 하나님께 자백하리라 하였느니라 이러므로 우리 각인이 자기 일을 하나님께 직고하리라"(롬 14:9-12).

모든 인생이 하나님의 심판대 앞에 서서 심판을 받는 사건은 단회적(單回的)이다. 성도들의 부활의 시기와 불신자들의 부활의 시기가 각각 다르지 않으며, 하나님의 백보좌 앞에 서서 심판받는 시기가 다르지 않고 동일하다. 천년왕국 기간이 끝나고 하나님의 백보좌 심판대 앞에 설 때에 땅의 티끌 가운데 자는 모든 자가 깨어나 생명의 부활이 아니면 심판의 부활에 동참하게 된다는 사실을 계시해 주고 있다. 다니엘 12장 2절의 계시말씀은 의인과 악인의 부활은 그 시기가 다르지 않고 동일하다는 사실을 보여준다.

"이를 기이히 여기지 말라 무덤 속에 있는 자가 다 그의 음성을 들을 때가 오나니 선한 일을 행한 자는 생명의 부활로, 악한 일을 행한 자는 심판의 부활로 나오리라"(요 5:28-29).

"그러나 이것을 당신께 고백하리이다 나는 저희가 이단이라 하는 도를 좇아 조상의 하나님을 섬기고 율법과 및 선지자들의 글에 기록된 것을 다 믿으며 저희의 기다리는 바 하나님께 향한 소망을 나도 가졌으니 곧 의인과 악인의 부활이 있으리라 함이라"(행 24:14-15).

4. 마지막 때까지 봉함될 계시예언이다

다니엘서에 계시되고 있는 말씀들은 다니엘의 때에 성취될 사건들이라기보다 '마지막 때'에 이루어질 사건들임을 12장 여러 곳에서 반복적으로 언급한다.

4절에서 "다니엘아 마지막 때까지 이 말을 간수하고 이 글을 봉함하라 많은 사람이 빨리 왕래하며 지식이 더하리라"고 말씀한다.

7절에서는 "……반드시 한 때 두 때 반 때를 지나서 성도의 권세가 다 깨어지기까지니 그렇게 되면 이 모든 일이 다 끝나리라 하더라"라고 말씀한다.

9절에서는 "그가 가로되 다니엘아 갈지어다 대저 이 말은 마지막 때까지 간수하고 봉함(封緘)할 것임이니라"라고 말씀한다.

13절에서는 "너는 가서 마지막을 기다리라 이는 네가 평안히 쉬다가 끝 날에는 네 업을 누릴 것임이니라"라고 말씀한다.

이상의 모든 말씀이 다니엘 12장 사건이 성취되는 시기가 곧 인류 역사의 종말임을 시사(示唆)해 주는 말씀이다.

"마지막 때까지 이 말을 간수하고 봉함하라"는 명령은 하나님께서 예정하신 종말의 때까지 다니엘서에 계시된 여러 이상(異像)들을 깨닫게 하지 못하도록 명령하시는 말씀이다.

유대인들이 다니엘서에 예언된 계시말씀을 깨닫게 될 시기는 종말의 때임을 보여주고 있다. 이 시대까지도 유대인들은 예수 안에서 성취된 메시아 예언들을 부정하고 부활의 진리에 대해서는 소경에 가까울 정도로 무지하고 어두운 영적 상태를 보이고 있다. 하지만 유대인의 기한으로 정한 9장의 70이레 예언 중 마지막 한 이레의 후 3년 반(한 때 두 때 반 때)이 지나는 시기가 되면 다니엘서의 말씀이 개봉되어 말씀이 열려짐으로 이스라엘의 남은 자들이 회개하고 구원받는 역사가 실현될 것이다. 그때까지는 유대인들의 마음이 완악하여 귀는 듣기에 둔하고 그 눈은 감겨지기 때문에 다니엘서의 말씀이 봉함된 책으로 남게 되는 것이다.

"이사야의 예언이 저희에게 이루었으니 일렀으되 너희가 듣기는 들어도 깨닫지 못할 것이요 보기는 보아도 알지 못하리라 이 백성들의 마음이 완악하여져서 그 귀는 듣기에 둔하고 눈은 감았으니 이는 눈으로 보고 귀로 듣고 마음으로 깨달아 돌이켜 내게 고침을 받을까 두려워함이라 하였느니라 그러나 너희 눈은 봄으로, 너희 귀는 들음으로 복이 있도다"(마 13:14-16).

"형제들아 너희가 스스로 지혜 있다 함을 면키 위하여 이 비밀을 너희가 모르기를 내가 원치 아니하노니 이 비밀은 이방인의 충만한 수가 들어오기까지 이스라엘의 더러는 완악하게 된 것이라 그리하여 온 이스

라엘이 구원을 얻으리라 기록된 바 구원자가 시온에서 오사 야곱에게
서 경건치 않은 것을 돌이키시겠고 내가 저희 죄를 없이할 때에 저희에
게 이루어질 내 언약이 이것이라 함과 같으니라"(롬 11:25-27).

예수 그리스도의 복음이 땅 끝까지 증거되어 구원받을 이방인의 충만한 수가 차게 되면 이제 복음이 유대인들에게 돌아가 그들이 돌이켜 회개하고 구원을 받게 되는 성령의 역사하심이 이 땅 위에 성취될 것이다. 그 시기를 분별할 수 있는 방법으로 이 책이 개봉되어 유대인들이 깨닫게 되는 종말의 징조 가운데 '사람이 빨리 왕래하고 지식이 더하리라'고 말씀한다. 우리가 살고 있는 오늘 이 시대가 다니엘서가 예언한 말씀의 문명이 이루어져 가고 있는 시대임을 부인할 사람이 있겠는가? 문명의 발달로 온 세계에 소식이 실시간으로 공유되고, 사람들이 빨리 왕래하며, 지식의 발달이 경이로울 만큼 발달하여 신(神)의 영역에까지 도전하고 있는 시대가 오늘 우리가 살아가고 있는 21세기다. 이 시대에 봉인된 다니엘서의 비밀의 계시 예언이 열리고 있다. 봉함되었던 계시예언이 개봉되어 더 이상 감추어진 부분이 없다. 이 시대에 복음이 유대인에게 증거되고 있다. 역사는 바야흐로 종말을 향해 빠르게 진행되고 있다. 다니엘서의 말씀을 유대인들이 깨달아 알게 되는 시대가 급속히 다가오고 있음을 깨닫는 사람이 복이 있다.

5. 일천이백구십 일과 일천삼백삼십오 일의 기간

1) 한 때 두 때 반 때의 시점

다니엘이 10장 이하의 계시를 받고 있는 때는 바사 왕 고레스 3년

(주전 534년) 정월 24일이고, 이상(異像)을 보고 있는 장소는 힛데겔 강 가다. 다니엘은 힛데겔 강 이편과 저편 언덕에 선 세마포 입은 두 사람의 대화 가운데서 이상이 성취될 시기에 대해 듣게 된다.

"이 기사의 끝이 어느 때까지냐"고 물을 때 "반드시 한 때 두 때 반 때를 지나서 성도의 권세가 다 깨어지기까지니 그렇게 되면 이 모든 일이 다 끝나리라"는 답변을 듣게 되었다.

두 사람 사이에 오가는 질문과 대답은 다니엘서 해석에 매우 중요한 열쇠가 된다. 다니엘에게 계시하신 사건들의 성취 시기를 계시해 주는 말씀이기 때문이다. 천사가 대답한 '한 때 두 때 반 때'가 어느 시점인지 우리는 어렵지 않게 장차 인류역사의 종말의 때에 나타날 적그리스도가 통치하는 후 3년 반이 지나서 다니엘서의 계시예언이 모두 성취되어 끝나게 될 것임을 예언하는 말씀임을 파악할 수 있다.

"그가 장차 말로 지극히 높으신 자를 대적하며 또 지극히 높으신 자의 성도를 괴롭게 할 것이며 그가 또 때와 법을 변개코자 할 것이며 성도는 그의 손에 붙인 바 되어 한 때와 두 때와 반 때를 지내리라 그러나 심판이 시작된즉 그는 권세를 빼앗기고 끝까지 멸망할 것이요 나라와 권세와 온 천하 열국의 위세가 지극히 높으신 자의 성민에게 붙인 바 되리니 그의 나라는 영원한 나라이라 모든 권세 있는 자가 다 그를 섬겨 복종하리라 하여"(단 7:25-27).

"그가 장차 많은 사람으로 더불어 한 이레 동안의 언약을 굳게 정하겠고 그가 그 이레의 절반에 제사와 예물을 금지할 것이며 또 잔포하여 미운 물건이 날개를 의지하여 설 것이며 또 이미 정한 종말까지 진노가 황폐케 하는 자에게 쏟아지리라 하였느니라"(단 9:27).

다니엘 7장과 9장에 계시되고 있는 70이레의 마지막 '한 이레'는 유대인에게 남아 있는 마지막 7년의 기간이다. '한 이레' 가운데 후 3년 반의 기간을 의미하는 '한 때 두 때 반 때'는 짐승(적그리스도)이 통치하는 권세를 받아 다스리는 기간이다. 이 기간에 하나님의 백성들의 모든 권세가 깨어지는 대환란을 겪게 될 것임을 보여준다.

예수님은 재림과 종말의 때를 묻는 제자들에게 복음이 땅 끝까지 전해져 이방인의 충만한 구원의 수가 차면 이제 유대인에게 남은 '한 이레'의 역사가 진행될 것을 언급하시면서 유대인들에게 대환란의 바람이 휘몰아칠 것임을 말씀해 주셨다.

> "이 천국 복음이 모든 민족에게 증거되기 위하여 온 세상에 전파되리니 그제야 끝이 오리라 그러므로 너희가 선지자 다니엘의 말한 바 멸망의 가증한 것이 거룩한 곳에 선 것을 보거든 (읽는 자는 깨달을진저) 그때에 유대에 있는 자들은 산으로 도망할지어다"(마 24:14-16).

다니엘 7장의 작은 뿔 사역 기간, 9장의 70이레 가운데 마지막 한 이레, 마태복음 24장에 언급하신 예수님의 종말예언은 모두 동 시점의 동일한 사건에 대한 말씀이다. 이 말씀들의 성취 시기는 요한계시록 13장과 17장의 '일곱 머리 열 뿔 짐승'과 그 맥(脈)을 같이하는 말씀이다.

> "또 짐승이 큰 말과 참람된 말 하는 입을 받고 또 마흔두 달 일할 권세를 받으니라……성도들과 싸워 이기게 되고 각 족속과 백성과 방언과 나라를 다스리는 권세를 받으니"(저 13:5-7).

짐승(적그리스도)이 통치하는 후 3년 반(마흔두 달, 한 때 두 때 반 때,

1,260일) 동안 교회는 광야 예비처로 피신하여 하나님의 특별 보호와 양육을 받게 된다. 이 땅에는 하나님의 인 맞은 신실한 주의 종들(두 증인, 십사만사천 인)이 남아 짐승에게 경배하지도 않고 짐승의 표를 받지도 않음으로 고난과 환난을 당하며 복음을 증거하게 되고 순교를 당하게 된다.

이들의 사역 때에 봉함되었던 다니엘서의 인봉이 개봉되고, 계시 예언의 비밀이 드러나며, 유대인들의 회개와 구원의 역사가 성취될 것이다.

"용이 자기가 땅으로 내어 쫓긴 것을 보고 남자를 낳은 여자를 핍박하는지라 그 여자가 큰 독수리의 두 날개를 받아 광야 자기 곳으로 날아가 거기서 그 뱀의 낯을 피하여 한 때와 두 때와 반 때를 양육 받으매……용이 여자에게 분노하여 돌아가서 그 여자의 남은 자손 곧 하나님의 계명을 지키며 예수의 증거를 가진 자들로 더불어 싸우려고 바다 모래 위에 섰더라"(계 12:13-17).

"성전 밖 마당은 척량하지 말고 그냥 두라 이것을 이방인에게 주었은즉 저희가 거룩한 성을 마흔두 달 동안 짓밟으리라 내가 나의 두 증인에게 권세를 주리니 저희가 굵은 베옷을 입고 일천이백육십 일을 예언하리라"(계 11:2-3).

"저희가 그 증거를 마칠 때에 무저갱으로부터 올라오는 짐승이 저희로 더불어 전쟁을 일으켜 저희를 이기고 저희를 죽일 터인즉……백성들과 족속과 방언과 나라 중에서 사람들이 그 시체를 사흘 반 동안을 목도하며 무덤에 장사하지 못하게 하리로다……삼 일 반 후에 하나님께로부터 생기가 저희 속에 들어가매 저희가 발로 일어서니 구경하는 자들이 크게 두려워하더라 하늘로부터 큰 음성이 있어 이리로 올라오라 함을 저희가 듣고 구름을 타고 하늘로 올라가니 저희 원수들도 구경하더라 그 시에 큰 지진이 나서 성 십분의 일이 무너지고 지진에 죽은 사람이 칠천이라 그 남은 자들이 두려워하여 영광을 하늘의 하나님께 돌리더라 둘째 화는 지나갔으나 보라 셋째 화가 속히 이르는도다"(계 11:7-14).

2) 1,290일

11절 말씀은 1,290일과 1,335일의 시작 시점에 대해 계시해 주고 있다.

"매일 드리는 제사를 폐하며 멸망케 할 미운 물건을 세울 때부터" 계수한다.

이는 '한 이레'의 절반인 후 3년 반이 시작되는 시점이며, 적그리스도의 통치가 시작되는 시점임을 알 수 있다(단 9:27; 계 13:5). 1,290일은 후 3년 반(1,260일)이 마치고 30일이 지난 시점이다. 후 3년 반이 마치는 짐승의 통치기간이 끝나는 시점에 무슨 일이 발생할 것이다. 그리고 그 기간이 30일이라는 기간 동안 이어질 것임을 예언한다. 이때 이 땅 위에 일곱 대접 재앙이 쏟아지고, 어린 양 예수 그리스도께서 천사들의 호령 소리와 함께 재림하사 적그리스도의 군대를 멸하시는 아마겟돈 전쟁기간이 될 것임을 짐작하게 한다.

"또 내가 들으니 성전에서 큰 음성이 나서 일곱 천사에게 말하되 너희는 가서 하나님의 진노의 일곱 대접을 땅에 쏟으라 하더라……또 여섯째가 그 대접을 큰 강 유브라데에 쏟으매 강물이 말라서 동방에서 오는 왕들의 길이 예비되더라 또 내가 보매 개구리 같은 세 더러운 영이 용의 입과 짐승의 입과 거짓 선지자의 입에서 나오니 저희는 귀신의 영이라 이적을 행하여 온 천하 임금들에게 가서 하나님 곧 전능하신 이의 큰 날에 전쟁을 위하여 그들을 모으더라……세 영이 히브리 음으로 아마겟돈이라 하는 곳으로 왕들을 모으더라"(계 16:1-16).

"저희가 어린 양으로 더불어 싸우려니와 어린 양은 만주의 주시요 만왕의 왕이시므로 저희를 이기실 터이요 또 그와 함께 있는 자들 곧 부르심을 입고 **빼내심**을 얻고 진실한 자들은 이기리로다"(계 17:14).

"또 내가 하늘이 열린 것을 보니 보라 백마와 탄 자가 있으니 그 이름은 충신과 진실이라 그가 공의로 심판하며 싸우더라 그 눈이 불꽃 같고 그 머리에 많은 면류관이 있고 또 이름 쓴 것이 하나가 있으니 자기밖에 아는 자가 없고 또 그가 피 뿌린 옷을 입었는데 그 이름은 하나님의 말씀이라 칭하더라 하늘에 있는 군대들이 희고 깨끗한 세마포를 입고 백마를 타고 그를 따르더라 그의 입에서 이한 검이 나오니 그것으로 만국을 치겠고 친히 저희를 철장으로 다스리며 또 친히 하나님 곧 전능하신 이의 맹렬한 진노의 포도주 틀을 밟겠고 그 옷과 그 다리에 이름 쓴 것이 있으니 만왕의 왕이요 만주의 주라 하였더라……또 내가 보매 그 짐승과 땅의 임금들과 그 군대들이 모여 그 말 탄 자와 그의 군대로 더불어 전쟁을 일으키다가 짐승이 잡히고 그 앞에서 이적을 행하던 거짓 선지자도 함께 잡혔으니 이는 짐승의 표를 받고 그의 우상에게 경배하던 자들을 이적으로 미혹하던 자라 이 둘이 산 채로 유황 불 붙는 못에 던지우고 그 나머지는 말 탄 자의 입으로 나오는 검에 죽으매 모든 새가 그 고기로 배불리우더라"(계 19:11-21).

"그때에 네 민족을 호위하는 대군 미가엘이 일어날 것이요 또 환난이 있으리니 이는 개국 이래로 그때까지 없던 환난일 것이며 그때에 네 백성 중 무릇 책에 기록된 모든 자가 구원을 얻을 것이라"(단 12:1).

3) 1,335일

1,290일이 지나고 45일이 더해진 날이다.

장차 될 미래의 일에 대한 예측(豫測)이기 때문에 조심스럽게 언급해야 할 내용이지만 성경에 증거되고 있는 모든 종말론적 계시예언들을 살펴볼 때, 1,290일이 지나서 45일이 지나는 1,335일까지는 전쟁의 폐허를 복구하고 거주할 수 있도록 준비하는 기간으로 볼 수 있다. "일천삼백삼십오 일까지 이르는 그 사람은 복이 있으리라"고 말씀하신 것은 그 후에 하나님의 선민들에게 영원한 메시아 왕국에 들어가는 축복이 임할 것을 의미한다.

2부
여호와의 절기와 종말론

1 / 안식일
2 / 유월절
3 / 무교절
4 / 초실절
5 / 오순절
6 / 나팔절
7 / 속죄일
8 / 초막절

여호와의 절기 강해

　레위기 23장에 증거되고 있는 '여호와의 절기'는 예수 그리스도로 말미암아 성취될 여호와 하나님의 구속사(救贖史)를 시간적 사건으로 계시해 주고 있는 말씀이다. 다시 말해, 여호와의 절기는 예수 그리스도 안에서 이루어질 구원역사의 시간계획표라고 말할 수 있다.
　알파와 오메가요 처음과 나중이며 시작과 끝이 되시는 주 여호와 하나님이 시간 속에 들어오셔서 인류를 구원하실 구원계획의 처음과 끝까지의 비밀을 담고 있는 예언적 계시말씀이 곧 레위기 23장에 증거되고 있는 '여호와의 절기'임을 알 수 있다.
　레위기 23장에 증거되고 있는 8대 절기는 하나님의 백성들이 지키도록 명령한 여호와의 절기들로 예수 그리스도 안에서 성취될 구원의 사건들을 기념하는 축제(memorial feast)의 성격을 갖고 있다.
　보통 나라의 절기들은 특정 사건을 기념하는 의미로 제정되었다. 우리나라의 경우 온 백성이 독립만세운동을 벌였던 삼일절(3월 1일)

이나 일제 식민통치에서 해방된 날을 기념하는 광복절(8월 15일) 등과 같이 특정 사건을 기념하는 것으로 제정된다. 그러나 하나님의 백성으로 선택된 이스라엘 백성이 기념하여 지킬 '여호와의 절기'들은 절기가 사건을 취하게 되는 특별한 예언적 계시증거임을 보여주고 있다.

여호와의 절기는 하나님의 방법(신본주의)과 사람의 방법(인본주의)이 다른 것을 보여주는 좋은 예언 계시의 증거말씀이다.

레위기 23장에 증거되고 있는 8대 절기는 그 순서에 따라 안식일(레 23:1-3), 유월절(1월 14일, 레 23:5), 무교절(1월 15일부터 일주일간, 레 23:6-8), 초실절(1월 16일, 레 23:9-14), 오순절(초실절 이후 50일째, 레 23:15-22), 나팔절(7월 1일, 레 23:23-25), 속죄일(7월 10일, 레 23:26-32), 초막절(7월 15일부터 일주일간, 레 23:33-43)로 이루어져 있다.

이 8대 절기가 예수 그리스도 안에서 성취될 구체적이고 총체적인 여호와 하나님의 '구원 계획표'라 할 수 있다.

안식일부터 오순절까지는 예수 그리스도의 초림으로 말미암아 이미(already) 성취된 사건이고, 오순절 이후 지금까지는 교회시대로 성령의 사역으로 말미암아 복음이 땅 끝까지 증거되는 현재(now)의 사건이며, 나팔절 이후의 사건들은 장차 예수 그리스도의 재림과 그 이후에 성취될 사건들로 아직 이르어지지 않은(not-yet) 사건들을 증거하는 예언 계시의 말씀이다.

> "그러므로 먹고 마시는 것과 절기나 월삭이나 안식일을 인하여 누구든지 너희를 폄론하지 못하게 하라 이것들은 장래 일의 그림자이나 몸은 그리스도의 것이니라"(골 2:16-17).

1 안식일(Sabbath)

"여호와께서 모세에게 일러 가라사대 이스라엘 자손에게 고하여 이르라 너희가 공포하여 성회를 삼을 여호와의 절기는 이러하니라 엿새 동안은 일할 것이요 일곱째 날은 쉴 안식일이니 성회라 너희는 무슨 일이든지 하지 말라 이는 너희 거하는 각처에서 지킬 여호와의 안식일이니라"(레 23:1-3).

    성경은 분명 여호와의 절기를 계시하는 말씀에서 제일 먼저 안식일을 언급하고 있다. 위의 말씀의 증거를 보아도 분명 여호와의 절기 중에 안식일이 제일 앞서 계시되고 있음을 확인할 수 있다.
    대부분의 사람들이 여호와의 절기를 유월절로부터 언급하고 있음을 볼 수 있는데, 안식일에 대한 언급을 빼버리고 유월절부터 여호와의 절기로 다루는 것은 레위기 23장의 본문말씀을 자세히 살피지 못한 주장이다.
    안식일이 여호와의 절기의 초두(初頭)에 계시되고 있음은 매우 중요한 사건임을 암시하고 있다.
    안식일은 하나님께서 육신을 입으시고 역사의 시간표 속에 찾아오시는 예수 그리스도의 탄생의 비밀을 담고 있는 여호와의 절기다.
    안식일은 예수 그리스도의 초림사건의 비밀을 담고 있는 절기이므로 여호와의 절기를 논할 때는 반드시 안식일의 절기로부터 시작함이 성경이 전하고자 하는 예수 그리스도의 구속사에 대해 좀 더 확실한 의미를 보여줄 수 있다.

탄생 없이 삶의 여정이 펼쳐질 수 없고, 죽음이 있을 수 없고, 부활이 있을 수 없다. 그럼에도 불구하고 예수 그리스도의 탄생의 비밀을 담고 있는 안식일의 절기를 빼고 여호와의 절기를 다루는 것은 마치 머리를 빼놓고 몸부터 조각하는 것과 다를 바 없다.

하나님의 구원 계획 시간표인 여호와의 절기 징조들(signs) 중에 첫 번째 표징(sign)이 안식일이며, 이는 안식일의 주인으로 오신 예수 그리스도의 초림이 실체가 되는 복음적 메시지다.

구약은 예수 그리스도의 복음의 비밀을 담고 있는 표징이며, 그림자이며, 예표이며, 모형들로 이루어진 하나님의 말씀이다. 그러므로 모든 사건, 사물, 인물, 절기, 안식일 등을 예수 그리스도의 구원사로 해석하는 복음적 해석이 하나님의 뜻을 제대로 전하는 메시지가 될 것이라 생각한다.

> "너희가 성경에서 영생을 얻는 줄 생각하고 성경을 상고하거니와 이 성경이 곧 내게 대하여 증거하는 것이로다"(요 5:39).

> "또 이르시되 내가 너희와 함께 있을 때에 너희에게 말한 바 곧 모세의 율법과 선지자의 글과 시편에 나를 가리켜 기록된 모든 것이 이루어져야 하리라 한 말이 이것이라 하시고"(눅 24:44).

> "그러므로 먹고 마시는 것과 절기나 월삭이나 안식일을 인하여 누구든지 너희를 폄론하지 못하게 하라 이것들은 장래 일의 그림자이나 몸은 그리스도의 것이니라"(골 2:16-17).

"그러나 저희 마음이 완고하여 오늘까지라도 구약을 읽을 때에 그 수건이 오히려 벗어지지 아니하고 있으니 그 수건은 그리스도 안에서 없어질 것이라 오늘까지 모세의 글을 읽을 때에 수건이 오히려 그 마음을 덮었도다 그러나 언제든지 주께로 돌아가면 그 수건이 벗어지리라"(고후 3:14-16).

안식일은 하나님께서 인간에게 찾아오시고, 인간이 하나님께 나아가 만날 수 있는 귀중한 시점이다. 안식일은 인간이 죄를 범하여 타락함으로 죄의 짐을 지고 고생할 때, 하나님께서 그들을 사랑하심으로 그들에게 안식을 회복시켜 주시기 위해 육신의 몸을 입으시고 이 땅에 찾아오심을 나타내는 축제 절기인 것이다.

이 땅에 오신 예수님은 수고하고 고생하는 사람들을 안식으로 초대하신다.

"수고하고 무거운 짐 진 자들아 다 내게로 오라 내가 너희를 쉬게 하리라 나는 마음이 온유하고 겸손하니 나의 멍에를 메고 내게 배우라 그러면 너희 마음이 쉼을 얻으리니"(마 11:28-29).

이 땅에 오신 예수님은 자신이 안식일의 주인이심을 자신 있게 주장하시며 선포하셨다.

"나는 자비를 원하고 제사를 원치 아니하노라 하신 뜻을 너희가 알았더면 무죄한 자를 죄로 정치 아니하였으리라 인자는 안식일의 주인이니라"(마 12:7-8).

하나님과 만나고 교제할 수 있는 날이 안식일이다. 그런데 첫 사람 아담이 범죄함으로 낙원에서 추방되어 안식을 잃어버리고 하나님과의 만남과 교제가 단절되고 수고하고 무거운 죄의 짐을 지고 살아가는 존재가 되었다. 긍휼과 사랑이 풍성하신 하나님께서는 자신이 그들의 죄의 짐을 대신 짊어지고 그들에게 안식과 자유를 회복시켜 주시기 위해 육신의 몸을 입으시고 이 땅에 오사 십자가에 대속의 피를 흘려 주심으로 구속해 주셨다. 이것이 기독교의 경전인 성경이 전하는 복음의 메시지다.

> "아담 안에서 모든 사람이 죽은 것같이 그리스도 안에서 모든 사람이 삶을 얻으리라"(고전 15:22).

> "너희는 자기를 위하여 또는 온 양 떼를 위하여 삼가라 성령이 저들 가운데 너희로 감독자를 삼고 하나님이 자기 피로 사신 교회를 치게 하셨느니라"(행 20:28).

이 복음의 사실을 믿고 예수 그리스도를 구주로 영접하는 자는 하나님과의 만남과 교제가 회복될 뿐 아니라 하나님의 자녀가 되는 권세를 얻도록 복을 더하여 주시며, 하늘나라를 유업으로 받게 되는 영광을 얻게 될 것임을 하나님은 성경을 통해 언약하신다.

그리스도인은 하나님의 언약을 믿고 '아멘'으로 화답한 모든 사람들이다. 오늘 당신이 그 사실을 믿고 인정하며 아멘으로 화답하는 복을 받은 사람이 되기를 안식일의 주인으로 오신 예수 그리스도의 이름으로 축복한다.

> "예수께서 가라사대 내가 곧 길이요 진리요 생명이니 나로 말미암지 않고는 아버지께로 올 자가 없느니라"(요 14:6).

"영접하는 자 곧 그 이름을 믿는 자들에게는 하나님의 자녀가 되는 권세를 주셨으니"(요 1:12).

"다른 이로서는 구원을 얻을 수 없나니 천하 인간에 구원을 얻을 만한 다른 이름을 우리에게 주신 일이 없음이니라"(행 4:12).

"그러므로 믿음으로 말미암은 자는 믿음이 있는 아브라함과 함께 복을 받느니라"(갈 3:9).

"너희에게 아버지가 되고 너희는 내게 자녀가 되리라 전능하신 주의 말씀이니라"(고후 6:18).

유월절(Passover)

"기한에 미쳐 너희가 공포하여 성회로 삼을 여호와의 절기는 이러하니라 정월 십사 일 저녁은 여호와의 유월절이요"(레 23:4-5).

　　유월절은 하나님의 소명을 받은 모세가 애굽에 들어가 바로의 속박 가운데서 고난 받고 있는 하나님의 백성인 이스라엘 백성을 출애굽시켜 자유케 하며, 하나님을 섬기도록 이끌어 내는 데서 그 기원을 찾을 수 있다. 이스라엘 백성이 400여 년간의 애굽 생활을 청산하고 애굽을 떠나기 전날 밤에 하나님께서는 애굽에 열 번째 재앙인 장자 재앙을 예고하셨다. 애굽 땅에 있는 처음 난 것들은 사람부터 짐승에 이르기까지 모두 죽임을 당하게 되는 재앙이었다. 하나님께서 이스라엘 백성을 이 열 번째 장자 재앙의 화로부터 보호하여 화를 당하지 않을 수 있는 방법을 계시해 주셨는데, 일 년 된 숫양을 잡아 어린 양의 피를 문의 인방과 좌우 문설주에 바르도록 하셨다. 이 말씀의 계시를 믿고 말씀에 순종하여 어린 양의 피를 문의 인방과 좌우 문설주에 바른 집은 장자 재앙의 화로부터 구별되어 화를 넘기게 되었고, 그 사건으로 인해 애굽 왕 바로는 이스라엘 백성이 광야로 나가 하나님을 섬기도록 허락하게 되었다.

유월절은 히브리어로 페사흐(חסם)인데, 이는 '넘어간다', '넘어 뛴다', '용서한다'는 뜻을 가진 단어다.

이는 어린 양의 피를 바른 집은 죽음이 넘어가고 생명을 얻게 됨을 의미한다. 하나님의 말씀을 믿고 어린 양을 잡아 그 피를 바른 집은 죄를 용서받아 의롭다 함을 얻게 되어 죄의 삯을 찾는 사자가 뛰어넘어 화를 당하지 않게 된 사건이 곧 유월절 사건의 유례다.

유월절은 하나님께서 택하신 백성을 하나님의 어린 양 예수 그리스도의 희생으로 말미암아 구속하였음을 보여주는 표징(sign)이다. 유월절 사건이 뚜렷하게 보여주는 가장 중요한 핵심은 '예수 그리스도의 십자가에 피 흘려 죽으심'을 예표하는 것이다. 하나님의 어린 양으로 오신 예수님이 온 인류의 죄를 대속하시기 위해 갈보리 산 위에서 십자가에 피 흘려 죽으심을 믿는 자들을 죄에서 해방시켜 자유를 얻게 하는 구속의 비밀이 유월절 속에 감추어진 복음임을 알 수 있다.

이제 유월절 어린 양을 통한 구약의 그림자적 예언이 신약의 실체로 오신 하나님의 어린 양 예수 그리스도를 통해 어떻게 성취되었는지를 성경적으로 고찰해 보면서 은혜를 나누어 보자.

1. 어린 양

"너희는 이스라엘 회중에게 고하여 이르라 이 달 열흘에 너희 매인이 어린 양을 취할지니 각 가족대로 그 식구를 위하여 어린 양을 취하되" (출 12:3).

구약의 유월절 어린 양은 신약에 등장하는 하나님의 어린 양 예수 그리스도를 상징한다.

> "이튿날 요한이 예수께서 자기에게 나아오심을 보고 가로되 보라 세상 죄를 지고 가는 하나님의 어린 양이로다"(요 1:29).

> "너희의 아는 바와 같이 이틀을 지나면 유월절이라 인자가 십자가에 못 박히기 위하여 팔리우리라 하시더라"(마 26:2).

성경은 하나님의 감동으로 기록된 책으로 그 말씀이 오직 예수 그리스도를 통한 구원에 대한 복음의 메시지요, 하나님의 사랑을 보여주는 편지다. 성경말씀은 인간의 작품이 아니라 살아 계신 하나님의 말씀이므로 일점일획도 변함없이 그대로 이루어진다는 것을 믿는 자가 복이 있다.

주전 1446년에 표징(sign)으로 보여준 유월절 어린 양의 대속 죽음과 피 흘림의 사건은 1,500년 후 하나님의 어린 양 예수 그리스도의 십자가 죽음을 통해 정확하게 실체로 이루어진 사건이다.

> "너희는 누룩 없는 자인데 새 덩어리가 되기 위하여 묵은 누룩을 내어버리라 우리의 유월절 양 곧 그리스도께서 희생이 되셨느니라"(고전 5:7).

2. 흠 없는 양

"너희 어린 양은 흠 없고"(출 12:5).

흠 없는 어린 양은 아무 죄도 없으신 하나님의 어린 양 예수 그리스도를 예표한다. 만일 예수 그리스도께 죄와 흠이 있었다면 죄인된 인류를 구원하는 구속주가 되는 것은 불가(不可)한 일이다. 죄인이 죄인을 대속할 수 없기 때문에, 하나님의 어린 양으로 오신 예수 그리스도께서 이 땅에 오시되 동정녀 마리아에게서 성령으로 잉태되어 죄 없는 육신의 몸을 입고 이 땅에 오신 것이다.

> "예수 그리스도의 나심은 이러하니라 그 모친 마리아가 요셉과 정혼하고 동거하기 전에 성령으로 잉태된 것이 나타났더니 그 남편 요셉은 의로운 사람이라 저를 드러내지 아니하고 가만히 끊고자 하여 이 일을 생각할 때에 주의 사자가 현몽하여 가로되 다윗의 자손 요셉아 네 아내 마리아 데려오기를 무서워 말라 저에게 잉태된 자는 성령으로 된 것이라 아들을 낳으리니 이름을 예수라 하라 이는 그가 자기 백성을 저희 죄에서 구원할 자이심이라 하니라 이 모든 일의 된 것은 주께서 선지자로 하신 말씀을 이루려 하심이니 가라사대 보라 처녀가 잉태하여 아들을 낳을 것이요 그 이름은 임마누엘이라 하리라 하셨으니 이를 번역한 즉 하나님이 우리와 함께 계시다 함이라"(마 1:18-23).

예수 그리스도는 흠 없는 하나님의 어린 양으로 이 땅에 오신 대속주가 되심으로 유월절 어린 양의 실체가 되셨음을 보여준다. 예수님은 완전한 의인이시며, 하나님의 본체이시나 자신을 비워 종의 형체를 가지고 사람들과 같이 되셔서 십자가에 피 흘려 죽으심으로 죄의 종 된 인류를 죽음에서 생명의 길로 인도하시는 구원의 문이 되신 것이다. 그러므로 예수 그리스도의 보혈로 구속함을 받은 성도들은 흠이 없는 양이 되어 구원의 주가 되신 예수 그리스도의 뒤를 따라 하나님을 섬기며 찬송과 영광을 돌려드려야 할 것이다.

"하물며 영원하신 성령으로 말미암아 흠 없는 자기를 하나님께 드린 그리스도의 피가 어찌 너희 양심으로 죽은 행실에서 깨끗하게 하고 살아 계신 하나님을 섬기게 못하겠느뇨"(히 9:14).

"너희가 알거니와 너희 조상의 유전한 망령된 행실에서 구속된 것은 은이나 금같이 없어질 것으로 한 것이 아니요 오직 흠 없고 점 없는 어린 양 같은 그리스도의 보배로운 피로 한 것이니라"(벧전 1:18-19).

"찬송하리로다 하나님 곧 우리 주 예수 그리스도의 아버지께서 그리스도 안에서 하늘에 속한 모든 신령한 복으로 우리에게 복 주시되 곧 창세 전에 그리스도 안에서 우리를 택하사 우리로 사랑 안에서 그 앞에 거룩하고 흠이 없게 하시려고 그 기쁘신 뜻대로 우리를 예정하사 예수 그리스도로 말미암아 자기의 아들들이 되게 하셨으니 이는 그의 사랑하시는 자 안에서 우리에게 거저 주시는 바 그의 은혜의 영광을 찬미하게 하려는 것이라"(엡 1:3-6).

예수 그리스도께서는 육체를 입고 이 땅에 오셨지만 죄가 없으신 완전한 의인이셨다. 흠과 점이 없는 하나님의 어린 양으로 오신 분이셨다.

"그러므로 우리에게 큰 대제사장이 있으니 승천하신 자 곧 하나님 아들 예수시라 우리가 믿는 도리를 굳게 잡을지어다 우리에게 있는 대제사장은 우리 연약함을 체휼하지 아니하는 자가 아니요 모든 일에 우리와 한결같이 시험을 받은 자로되 죄는 없으시니라"(히 4:14-15).

예수님은 죄를 알지도 못하신 온전히 거룩한 분이셨기에 그 어느 누구도 예수님에게서 죄를 찾아낼 수가 없었다. 예수 그리스도를 십자가에 못 박도록 재판한 자들까지도 그분에게서 죄를 발견하지 못했음을 고백하고 있다.

> "대제사장들과 온 공회가 예수를 죽이려고 그를 칠 증거를 찾되 얻지 못하니"(막 14:55).

> "빌라도가 대제사장들과 무리에게 이르되 내가 보니 이 사람에게 죄가 없도다 하니"(눅 23:4).

하나님께서 죄를 알지도 못하신 흠 없는 어린 양 예수 그리스도를 십자가에 피 흘려 죽게 하심으로 인류를 죄와 사망의 올무에서 해방시키시고 믿는 자마다 의롭게 거듭나는 구원의 역사를 이루셨다.

예수 그리스도의 십자가 사건은 인류를 구원하시려는 하나님의 대속의 피 흘림 사건이며, 인류를 사랑하시는 하나님의 사랑의 마음이 확증되는 헤아릴 수 없는 은혜의 사건이다.

> "그런즉 누구든지 그리스도 안에 있으면 새로운 피조물이라 이전 것은 지나갔으니 보라 새것이 되었도다 모든 것이 하나님께로 났나니 저가 그리스도로 말미암아 우리를 자기와 화목하게 하시고 또 우리에게 화목하게 하는 직책을 주셨으니 이는 하나님께서 그리스도 안에 계시사 세상을 자기와 화목하게 하시며 저희의 죄를 저희에게 돌리지 아니하시고 화목하게 하는 말씀을 우리에게 부탁하셨느니라……하나님이 죄를 알지도 못하신 자로 우리를 대신하여 죄를 삼으신 것은 우리로 하여금 저의 안에서 하나님의 의가 되게 하려 하심이니라"(고후 5:17-21).

"우리가 아직 죄인 되었을 때에 그리스도께서 우리를 위하여 죽으심으로 하나님께서 우리에게 대한 자기의 사랑을 확증하셨느니라 그러면 이제 우리가 그 피를 인하여 의롭다 하심을 얻었은즉 더욱 그로 말미암아 진노하심에서 구원을 얻을 것이니 곧 우리가 원수 되었을 때에 그 아들의 죽으심으로 말미암아 하나님으로 더불어 화목되었은즉 화목된 자로서는 더욱 그의 살으심을 인하여 구원을 얻을 것이니라"(롬 5:8-10).

"저는 죄를 범치 아니하시고 그 입에 궤사도 없으시며 욕을 받으시되 대신 욕하지 아니하시고 고난을 받으시되 위협하지 아니하시고 오직 공의로 심판하시는 자에게 부탁하시며 친히 나무에 달려 그 몸으로 우리 죄를 담당하셨으니 이는 우리로 죄에 대하여 죽고 의에 대하여 살게 하려 하심이라"(벧전 2:22-24).

"……우리를 사랑하사 그의 피로 우리 죄에서 우리를 해방하시고 그 아버지 하나님을 위하여 우리를 나라와 제사장으로 삼으신 그에게 영광과 능력이 세세토록 있기를 원하노라 아멘"(계 1:5-6).

3. 일 년 된 수컷 양

"……일 년 된 수컷으로 하되"(출 12:5).

일 년 된 양을 준비하되 흠 없는 양으로 하고 수컷으로 하라고 명하신 것은 이 땅에 오실 구세주가 남자로 오실 것임을 계시하는 말씀이다.

"아들을 낳으리니 이름을 예수라 하라 이는 그가 자기 백성을 저희 죄에서 구원할 자이심이라 하니라"(마 1:21).

"하나님이 미리 아신 자들로 또한 그 아들의 형상을 본받게 하기 위하여 미리 정하셨으니 이는 그로 많은 형제 중에서 맏아들이 되게 하려 하심이니라"(롬 8:29).

마태복음 25장에서 그리고 요한계시록 19장에서 예수님을 신랑으로 표현하고 있어, 하나님의 어린 양으로 오신 예수 그리스도는 남성으로 오셨음을 보여주고 있다.

4. 일월 십사 일 저녁에 죽임을 당하는 양

"정월 십사 일 저녁은 여호와의 유월절이요"(레 23:5).

"이 달 십사 일까지 간직하였다가 해 질 때에 이스라엘 회중이 그 양을 잡고"(출 12:6).

하나님께서 정해 놓으신 1월 14일 저녁이라는 날짜와 시간은 유월절 어린 양으로 오신 예수 그리스도의 십자가 죽음을 예고한 날짜와 시간이었다. 예수 그리스도의 십자가 죽음 사건은 하나님이 예정하신 정월 14일 저녁 정확한 날짜와 시간에 성취되어 우리로 하여금 하나님 말씀의 정확무오성을 깨닫게 하기에 충분하다.

사실 유대인 대제사장들과 서기관들은 1월 14일이 유월절 명절이므로 많은 사람이 모이는 날이라 예수 그리스도를 죽이면 민요가 발생하게 될 것을 두려워하여 그날에는 예수 그리스도를 잡아 죽이는 일을 포기하기로 결정했다.

"이틀을 지나면 유월절과 무교절이라 대제사장들과 서기관들이 예수를 궤계로 잡아 죽일 방책을 구하며 가로되 민요가 날까 하노니 명절에는 말자 하더라"(막 14:1-2).

대제사장들과 서기관들은 유월절과 무교절 절기에는 예수 그리스도를 죽이지 않도록 뜻을 모아 결정했지만, 그들의 뜻과 결정과는 전혀 무관하게 예수님은 유월절 저녁인 1월 14일 저녁에 십자가에 달려 피 흘려 죽으셨다. 이것은 하나님의 뜻과 계획은 인간의 뜻과 의지로 변경되거나 거역될 수 없음을 보여주는 사건이다.

하나님의 말씀은 인간의 뜻과 상관없이 계시된 말씀대로 변함없이 성취되어 나타남을 보여주심으로 장차 될 예언계시의 말씀 또한 인간의 뜻과 결정에 의해 변경되거나 거역됨이 없이 정확무오하게 성취될 것임을 믿도록 이끄시는 증거말씀임을 알 수 있다.

성경은 예수님이 운명하신 시간이 제9시임을 증거해 주고 있다. 유대인의 시간은 우리와 6시간 차이가 있으므로 우리 시간으로 오후 3시에 운명하신 것이다.

"이날은 유월절의 예비일이요 때는 제육시라……저희가 소리 지르되 없이하소서 없이하소서 저를 십자가에 못 박게 하소서……이에 예수를 십자가에 못 박히게 저희에게 넘겨주니라……저희가 거기서 예수를 십자가에 못 박을새 다른 두 사람도 그와 함께 좌우편에 못 박으니 예수는 가운데 있더라"(요 19:14-18).

"때가 제육시쯤 되어 해가 빛을 잃고 온 땅에 어두움이 임하여 제구시까지 계속하며 성소의 휘장이 한가운데가 찢어지더라 예수께서 큰 소리로 불러 가라사대 아버지여 내 영혼을 아버지 손에 부탁하나이다 하고 이 말씀을 하신 후 운명하시다"(눅 23:44-46).

"제육시로부터 온 땅에 어두움이 임하여 제구시까지 계속하더니 제구시 즈음에 예수께서 크게 소리 질러 가라사대 엘리 엘리 라마 사박다니 하시니 이는 곧 나의 하나님, 나의 하나님, 어찌하여 나를 버리셨나이까 하는 뜻이라……예수께서 다시 크게 소리 지르시고 영혼이 떠나시다"(마 27:45-50).

유대인들에게는 저녁이 둘이다. 하나는 낮 12시부터 시작되는 저녁(evening)이고, 또 하나는 오후 6시부터 시작되는 저녁(night)이다.
유대인들은 유월절 어린 양을 이 두 저녁 사이인 오후 3시에 잡는다. 유월절 어린 양으로 오신 하나님의 어린 양 예수 그리스도께서 십자가에 운명하신 시간이 정확하게 오후 3시임을 성경은 증거해 주고 있다.
하나님의 구원사의 사건들은 아무렇게나 우연하게 나타나는 사건이 아니라 하나님의 뜻과 예정대로 계시된 말씀에 따라 성취되는 것이다.
장차 될 모든 예언계시의 사건들 또한 하나님의 예정하신 때에 그분의 뜻대로 반드시 성취될 것을 믿는 자가 복이 있다.

"이 예언의 말씀을 읽는 자와 듣는 자들과 그 가운데 기록한 것을 지키는 자들이 복이 있나니 때가 가까움이라"(계 1:3).

5. 뼈를 꺾지 아니함

"한 집에서 먹되 그 고기를 조금도 집 밖으로 내지 말고 뼈도 꺾지 말지며"(출 12:46).

"아침까지 그것을 조금도 남겨 두지 말며 그 뼈를 하나도 꺾지 말아서 유월절 모든 율례대로 지킬 것이니라"(민 9:12).

유월절 어린 양은 절대 뼈를 꺾지 않았다. 이는 예수님이 십자가에 피 흘려 대속 죽음을 죽으실 때 그 다리가 꺾이지 아니할 것을 표징(Sign)하는 예언적 사건이며, 그 예언계시의 사건은 예수 그리스도의 십자가 죽음에서 실체로 드러나 성취되었다.

"이날은 예비일이라 유대인들은 그 안식일이 큰 날이므로 그 안식일에 시체들을 십자가에 두지 아니하려 하여 빌라도에게 그들의 다리를 꺾어 시체를 치워 달라 하니 군병들이 가서 예수와 함께 못 박힌 첫째 사람과 또 그 다른 사람의 다리를 꺾고 예수께 이르러는 이미 죽은 것을 보고 다리를 꺾지 아니하고 그중 한 군병이 창으로 옆구리를 찌르니 곧 피와 물이 나오더라 이를 본 자가 증거하였으니 그 증거가 참이라 저가 자기의 말하는 것이 참인 줄 알고 너희로 믿게 하려 함이니라 이 일이 이룬 것은 그 뼈가 하나도 꺾이우지 아니하리라 한 성경을 응하게 하려 함이라"(요 19:31-36).

유대인들이 그들의 율법을 지키고자(신 21:23) 시체를 십자가에 두지 아니하려고 다리를 꺾어 시체를 치워 달라 청하였다. 그들의 요청이 받아들여져 로마 병정이 예수님과 함께 십자가에 처형된 다른 두 죄인의 다리는 모두 꺾었다. 그러나 예수님의 다리는 꺾지 않고 옆구리를 창으로 찔러 물과 피를 쏟음으로 미리 숨지게 했다. 이 모든 사건은 우연히 이루어진 사건이 아니라 하나님의 뜻을 이루기 위한 하나님의 역사와 섭리였음을 보여준다. 유월절 어린 양의 실체로 오신 예수님은 십자가 죽음을 통해 하나님의 계시예언을 온전히 성취하셨음을 보여준다.

"그 모든 뼈를 보호하심이여 그중에 하나도 꺾이지 아니하도다"(시 34:20).

장로교의 창시자인 칼빈은 "낙엽 하나가 떨어져 뒹구는 것도 하나님의 섭리요 운행하심이다"라고 말했다. 세상은 '우연'이란 말을 사용하지만, 하나님의 자녀들에게는 주 예수 그리스도 안에서 하나님의 뜻과 섭리로 말미암아 모든 일들이 진행된다는 사실을 믿음으로 받아들인다.

이 사실을 믿도록 하신 것도 하나님의 예정하신 뜻 안에서 선택받은 자녀들에게 주신 선물임을 믿고 감사하자.

"모든 일을 그 마음의 원대로 역사하시는 자의 뜻을 따라 우리가 예정을 입어 그 안에서 기업이 되었으니 이는 그리스도 안에서 전부터 바라던 우리로 그의 영광의 찬송이 되게 하려 하심이라"(엡 1:11-12).

6. 어린 양의 피를 문 좌우 설주와 인방에 바르게 하심

"그 피로 양을 먹을 집 문 좌우 설주와 인방에 바르고······여호와께서 애굽 사람을 치실 때에 애굽에 있는 이스라엘 자손의 집을 넘으사 우리의 집을 구원하셨느니라 하라 하매······"(출 12:7, 27).

애굽을 다스리던 바로 왕은 하나님께서 모세를 통해 예고(豫告)하신 아홉 가지 재앙이 말씀대로 시행되는 것을 경험하면서도 그 마음이 강퍅게 됨으로 이스라엘 백성을 억압으로부터 해방시키지 않았다. 그러자 바로의 가정을 포함한 애굽 온 땅에 사람과 생축의 처음 난 모든 것이 죽음을 당하는 열 번째 장자 재앙이 선포되었다(출 12:12).

애굽 온 땅에 사람과 생축의 처음 난 것들이 모두 죽게 되는 장자 재앙이 선포될 때, 하나님께서는 죽음으로부터 보호받고 생명을 얻을 수 있는 유월절 어린 양의 피의 언약을 동시에 계시해 주셨다. 애굽 땅에 거하던 모든 사람들 중에 이스라엘 백성뿐만 아니라 하나님의 계시말씀을 믿고 어린 양을 잡아 문 좌우 설주와 인방에 바른 모든 가정은 장자 재앙을 피할 수 있었다.

애굽 왕 바로와 그의 신하들은 장자 재앙이 내려진 뒤, 생명의 주관자이신 하나님께 두 손을 들고 원하는 모든 자들로 애굽을 떠나 광야로 나가 하나님을 섬기도록 허락하게 되었다. 이것은 오직 하나님의 어린 양 예수 그리스도의 보혈의 공로를 믿는 것만이 죄 사함과 구원을 받을 수 있는 유일한 길이며, 그 믿음은 하나님의 전적인 은혜의 선물임을 교훈해 주는 사건임을 알 수 있다.

> "이 예수를 하나님이 그의 피로 인하여 믿음으로 말미암는 화목 제물로 세우셨으니 이는 하나님께서 길이 참으시는 중에 전에 지은 죄를 간과하심으로 자기의 의로우심을 나타내려 하심이니 곧 이때에 자기의 의로우심을 나타내사 자기도 의로우시며 또한 예수 믿는 자를 의롭다 하려 하심이니라"(롬 3:25-26).

> "너희가 그 은혜를 인하여 믿음으로 말미암아 구원을 얻었나니 이것이 너희에게서 난 것이 아니요 하나님의 선물이라 행위에서 난 것이 아니

니 이는 누구든지 자랑치 못하게 함이니라"(엡 2:8-9).

출애굽 당시의 유월절 어린 양의 피 언약은 신약에서 하나님의 어린 양 예수 그리스도가 십자가에 피 흘려 죽으심으로써 우리를 죄에서 속량하셨음을 믿는 자들을 죄와 사망에서 구원하시고 생명과 자유를 얻게 하는 은혜 언약을 예표하는 사건이다.

"율법을 좇아 거의 모든 물건이 피로써 정결케 되나니 피 흘림이 없은 즉 사함이 없느니라"(히 9:22).

"또 잔을 가지사 사례하시고 저희에게 주시며 가라사대 너희가 다 이것을 마시라 이것은 죄 사함을 얻게 하려고 많은 사람을 위하여 흘리는 바 나의 피 곧 언약의 피니라"(마 26:27-28).

하나님께서는 유월절 어린 양의 피를 누구나 쉽게 바라볼 수 있도록 양을 먹는 집의 문 인방과 좌우 설주에 바르도록 명하셨다. 이것은 예수 그리스도의 보혈의 공로를 믿는 성도들의 신앙고백이 하나님과 주님의 몸 된 교회와 모든 사람들 앞에 고백되어야 한다는 사실을 의미하고 있다.

"사람이 마음으로 믿어 의에 이르고 입으로 시인하여 구원에 이르느니라"(롬 10:10).

"누구든지 사람 앞에서 나를 시인하면 나도 하늘에 계신 내 아버지 앞에서 저를 시인할 것이요 누구든지 사람 앞에서 나를 부인하면 나도 하늘에 계신 내 아버지 앞에서 저를 부인하리라"(마 10:32-33).

입으로 시인한다는 것은 곧 행함으로 나타낸다는 의미를 포함한다. 마음으로 믿어 의에 이른다는 것은 마음의 할례를 받은 자가 되었음을 나타내고, 입으로 시인한다는 것은 옛 사람인 어두움의 갑옷을 벗고 빛의 자녀로 새롭게 된 거룩한 삶을 산다는 것을 나타내는 말씀이다.

"밤이 깊고 낮이 가까웠으니 그러므로 우리가 어두움의 일을 벗고 빛의 갑옷을 입자 낮에와 같이 단정히 행하고 방탕과 술 취하지 말며 음란과 호색하지 말며 쟁투와 시기하지 말고 오직 주 예수 그리스도로 옷 입고 정욕을 위하여 육신의 일을 도모 하지 말라"(롬 13:12-14).

"저가 빛 가운데 계신 것같이 우리도 빛 가운데 행하면 우리가 서로 사귐이 있고 그 아들 예수의 피가 우리를 모든 죄에서 깨끗하게 하실 것이요"(요일 1:7).

"그러므로 이제 그리스도 예수 안에 있는 자에게는 결코 정죄함이 없나니 이는 그리스도 예수 안에 있는 생명의 성령의 법이 죄와 사망의 법에서 너를 해방하였음이라"(롬 8:1-2).

"예수 그리스도로 말미암아 은혜와 평강이 너희에게 있기를 원하노라 우리를 사랑하사 그의 피로 우리 죄에서 우리를 해방하시고 그 아버지 하나님을 위하여 우리를 나라와 제사장으로 삼으신 그에게 영광과 능력이 세세토록 있기를 원하노라 아멘"(계 1:5-6).

7. 잡은 양 고기를 불에 구워 무교병과 쓴 나물과 함께 먹으라

"그 밤에 그 고기를 불에 구워 무교병과 쓴 나물과 아울러 먹되 날로나 물에 삶아서나 먹지 말고 그 머리와 정강이와 내장을 다 불에 구워 먹고 아침까지 남겨 두지 말며 아침까지 남은 것은 곧 소화하라 너희는 그것을 이렇게 먹을지니 허리에 띠를 띠고 발에 신을 신고 손에 지팡이를 잡고 급히 먹으라 이것이 여호와의 유월절이니라"(출 12:8-11).

유월절 저녁에 먹을 음식으로 그 집을 장자 재앙으로부터 보호할 피를 흘려 죽은 양이 불에 구워지고 무교병과 쓴 나물이 준비되었다. 이 세 가지는 모두 하나님의 어린 양 예수 그리스도의 십자가 고난을 상징한다.

1) 피 흘려 죽은 어린 양이 불에 구워짐

이는 유월절 어린 양으로 오신 예수 그리스도께서 우리를 구원하시고 돕기 위해 우리와 똑같은 혈육의 몸을 입으시고 불 시험을 통과하실 것을 상징한다. 이 진리에 대해 히브리서 기자는 다음과 같이 증거하고 있다.

"자기가 시험을 받아 고난을 당하셨은즉 시험 받는 자들을 능히 도우시느니라"(히 2:18).

"그러므로 우리에게 큰 대제사장이 있으니 승천(昇天)하신 자 곧 하나님의 아들 예수시라 우리가 믿는 도리를 굳게 잡을지어다 우리에게 있는 대제사장은 우리 연약함을 체휼(體恤)하지 아니하는 자가 아니요 모든 일에 우리와 한결같이 시험을 받은 자로되 죄는 없으시니라 그러므로 우리가 긍휼하심을 받고 때를 따라 돕는 은혜를 얻기 위하여 은혜의 보좌 앞에 담대히 나아갈 것이니라"(히 4:14-16).

그러므로 불 시험을 통과한 하나님의 어린 양 예수 그리스도를 믿고 그 보혈로 피 뿌림을 얻기 위해 선택함을 받은 성도들은 우리를 위해 십자가에 대속 피를 흘려 주심으로 죄와 사망에서 구원하시고 해방시켜 자유하게 하신 예수 그리스도를 바라보며, 모든 시험을 이기고 항상 기뻐하고 범사에 감사하며 쉬지 않고 기도하는 승리자의 삶을 살아야 할 것임을 교훈하고 있다. 이 진리에 대해 베드로 사도는 다음과 같이 증거한다.

"하나님 아버지의 미리 아심을 따라 성령의 거룩하게 하심으로 순종함과 예수 그리스도의 피 뿌림을 얻기 위하여 택하심을 입은 자들에게 편지하노니……너희가 말세에 나타내기로 예비하신 구원을 얻기 위하여 믿음으로 말미암아 하나님의 능력으로 보호하심을 입었나니 그러므로 너희가 이제 여러 가지 시험을 인하여 잠깐 근심하게 되지 않을 수 없었으나 오히려 크게 기뻐하도다 너희 믿음의 시련이 불로 연단하여도 없어질 금보다 더 귀하여 예수 그리스도의 나타나실 때에 칭찬과 영광과 존귀를 얻게 하려 함이라"(벧전 1:2-7).

"사랑하는 자들아 너희를 시련하려고 오는 불 시험을 이상한 일 당하는 것같이 이상히 여기지 말고 오직 너희가 그리스도의 고난에 참예하는 것으로 즐거워하라 이는 그의 영광을 나타내실 때에 너희로 즐거워하고 기뻐하게 하려 함이라 너희가 그리스도의 이름으로 욕을 받으면 복 있는 자로다 영광의 영 곧 하나님의 영이 너희 위에 계심이라"(벧전

4:12-14).

2) 무교병을 같이 먹으라

무교병은 죄가 없으신 하나님의 어린 양 예수 그리스도가 불 시험의 고난을 통과하심으로 모든 인류의 죄를 대속하시고, 영생을 얻게 하시는 생명의 떡이 되심을 상징한다. 하나님의 어린 양 예수 그리스도는 하늘에서 내려오신 생명의 떡이로되, 인류의 고난을 온 몸에 짊어지시고 십자가에 피 흘려 죽으시는 고난을 당하심으로 인류에게 죄와 사망에서 해방되어 자유와 구원의 기쁨을 얻게 하시는 구주가 되심을 나타낸다.

"그가 우리 죄를 없이하려고 나타내신 바 된 것을 너희가 아나니 그에게는 죄가 없느니라"(요일 3:5).

"여호와께서 그 이름을 두시려고 택하신 곳에서 우양으로 네 하나님 여호와께 유월절 제사를 드리되 유교병을 그것과 아울러 먹지 말고 칠일 동안은 무교병 곧 고난의 떡을 그것과 아울러 먹으라 이는 네가 애굽 땅에서 급속히 나왔음이니 이같이 행하여 너의 평생에 항상 네가 애굽 땅에서 나온 날을 기억할 것이니라"(신 16:2-3).

"예수께서 가라사대 내가 곧 생명의 떡이니 내게 오는 자는 결코 주리지 아니할 터이요 나를 믿는 자는 영원히 목마르지 아니하리라"(요 6:35).

"저는 죄를 범치 아니하시고 그 입에 궤사(詭詐)도 없으시며 욕을 받으시되 대신 욕하지 아니하시고 고난을 받으시되 위협하지 아니하시고 오직 공의로 심판하시는 자에게 부탁하시며 친히 나무에 달려 그 몸으로 우리 죄를 담당하셨으니 이는 우리로 죄에 대하여 죽고 의에 대하여 살게 하려 하심이라"(벧전 2:22-24).

하나님께서 유월절 저녁에 불에 구워진 양의 고기와 함께 고난의 떡인 무교병을 준비하여 함께 먹으라 명하신 복음적 의미는 무엇인가?

이는 하늘에서 생명의 떡으로 이 땅에 내려오신 예수 그리스도가 우리의 고난을 대신 짊어지시고 십자가에 고난당하심을 믿는 자마다 구속의 은혜를 기억하며, 범사에 감사하는 순전하고 진실한 신앙의 삶을 살아가라는 교훈임을 나타낸다.

"우리가 축복하는 바 축복의 잔은 그리스도의 피에 참예함이 아니며 우리가 떼는 떡은 그리스도의 몸에 참예함이 아니냐 떡이 하나요 많은 우리가 한 몸이니 이는 우리가 다 한 떡에 참예함이라"(고전 10:16-17).

"너희는 누룩 없는 자인데 새 덩어리가 되기 위하여 묵은 누룩을 내어 버리라 우리의 유월절 양 곧 그리스도께서 희생(犧牲)이 되셨느니라 이러므로 우리가 명절을 지키되 묵은 누룩도 말고 괴악(怪惡)하고 악독한 누룩도 말고 오직 순전함과 진실함의 누룩 없는 떡으로 하자"(고전 5:7-8).

"너희가 서로 거짓말을 말라 옛 사람과 그 행위를 벗어 버리고 새사람을 입었으니 이는 자기를 창조하신 자의 형상을 좇아 지식에까지 새롭게 하심을 받는 자니라……그러므로 너희는 하나님의 택하신 거룩하고 사랑하신 자처럼 긍휼과 자비와 겸손과 온유와 오래 참음을 옷 입고 누가 뉘게 혐의가 있거든 서로 용납하여 피차 용서하되 주께서 너희를 용서하신 것과 같이 너희도 그리하고 이 모든 것 위에 사랑을 더하라 이는 온전하게 매는 띠니라 그리스도의 평강이 너희 마음을 주장하게 하라 평강을 위하여 너희가 한 몸으로 부르심을 받았나니 또한 너희는 감사하는 자가 되라 그리스도의 말씀이 너희 속에 풍성히 거하여 모든 지혜로 피차 가르치며 권면하고 시와 찬미와 신령한 노래를 부르며 마음에 감사함으로 하나님을 찬양하고 또 무엇을 하든지 말에나 일에나 다 주 예수의 이름으로 하고 그를 힘입어 하나님 아버지께 감사하라"(골 3:9-17).

이스라엘 백성들에게 무교병을 먹게 하신 것은 신약시대에 예수 그리스도의 십자가 대속 죽음을 믿는 성도마다 하나님의 말씀과 예수 그리스도의 복음을 증거하는 복음의 제사장 사역을 감당하며, 예수 그리스도의 고난에 참예하는 거룩하고 복된 하나님의 종으로 살아가라고 명령하시는 하나님의 음성이다.

"나의 애굽 사람에게 어떻게 행하였음과 내가 어떻게 독수리 날개로 너희를 업어 내게로 인도하였음을 너희가 보았느니라 세계가 다 내게 속하였나니 너희가 내 말을 잘 듣고 내 언약을 지키면 너희는 열국 중에서 내 소유가 되겠고 너희가 내게 대하여 제사장 나라가 되며 거룩한 백성이 되리라 너는 이 말을 이스라엘 자손에게 고할지니라"(출 19:4-6).

"……예수 그리스도로 말미암아 은혜와 평강이 너희에게 있기를 원하노라 우리를 사랑하사 그의 피로 우리 죄에서 우리를 해방하시고 그 아버지 하나님을 위하여 우리를 나라와 제사장으로 삼으신 그에게 영광과 능력이 세세토록 있기를 원하노라 아멘"(계 1:5-6).

"그러므로 모든 악독과 모든 궤휼과 외식과 시기와 모든 비방하는 말을 버리고 갓난아이들같이 순전하고 신령한 젖을 사모하라 이는 이로 말미암아 너희로 구원에 이르도록 자라게 하려 함이라 너희가 주의 인자하심을 맛보았으면 그리하라 사람에게는 버린 바가 되었으나 하나님께는 택하심을 입은 보배로운 산 돌이신 예수에게 나아와 너희도 산 돌같이 신령한 집으로 세워지고 예수 그리스도로 말미암아 하나님이 기쁘게 받으실 신령한 제사를 드릴 거룩한 제사장이 될지니라……오직 너희는 택하신 족속이요 왕 같은 제사장들이요 거룩한 나라요 그의 소유 된 백성이니 이는 너희를 어두운 데서 불러내어 그의 기이한 빛에 들어가게 하신 자의 아름다운 덕을 선전하게 하려 하심이라"(벧전 2:1-9).

3) 쓴 나물을 함께 먹으라

이는 하나님의 어린 양 예수 그리스도가 마셔야 했던 십자가 죽음의 고난의 사명이 고난의 쓴 잔이었음을 상징한다.

예수님은 인류의 죄를 대속하기 위해 걸어야 했던 십자가의 길이 얼마나 많은 고난을 감당하는 길인가를 알고 오셨다. 예수님은 제자들에게 인자가 많은 고난을 받고 장로들과 대제사장들과 서기관들에게 버린 바 되어 죽임을 당하고 사흘 만에 살아나야 할 것을 가르치셨다(눅 18:31-33).

그 사명의 잔이 마시기에 너무 쓰고 괴로운 고난의 잔이기에 주님은 땀방울이 핏방울이 되도록 가능하면 그 잔을 옮겨 달라고 기도하셨다(눅 22:42-44). 하지만 아버지의 뜻대로 되기를 소원하셨고, 아버지의 뜻대로 죽기까지 복종하심으로 십자가 위에서 하나님의 인류에 대한 사랑을 확증하심으로 모든 영광을 하나님 아버지께 돌리게 되었다(롬 5:8).

하나님께서 선민 이스라엘 백성에게 불에 구운 어린 양의 고기와 함께 쓴 나물을 먹도록 명하신 복음적 의미는 무엇인가?

예수 그리스도의 십자가 대속의 죽음을 믿음으로 말미암아 죄와 사망에서 해방되고, 구원받은 하나님의 백성들이 예수 그리스도의 고난에 동참할 것을 명하시는 사명적 음성인 것이다.

> "그리스도께서 이미 육체의 고난을 받으셨으니 너희도 같은 마음으로 갑옷을 삼으라 이는 육체의 고난을 받은 자가 죄를 그쳤음이니"(벧전 4:1).

> "자녀이면 또한 후사(後嗣) 곧 하나님의 후사요 그리스도와 함께한 후사니 우리가 그와 함께 영광을 받기 위하여 고난도 함께 받아야 될 것이니라"(롬 8:17).

> "너희 안에 이 마음을 품으라 곧 그리스도 예수의 마음이니 그는 근본 하나님의 본체시나 하나님과 동등됨을 취할 것으로 여기지 아니하시고 오히려 자기를 비어 종의 형체를 가져 사람들과 같이 되었고 사람의 모양으로 나타나셨으매 자기를 낮추시고 죽기까지 복종하셨으니 곧 십자가에 죽으심이라"(빌 2:5-8).

> "그가 찔림은 우리의 허물을 인함이요 그가 상함은 우리의 죄악을 인함이라 그가 징계를 받음으로 우리가 평화를 누리고 그가 채찍에 맞음으로 우리가 나음을 입었도다 우리는 다 양 같아서 그릇 행하여 각기 제 길로 갔거늘 여호와께서는 우리 무리의 죄악(罪惡)을 그에게 담당시키셨도다"(사 53:5-6).

8. 해의 첫 달이 되게 하심

"이 달로 너희에게 달의 시작 곧 해의 첫 달이 되게 하고"(출 12:2).

하나님께서는 유월절을 기념하여 그동안 사용해 온 민간력 7월을 새해 첫 달인 1월이 되게 명하신다. 그러므로 이스라엘은 유월절 사건 이후 두 개의 달력을 사용하게 되었다.

〈성력, 민간력, 현대 양력 비교표〉

성력	민간력	현대 양력	성력	민간력	현대 양력	성력	민간력	현대 양력
1월	7,니산월.아빕월	3-4월	5월	11,압월	7-8월	9월	3,기슬르월	11-12월
2월	8,시브월	4-5월	6월	12,엘룰월	8-9월	10월	4,데벳월	12-1월
3월	9,시완월	5-6월	7월	1,에다딤월	9-10월	11월	5,스밧월	1-2월
4월	10,담무스월	6-7월	8월	2,말케스월	10-11월	12월	6,아달월	2-3월

유월절을 해의 첫 달이 되도록 중요한 의미를 부여하신 것은 하나님의 어린 양 예수 그리스도로 말미암아 새롭게 되는 역사가 시작될 것을 표징(sign)하는 예언계시의 말씀이다.

역사(history)는 그의(his) 이야기(story)다. 그가 곧 예수 그리스도를 지칭하는 대명사임을 나타낸다. 세계 인류의 역사는 예수 그리스도를 기점으로 B.C.(Before Christ: 주전)와 A.D.(Anno Domini: In the year of our Lord:주후)로 나뉘어 표현된다. 이는 역사의 주관자이신 하나님의 놀라운 섭리요 말씀의 완전한 성취를 보여주는 사건이다. 주후는 우리 주 안에 있는 역사를 의미한다. 성경은 성도들의 삶이 예수 그리스도 안에서 새롭게 거듭나는 생명의 역사가 시작됨을 선포하고 있다.

"그런즉 누구든지 그리스도 안에 있으면 새로운 피조물이라 이전 것은 지나갔으니 보라 새것이 되었도다"(고후 5:17).

"하나님을 따라 의와 진리의 거룩함으로 지으심을 받은 새사람을 입으라"(엡 4:24).

"할례나 무할례가 아무것도 아니로되 오직 새로 지으심을 받은 자뿐이니라"(갈 6:15).

무교절
(The feast of unleavened bread)

"이 달 십오 일은 여호와의 무교절이니 칠 일 동안 너희는 무교병을 먹을 것이요 그 첫날에는 너희가 성회로 모이고 아무 노동도 하지 말지며 너희는 칠 일 동안 여호와께 화제를 드릴 것이요 제칠일에도 성회로 모이고 아무 노동도 하지 말지니라"(레 23:6-8).

"너희는 무교절을 지키라 이날에 내가 너희 군대를 애굽 땅에서 인도하여 내었음이니라 그러므로 너희가 영원한 규례를 삼아 이날을 대대로 지킬지니라 정월에 그 달 십사 일 저녁부터 이십일 일 저녁까지 너희는 무교병을 먹을 것이요"(출 12:17-18).

"또 그 달 십오 일부터는 절일이니 칠 일 동안 무교병을 먹을 것이며 그 첫날에는 성회로 모일 것이요 아무 노동도 하지 말 것이며 수송아지 둘과 숫양 하나와 일 년 된 숫양 일곱을 다 흠 없는 것으로 여호와께 화제를 드려 번제가 되게 할 것이며 그 소제로는 고운 가루에 기름을 섞어서 쓰되 수송아지 하나에는 에바 십분지 삼이요 숫양 하나에는 에바 십분지 이를 드리고 어린 양 일곱에는 매 어린 양에 에바 십분지 일을 드릴 것이며 또 너희를 속하기 위하여 숫염소 하나로 속죄제를 드리되 아침의 번제 곧 상번제 외에 그것들을 드릴 것이니라 너희는 이 순서대로 칠 일 동안 매일 여호와께 향기로운 화제의 식물을 드리되 상번제와 그 전제 외에 드릴 것이며 제칠일에는 성회로 모일 것이요 아무 노동도 하지 말 것이니라 "(민 28:17-25).

"너는 무교병의 절기를 지키라 내가 네게 명한 대로 아빕월의 정한 때에 칠 일 동안 무교병을 먹을지니 이는 그 달에 네가 애굽에서 나왔음이라 빈손으로 내게 보이지 말지니라"(출 23:15).

무교절은 유월절과 연결되어 시작된다. 유월절과 무교절은 시간적으로는 몇 시간의 차이이고, 날짜로는 하루 차이를 가지는 연계된 절기이지만, 그 순차는 혼동되지 않고 뚜렷하게 구별되어 지켜진다. 이 두 절기가 시간적으로는 연계된 사건이지만 영적 의미의 차이는 크고 뚜렷하게 구별되는 의미를 나타내고 있다.

유월절은 인류의 죄를 위해 대속의 죽음을 죽으신 예수 그리스도의 십자가에 피 흘려 죽으심을 상징하는 절기이고, 무교절은 죄 없으신 예수 그리스도께서 인류의 죄를 한 몸에 짊어지시고 어두운 땅 속에 묻혀 인류의 모든 죄를 장사지내는 것을 성취하시는 '예수 그리스도의 장사지냄'을 상징하는 절기다.

"동이 서에서 먼 것같이 우리 죄과를 우리에게서 멀리 옮기셨으며"(시 103:12).

1. 1월 15일부터 시작됨

"이 달 십오 일은 여호와의 무교절이니 칠 일 동안 너희는 무교병을 먹을 것이요"(레 23:6).

예수 그리스도를 통한 하나님의 구원사역 시간표 중에 무교절은 1월 15일부터 시작된다.

유월절은 하나님의 어린 양 예수 그리스도의 십자가에 피 흘려 죽으심의 사건을 상징했다. 이는 1월 14일 저녁에 잡혀 죽는 유월절 양을 통해 예수 그리스도의 십자가 죽음이 1월 14일 저녁에 성취될 사건임을 예언하는 계시이고, 그 예언계시는 인간의 뜻이나 결정과는 전혀 상관없이 하나님의 계시예언대로 성취되었음을 살펴보았다.

유월절 양이 되어 이 땅에 오신 예수 그리스도의 십자가 죽음은 1월 14일 오후 3시였다. 그러므로 1월 15일이 시작되는 저녁 6시까지 3시간이 남아 있었다. 무교절은 예수 그리스도의 장사지냄을 상징하는 예언계시이기 때문에 예수 그리스도의 시신(屍身)은 3시간 안에 장사지낸 바 되어야만 했다. 성경은 무교절의 예언계시 말씀대로 예수 그리스도가 유월절 어린 양이 되어 1월 14일 오후 3시에 운명하시고 15일 무교절이 시작되는 저녁 6시 사이에 무덤에 장사지낸 바 되었음을 증거해 주고 있다.

> "이날은 예비일 곧 안식일 전날이므로 저물었을 때에 아리마대 사람 요셉이 와서 당돌히 빌라도에게 들어가 예수의 시체를 달라 하니 이 사람은 존귀한 공회원이요 하나님의 나라를 기다리는 자라 빌라도는 예수께서 벌써 죽었을까 하고 이상히 여겨 백부장을 불러 죽은 지 오래냐 묻고 백부장에게 알아본 후에 요셉에게 시체를 내어주라 요셉이 세마포를 사고 예수를 내려다가 이것으로 싸서 바위 속에 판 무덤에 넣어 두고 돌을 굴려 무덤 문에 놓으매 때에 막달라 마리아와 요세의 어머니 마리아가 예수 둔 곳을 보더라"(막 15:42-47).

"이날은 예비일이라 유대인들은 그 안식일이 큰 날이므로 그 안식일에 시체들을 십자가에 두지 아니하려 하여 빌라도에게 그들의 다리를 꺾어 시체를 치워 달라 하니"(요 19:31).

"빌라도에게 가서 예수의 시체를 달라 하여 이를 내려 세마포로 싸고 아직 사람을 장사한 일이 없는 바위에 판 무덤에 넣어 두니 이날은 예비일이요 안식일이 거의 되었더라"(눅 23:52-54).

"저물었을 때에 아리마대 부자 요셉이라 하는 사람이 왔으니 그도 예수의 제자라 빌라도에게 가서 예수의 시체를 달라 하니 이에 빌라도가 내어주라 분부하거늘 요셉이 시체를 가져다가 정한 세마포로 싸서 바위 속에 판 자기 새 무덤에 넣어 두고 큰 돌을 굴려 무덤 문에 놓고 가니 거기 막달라 마리아와 다른 마리아가 무덤을 향하여 앉았더라 그 이튿날은 예비일 다음 날이라 대제사장들과 바리새인들이 함께 빌라도에게 모여 가로되 주여 저 유혹하던 자가 살았을 때에 말하되 내가 사흘 후에 다시 살아나리라 한 것을 우리가 기억하노니 그러므로 분부하여 그 무덤을 사흘까지 굳게 지키게 하소서 그의 제자들이 와서 시체를 도적질하여 가고 백성에게 말하되 그가 죽은 자 가운데서 살아났다 하면 후의 유혹이 전보다 더 될까 하나이다 하니 빌라도가 가로되 너희에게 파수꾼이 있으니 가서 힘대로 굳게 하라 하거늘 저희가 파수꾼과 함께 가서 돌을 인봉하고 무덤을 굳게 하니라"(마 27:57-66).

예수 그리스도의 십자가 죽음과 장사지냄의 날짜와 시간이 정확하게 성취됨은 매우 중요한 사항이기 때문에 4복음서 모두가 상세히 증거하고 있다. 예수 그리스도는 유월절에 피 흘려 죽어야 할 어린 양이시기에 예언계시의 말씀에 따라 1월 14일 저녁에 십자가에 달려 운명하셨다. 그리고 안식일이자 무교절이 겹친 큰 절기의 날인 15일이 이르기 전에 장사지낸 바 되어야 했다. 성경은 예수 그리스도의 죽음과 장사지냄에 대해 4복음서 모두 그 죽음과 장사지냄의 날짜와 시간을 상세히 증거해 주고 있다.

예수 그리스도의 죽음과 장사지냄의 사건은 하나님의 예언계시 말씀이 성취되는 데 있어서 인간의 문화나 전통이 무시되고, 인간적 법이나 유전이 아무런 장애가 될 수 없음을 보여주고 있다.

예수 그리스도의 재판에 있어서 그 당시 최고의 권세와 법을 자랑하던 로마의 법이 전혀 지켜지지 않은 불법재판이 이루어졌고, 최고의 종교적 경건성과 율법을 자랑하던 유대인의 율법과 전통에 완전히 벗어난 재판과 처형과 장사지냄이 이루어졌음을 보여준다.

당시의 불법재판에 대해 카알(Carr)은 다음과 같은 여섯 가지를 지적하고 있다.

① 재판은 일반적으로 기소, 심의, 재판, 선고 등 최소한 3일 이상의 기간이 소요됨을 율법적으로 지켜 왔으나 예수님의 재판은 이를 무시하고 빌라도 법정에서 하루 만에 십자가 처형이 선고되었다.

② 재판은 낮에 행하는 통례를 무시하고 밤중과 새벽에 집행되었다.

③ 안나스가 증인도 세우지 않고 예수를 심문한 것은 불법이었다.

④ 안식일에 시체가 있게 되는 것을 금하여 안식일 전날에는 사형선고를 내릴 수 없었으나 빌라도 법정은 안식일 전날에 사형선고를 내렸다.

⑤ 거짓 증인을 내세웠고, 죄를 찾아내지 못한 의인을 죄인으로 취급하여 십자가 처형을 선고했으니 이는 명백한 불법재판이었다.

⑥ 죄가 없는 예수 그리스도를 재판권이 없는 대제사장 가야바와 안나스가 심문한 것은 불법이며, 그들의 기소로 죄목이 없는 예수가

십자가 처형을 선고받은 것은 명백한 불법재판이었다.

이 모든 것은 오직 어린 양 예수 그리스도를 통한 구원사역의 시간표인 여호와의 절기를 성취하시려는 여호와 하나님의 섭리의 역사임을 보여준다.

> "만군의 여호와께서 맹세하여 가라사대 나의 생각한 것이 반드시 되며 나의 경영한 것이 반드시 이루리라……이것이 온 세계를 향하여 정한 경영이며 이것이 열방을 향하여 편 손이라 하셨나니 만군의 여호와께서 경영하셨은즉 누가 능히 그것을 폐하며 그 손을 펴셨은즉 누가 능히 그것을 돌이키랴"(사 14:24-27).

예수 그리스도의 십자가 죽음과 장사지냄의 사건은 하나님의 말씀의 법이 인간의 법보다 상위법임을 보여주는 사건이며, 하나님께서는 악인들의 악까지도 선용하심으로 말씀을 정확하게 성취하시는 전능하신 하나님이심을 보여주는 것이다.

> "여호와께서 온갖 것을 그 쓰임에 적당하게 지으셨나니 악인도 악한 날에 적당하게 하셨느니라"(잠 16:4).

2. 7일 동안 무교병을 먹어야 함

> "……칠 일 동안은 무교병 곧 고난의 떡을 그것과 아울러 먹으라"(신 16:3).

누룩이 없는 떡은 죄 없으신 예수님을 상징하며, 이 무교병이 고난의 떡이라 칭함 받는 것은 죄 없으신 예수님이 인류의 죄를 다 짊어지시고 십자가에 피 흘려 죽으시고 무덤에 장사지내기까지 완전한 고난의 길을 걷게 될 것을 상징한다.

이스라엘 백성들에게 이 고난의 떡인 무교병을 7일 동안 먹으라고 명하셨다.

성경에서 '7'은 완전수를 의미하는 상징적 의미로 쓰인다.

이스라엘 백성에게 7일 동안 무교절을 지키라 명하심은 이스라엘 백성이 종 노릇 하던 애굽 생활에서 떠나 완전히 자유한 백성이 되었음을 기억하라는 의미를 나타내고 있다.

> "그러므로 예수께서 자기를 믿은 유대인들에게 이르시되 너희가 내 말에 거하면 참 내 제자가 되고 진리를 알지니 진리가 너희를 자유케 하리라"(요 8:31-32).

> "그러나 이제는 너희가 죄에게서 해방되고 하나님께 종이 되어 거룩함에 이르는 열매를 얻었으니 이 마지막은 영생이라 죄의 삯은 사망이요 하나님의 은사는 그리스도 예수 우리 주 안에 있는 영생이니라"(롬 6:22-23).

> "모든 사람이 죄를 범하였으매 하나님의 영광에 이르지 못하더니 그리스도 예수 안에 있는 구속으로 말미암아 하나님의 은혜로 값 없이 의롭다 하심을 얻은 자 되었느니라"(롬 3:23-24).

> "너희는 무교절을 지키라 이날에 내가 너희 군대를 애굽 땅에서 인도하여 내었음이니라 그러므로 너희가 영원한 규례를 삼아 이날을 대대로 지킬지니라 정월에 그 달 십사 일 저녁부터 이십일 일 저녁까지 너희는 무교병을 먹을 것이요"(출 12:17-18).

이스라엘 백성이 종 되었던 애굽 땅을 떠나 광야로 나아가기 위해서 홍해를 건넜다. 이스라엘 백성이 홍해를 건너는 영적 의미는 예수 그리스도의 십자가 보혈로 죄 씻음 받았음을 믿는 자마다 예수 그리스도의 이름으로 세례받는 사건을 예표한다.

> "형제들아 너희가 알지 못하기를 내가 원치 아니하노니 우리 조상들이 다 구름 아래 있고 바다 가운데로 지나며 모세에게 속하여 구름과 바다에서 세례를 받고"(고전 10:1-2).

세례는 우리의 육을 장사(葬事)지냄을 의미하는 믿음의 행위임을 성경은 증거해 주고 있다.

> "너희가 세례로 그리스도와 함께 장사(葬事)한 바 되고 또 죽은 자들 가운데서 그를 일으키신 하나님의 역사를 믿음으로 말미암아 그 안에서 함께 일으키심을 받았느니라"(골 2:12).

하나님께서 이스라엘 백성에게 7일 동안 무교병을 먹으며 무교절을 지키라 하심은 그들을 홍해 가운데로 지나게 하시고, 그들을 잡아 옛날처럼 종살이 시키려고 뒤쫓는 애굽의 군대들을 홍해에 모두 수장(水葬)시켜 버렸던 구원의 역사를 온전히 기억하며 기념하라는 것이다.

이 사건의 복음적 의미는 죄에 매여 죽음을 두려워함으로 사탄의 종 노릇 하던 사람들이 죄 없으신 예수 그리스도께서 십자가에 피 흘려 대속(代贖)하심을 믿음으로 성부와 성자와 성령의 이름으로 세례를 받고, 새로운 피조물로 거듭나게 되었음을 기억하고 거룩한 하나님의 자녀로 살아가야 할 것임을 교훈하고 있다.

"저가 모든 사람을 대신하여 죽으심은 산 자들로 하여금 다시는 저희 자신을 위하여 살지 않고 오직 저희를 대신하여 죽었다가 다시 사신 자를 위하여 살게 하려 함이니라……그런즉 누구든지 그리스도 안에 있으면 새로운 피조물이라 이전 것은 지나갔으니 보라 새것이 되었도다" (고후 5:15-17).

"너희는 유혹의 욕심을 따라 썩어져 가는 구습을 좇는 옛 사람을 벗어 버리고 오직 심령으로 새롭게 되어 하나님을 따라 의와 진리의 거룩함으로 지으심을 받은 새사람을 입으라" (엡 4:22-24).

"무릇 그리스도 예수와 합하여 세례를 받은 우리는 그의 죽으심과 합하여 세례받은 줄을 알지 못하느뇨 그러므로 우리가 그의 죽으심과 합하여 세례를 받음으로 그와 함께 장사(葬事)되었나니 이는 아버지의 영광으로 말미암아 그리스도를 죽은 자 가운데서 살리심과 같이 우리로 또한 새 생명 가운데서 행하게 하려 함이니라 만일 우리가 그의 죽으심을 본받아 연합한 자가 되었으면 또한 그의 부활을 본받아 연합한 자가 되리라 우리가 알거니와 우리 옛 사람이 예수와 함께 십자가에 못박힌 것은 죄의 몸이 멸하여 다시는 우리가 죄에게 종 노릇 하지 아니하려 함이니 이는 죽은 자가 죄에서 벗어나 의롭다 하심을 얻었음이니라 만일 우리가 그리스도와 함께 죽었으면 또한 그와 함께 살 줄을 믿노니 이는 그리스도께서 죽은 자 가운데서 사셨으매 다시 죽지 아니하시고 사망이 다시 그를 주장하지 못할 줄을 앎이로라 그의 죽으심은 죄에 대하여 단번에 죽으심이요 그의 살으심은 하나님께 대하여 살으심이니 이와 같이 너희도 너희 자신을 죄에 대하여는 죽은 자요 그리스도 예수 안에서 하나님을 대하여는 산 자로 여길지어다 그러므로 너희는 죄로 너희 죽을 몸에 왕 노릇 하지 못하게 하여 몸의 사욕을 순종치 말고 또한 너희 지체를 불의의 병기로 죄에게 드리지 말고 오직 너희 자신을 죽은 자 가운데서 다시 산 자같이 하나님께 드리며 너희 지체를 의의 병기로 하나님께 드리라 죄가 너희를 주관치 못하리니 이는 너희가 법 아래 있지 아니하고 은혜 아래 있음이니라"(롬 6:3-14).

초실절(First fruit)

"여호와께서 모세에게 일러 가라사대 이스라엘 자손에게 고하여 이르라 너희는 내가 너희에게 주는 땅에 들어가서 너희의 곡물을 거둘 때에 위선 너희의 곡물의 첫 이삭 한 단을 제사장에게로 가져갈 것이요 제사장은 너희를 위하여 그 단을 여호와 앞에 열납(悅納)되도록 흔들되 안식일 이튿날에 흔들 것이며 너희가 그 단을 흔드는 날에 일 년 되고 흠 없는 숫양을 번제로 여호와께 드리고 그 소제로는 기름 섞은 고운 가루 에바 십분 이를 여호와께 드려 화제를 삼아 향기로운 냄새가 되게 하고 전제로는 포도주 힌 사분 일을 쓸 것이며 너희는 너희 하나님께 예물을 가져 오는 그날까지 떡이든지 볶은 곡식이든지 생 이삭이든지 먹지 말지니 이는 너희가 그 거하는 각처에서 대대로 지킬 영원한 규례니라"(레 23:9-14).

1. 가나안 땅에 들어가 수확한 첫 이삭을 드렸다

"……너희는 내가 너희에게 주는 땅에 들어가서 너희의 곡물을 거둘 때에 위선 너희의 곡물의 첫 이삭 한 단을 제사장에게로 가져갈 것이요"(레 23:10).

초실절은 이스라엘 백성이 가나안 땅에 들어가서 첫 수확을 거둘 때에 그 곡물의 첫 이삭 한 단을 하나님 여호와께 흔들어 열납되도록 요제로 드리는 절기다. 초실절은 예수 그리스도께서 죽은 자 가운데서 영생하는 부활체를 입고 다시 살아나는 부활의 첫 열매가 되는 복음의 비밀을 감추고 있는 여호와의 절기다. 성경은 예수 그리스도께서 죽은 지 사흘 만에 부활하심으로 죽음을 이기고 부활하신 부활의 첫 열매가 되심으로 초실절의 실체가 되셨음을 증거하고 있다.

"……그리스도께서 죽은 자 가운데서 다시 살아 잠자는 자들의 첫 열매가 되셨도다 사망이 사람으로 말미암았으니 죽은 자의 부활도 사람으로 말미암는도다 아담 안에서 모든 사람이 죽은 것같이 그리스도 안에서 모든 사람이 삶을 얻으리라 그러나 각각 자기 차례대로 되리니 먼저는 첫 열매인 그리스도요 다음에는 그리스도 강림하실 때에 그에게 붙은 자요 그 후에는 나중이니 저가 모든 정사와 모든 권세와 능력을 멸하시고 나라를 아버지 하나님께 바칠 때라"(고전 15:20-24).

"……그가 근본이요 죽은 자들 가운데서 먼저 나신 자니 이는 친히 만물의 으뜸이 되려 하심이요"(골 1:18).

예수 그리스도께서 부활의 첫 열매가 되어 주심으로 여호와의 절기 중 초실절을 성취하신 사건은, 초실절을 통해 사탄의 사망권세가 깨어지고 하나님의 은혜로 부르심을 받아 예수 그리스도 안에 있는 모든 믿음의 성도들이 영생하는 부활의 몸으로 다시 살아나는 부활의 소망을 얻게 하시는 복음의 비밀을 담고 있다.

"하나님이 우리를 구원하사 거룩하신 부르심으로 부르심은 우리의 행위대로 하심이 아니요 오직 자기 뜻과 영원한 때 전부터 그리스도 예수 안에서 우리에게 주신 은혜대로 하심이라 이제는 우리 구주 그리스도 예수의 나타나심으로 말미암아 나타났으니 저는 사망을 폐하시고 복음으로써 생명과 썩지 아니할 것을 드러내신지라"(딤후 1:9-10).

"……예수 그리스도의 죽은 자 가운데서 부활하심으로 말미암아 우리를 거듭나게 하사 산 소망이 있게 하시며"(벧전 1:3).

"하나님이 주를 다시 살리셨고 또한 그의 권능으로 우리를 다시 살리시리라"(고전 6:14).

2. 안식일 이튿날에 드리라 명하셨다

"제사장은 너희를 위하여 그 단을 여호와 앞에 열납되도록 흔들되 안식일 이튿날에 흔들 것이며"(레 23:11).

안식일 이튿날에 드렸다는 것은 곧 오늘날의 주일에 드렸다는 것으로, 날짜로는 1월 16일에 드려졌다는 말씀이다. 4복음서가 모두 예수 그리스도의 부활이 안식 후 첫날 곧 안식일 이튿날인 1월 16일 새벽이었음을 증거하고 있다.

"안식 후 첫날이 되려는 미명에……"(마 28:1).

"안식 후 첫날 매우 일찍이 해 돋은 때에……"(막 16:2).

"예수께서 안식 후 첫날 이른 아침에 살아나신 후……"(막 16:9).

"안식 후 첫날 새벽에……"(눅 24:1).

"안식 후 첫날 이른 아침 아직 어두울 때에……"(요 20:1).

"이날 곧 안식 후 첫날 저녁때에……예수께서 오사……"(요 20:19).

　신약성경의 4복음서에 여섯 번에 걸쳐 예수 그리스도의 부활이 "안식 후 첫날"이라고 증거함으로 구약의 여호와의 절기 중 초실절의 예언계시는 곧 예수 그리스도의 부활의 비밀을 담고 있는 절기임을 입증해 주고 있다. 안식일 이튿날에 첫 이삭을 흔들어 요제로 드렸듯이, 예수 그리스도께서는 안식일 이튿날인 1월 16일 새벽에 부활하심으로 초실절의 첫 열매가 되셨다.

〈여호와의 절기와 예수 그리스도의 구원사역 비교표〉

	목요일(13일) ※이스라엘 하루는 저녁부터 시작됨	금요일(14일) 빌라도 법정에서 재판받음 십자가에 죽으심 (유월절)	토요일 안식일(15일) 무덤에 계심	주일(16일) 부활하심(초실절)
저녁 6시	금요일(14일) 성만찬 감람산 기도와 잡히심 안나스와 가야바에게 심문받음	토요일 안식일(15일) 무덤에 계심(무교절)	주일(16일) 무덤에 계심	(17일) ※1일이 2일에 겹치게 됨

　예수님은 친히 자신이 십자가에 피 흘려 죽었다가 3일 만에 부활하게 되는 것이 하나님의 말씀을 이루는 사건임을 강조하여 가르치셨다.

"이때로부터 예수 그리스도께서 자기가 예루살렘에 올라가 장로들과 대제사장들과 서기관들에게 많은 고난을 받고 죽임을 당하고 제삼일에 살아나야 할 것을 제자들에게 비로소 가르치시니"(마 16:21).

"보라 우리가 예루살렘으로 올라가노니 인자가 대제사장들과 서기관들에게 넘기우매 저희가 죽이기로 결안하고 이방인들에게 넘겨주어 그를 능욕하며 채찍질하며 십자가에 못 박게 하리니 제삼일에 살아나리라"(마 20:18-19).

예수님이 살아 계시는 동안 가르치셨던 죽은 지 3일 만에는 곧 안식일 이튿날인 1월 16일 새벽이다. 예수 그리스도께서 보여주실 요나의 표적(마 12:39)은 곧 죽은 지 사흘 만에 무덤 문을 열고 다시 살아나시는 부활의 사건으로 성취되었다.

"이날 곧 안식 후 첫날 저녁때에 제자들이 유대인들을 두려워하여 모인 곳에 문들을 닫았더니 예수께서 오사 가운데 서서 가라사대 너희에게 평강이 있을지어다 이 말씀을 하시고 손과 옆구리를 보이시니 제자들이 주를 보고 기뻐하더라"(요 20:19-20).

성경은 예수 그리스도께서 부활하신 안식 후 첫날에 초대교인들이 모여 예수 그리스도의 부활을 기념하며 예배를 드리게 되었음을 증거해 주고 있다.

"안식 후 첫날에 우리가 떡을 떼려 하여 모였더니 바울이 이튿날 떠나고자 하여 저희에게 강론할새 말을 밤중까지 계속하매"(행 20:7).

"매주일 첫날에 너희 각 사람이 이를 얻은 대로 저축하여 두어서 내가 갈 때에 연보를 하지 않게 하라"(고전 16:2).

사도 요한은 '주의 날'에 성령에 감동하여 요한계시록을 계시받고 기록하여 교회에 증거하게 되었다.

> "나 요한은 너희 형제요 예수의 환난과 나라와 참음에 동참하는 자라 하나님의 말씀과 예수의 증거를 인하여 밧모라 하는 섬에 있었더니 주의 날에 내가 성령에 감동하여 내 뒤에서 나는 나팔 소리 같은 큰 음성을 들으니"(계 1:9-10).

오늘날 예수 그리스도의 몸 된 교회가 '주의 날'인 주일을 거룩하게 지키고 함께 모여 예배하며 하나님께 영광을 돌리게 된 것, 초실절의 실체가 되신 예수 그리스도의 부활을 기뻐하며 기념하여 모였던 초대교회의 전통을 이어받은 지극히 성경적인 믿음의 행위임을 알 수 있다.

> "그러므로 먹고 마시는 것과 절기나 월삭이나 안식일을 인하여 누구든지 너희를 폄론하지 못하게 하라 이것들은 장래 일의 그림자이나 몸은 그리스도의 것이니라"(골 2:16-17).

3. 첫 이삭 한 단을 흔들어 드리라고 명하셨다

초실절에 첫 이삭을 흔들어 드리는 요제로 하나님께 드리라고 하셨다. 이는 예수 그리스도가 안식 후 이튿날 살아나실 것을 상징하는 제사다.

사람이나 짐승을 막론하고 흔들어 본다는 것은 잠을 깨운다는 것이며, 살아 있는가를 확인해 보는 동작을 나타낸다. 초실절에 첫 이삭을 흔들어 드리라 명령하신 것도 초실절에 예수 그리스도를 죽음에서 깨우시고 부활하게 하실 것임을 상징하는 예언계시의 말씀임을 알 수 있다.

기독교는 예수 그리스도의 십자가의 대속 죽음을 계시하시고 성취하신 하나님의 계시 종교이며, 은혜 종교다. 예수 그리스도의 부활에 대해 계시하시고 계시하신 말씀대로 성취하신 전능하신 하나님의 말씀을 믿는 말씀 중심의 종교이며, 부활과 영생을 언약하는 생명 있는 산 종교다.

인류 역사상 600억이 넘는 사람이 태어나고 죽어 갔다. 세계 역사 속에 살았던 사람 중에 가장 아름답고 성스러운 삶을 사셨던 예수 그리스도 그분이 가장 진지하게 가르쳤던 진리가 무엇인가? 인류의 죄를 위해 자신이 십자가에 피 흘려 대속 죽음을 죽을 것과 사망 권세를 깨고 부활하심으로 죄와 사망의 권세에 매여 종 노릇 하는 인생을 구원하여 자유와 영생을 얻게 하시겠다는 언약의 말씀이다.

역사에 태어난 어느 누구도 사망 권세를 이기고 영생한 자가 없고, 죽음을 이기고 다시 살아난 인생이 없다. 천하를 호령하던 영웅호걸도, 성인이라 칭함 받던 종교인이나 철학자도, 부귀와 권세와 영화를 마음껏 즐기며 사람의 생명까지도 좌우했던 제국의 황제들도 모두 자신의 죽음 앞에서는 무력한 존재였다. 아무도 마귀의 사망 권세를 벗어나지 못했고, 한번 사망한 자가 다시 살아나 영생한 자가 없다. 그런데 육체를 입고 이 땅에 살던 사람 중 단 한 사람 예수 그리스도께서는 살아생전에 자신이 십자가에 죽을 것과 죽은 지 사흘 만에 죽음의 권세를 이기고 부활할 것을 장담하며 선포하셨고, 그 말씀대로 부활하사 부활의 첫 열매가 되셨다. 이것이 기독교가 증거하는 복음이다. 우리가 믿고 증거하며 자랑하는 것이 2천 년 전 곧 역사 속에 일어났던 예수 그리스도의 십자가 죽음과 부활사건이다.

살아 계실 때 수많은 사람들에게 자신의 죽음과 부활에 대해 스스로 가르치시고 "나는 부활이요 생명이니 나를 믿는 자는 죽어도 살겠고 무릇 살아서 나를 믿는 자는 영원히 죽지 아니하리니 이것을 네가 믿느냐"(요 11:25-26)라고 당당하게 묻고 선포하신 그분이 하나님의 계시말씀대로 십자가의 대속 죽음과 부활의 첫 열매로 다시 사신 역사적 사실을 의심할 여지가 없다.

예수 그리스도의 부활이 없었다면 성경은 진리의 말씀이 아니라 거짓말로 꾸며낸 사기극이라 말할 수밖에 없다. 왜냐하면 성경은 예수 그리스도의 십자가 죽음과 부활에 대한 증거로 엮어진 하나님의 말씀이기 때문이다.

만일 예수 그리스도의 십자가의 대속 죽음과 부활이 사실이 아니고 거짓으로 지어낸 이야기라면 예수 그리스도의 제자들이 거짓말을 증거하기 위해 자신들의 생명을 아낌없이 내놓고 증거할 수 있었을까?

누구나 하나밖에 없는 자신의 생명을 가장 소중히 생각할 것이다. 그 소중한 생명을 아낌없이 바치며, 예수 그리스도의 대속 죽음과 부활의 진리를 증거한 제자들의 순교는 예수 그리스도의 십자가의 대속 죽음과 부활하심이 진리요 사실임을 입증하기에 충분하다.

> "……또 어떤 이들은 더 좋은 부활을 얻고자 하여 악형을 받되 구차히 면하지 아니하였으며 또 어떤 이들은 희롱과 채찍질뿐 아니라 결박과 옥에 갇히는 시험도 받았으며 돌로 치는 것과 톱으로 켜는 것과 시험과 칼에 죽는 것을 당하고 양과 염소의 가죽을 입고 유리하여 궁핍과 환난과 학대를 받았으니 (이런 사람은 세상이 감당치 못하도다) 저희가 광야와 산중과 암혈과 토굴에 유리하였느니라"(히 11:35-38).

예수님은 부활하신 후 40일 동안 이 땅에 머물면서 많은 사람들에게 자신의 부활의 모습을 보여주셨고, 자신의 죽음과 부활이 하나님의 계시말씀을 이루는 사건임을 깨닫도록 가르치시며 진리의 영안을 열어 믿음을 심어 주셨다.

기독교 신앙에 있어서 부활과 영생의 언약이 없다면, 사도 바울이 성경에 증거한 대로 예수 그리스도를 믿는 성도들의 믿음은 헛되고 모든 세상 사람들 가운데서 가장 불쌍한 자가 될 것이다.

"내가 받은 것을 먼저 너희에게 전하였노니 이는 성경대로 그리스도께서 우리 죄를 위하여 죽으시고 장사지낸 바 되었다가 성경대로 사흘 만에 다시 살아나사 게바에게 보이시고 후에 열두 제자에게와 그 후에 오백여 형제에게 일시에 보이셨나니 그중에 지금까지 태반이나 살아 있고 어떤 이는 잠들었으며 그 후에 야고보에게 보이셨으며 그 후에 모든 사도에게와 맨 나중에 만삭 되지 못하여 난 자 같은 내게도 보이셨느니라······그리스도께서 죽은 자 가운데서 다시 살아나셨다 전파되었거늘 너희 중에서 어떤 이들은 어찌하여 죽은 자 가운데서 부활이 없다 하느냐 만일 죽은 자의 부활이 없으면 그리스도도 다시 살지 못하셨으리라 그리스도께서 만일 다시 살지 못하셨으면 우리의 전파하는 것도 헛것이요 또 너희 믿음도 헛것이며 또 우리가 하나님의 거짓 증인으로 발견되리니 우리가 하나님이 그리스도를 다시 살리셨다고 증거하였음이라 만일 죽은 자가 다시 사는 것이 없으면 하나님이 그리스도를 다시 살리시지 아니하셨으리라 만일 죽은 자가 다시 사는 것이 없으면 그리스도도 다시 사신 것이 없었을 터이요 그리스도께서 다시 사신 것이 없으면 너희의 믿음도 헛되고 너희가 여전히 죄 가운데 있을 것이요 또한 그리스도 안에서 잠자는 자도 망하였으리니 만일 그리스도 안에서 우리의 바라는 것이 다만 이생뿐이면 모든 사람 가운데 우리가 더욱 불쌍한 자리라 그러나 이제 그리스도께서 죽은 자 가운데서 다시 살아 잠자는 자들의 첫 열매가 되셨도다……아담 안에서 모든 사람이 죽은 것같이 그리스도 안에서 모든 사람이 삶을 얻으리라 그러나 각각 자기 차례대로 되리니 먼저는 첫 열매인 그리스도요 다음에는 그리스도 강림하실 때에 그에게 붙은 자요 그 후에는 나중이니 저가 모든 정사와 모든 권세와 능력을 멸하시고 나라를 아버지 하나님께 바칠 때라"(고전 15:3-24).

4. 영원한 규례로 지키라 명하셨다

하나님께서 이스라엘 백성에게 초실절을 계시하시고 영원한 규례로 지키라고 명하셨다. 부름 받아 영적 이스라엘 백성이 된 성도들이 예수 그리스도의 부활에 동참하여 영생의 몸으로 부활할 것을 믿고 소망함으로 죽기까지 충성하는 복음의 증인으로 살아갈 것을 명하시는 사명(使命)적 명령이다.

"보라 내가 너희에게 비밀을 말하노니 우리가 다 잠잘 것이 아니요 마지막 나팔에 순식간에 홀연히 다 변화하리니 나팔 소리가 나매 죽은 자들이 썩지 아니할 것으로 다시 살고 우리도 변화하리라 이 썩을 것이 불가불 썩지 아니할 것을 입겠고 이 죽을 것이 죽지 아니함을 입으리로다"(고전 15:51-53).

"내가 너희에게 어두운 데서 이르는 것을 광명한 데서 말하며 너희가 귓속으로 듣는 것을 집 위에서 전파하라 몸은 죽여도 영혼은 능히 죽이지 못하는 자들을 두려워하지 말고 오직 몸과 영혼을 능히 지옥에 멸하시는 자를 두려워하라"(마 10:27-28).

"네가 장차 받을 고난을 두려워 말라 볼지어다 마귀가 장차 너희 가운데서 몇 사람을 옥에 던져 시험을 받게 하리니 너희가 십 일 동안 환난을 받으리라 네가 죽도록 충성하라 그리하면 생명의 면류관을 네게 주리라"(계 2:10).

"나의 달려갈 길과 주 예수께 받은 사명 곧 하나님의 은혜의 복음 증거하는 일을 마치려 함에는 나의 생명을 조금도 귀한 것으로 여기지 아니하노라"(행 20:24).

5 오순절(Pentecost)

"안식일 이튿날 곧 너희가 요제로 단을 가져온 날부터 세어서 칠 안식일의 수효를 채우고 제칠안식일 이튿날까지 합 오십 일을 계수하여 새 소제를 여호와께 드리되 너희 처소에서 에바 십분 이로 만든 떡 두 개를 가져다가 흔들지니 이는 고운 가루에 누룩을 넣어서 구운 것이요 이는 첫 요제로 여호와께 드리는 것이며 너희는 또 이 떡과 함께 일 년 되고 흠 없는 어린 양 일곱과 젊은 수소 하나와 숫양 둘을 드리되 이들을 그 소제와 그 전제와 함께 여호와께 드려서 번제를 삼을지니 이는 화제라 여호와께 향기로운 냄새며 또 숫염소 하나로 속죄제를 드리며 일 년 된 어린 숫양 둘을 화목제 희생으로 드릴 것이요 제사장은 그 첫 이삭의 떡과 함께 그 두 어린 양을 여호와 앞에 흔들어 요제를 삼을 것이요 이것들은 여호와께 드리는 성물인즉 제사장에게 돌릴 것이며 이날에 너희는 너희 중에 성회를 공포하고 아무 노동도 하지 말지니 이는 너희가 그 거하는 각처에서 대대로 지킬 영원한 규례니라 너희 땅의 곡물을 벨 때에 밭 모퉁이까지 다 베지 말며 떨어진 것을 줍지 말고 너는 그것을 가난한 자와 객을 위하여 버려 두라 나는 너희 하나님 여호와니라"(레 23:15-22).

1. 초실절로부터 50일째 되는 날에 오순절을 지키라고 하셨다

"안식일 이튿날 곧 너희가 요제로 단을 가져온 날부터 세어서 칠 안식일의 수효를 채우고 제칠안식일 이튿날까지 합 오십 일을 계수하여" (레 23:15-16).

오순절은 여호와의 8대 절기 중 다섯 번째로 지켜지는 절기로 구약의 칠칠절과 맥추절과(출 34:22; 신 16:9-12) 같은 절기다.

오순절은 예수 그리스도의 부활하신 날부터 50일이 되는 날에 예수 그리스도께서 약속하신 성령이 강림하는 사건을 예표하는 절기다.

예수 그리스도께서 부활의 첫 열매로 초실절을 성취하신 뒤 이 땅에 40일 동안 머무시며 많은 제자들에게 나타나 보이시며 천국 복음을 말씀해 주셨고, 성령을 보내주실 것을 언약하신 후 구름을 타고 승천하셨다.

> "해 받으신 후에 또한 저희에게 확실한 많은 증거로 친히 사심을 나타내사 사십 일 동안 저희에게 보이시며 하나님 나라의 일을 말씀하시니라 사도와 같이 모이사 저희에게 분부하여 가라사대 예루살렘을 떠나지 말고 내게 들은 바 아버지의 약속하신 것을 기다리라 요한은 물로 세례를 베풀었으나 너희는 몇 날이 못 되어 성령으로 세례를 받으리라 하셨느니라……오직 성령이 너희에게 임하시면 너희가 권능을 받고 예루살렘과 온 유대와 사마리아와 땅 끝까지 이르러 내 증인이 되리라 하시니라 이 말씀을 마치시고 저희 보는 데서 올리워 가시니 구름이 저를 가리워 보이지 않게 하더라"(행 1:3-9).

예수 그리스도께서 승천하시고 10일이 되던 오순절 날에 주님이 약속하신 성령을 보내주셨다. 사도행전 2장에 보면, 성령이 임하심으로 제자들이 성령 세례를 받고 하나님의 말씀과 예수 그리스도의 복음을 증거하는 복음의 제사장 사역을 감당하게 된 것을 증거해 주고 있다.

> "오순절 날이 이미 이르매 저희가 다 같이 한곳에 모였더니 홀연히 하늘로부터 급하고 강한 바람 같은 소리가 있어 저희 앉은 온 집에 가득하며 불의 혀같이 갈라지는 것이 저희에게 보여 각 사람 위에 임하여

있더니 저희가 다 성령의 충만함을 받고 성령이 말하게 하심을 따라 다른 방언으로 말하기 시작하니라"(행 2:1-4).

2. 새 소제를 드림

"제칠안식일 이튿날까지 합 오십 일을 계수하여 새 소제를 여호와께 드리되"(레 23:16).

새 소제를 드린 것은 죄로 인해 죽었던 우리가 예수 그리스도 안에서 새사람이 되어 하나님께 드려진다는 의미가 담겨 있다.

"그러므로 우리가 그의 죽으심과 합하여 세례를 받음으로 그와 함께 장사되었나니 이는 아버지의 영광으로 말미암아 그리스도를 죽은 자 가운데서 살리심과 같이 우리로 또한 새생명 가운데서 행하게 하려 함이니라"(롬 6:4).

"그런즉 누구든지 그리스도 안에 있으면 새로운 피조물이라 이전 것은 지나갔으니 보라 새것이 되었도다"(고후 5:17).

"너희는 유혹의 욕심을 따라 썩어져 가는 구습을 좇는 옛 사람을 벗어 버리고 오직 심령으로 새롭게 되어 하나님을 따라 의와 진리의 거룩함으로 지으심을 받은 새 사람을 입으라"(엡 4:22-24).

오순절 날에 새 소제를 드리라 명하심은 그날에 예수 그리스도 안에서 새 생명을 얻은 믿음의 사람들 위에 성령이 선물로 주어질 것임을 시사하고 있는 예언계시의 말씀이다.

"명절 끝 날 곧 큰 날에 예수께서 서서 외쳐 가라사대 누구든지 목마르거든 내게로 와서 마시라 나를 믿는 자는 성경에 이름과 같이 그 배에서 생수의 강이 흘러나리라 하시니 이는 그를 믿는 자의 받을 성령을 가리켜 말씀하신 것이라 (예수께서 아직 영광을 받지 못하신 고로 성령이 아직 저희에게 계시지 아니하시더라)"(요 7:37-39).

"요한은 물로 세례를 베풀었으나 너희는 몇 날이 못 되어 성령으로 세례를 받으리라 하셨느니라……오직 성령이 너희에게 임하시면 너희가 권능을 받고 예루살렘과 온 유대와 사마리아와 땅 끝까지 이르러 내 증인이 되리라 하시니라"(행 1:5, 8).

"베드로가 가로되 너희가 회개하여 각각 예수 그리스도의 이름으로 세례를 받고 죄 사함을 얻으라 그리하면 성령을 선물로 받으리니"(행 2:38).

3. 떡 두 개를 가져다 흔들어 드림

"너희 처소에서 에바 십분 이로 만든 떡 두 개를 가져다가 흔들지니……"(레 23:17).

오순절에 떡 두 개를 가져다가 하나님 앞에 흔들어 드린 것은 유대인과 이방인이 다 같이 한 성령을 받고 하나님께 나아감을 얻게 될 것을 상징하는 것이다.

구약시대에는 이스라엘 백성만 하나님의 백성이었고 선민이었다. 그러나 예수 그리스도가 이 땅에 오신 신약시대 이후에는 예수 그리스도를 믿는 모든 자가 한 성령 안에서 하나님 아버지께 나아감을 얻은 하나님의 선택받은 백성이며, 하늘나라를 유업으로 받게 되는 하나님의 자녀로 부름 받게 되었다.

오순절 날 떡 두 개를 흔들어 드린 것은 유대인과 이방인 모두가 예수 그리스도를 믿음으로 말미암아 하나님께 나아갈 수 있는 의의 자녀가 되고, 예수 그리스도가 보내주신 한 성령으로 세례를 받아 머리 되신 예수 그리스도의 몸 된 지체가 되어 한 몸을 이루게 될 것임을 상징하고 있다.

"그러므로 생각하라……그때에 너희는 그리스도 밖에 있었고 이스라엘 나라 밖의 사람이라 약속의 언약들에 대하여 외인이요 세상에서 소망이 없고 하나님도 없는 자이더니……그는 우리의 화평이신지라 둘로 하나를 만드사 중간에 막힌 담을 허시고……이 둘로 자기의 안에서 한 새사람을 지어 화평하게 하시고……이는 저로 말미암아 우리 둘이 한 성령 안에서 아버지께 나아감을 얻게 하려 하심이라"(엡 2:11-18).

"몸은 하나인데 많은 지체가 있고 몸의 지체가 많으나 한 몸임과 같이 그리스도도 그러하니라 우리가 유대인이나 헬라인이나 종이나 자유자나 다 한 성령으로 세례를 받아 한 몸이 되었고 또 다 한 성령을 마시게 하셨느니라"(고전 12:12-13).

"이는 이방인들이 복음으로 말미암아 그리스도 예수 안에서 함께 후사가 되고 함께 지체가 되고 함께 약속에 참예하는 자가 됨이라"(엡 3:6).

4. 누룩을 넣어서 떡을 만들어 드림

"……이는 고운 가루에 누룩을 넣어서 구운 것이요……"(레 23:17).

성경에서 '누룩'은 두 가지 의미로 쓰이는 단어임을 보여준다. 하나는 죄와 부패를 의미하는 데 사용된다. 마가복음 8장 15절에 "예수께서 경계하여 가라사대 삼가 바리새인들의 누룩과 헤롯의 누룩을 주의하라"고 하신 말씀에 사용된 누룩의 의미가 첫 번째 의미를 나타내고 있다.

또 다른 의미는 발효와 부푸는 특성으로 복음이 증거되고 확산되는 의미로 사용된다. 마태복음 13장 33절에서 예수님이 "또 비유로 말씀하시되 천국은 마치 여자가 가루 서 말 속에 갖다 넣어 전부 부풀게 한 누룩과 같으니라"고 하신 말씀은 후자의 의미를 갖는다.

다른 제사에 드리는 소제의 떡에는 누룩을 넣지 말라고 명하셨다(레 2:5-6). 이때의 누룩의 의미는 죄와 부패를 의미한 말씀이다. 그런데 오순절 날에 드리는 소제의 떡에는 누룩을 넣어 만들어 드리라고 명하신다. 이는 후자의 의미로 쓰임 받고 있는 말씀이다.

누룩이 발효되어 밀가루 반죽이 부풀어 오르듯 오순절에 성령이 강림하심으로 제자들이 능력을 받고 제자들 속에 있는 생명의 떡이신 예수 그리스도의 복음이 증거되기 시작하여 온 땅에 확산되어 번져 나가게 될 것을 상징적으로 보여주는 예언계시의 말씀이다.

> "오직 성령이 너희에게 임하시면 너희가 권능을 받고 예루살렘과 온 유대와 사마리아와 땅 끝까지 이르러 내 증인이 되리라 하시니라"(행 1:8).

오순절 날 마가 다락방에 모인 120명의 제자들에게 성령이 강림하심으로 이 예언계시의 말씀은 실상으로 나타나 성취되었다.

> "오순절날이 이미 이르매 저희가 다 같이 한곳에 모였더니 홀연히 하

늘로부터 급하고 강한 바람 같은 소리가 있어 저희 앉은 온 집에 가득하며 불의 혀같이 갈라지는 것이 저희에게 보여 각 사람 위에 임하여 있더니 저희가 다 성령의 충만함을 받고 성령이 말하게 하심을 따라 다른 방언으로 말하기를 시작하니라"(행 2:1-4).

"……무리가 다 성령이 충만하여 담대히 하나님 말씀을 전하니라"(행 4:31).

성령 충만함을 받은 제자들은 죽기까지 충성하며 하나님의 말씀과 예수 그리스도의 복음 증거 사명을 감당했다.

빌립 – 브리기아, 바돌로매-인도, 마태-에디오피아, 도마 – 파리디아와 인도, 안드레-아시아의 여러 나라, 누가 – 그리스, 마가 – 이집트, 시몬 – 아프리카와 모르타니아, 베드로 – 로마, 바울-유럽 등 성령 세례를 받은 제자들로부터 출발하여 생명의 떡이신 예수 그리스도의 복음이 예루살렘으로부터 시작하여 온 땅에 증거되며 확산되었다. 하나님의 말씀과 예수 그리스도의 복음이 확산된 경로를 살펴보면 다음과 같다.

예루살렘→유대→사마리아→로마→불란서→독일→화란→영국→덴마크→스웨덴→노르웨이→불가리아→러시아→서부유럽→동부유럽→아메리카→아프리카→아시아→이스라엘

천국 복음은 이제 온 세상에 증거되고 확산되었다. 그리고 이제는 마지막 단계인 이스라엘로 돌아가고 있는 중이다.

"이 천국 복음이 모든 민족에게 증거되기 위하여 온 세상에 전파되리니 그제야 끝이 오리라"(마 24:14).

5. 밭 모퉁이와 땅에 떨어진 곡물은 가난한 자와 객을 위하여 버려두라

> "너희 땅의 곡물을 벨 때에 밭 모퉁이까지 다 베지 말며 떨어진 것을 줍지 말고 너는 그것을 가난한 자와 객을 위하여 버려두라 나는 너희 하나님 여호와니라"(레 23:22).

오순절 날에 밭의 곡물을 거둘 때에 밭 모퉁이와 땅에 떨어진 곡물을 가난한 자와 객을 위하여 버려두라고 명하셨다. 이는 하나님의 은혜로 거두게 된 수확의 기쁨을 혼자 독차지하지 말고 이웃의 소외된 자들과 함께 나누라는 도덕적 교훈이 들어 있을 뿐 아니라, 예수 그리스도의 복음이 가난한 자들에게 들어갈 것임을 상징하는 예언계시의 말씀이다.

이사야 선지자는 이사야 61장 1절에서 "주 여호와의 신(神)이 내게 임하셨으니 이는 여호와께서 내게 기름을 부으사 가난한 자에게 아름다운 소식을 전하게 하려 하심이라 나를 보내사 마음이 상한 자를 고치며 포로 된 자에게 자유를, 갇힌 자에게 놓임을 전파하며"라고 예언하고 있다. 예수님은 이 예언계시의 말씀을 성취하러 오신 분이심을 마태복음 11장 4-5절 말씀에서 스스로 증거해 주고 있다.

> "예수께서 대답하여 가라사대 너희가 가서 듣고 보는 것을 요한에게 고하되 소경이 보며 앉은뱅이가 걸으며 문둥이가 깨끗함을 받으며 귀머거리가 들으며 죽은 자가 살아나며 가난한 자에게 복음이 전파된다 하라"(마 11:4-5).

기독교 선교사를 볼 때 복음이 가난한 민족, 가난한 사람들에게 먼저 전파되었음을 볼 수 있다. 육적인 가난을 말하기도 하겠지만 심령이 가난한 자들에게 복음이 들어갈 것을 나타낸다고 볼 수 있다. 심령이 가난한 사람이란 하나님 앞에서 통회하는 심령을 말하며, 이 땅에서는 나그네와 행인으로 살아가기를 결심한 심령을 가진 사람을 나타낸다.

"나 여호와가 말하노라 나의 손이 이 모든 것을 지어서 다 이루었느니라 무릇 마음이 가난하고 심령에 통회하며 나의 말을 인하여 떠는 자 그 사람은 내가 권고하려니와"(사 66:2).

"심령이 가난한 자는 복이 있나니 천국이 저희 것임이요"(마 5:3).

"이 사람들은 다 믿음을 따라 죽었으며 약속을 받지 못하였으되 그것들을 멀리서 보고 환영하며 또 땅에서는 외국인과 나그네로라 증거하였으니"(히 11:13).

"사랑하는 자들아 나그네와 행인 같은 너희를 권하노니"(벧전 2:11).

'여호와의 절기' 중에서 오순절까지의 절기는 예수 그리스도의 초림으로 말미암아 정확무오하게 실체로 성취된 사건임을 살펴보았다.

벌코프가 말한 것처럼 구약은 신약 속에 펼쳐져 있고, 신약은 구약 속에 감추어져 있다. 구약에 계시된 여호와의 절기들이 신약에 와서 예수 그리스도의 구원사역으로 정확하게 날짜와 시간까지 맞춰져 성취되는 예언계시의 말씀들이 전능하신 하나님의 말씀이 아니고는 불가능한 사건들임을 고백하지 않을 수 없다.

하나님의 전능하신 말씀이 아니고는 설명될 수 없는 책이 성경책이다. 1,600여 년 동안의 시대를 걸쳐 각기 다른 개인적 성격과 자질을 가진 34명의 저자를 통해 기록된 성경 66권은 신·구약 모두 '예수 그리스도의 구속사'라는 주제로 일점일획의 오차 없이 정확무오하게 맞춰져 있다. 이 사실 하나만으로도 성경이 전능하신 하나님의 완전하신 계시말씀임을 입증하기에 충분하다.

"너희가 성경에서 영생을 얻는 줄 생각하고 성경을 상고하거니와 이 성경이 곧 내게 대하여 증거하는 것이로다 그러나 너희가 영생을 얻기 위하여 내게 오기를 원하지 아니하는도다"(요 5:39-40).

"또 네가 어려서부터 성경을 알았나니 성경은 능히 너로 하여금 그리스도 예수 안에 있는 믿음으로 말미암아 구원에 이르는 지혜가 있게 하느니라 모든 성경은 하나님의 감동으로 된 것으로 교훈과 책망과 바르게 함과 의로 교육하기에 유익하니 이는 하나님의 사람으로 온전케 하며 모든 선한 일을 행하기에 온전케 하려 함이니라"(딤후 3:15-17).

"그러나 저희 마음이 완고하여 오늘날까지라도 구약을 읽을 때에 그 수건이 오히려 벗어지지 아니하고 있으니 그 수건은 그리스도 안에서 없어질 것이라 오늘까지 모세의 글을 읽을 때에 수건이 오히려 그 마음을 덮었도다 그러나 언제든지 주께로 돌아가면 그 수건이 벗어지리라 주는 영이시니 주의 영이 계신 곳에는 자유함이 있느니라 우리가 다 수건을 벗은 얼굴로 거울을 보는 것같이 주의 영광을 보매 저와 같은 형상으로 화하여 영광으로 영광에 이르니 곧 주의 영으로 말미암음이니라"(고후 3:14-18).

6 나팔절
(The feast of trumpets)

"여호와께서 모세에게 일러 가라사대 이스라엘 자손에게 고하여 이르라 칠 월 곧 그 달 일 일로 안식일을 삼을지니 이는 나팔을 불어 기념할 날이요 성회라 아무 노동도 하지 말고 여호와께 화제를 드릴지니라"(레 23:23-25).

오순절까지는 이미 성취된 사건이기 때문에 확신 있게 증거할 수 있었다. 그러나 나팔절부터는 아직 성취되지 않은 장차 될 예수 그리스도의 재림과 그 이후의 사건을 예언하는 계시내용이기 때문에 성령의 깨닫게 하시는 계시 범위 안에서 해석할 수밖에 없다.

나팔절이 예수 그리스도의 재림을 상징하는 예언계시의 절기임에는 이견(異見)이 없을 것이다. 나팔절이 예수 그리스도의 재림을 상징하는 절기임을 믿는 것은 지극히 성경적이다. 그러나 나팔절을 통해 예수 그리스도의 재림의 날짜를 계산하여 시한부 종말론을 주장하는 것은 비성경적 해석임을 분명히 해야 한다.

"그 날과 그 때는 아무도 모르나니 하늘의 천사들도 아들도 모르고 오직 아버지만 아시느니라"(마 24:36).

"저희가 모였을 때에 예수께 묻자와 가로되 주께서 이스라엘 나라를
회복하심이 이때니이까 하니 가라사대 때와 기한은 아버지께서 자기
의 권한에 두셨으니 너희의 알 바 다니요"(행 1:6-7).

"형제들아 때와 시기에 관하여는 너희에게 쓸 것이 없음은 주의 날이
밤에 도적같이 이를 줄을 너희 자신이 자세히 앎이라"(살전 5:1-2).

성경이 예수 그리스도의 재림의 때와 기한에 대해 침묵하고 있음
에도 불구하고 재림의 날짜를 언급한 시한부 종말론자들이 있었다.

화이트(1855년 2월), 러셀(1914년 10월), 밀러(1948년 10월 22일), 용화교(1964년 12월 20일), 동방교(1965년 8월 6일), 장막성전(1969년 11월 1일), 팔영산 기도원(1972년 6월 25일), 일월산 기도원(1975년 8월 15일), 여호와의 증인(1975년 10월 1일), 이장림(1992년 10월 28일), 노스트라다무스(1999년 7월), 힐러리 박사(2000년 5월 1일) 등 많은 사람들이 시한부 종말론을 주장했지만 이들의 주장은 모두가 잘못된 비성경적 주장임이 밝혀졌다.

시대적 상황이 종말의 현상을 예언한 성경적 예언들이 우후죽순처럼 성취되어 나타나고 있다 할지라도 성경은 그 날과 그 때에 대해서는 알 수 없음을 선언하고 있기 때문에 그 누구라도 시한부 종말론을 주장하는 것은 성경의 계시 범위를 넘어가는 과오를 범하는 것이다.

"형제들아 내가 너희를 위하여 이 일에 나와 아볼로를 가지고 본을 보
였으니 이는 너희로 하여금 기록한 말씀 밖에 넘어가지 말라 한 것을
우리에게서 배워 서로 대적하여 고만한 마음을 먹지 말게 하려 함이
라"(고전 4:6).

1. 7월 1일에 지킴

"칠 월 곧 그 달 일 일로 안식일을 삼을지니 이는 나팔을 불어 기념할 날이요 성회라"(레 23:24).

종교력으로 일곱 번째 달인 7월 1일은 민간력으로 새해를 맞는 1월 1일에 해당된다. 그래서 유대인들은 나팔절을 신년절이라 부른다. 유대인들은 이날을 '회개의 날'과 창조를 기억하며 새로운 세상이 시작되는 '세상의 생일'로 생각하며 지킨다. 영적 의미로는 예수 그리스도께서 재림하심으로 이전까지의 삶을 청산하고 새 출발한다는 의미가 들어 있고, 예수 그리스도의 재림으로 말미암아 새로운 세상이 펼쳐질 것임을 나타낸다.

새해 첫날인 나팔절 날 유대인들은 단것을 먹고 신 것을 피한다. 사과를 꿀에 찍어 먹는 풍습도 있다. 새해에는 어려움이 없고 모든 일이 형통하기를 바라는 마음에서 행하는 풍습이다. 사과를 꿀에 찍어 먹기 전에 반드시 다음과 같이 축복한다. "우리 주 되신 하나님, 우리 백성의 하나님이여, 우리에게 풍성하고 달콤한 신년을 주옵소서. 우리의 주 하나님, 당신은 복되시니 우주의 통치자요, 나무의 열매를 만드시는 분이시니이다." 또 신년 첫날에는 고기의 꼬리보다는 머리를 먹는 풍습도 이어져 내려오고 있다. 이러한 유대인의 풍습은 창세기 말씀 속에서 증거되고 있는 실낙원(失樂園)의 아픔이 다시는 없기를 바라는 마음의 소원을 담고 있다.

하나님께서 처음 창조하신 세상은 하나님 보시기에 좋았던 아름답고 풍요로운 세상이었다. 특별히 에덴 동산은 낙원이었다. 그런데 첫 사람 아담과 하와가 사탄의 유혹을 받아 선악을 알게 하는 나무의 실과를 따 먹고 하나님 앞에 범죄함으로 사망 권세 아래 놓이게 되었고, 세상은 저주를 받게 되었다. 아담과 하와는 생명나무 과일을 따 먹고 영생하지 못하도록 에덴 동산에서 쫓겨났다. 하나님께서는 저주받은 세상을 회복하고, 잃어버린 에덴 동산을 다시 찾게 되며, 사망 권세 아래 매여 종 노릇 하는 인류를 구원하여 자유를 주시려고 사단을 이기고 승리하실 '여인의 후손'을 약속해 주셨다.

> "내가 너로 여자와 원수가 되게 하고 너의 후손도 여자의 후손과 원수가 되게 하리니 여자의 후손은 네 머리를 상하게 할 것이요 너는 그의 발꿈치를 상하게 할 것이니라"(창 3:14-15).

여인의 후손으로 오신 예수님은 인류의 모든 죗값을 대속(代贖)하시기 위해 십자가에 피 흘려 죽어주셨다.

> "법을 좇아 거의 모든 물건이 피로써 정결케 되나니 피 흘림이 없은즉 사함이 없느니라"(히 9:22).

> "그리스도께서 장래 좋은 일의 대제사장으로 오사 손으로 짓지 아니한 곧 이 창조에 속하지 아니한 더 크고 온전한 장막으로 말미암아 염소와 송아지의 피로 아니하고 오직 자기 피로 영원한 속죄를 이루사 단번에 성소에 들어가셨느니라"(히 9:11-12).

> "우리가 그리스도 안에서 그의 은혜의 풍성함을 따라 그의 피로 말미암아 구속(救贖) 곧 죄 사함을 받았으니"(엡 1:7).

예수 그리스도께서는 사탄의 사망권세를 깨뜨려 버리고 죽은 지 사흘 만에 무덤 문을 열고 부활하심으로 부활의 첫 열매가 되어 모든 성도들에게 부활의 소망을 심어 주셨다.

> "그러나 이제 그리스도께서 죽은 자 가운데서 다시 살아 잠자는 자들의 첫 열매가 되셨도다 사망이 사람으로 말미암았으니 죽은 자의 부활도 사람으로 말미암는도다 아담 안에서 모든 사람이 죽은 것같이 그리스도 안에서 모든 사람이 삶을 얻으리라 그러나 각각 자기 차례대로 되리니 먼저는 첫 열매인 그리스도요 다음에는 그리스도 강림하실 때에 그에게 붙은 자요 그 후에는 나중이니 저가 모든 정사와 모든 권세와 능력을 멸하시고 나라를 아버지 하나님께 바칠 때라"(고전 15:20-24).

예수 그리스도께서는 자신의 대속 죽음과 부활을 믿고 재림을 소망하는 성도들을 위해 하늘의 처소를 예비하신 뒤 이 땅에 두 번째로 임하실 것이다.

> "이와 같이 그리스도도 많은 사람의 죄를 담당하시려고 단번에 드리신 바 되셨고 구원에 이르게 하기 위하여 죄와 상관없이 자기를 바라는 자들에게 두 번째 나타나시리라"(히 9:28).

예수 그리스도께서 이 땅에 두 번째로 임하실 그날은 오순절(칠칠절, 맥추절) 이후 넉달 동안의 농사기간이 끝나고 가을 추수의 절기인 7월 1일 곧 '여호와의 절기' 중에서 여섯 번째 절기인 '나팔절'이 될 것이다.

여호와의 절기 중에서 세 절기가 추수와 관계된 절기다. 유월절은 보리농사, 오순절은 밀농사, 나팔절은 가을 추수와 관련이 있는 절기다.

가을 추수의 절기인 나팔절은 이 세상 모든 족속에게 복음이 증거된 후 영혼 구원의 농사가 끝나는 날에 예수 그리스도께서 재림하사 추수하게 될 것을 상징하는 영적 의미를 계시하는 절기다.

예수님께서는 "……추수 때는 세상 끝이요……"(마 13:39)라고 증거해 주셨다. 예수님은 이 땅에 영혼들을 추수하시려고 재림하실 것이다.

> "구름 위에 앉으신 이가 낫을 땅에 휘두르매 곡식이 거두어지니라"(계 14:16).

이스라엘 백성이 오순절 이후에 7월 1일 나팔절이 되기까지 넉 달 동안 열심히 농사를 지은 뒤 나팔절이 이르면 추수한 곡식의 열매를 가지고 하나님께 화제를 드렸다. 이는 오순절 성령 강림 후 넉 달 동안 예수 그리스도의 몸 된 교회를 통해 복음이 전 세계에 전파되어 영혼 구원의 역사가 일어나게 될 농사기간을 지낸 뒤에 예수 그리스도께서 이 땅에 재림하사 곡식의 열매를 추수하게 될 것임을 예표하는 상징적 예언계시의 말씀이다.

> "너희는 가서 모든 족속으로 제자를 삼아 아버지와 아들과 성령의 이름으로 세례를 주고 내가 너희에게 분부한 모든 것을 가르쳐 지키게 하라 볼지어다 내가 세상 끝 날까지 너희와 항상 함께 있으리라 하시니라"(마 28:19-20).

> "이 천국 복음이 모든 민족에게 증거되기 위하여 온 세상에 전파되리니 그제야 끝이 오리라"(마 24:14).

2. 나팔을 불어 기념함

"……이는 나팔을 불어 기념할 날이요 성회라"(레 23:24).

나팔절의 최대 특징은 나팔을 불어 기념한다는 것이다. 호크마 주석은 "이 나팔 소리는 일정한 간격을 두고 하루 종일 반복되었는데 이는 하나님의 새로운 날이 도래했다는 것을 알리고 또한 기쁨의 새 날을 맞을 것을 선포하기 위함이었다"라고 설명하고 있다. 이는 예수 그리스도의 재림 때 하나님의 나팔이 울려 퍼지고 성도들은 예수 그리스도와 함께 새롭게 갱신된 이 땅 위에서 천 년 동안 복락원의 삶을 살게 될 것을 나타낸다.

성도들의 최대 소망은 하나님의 나팔 소리와 함께 예수님이 재림하시는 그날에 첫째 부활에 참예하여 천년왕국에서 예수 그리스도와 더불어 왕 노릇 하는 것이며, 예수 그리스도와 함께 천년왕국에 들어가 복락원의 기쁨을 누리는 것이다.

"또 내가 보좌들을 보니 거기 앉은 자들이 있어 심판하는 권세를 받았더라 또 내가 보니 예수의 증거와 하나님의 말씀을 인하여 목 베임을 받은 자의 영혼들과 또 짐승과 그의 우상에게 경배하지도 아니하고 이마와 손에 그의 표를 받지도 아니한 자들이 살아서 그리스도로 더불어 천 년 동안 왕 노릇 하니 (그 나머지 죽은 자들은 그 천 년이 차기까지 살지 못하더라) 이는 첫째 부활이라 이 첫째 부활에 참예하는 자들은 복이 있고 거룩하도다 둘째 사망이 그들을 다스리는 권세가 없고 도리어 그들이 하나님과 그리스도의 제사장이 되어 천 년 동안 그리스도로 더불어 왕 노릇 하리라"(계 20:4-6).

나팔 소리에는 많은 의미가 있지만 특별히 뚜렷하게 보여주는 두 가지 의미가 있다.

첫째, 나팔 소리는 이스라엘 백성을 불러 모으는 소집을 알리는 소리다.

이스라엘 백성이 나팔 소리를 듣고 다 소집되어 한자리에 모이듯이 예수 그리스도의 재림 때에 울려 퍼지는 하나님의 나팔 소리는 구원받은 하나님의 백성들을 재림하시는 주님 앞에 불러 모으는 신호다.

> "주께서 호령과 천사장의 소리와 하나님의 나팔로 친히 하늘로 좇아 강림하시리니 그리스도 안에서 죽은 자들이 먼저 일어나고 그 후에 우리 살아남은 자도 저희와 함께 구름 속으로 끌어올려 공중에서 주를 영접하게 하시리니 그리하여 우리가 항상 주와 함께 있으리라"(살전 4:16-17).

둘째, 나팔 소리는 전쟁을 알리는 소리다.

예수 그리스도께서 다시 오실 때 울려 퍼지는 하나님의 나팔 소리는 백마 타고 임하시는 주님의 군대와 사탄의 군대 사이에 전쟁이 시작되는 신호다.

> "또 내가 하늘이 열린 것을 보니 보라 백마와 탄 자가 있으니 그 이름은 충신과 진실이라 그가 공의로 심판하며 싸우더라 그 눈이 불꽃 같고 그 머리에 많은 면류관이 있고 또 이름 쓴 것이 하나가 있으니 자기밖에 아는 자가 없고 또 그가 피 뿌린 옷을 입었는데 그 이름은 하나님의 말씀이라 칭하더라 하늘에 있는 군대들이 희고 깨끗한 세마포를 입고 백마를 타고 그를 따르더라 그의 입에서 이한 검이 나오니 그것으로 만

국을 치겠고 친히 저희를 철장으로 다스리며 또 친히 하나님 곧 전능하신 이의 맹렬한 진노의 포도주 틀을 밟겠고 그 옷과 그 다리에 이름 쓴 것이 있으니 만왕의 왕이요 만주의 주라 하였더라"(계 19:11-16).

속죄일
(A Day of atonement)

"여호와께서 모세에게 일러 가라사대 칠 월 십 일은 속죄일이니 너희에게 성회라 너희는 스스로 괴롭게 하며 여호와께 화제를 드리고 이날에는 아무 일도 하지 말 것은 너희를 위하여 너희 하나님 여호와 앞에 속할 속죄일이 됨이니라 이날에 스스로 괴롭게 하지 아니하는 자는 그 백성 중에서 끊쳐질 것이라 이날에 누구든지 아무 일이나 하는 자는 내가 백성 중에서 멸절시키리니 너희는 아무 일이든지 하지 말라 이는 너희가 그 거하는 각처에서 대대로 지킬 영원한 규례니라 이는 너희의 쉴 안식일이라 너희는 스스로 괴롭게 하고 이 달 구 일 저녁 곧 그 저녁부터 이튿날 저녁까지 안식을 지킬지니라" (레 23:26-32).

레위기 16장 29-34절에 보면 대속죄일이 증거되고 있다. 1년에 한 번 대제사장이 속죄 피를 가지고 지성소에 들어가 모든 백성의 죄를 새해 첫날에 심판하여 욤 키푸르(대속죄일)에 인봉(印封)하신다는 믿음을 갖고 있다. 대속죄 일 날 모든 죄를 인봉함으로 다시는 죄와 사망이 없게 되는 날이다. 이 땅의 모든 더러움은 씻겨지고, 허물은 사하여지고, 죄는 용서되며, 악은 영원한 심판을 받게 된다.

성도들의 모든 죄와 허물이 용서되어 인봉됨으로 성도들에게는 기쁨과 감사의 큰 안식일이 되는 날이요, 악한 영들은 영원한 지옥 불에 던져지는 심판과 멸망의 날이다.

속죄일은 나팔절 다음에 있을 여호와의 절기다. 나팔절이 예수 그리스도의 재림사건을 계시하는 여호와의 절기이므로 속죄일은 예수 그리스도의 재림 이후에 성취될 사건임에 분명하다.

　나팔절은 7월 1일에 지키는 절기이고, 속죄일은 7월 10일에 지키는 절기이므로 두 절기 사이에 10일이라는 공백기가 있다. 이 10일간의 공백기가 예수 그리스도 재림 이후에 이 땅 위에서 이루어지는 천년왕국 기간으로 볼 수 있다. 예수 그리스도의 재림으로 이루어질 에덴 동산의 회복기간인 천년왕국 기간은 곧 어린 양의 혼인 잔치 기간이며, 천년왕국이 끝난 이후에 시행되는 곡과 마곡 전쟁은 천년왕국 동안 번성한 백성들 가운데서 예복(예수 그리스도의 피가 묻은 믿음의 옷)을 입지 않은 자들을 결박하여 어두움에 내어던지는 말씀이 성취되는 사건임을 알 수 있다.

　예수님의 혼인 잔치 비유 말씀(마 22:1-14)은 이 사실을 입증해 주는 성경말씀이다. 마태복음 22장 1절 이하의 말씀에 증거하신 예수님의 혼인잔치 비유 말씀은 예수님의 재림 이후에 성취될 사건들을 증거해 주신 말씀이다.

　　"예수께서 다시 비유로 대답하여 가라사대 천국은 마치 자기 아들을 위하여 혼인 잔치를 베푼 어떤 임금과 같으니 그 종들을 보내어 그 청한 사람들을 혼인 잔치에 오라 하였더니 오기를 싫어하거늘 다시 다른 종들을 보내며 가로되 청한 사람들에게 이르기를 내가 오찬을 준비하되 나의 소와 살진 짐승을 잡고 모든 것을 갖추었으니 혼인 잔치에 오소서 하라 하였더니 저희가 돌아보지도 않고 하나는 자기 밭으로, 하나는 자기 상업차로 가고 그 남은 자들은 종들을 잡아 능욕하고 죽이니 임금이 노하여 군대를 보내어 그 살인한 자들을 진멸하고 그 동네를 불사르고 이에 종들에게 이르되 혼인 잔치는 예비되었으나 청한 사람들은 합당치 아니하니 사거리 길에 가서 사람을 만나는 대로 혼인 잔치에 청하여 오너라 한대 종들이 길에 나가 악한 자나 선한 자나 만나는 대로 모두 데려오니 혼인 자리에 손이 가득한지라 임금이 손을 보러 들어올새 거기서 예복을 입지 않은 한 사람을 보고 가로되 친구여 어찌하여 예복을 입지 않고 여기 들어왔느냐 하니 저가 유구무언이어늘 임금이 사환들에게 말하되 그 수족을 결박하여 바깥 어두움에 내어던지라 거기서 슬피 울며 이를 갊이 있으리라 하니라 청함을 받은 자는 많되 택함을 입은 자는 적으니라"(마 22:1-14).

"그 남은 자들은 종들을 잡아 능욕하고 죽이니"라고 증거하는 6절 말씀은 7년 대환란의 후 3년 반 동안 적그리스도가 짐승의 우상에게 경배하지 아니하고 짐승의 표(666)를 받지도 아니한 하나님의 종들(하나님의 인 맞은 144,000명)을 죽이는(계 13장) 사건을 증거해 주는 말씀이다.

"임금이 노하여 군대를 보내어 그 살인한 자들을 진멸하고 그 동네를 불사르고"(7절)라는 말씀은 예수 그리스도께서 불의한 자들을 공의로 심판하시기 위해 백마 타고 재림하시사 이 세상을 멸하시는 (계 19:11-12) 사건을 증거하는 말씀임을 알 수 있다.

"사거리 길에 가서 사람을 만나는 대로 혼인 잔치에 청하여 오너라 한대 종들이 길에 나가 악한 자나 선한 자나 만나는 대로 모두 데려오니 혼인 자리에 손이 가득한지라"(9-10절)라고 증거하는 말씀은 어린 양의 혼인 잔치 기간인 천년왕국에서 사람들이 번성하여 충만하게 될 것을 의미한다.

"임금이 손을 보러 들어올새 거기서 예복을 입지 않은 한 사람을 보고 가로되 친구여 어찌하여 예복을 입지 않고 여기 들어왔느냐 하니 저가 유구무언이어늘 임금이 사환들에게 말하되 그 수족을 결박하여 바깥 어두움에 내어던지라 거기서 슬피 울며 이를 갊이 있으리라 하나라 청함을 받은 자는 많되 택함을 입은 자는 적으니라"(11-14절)는 말씀은 천년왕국에서 번성한 백성들 중에 잠시 놓인 사탄의 미혹에 넘어갈 불신자들이 있을 것을 보여주며, 이들은 마지막 일곱 번째 나팔 재앙인 셋째 화의 사건(곡과 마곡 전쟁)을 통해 멸망을 당하게 될 것을 증거해 주고 있다(계 20:7-10).

예수님의 혼인 잔치 비유는 속죄일 절기의 성취인 백보좌 심판 직전까지의 사건을 증거해 주고 있음을 볼 수 있다.

1. 너희는 스스로 괴롭게 하며

속죄일의 가장 두드러진 강조점은 '스스로 괴롭게 하는 행동'에 있다. 스스로 괴롭게 했다는 것은 금식했다는 의미를 나타낸다. 금식은 슬픔을 표현하고(삼상 31:13; 삼하 1:12; 느1:4; 에 4:3; 시 35:13), 회개를 나타내며(삼상 7:6; 왕상 21:27; 느 9:1; 시 69:10), 인간 스스로 자신을 낮추는 겸손의 방법이다(스 8:21; 시 69:10).

이스라엘 민족이 스스로 괴롭게 하며 금식하는 경우로는 종교적 행사(슥 8:19), 국가적인 회개(삼상 7:5-6), 공적인 재난(에 4:16), 개인적인 소원(삼하 12:16), 민족의 환난(느 1:4), 복음을 위해 중한 사명을 받을 때(행 13:3), 결혼식을 앞둔 신랑, 신부의 경우 금식했다. 대속죄절의 금식은 결혼식을 앞둔 신랑, 신부의 금식 행위와 의미를 같이한다고 볼 수 있다.

신랑과 신부는 대속죄일에 입는 '키텔'이라는 흰색 세마포 가운을 입는다. 이는 이전까지의 모든 죄를 용서받고 온전히 순전해졌음을 의미하는 것이며, 이후의 삶도 온전히 깨끗하게 살 것을 다짐하는 것이다. 유대인의 전통에 의하면, 결혼식 날은 신랑, 신부의 과거의 모든 죄가 용서되는 날이며 동시에 완전히 새로운 삶이 시작되는 날이라 생각한다. 그러므로 신랑과 신부는 결혼식 전날 저녁부터 다음 날 결혼예식이 끝나기까지 경건한 마음으로 하루를 금식한다.

예수님의 재림을 상징하는 기쁨의 절기인 나팔절이 지나고 성도들이 스스로 겸비하여 괴롭게 하는 절기인 속죄일을 맞이한다.

속죄일은 예수 그리스도의 신부 된 교회가 신랑 되신 예수님과 결혼하여 완전한 연합이 이루어지는 날이라고 볼 수 있다. 이전까지의 모든 죄가 사하여지고 앞으로는 완전히 새로운 삶이 시작되는 날이다. 이날은 영적으로 백보좌 심판을 통해 성취된다. 속죄일에 성도들이 스스로 겸비하여 금식하며 자신을 괴롭게 하는 이유는 하나님의 심판대 앞에서 자신의 죄를 회개하고 슬퍼하며 자신을 낮추는 행위다.

예수 그리스도를 구주로 믿고 영접한 성도들은 그 이름이 생명책에 기록되었으므로 생명의 부활로 부활하게 될 것이고, 하나님의 말씀과 예수 그리스도의 복음을 불신한 악한 자들은 심판의 부활로 부활하여 모든 자가 하나님의 심판대 앞에서 그 행위를 직고하며 심판을 받게 될 것이다.

> "아버지께서 아무도 심판하지 아니하시고 심판을 다 아들에게 맡기셨으니 이는 모든 사람으로 아버지를 공경하는 것같이 아들을 공경하게 하려 하심이라 아들을 공경치 아니하는 자는 그를 보내신 아버지를 공경치 아니하느니라 내가 진실로 진실로 너희에게 이르노니 내 말을 듣고 또 나 보내신 이를 믿는 자는 영생을 얻었고 심판에 이르지 아니하나니 사망에서 생명으로 옮겼느니라 진실로 진실로 너희에게 이르노니 죽은 자들이 하나님의 아들의 음성을 들을 때가 오나니 곧 이때라 듣는 자는 살아나리라 아버지께서 자기 속에 생명이 있음같이 아들에게도 생명을 주어 그 속에 있게 하셨고 또 인자 됨을 인하여 심판하는

권세를 주셨느니라 이를 기이히 여기지 말라 무덤 속에 있는 자가 다 그의 음성을 들을 때가 오나니 선한 일을 행한 자는 생명의 부활로, 악한 일을 행한 자는 심판의 부활로 나오리라"(요 5:22-29).

"네가 어찌하여 네 형제를 판단하느뇨 어찌하여 네 형제를 업신여기느뇨 우리가 다 하나님의 심판대 앞에 서리라 기록되었으되 주께서 가라사대 내가 살았노니 모든 무릎이 내게 꿇을 것이요 모든 혀가 하나님께 자백하리라 하였느니라 이러므로 우리 각인이 자기 일을 하나님께 직고하리라"(롬 14:10-12).

"하나님 앞과 산 자와 죽은 자를 심판하실 그리스도 예수 앞에서 그의 나타나실 것과 그의 나라를 두고 엄히 명하노니"(딤후 4:1).

"한 번 죽는 것은 사람에게 정하신 것이요 그 후에는 심판이 있으리니"(히 9:27).

"저희가 산 자와 죽은 자 심판하기를 예비하신 자에게 직고하리라"(벧전 4:5).

"또 내가 크고 흰 보좌와 그 위에 앉으신 자를 보니 땅과 하늘이 그 앞에서 피하여 간 데 없더라 또 내가 보니 죽은 자들이 무론대소하고 그 보좌 앞에 섰는데 책들이 펴 있고 또 다른 책이 펴졌으니 곧 생명책이라 죽은 자들이 자기 행위를 따라 책들에 기록된 대로 심판을 받으니 바다가 그 가운데서 죽은 자들을 내어주고 또 사망과 음부도 그 가운데서 죽은 자들을 내어주매 각 사람이 자기의 행위대로 심판을 받고 사망과 음부도 불못에 던지우니 이것은 둘째 사망 곧 불못이라 누구든지 생명책에 기록되지 못한 자는 불못에 던지우더라"(계 20:11-15).

예수 그리스도의 속죄사역의 완성은 사탄의 활동도 끝남을 의미한다. 천년왕국 기간이 차면 무저갱 속에 갇혀 있던 사탄이 풀려나 잠시 활동하게 된다.

"용을 잡으니 곧 옛 뱀이요 마귀요 사탄이라 잡아 일천 년 동안 결박하여 무저갱에 던져 잠그고 그 위에 인봉하여 천 년이 차도록 다시는 만국을 미혹하지 못하게 하였다가 그 후에는 반드시 잠깐 놓이리라"(계 20:2-3).

천년왕국 기간이 차매 사탄이 잠시 풀려나 천년왕국 기간 동안 번성한 백성들을 미혹하여 곡과 마곡의 전쟁을 일으키게 된다. 하지만 하나님이 하늘의 불로 저들을 소멸시키고 성도들을 보호하신다. 저희를 미혹한 마귀는 불과 유황 불에 던져지고(계 20:7-10), 죽은 자들은 백보좌 심판대에서 심판을 받고 악한 자는 영벌(永罰)에, 선한 자는 영생(永生)에 들어간다(마 25:31-46). 이날이 나팔절 이후에 찾아오는 여호와의 절기인 속죄일의 절기다.

2. 이는 너희의 쉴 안식일이라

속죄일은 큰 안식일이다. 레위기 16장에 증거되고 있는 속죄일에 대해 "이날에 너희를 위하여 속죄하여 너희로 정결케 하리니 너희 모든 죄에서 여호와 앞에 정결하리라 이는 너희에게 큰 안식일인즉 너희는 스스로 괴롭게 할지니 영원히 지킬 규례라"(레 16:30-31)라고 증거하고 있다. 대속죄일은 보통 안식일과 구별된 '큰 안식일'이라고 표현하고 있다. 이는 '안식의 안식'으로 사용된 말이다. 이날은 안식일의 주인이신 예수 그리스도를 통한 속죄와 구원이 완전하게 완성되고 끝맺는 날이다. 하나님을 대적하고 사람들을 미혹하던 마귀와 짐승과 거짓 선지자들과 그들을 따르던 악한 무리들이 모두 지옥 불에 던져진다. 첫 창조에 속한 땅과 하늘이 사라지고, 사망과 음부도 둘째 사망의 불못에 던져진다.

> "또 저희를 미혹하는 마귀가 불과 유황 못에 던지우니 거기는 그 짐승과 거짓 선지자도 있어 세세토록 밤낮 괴로움을 받으리라 또 내가 크고 흰 보좌와 그 위에 앉으신 자를 보니 땅과 하늘이 그 앞에서 피하여 간 데 없더라 또 내가 보니 죽은 자들이 무론대소하고 그 보좌 앞에 섰는데 책들이 펴 있고 또 다른 책이 펴졌으니 곧 생명책이라 죽은 자들이 자기 행위를 따라 책들에 기록된 대로 심판을 받으니 바다가 그 가운데서 죽은 자들을 내어주고 또 사망과 음부도 그 가운데서 죽은 자들을 내어주매 각 사람이 자기의 행위대로 심판을 받고 사망과 음부도 불못에 던지우니 이것은 둘째 사망 곧 불못이라 누구든지 생명책에 기록되지 못한 자는 불못에 던지우더라"(계 20:10-15).

생명책에 이름이 기록된 성도들은 그 행위에 따라 상급을 받고 예수 그리스도와 더불어 영원한 안식처인 신천신지에 들어가 영생복락을 누리게 된다.

> "보라 내가 속히 오리니 내가 줄 상이 내게 있어 각 사람에게 그의 일한 대로 갚아 주리라"(계 22:12).

> "또 내가 새 하늘과 새 땅을 보니 처음 하늘과 처음 땅이 없어졌고 바

다도 다시 있지 않더라 또 내가 보매 거룩한 성 새 예루살렘이 하나님께로부터 하늘에서 내려오니 그 예비한 것이 신부가 남편을 위하여 단장한 것 같더라 내가 들으니 보좌에서 큰 음성이 나서 가로되 보라 하나님의 장막이 사람들과 함께 있으매 하나님이 저희와 함께 거하시리니 저희는 하나님의 백성이 되고 하나님은 친히 저희와 함께 계셔서 모든 눈물을 그 눈에서 씻기시매 다시 사망이 없고 애통하는 것이나 곡하는 것이나 아픈 것이 다시 있지 아니하리니 처음 것들이 다 지나갔음이러라 보좌에 앉으신 이가 가라사대 보라 내가 만물을 새롭게 하노라 하시고 또 가라사대 이 말은 신실하고 참되니 기록하라 하시고 또 내게 말씀하시되 이루었도다 나는 알파와 오메가요 처음과 나중이라 내가 생명수 샘물로 목마른 자에게 값 없이 주리니 이기는 자는 이것들을 유업으로 얻으리라 나는 저의 하나님이 되고 그는 내 아들이 되리라 그러나 두려워하는 자들과 믿지 아니하는 자들과 흉악한 자들과 살인자들과 행음자들과 술객들과 우상숭배자들과 모든 거짓말하는 자들은 불과 유황으로 타는 못에 참예하리니 이것이 둘째 사망이라"(계 21:1-8).

8 초막절
(The Feast of Tabernacle)

"여호와께서 모세에게 일러 가라사대 이스라엘 자손에게 고하여 이르라 칠 월 십오 일은 초막절이니 여호와를 위하여 칠 일 동안 지킬 것이라 첫날에는 성회가 있을지니 너희는 아무 노동도 하지 말지며 칠 일 동안에 너희는 화제를 여호와께 드릴 것이요 제팔일에도 너희에게 성회가 될 것이며 화제를 여호와께 드릴지니 이는 거룩한 대회라 너희는 아무 노동도 하지 말지니라 이것들은 여호와의 절기라 너희는 공포하여 성회를 삼고 번제와 소제와 희생과 전제를 각각 그날에 여호와께 화제로 드릴지니 이는 여호와의 안식일 외에, 너희의 헌물 외에, 너희의 모든 서원 예물 외에, 너희의 모든 낙헌 예물 외에 너희가 여호와께 드리는 것이니라 너희가 토지 소산 거두기를 마치거든 칠 월 십오 일부터 칠 일 동안 여호와의 절기를 지키되 첫날에도 안식하고 제팔일에도 안식할 것이요 첫날에는 너희가 아름다운 나무 실과와 종려 가지와 무성한 가지와 시내 버들을 취하여 너희 하나님 여호와 앞에서 칠 일 동안 즐거워할 것이라 너희는 매년에 칠 일 동안 여호와께 이 절기를 지킬지니 너희 대대로의 영원한 규례라 너희는 칠 월에 이를 지킬지니라 너희는 칠 일 동안 초막에 거하되 이스라엘에서 난 자는 다 초막에 거할지니 이는 내가 이스라엘 자손을 애굽 땅에서 인도하여 내던 때에 초막에 거하게 한 줄을 너희 대대로 알게 함이니라 나는 너희 하나님 여호와니라 모세가 여호와의 절기를 이스라엘 자손에게 공포하였더라"(레 23:33-44).

초막절(The Feast of Tebernacles 또는 The Feast of Booths)은 장막절이라고도 부르고, 수장절이라고도 부른다.

초막절은 유월절, 칠칠절과 함께 유대인의 3대 절기 중의 하나에 속한다. 초막절은 신·구약성경 모두에 증거되고 있는 큰 명절이다(레 23:33-44; 민 29:12-40; 신 16:13-17; 스 3:4-6; 느 8:14-18; 겔 45:25; 슥 14:16; 요 7:2).

초막절은 첫 창조에 속한 처음 하늘과 처음 땅이 불에 타 없어지고 하나님이 새롭게 창조하신 새 하늘과 새 땅인 신천신지가 도래하여 구원받은 성도들이 하나님과 및 어린 양 예수 그리스도로 더불어 영생복락을 누리게 되는 사건을 상징하는 절기다.

초막절은 두 가지 성격을 지니고 있다. 첫째는 출애굽 이후 40년간의 광야생활을 기념하는 역사적 요소요, 둘째는 올리브와 포도 등을 추수하는 수장절(The Feast of Ingathering)을 지키는 농경적 요소다.

초막절은 궁극적으로 우리 인간의 삶은 순례자의 삶이라는 사실을 알려 주는 절기다. 언젠가는 벗어야 하는 육체의 장막은 초로와 같이 짧기만 하고, 인생이 추구하는 세상의 영화는 풀의 꽃과 같이 잠시 피었다가 지고 마는 허무하고 덧없는 것임을 교훈해 준다.

"만일 땅에 있는 우리의 장막집이 무너지면 하나님께서 지으신 집 곧 손으로 지은 것이 아니요 하늘에 있는 영원한 집이 우리에게 있는 줄 아나니"(고후 5:1).

"모든 육체는 풀과 같고 그 모든 영광이 풀의 꽃과 같으니 풀은 마르고 꽃은 떨어지되 오직 주의 말씀은 세세토록 있도다"(벧전 1:24-25).

초막절은 은혜시대를 살아가고 있는 성도들이 이 땅에서 영구한 도성을 찾을 수 없으므로 영원한 하늘 본향을 사모하면서 믿음의 삶을 살아가야 함을 교훈해 준다.

하나님의 말씀인 성경은 처음 땅과 바다와 하늘은 초막과 같이 마지막 날에 불에 타 없어지고, 새롭게 창조된 새 하늘과 새 땅이 영생을 얻은 성도들에게 허락될 것임을 약속하고 있다. 하나님의 약속의 말씀을 믿고 바라며 순례자의 삶을 살아가는 것이 성도들의 삶인 것이다.

> "주의 날이 도적같이 오리니 그날에는 하늘이 큰 소리로 떠나가고 체질이 뜨거운 불에 풀어지고 땅과 그중에 있는 모든 일이 드러나리로다 이 모든 것이 이렇게 풀어지리니 너희가 어떠한 사람이 되어야 마땅하뇨 거룩한 행실과 경건함으로 하나님의 날이 임하기를 바라보고 간절히 사모하라 그날에 하늘이 불에 타서 풀어지고 체질이 뜨거운 불에 녹아지려니와 우리는 그의 약속대로 의의 거하는 바 새 하늘과 새 땅을 바라보도다"(벧후 3:10-13).

> "또 내가 크고 흰 보좌와 그 위에 앉으신 자를 보니 땅과 하늘이 그 앞에서 피하여 간 데 없더라"(계 20:11).

> "또 내가 새 하늘과 새 땅을 보니 처음 하늘과 처음 땅이 없어졌고 바다도 다시 있지 않더라"(계 21:1).

1. "칠 월 십오 일은 초막절이니……칠 일 동안 지킬 것이라……제 일에도 너희에게 성회가 될 것……이는 거룩한 대회라"

초막절은 7월 15일부터 7일 동안 지키며 여호와 하나님께 화제를 드렸으며, 제8일에도 대회로 모여 화제를 드리며 축제를 벌이는 절기다. 7일 동안 즐거워하며 지킨 것은 예수 그리스도의 구원사역의 완성을 기뻐하는 것이며, 8일날 대회로 모여 화제를 드리며 안식한 것은 예수 그리스도를 통해 이루어지는 신천신지 입성에 대한 환희와 축복의 의미를 보여준다.

초막절은 백보좌 심판을 상징하는 속죄일 다음에 있을 마지막 절기로, 신랑 되신 예수님과 신부 된 교회가 신천신지에 입성하여 하나님의 영원한 통치를 받게 될 것을 상징하는 축제의 절기다. 천년왕국에서는 예수 그리스도께서 통치하시지만 천년왕국이 끝난 뒤 사탄의 세력을 완전히 멸하시고 사망과 음부마저 둘째 사망의 불못에 던져진 다음에는 성부 하나님께 그 나라를 바치게 된다. 성부 하나님은 새롭게 창조하신 신천신지에서 주와 함께 하나님의 백성과 함께하시며 그 나라를 영원토록 통치하신다.

> "일곱째 천사가 나팔을 불매 하늘에 큰 음성들이 나서 가로되 세상 나라가 우리 주와 그 그리스도의 나라가 되어 그가 세세토록 왕 노릇 하시리로다 하니 하나님 앞에 자기 보좌에 앉은 이십사 장로들이 엎드려 얼굴을 대고 하나님께 경배하여 가로되 감사하옵나니 옛적에도 계셨고 시방도 계신 주 하나님 곧 전능하신 이여 친히 큰 권능을 잡으시고 왕 노릇 하시도다 이방들이 분노하매 주의 진노가 임하여 죽은 자를 심판하시며 종 선지자들과 성도들과 또 무론대소하고 주의 이름을 경외하는 자들에게 상 주시며 또 땅을 망하게 하는 자들을 멸망시키실 때로소이다 하더라"(계 11:15-18).

> "아담 안에서 모든 사람이 죽은 것같이 그리스도 안에서 모든 사람이 삶을 얻으리라 그러나 각각 자기 차례대로 되리니 먼저는 첫 열매인 그리스도요 다음에는 그리스도 강림하실 때에 그에게 붙은 자요 그 후에는 나중이니 저가 모든 정사와 모든 권세와 능력을 멸하시고 나라를 아

버지 하나님께 바칠 때라 저가 모든 원수를 그 발 아래 둘 때까지 불가불 왕 노릇 하시리니 맨 나중에 멸망받을 원수는 사망이니라"(고전 15:22-26).

단 키슬러는 그의 저서 《하나님의 수학》에서 성경에 나타난 숫자에 담긴 상징적 의미를 다음과 같이 말하고 있다.

※ 성경에 나타난 숫자의 상징적 의미		
1 = 일치	2 = 분리	3 = 부활
4 = 첫 번째 창조	5 = 은혜	6 = 사탄
7 = 완전, 온전, 끝맺음	8 = 새로운 탄생	9 = 성령의 열매
10 = 율법, 땅의 완전수		

성경에서 '7'은 '완전', '끝맺음'을 나타내고, '8'은 '새로운 탄생', '재창조'라는 상징적 의미를 나타내는 숫자다.

여호와의 절기 중 일곱 번째 절기인 속죄일은 첫 창조에 속한 이 세상에서 이루어질 예수 그리스도의 구원사역 완성을 나타내는 절기다. 그러나 여덟 번째 절기인 초막절은 부활체나 변화체를 입고 영생을 얻은 성도들이 영원한 하나님 나라 백성이 되어 새롭게 창조하신 신천신지(新天新地)에서 하나님과 함께 영원한 안식에 들어가게 되는 것을 상징하는 축제의 절기다.

이스라엘 민족에게 태어난 지 8일 만에 할례를 받게 하신 것은, 그들이 새로운 사람이 되어 하나님께 드려진다는 언약이었다.

"하나님이 또 아브라함에게 이르시되 그런즉 너는 내 언약을 지키고 네 후손도 대대로 지키라 너희 중 남자는 다 할례를 받으라 이것이 나와 너희와 너희 후손 사이에 지킬 내 언약이니라 너희는 양피를 베어라 이것이 나와 너희 사이의 언약의 표징이니라 대대로 남자는 집에서 난 자나 혹 너희 자손이 아니요 이방 사람에게서 돈으로 산 자를 무론하고 난 지 팔 일 만에 할례를 받을 것이라……할례를 받지 아니한 남자 곧 그 양피를 베지 아니한 자는 백성 중에서 끊어지리니 그가 내 언약을 배반하였음이니라"(창 17:9-14).

"너의 소와 양도 그 일례로 하되 칠 일 동안 어미와 함께 있게 하다가 팔 일 만에 내게 줄지니라"(출 22:30).

7일 동안 초막절을 지킨 후, 제8일째 되는 날 다시 대회로 모여 성회를 지키라 명하신 것은 영생의 몸을 입은 성도들이 하나님께 바쳐져 새 창조에 속한 새 하늘과 새 땅 새 예루살렘 성에 입성하여 하나님과 함께 영생복락을 누리게 되는 축복된 절기임을 강조해 주고 있다고 볼 수 있다. 누가복음 9장 18-36절 말씀은 초막절의 영적 비밀에 대해 증거해 주고 있는 말씀이다.

"가라사대 인자가 많은 고난을 받고 장로들과 대제사장들과 서기관들에게 버린 바 되어 죽임을 당하고 제삼일에 살아나야 하리라 하시고 또 무리에게 이르시되 아무든지 나를 따라오려거든 자기를 부인하고 날마다 제 십자가를 지고 나를 좇을 것이니라 누구든지 제 목숨을 구원코자 하면 잃을 것이요 누구든지 나를 위하여 제 목숨을 잃으면 구원하리라 사람이 만일 온 천하를 얻고도 자기를 잃든지 빼앗기든지 하면 무엇이 유익하리요 누구든지 나와 내 말을 부끄러워하면 인자도 자기와 아버지와 거룩한 천사들의 영광으로 올 때에 그 사람을 부끄러워하리라 내가 참으로 너희에게 이르노니 여기 섰는 사람 중에 죽기 전에 하나님의 나라를 볼 자들도 있느니라 이 말씀을 하신 후 팔 일쯤 되어 예수께서 베드로와 요한과 야고보를 데리시고 기도하시러 산에 올라가사 기도하실 때에 용모가 변화되고 그 옷이 희어져 광채가 나더라 문득 두 사람이 예수와 함께 말하니 이는 모세와 엘리야라 영광 중에 나타나서 장차 예수께서 예루살렘에서 별세하실 것을 말씀할새 베드로 및 함께 있는 자들이 곤하여 졸다가 아주 깨어 예수의 영광과 및 함께 선 두 사람을 보더니 두 사람이 떠날 때에 베드로가 예수께 여짜오되 주여 우리가 여기 있는 것이 좋사오니 우리가 초막 셋을 짓되 하나는 주를 위하여, 하나는 모세를 위하여, 하나는 엘리야를 위하여 하사이다 하되 자기의 하는 말을 자기도 알지 못하더라"(눅 9:22-33).

28절 말씀에 "이 말씀을 하신 후 팔 일쯤 되어 예수께서 베드로와 요한과 야고보를 데리시고 기도하시러 산에 올라갔다"고 증거하고 있다. 이 말씀에서 특별하게 강조하고 있는 단어는 "팔 일쯤 되어"라는 말씀이다. 예수님은 '여호와의 절기' 중에서 마지막 여덟 번째 절기인 초막절 속에 담긴 영적 비밀을 계시해 주기 위해 베드로와 요한과 야고보를 데리시고 변화산에 기도하시러 올라가셨음을 엿볼 수 있다.

29-31절에 "기도하실 때에 용모가 변화되고 그 옷이 희어져 광채가 나더라 문득 두 사람이 예수와 함께 말하니 이는 모세와 엘리야라 영광 중에 나타나서 장차 예수께서 예루살렘에서 별세하실 것을 말씀할새"라고 증거하고 있다.

이 말씀에서 특별히 강조하고 있는 것은 죽은 자 가운데서 살아나 부활체를 입은 모세와 살아 있는 몸이 변화되어 변화체를 입은 엘리야가 영광의 몸으로 변화된 예수님과 함께 십자가 구속의 비밀에 대해 대화를 나누고 있는 모습이다.

예수님은 이 모습을 통해 장차 예수 그리스도의 십자가 구속의 은혜를 입은 성도들이 부활체와 변화체를 입고 영광의 주님과 함께 하나님이 새롭게 창조하신 새 하늘과 새 땅 새 예루살렘에서 영생복락을 누리게 될 것임을 계시해 주고 있는 것이다.

33절에서 "……베드로가 예수께 여짜오되 주여 우리가 여기 있는 것이 좋사오니 우리가 초막 셋을 짓되 하나는 주를 위하여, 하나는 모세를 위하여, 하나는 엘리야를 위하여 하사이다 하되 자기의 하는 말을 자기도 알지 못하더라"라고 증거하고 있다. 이는 초막절에 대한 직접적 언급으로 초막절이 얼마나 기쁘고 좋은 절기인가를 보여 주고 있다. 제자들이 초막절을 좋게 여기고 사모하되 아직 영적 비밀을 깨닫지 못하고 있음을 엿볼 수 있다.

26절 말씀에 "누구든지 나와 내 말을 부끄러워하면 인자도 자기와 아버지와 거룩한 천사들의 영광으로 올 때에 그 사람을 부끄러워하리라"고 증거하고 있다.

이 말씀은 초막절 절기가 성부 하나님의 장막이 구원받은 백성들 가운데 함께하며 영원히 통치하실 새 하늘과 새 땅 새 예루살렘 성에 입성함으로 성취될 사건임을 증거해 주는 말씀이다.

"형제들아 내가 이것을 말하노니 혈과 육은 하나님 나라를 유업으로 받을 수 없고 또한 썩은 것은 썩지 아니한 것을 유업으로 받지 못하느니라 보라 내가 너희에게 비밀을 말하노니 우리가 다 잠잘 것이 아니요 마지막 나팔에 순식간에 홀연히 다 변화하리니 나팔 소리가 나매 죽은 자들이 썩지 아니할 것으로 다시 살고 우리도 변화하리라 이 썩을 것이 불가불 썩지 아니할 것을 입겠고 이 죽을 것이 죽지 아니함을 입으리로다 이 썩을 것이 썩지 아니함을 입고 이 죽을 것이 죽지 아니함을 입을 때에는 사망이 이김의 삼킨 바 되리라고 기록된 말씀이 응하리라……그러므로 내 사랑하는 형제들아 견고하며 흔들리지 말며 항상 주의 일에 더욱 힘쓰는 자들이 되라 이는 너희 수고가 주 안에서 헛되지 않은 줄을 앎이니라"(고전 15:50-58).

2. "너희는 아무 노동도 하지 말지니라……첫날에도 안식하고 제팔일에도 안식할 것이요"

초막절에는 노동을 금했다. 초막절 첫날인 7월 15일이 안식일이 아닐지라도 안식하며 노동을 금했고, 마지막 8일에도 안식하며 노동을 하지 말 것을 명하셨다. 이는 첫 사람 아담이 범죄함으로 노동의 형벌이 주어졌던 인생들이 마지막 아담으로(고전 15:45) 오신 예수 그리스도를 통해 사함 받게 되었음을 나타낸다.

> "한 사람의 범죄를 인하여 사망이 그 한 사람으로 말미암아 왕 노릇 하였은즉 더욱 은혜와 의의 선물을 넘치게 받는 자들이 한 분 예수 그리스도로 말미암아 생명 안에서 왕 노릇 하리로다……한 사람의 순종치 아니함으로 많은 사람이 죄인 된 것같이 한 사람의 순종하심으로 많은 사람이 의인이 되리라"(롬 5:17-19).

하나님은 당신의 형상대로 창조된 인간을 사랑하셨다. 당신의 형상대로 창조하신 뒤 생육하고 번성하여 땅에 충만하고, 땅을 정복하고, 모든 생물을 다스리는 복을 주셨다(창 1:26-28). 그런데 첫 사람 아담이 범죄함으로 그 근본 된 땅이 저주를 받고, 인생은 종신토록 수고하여야 그 소산을 먹을 수 있게 되었고, 필경은 흙으로 돌아가는 죽음의 형벌을 받게 되었다.

> "아담에게 이르시되 네가 네 아내의 말을 듣고 내가 너더러 먹지 말라 한 나무 실과를 먹었은즉 땅은 너로 인하여 저주를 받고 너는 종신토록

수고하여야 그 소산을 먹으리라 땅이 네게 가시덤불과 엉겅퀴를 낼 것이라 너의 먹을 것은 밭의 채소인즉 네가 얼굴에 땀이 흘러야 식물을 먹고 필경은 흙으로 돌아가리니 그 속에서 네가 취함을 입었음이라 너는 흙이니 흙으로 돌아갈 것이니라 히시니라"(창 3:17-19).

하나님께서는 죄의 짐을 지고 죄의 삯으로 얻게 된 사망의 올무에 매여 종 노릇 하는 인간을 사랑하셔서 그 독생자를 이 땅에 보내 십자가에 대속 죽음을 죽게 하시고, 그를 믿는 자들을 죄와 사망에서 해방시키시고, 자유와 영생을 얻어 하나님의 자녀가 되게 하는 구원 계획을 세우셨다.

"하나님이 세상을 이처럼 사랑하사 독생자를 주셨으니 이는 저를 믿는 자마다 멸망치 않고 영생을 얻게 하려 하심이니라"(요 3:16).

"영접하는 자 곧 그 이름을 믿는 자들에게는 하나님의 자녀가 되는 권세를 주셨으니"(요 1:12).

"그러나 이제는 너희가 죄에게서 해방되고 하나님께 종이 되어 거룩함에 이르는 열매를 얻었으니 이 마지막은 영생이라 죄의 삯은 사망이요 하나님의 은사는 그리스도 예수 우리 주 안에 있는 영생이니라"(롬 6:22-23).

인류의 죄를 대속하기 위해 하나님의 독생자 예수 그리스도께서는 죄 없이 탄생해야 했다. 하나님께서는 아버지 정자 없이 처녀의 몸에 성령으로 잉태되는 탄생의 신비를 통해 독생자 예수 그리스도를 이 땅에 탄생하게 하셨다.

"내가 너로 여자와 원수가 되게 하고 너의 후손도 여자의 후손과 원수가 되게 하리니 여자의 후손은 네 머리를 상하게 할 것이요 너는 그의 발꿈치를 상하게 할 것이니라 하시고"(창 3:15).

"그러므로 주께서 친히 징조로 너희에게 주실 것이라 보라 처녀가 잉태하여 아들을 낳을 것이요 그 이름을 임마누엘이라 하리라"(사 7:14).

"예수 그리스도의 나심은 이러하니라 그 모친 마리아가 요셉과 정혼하고 동거하기 전에 성령으로 잉태된 것이 나타났더니 그 남편 요셉은 의로운 사람이라 저를 드러내지 아니하고 가만히 끊고자 하여 이 일을 생각할 때에 주의 사자가 현몽하여 가로되 다윗의 자손 요셉아 네 아내 마리아 데려오기를 무서워 말라 저에게 잉태된 자는 성령으로 된 것이라 아들을 낳으리니 이름을 예수라 하라 이는 그가 자기 백성을 저희 죄에서 구원할 자이심이라 하니라 이 모든 일의 된 것은 주께서 선지자로 하신 말씀을 이루려 하심이니 가라사대 보라 처녀가 잉태하여 아들을 낳을 것이요 그 이름은 임마누엘이라 하리라 하셨으니 이를 번역한즉 하나님이 우리와 함께 계시다 함이라"(마 1:18-23).

죄 없으신 성자 하나님께서 친히 육신의 몸을 입으시고 이 땅에 오셔서 십자가에 피 흘려 죽으심으로 인류의 모든 죄를 대속하심으로 인류에 대한 하나님의 사랑을 확증하셨다.

"하나님이 죄를 알지도 못하신 자로 우리를 대신하여 죄를 삼으신 것은 우리로 하여금 저의 안에서 하나님의 의가 되게 하려 하심이니라"(고후 5:21).

"인자의 온 것은 섬김을 받으려 함이 아니라 도리어 섬기려 하고 자기 목숨을 많은 사람의 대속물로 주려 함이니라"(막 10:45).

"그리스도께서 하나님 곧 우리 아버지의 뜻을 따라 이 악한 세대에서 우리를 건지시려고 우리 죄를 위하여 자기 몸을 드리셨으니"(갈 1:4).

"그가 우리 죄를 없이하려고 나타내신 바 된 것을 너희가 아나니 그에게는 죄가 없느니라"(요일 3:5).

"우리가 아직 죄인 되었을 때에 그리스도께서 우리를 위하여 죽으심으로 하나님께서 우리에게 대한 자기의 사랑을 확증하셨느니라"(롬 5:8).

성경이 증거하고 있는 하나님의 말씀과 예수 그리스도의 복음을 믿고 구속의 은혜를 감사하며, 하나님의 사랑을 깨달아 하나님을 섬기고 경배하는 자들에게는 모든 수고가 그치고 고생이 끝나며, 다시는 눈물이 없고 사망이나 애통하는 것이나 저주가 없는 천국을 예비하시고, 영원한 안식을 회복해 주심이 초막절에 노동을 금하고 안식하라는 말씀 속에 담겨 있다.

"또 내가 새 하늘과 새 땅을 보니 처음 하늘과 처음 땅이 없어졌고 바다도 다시 있지 않더라 또 내가 보매 거룩한 성 새 예루살렘이 하나님께로부터 하늘에서 내려오니 그 예비한 것이 신부가 남편을 위하여 단장한 것 같더라 내가 들으니 보좌에서 큰 음성이 나서 가로되 보라 하나님의 장막이 사람들과 함께 있으매 하나님이 저희와 함께 거하시리니 저희는 하나님의 백성이 되고 하나님은 친히 저희와 함께 계셔서 모든 눈물을 그 눈에서 씻기시매 다시 사망이 없고 애통하는 것이나 곡하는 것이나 아픈 것이 다시 있지 아니하리니 처음 것들이 다 지나갔음이러라"(계 21:1-4).

〈레위기 23장의 여호와의 절기를 통해 본 예수 그리스도의 구원사역 도표〉

기한에 미쳐 이루어질 절기	첫째 달				둘째, 셋째 달	3, 4, 5, 6째 달	7째 달		
	안식일 (Sabbath) (레 23:3) (출 31:13-17)	유월절 (Passover) (레 23:5) (출 12:1-14)	무교절 (Unleavened bread) (레 23:6-8) (출 12:17-18)	초실절 (First fruit) (레 23:9-14)	오순절 (Pentecost) (레 23:15-21) (신 16:9-11)	4개월 농사기간 (요 4:35)	나팔절 (Trumpets) (레 23:23-25)	속죄절 (day of Atonement) (레 23:26-32) (레 16:29-34)	초막절 (Tabernacles) (레 23:33)
		1월 14일	15~22일	17일	50일을 기다림	이방인 구원시기	7월 1일	7월 10일	7월 15-22일
예수 그리스도의 초림 (마 11:28-29) (마 1:27-8) (요 5:46-47) (눅 24:25-27) (눅 24:44) (골 2:16-17) (고후 3:14-18)		예수 그리스도의 십자가 죽음 (요 1:29-36) (요 19:14-15)	예수 그리스도의 장사지냄 (고전 5:7-8) (마 27:60) (고전 10:2) (골 2:12) (롬 6:4)	예수 그리스도의 부활 (고전 15:20-24)	예수 그리스도의 성령 세례 (눅 3:16) (요 7:37-39) (눅 6:26) (행 1:2:8) (행 2:1-4) (행 2:38-39) (고후 1:21-22) (엡 1:13) (엡 2:11-17) (민 3:5)	성령시대 (은혜시대) 교회시대 (롬 11:25) (갈 3:8-14)	예수 그리스도의 재림 (마 24:30-31) (살전 4:16-17)	예수 그리스도의 구원과 심판 완성 (계 20:7-10) (마 25:31-34)	예수 그리스도와 신천신지 임성 (고후 5:1) (벧후 3:7-13) (계 21:1-6) (히 11:8-16)
			Already			Now		Not Yet	

3부
요한계시록 도표 강해

1 / 요한계시록 해석의 제(諸) 견해
2 / 7인, 7나팔, 7대접
3 / 세 가지 화(禍)
4 / 두 증인의 사역기간
5 / 해를 입은 여자
6 / 하나님의 인과 짐승의 표(666)
7 / 일곱 머리 열 뿔 짐승과 음녀의 비밀
8 / 어린 양의 혼인 잔치
9 / 첫째 부활과 둘째 부활
10 / 천년왕국과 신천신지
11 / 백보좌 심판과 상급

1 요한계시록 해석의 제(諸) 견해

"사랑하는 자들아 주께는 하루가 천 년 같고 천 년이 하루 같은 이 한 가지를 잊지 말라 주의 약속은 어떤 이의 더디다고 생각하는 것같이 더딘 것이 아니라 오직 너희를 대하여 오래 참으사 아무도 멸망치 않고 다 회개하기에 이르기를 원하시느니라 그러나 주의 날이 도적같이 오리니 그날에는 하늘이 큰 소리로 떠나가고 체질이 뜨거운 불에 풀어지고 땅과 그중에 있는 모든 일이 드러나리로다 이 모든 것이 이렇게 풀어지리니 너희가 어떠한 사람이 되어야 마땅하뇨 거룩한 행실과 경건함으로 하나님의 날이 임하기를 바라보고 간절히 사모하라 그날에 하늘이 불에 타서 풀어지고 체질이 뜨거운 불에 녹아지려니와 우리는 그의 약속대로 의의 거하는 바 새 하늘과 새 땅을 바라보도다 그러므로 사랑하는 자들아 너희가 이것을 바라보나니 주 앞에서 점도 없고 흠도 없이 평강 가운데서 나타나기를 힘쓰라 또 우리 주의 오래 참으심이 구원이 될 줄로 여기라 우리 사랑하는 형제 바울도 그 받은 지혜대로 너희에게 이같이 썼고 또 그 모든 편지에도 이런 일에 관하여 말하였으되 그중에 알기 어려운 것이 더러 있으니 무식한 자들과 굳세지 못한 자들이 다른 성경과 같이 그것도 억지로 풀다가 스스로 멸망에 이르느니라 그러므로 사랑하는 자들아 너희가 이것을 미리 알았은즉 무법한 자들의 미혹에 이끌려 너희 굳센 데서 떨어질까 삼가라"(벧후 3:8-17).

1. 요한계시록 해석의 제(諸) 견해 도표

[도표 10]

무천년설	후천년설	세대주의 전천년설	역사적 전천년설

무천년설
- 초림 →
- 신약시대(영적인 천년왕국 시대)
- 사탄의 결박으로 영향력이 약화됨
- 죽은 성도의 영혼이 천상에서 왕 노릇함
- 7년 대환란
- 재림 ↓
- 아마겟돈, 곡과 마곡의 전쟁
- 영원세계

후천년설
- 초림 →
- 신약시대(복음운동)
- 악의 감소, 선의 증대
- 천년왕국
- 세계 복음화
- 7년 대환란
- 재림 ↓
- 아마겟돈, 곡과 마곡의 전쟁
- 영원세계

세대주의 전천년설
- 초림 →
- 신약교회 시대
- 제6시대(은혜시대)
- 예수님 공중재림/성도의 부활과 휴거
- 공중 7년 혼인잔치
- 7년 대환란
- 지상재림 ↓
- 아마겟돈전쟁
- 천년왕국
- 제7시대
- 백보좌 심판
- 영원세계

역사적 전천년설
- 초림 →
- 신약시대
- 이방인 구원시대
- 한 이대 시작
- 7년 대환란
- 예수님 재림과 첫째 부활 ↓
- 천년왕국
- 둘째 부활과 백보좌 심판
- 아마겟돈 전쟁
- 국과 마곡의 전쟁
- 영원세계

2. 요한계시록 해석의 제(諸) 견해 강해

1) 무천년설의 견해와 문제점

(1) 견해

무천년설은 문자적 천년왕국설을 부정하고, 이를 우화적으로 또는 영적으로 해석하는 학설이며 오리겐(Origen)을 시발로 어거스틴(Augustine), 칼빈(Carvin)으로 이어지며 요한계시록 해석에 한 맥을 이어오고 있는 학설이다.

요한계시록 20장 1-6절에 언급되고 있는 '천 년'이라는 계시말씀을 문자적으로 이해하지 아니하고 예수 그리스도의 초림부터 재림까지의 신약시대 전체를 상징하는 기간이라 해석하며, 사단의 결박과 무저갱에 감금되는 사건은 현재의 복음시대에 활동하는 마귀의 영향력이 약화된 것으로 해석한다.

'첫째 부활'은 성도들이 죄로 인한 사망으로부터 예수 그리스도 안에 있는 생명으로 옮겨지는 영적인 부활로 해석하며, 첫째 부활에 참예하는 자들이 천 년 동안 그리스도와 더불어 왕 노릇 하는 것은 예수 그리스도를 영접한 성도들의 영혼이 천상에서 왕 노릇 하고 있다고 해석한다.

'둘째 부활'은 예수 그리스도의 재림 시에 모든 죽은 자가 육체를 입고 부활하는 대부활이 있을 것으로 보고, 그들이 모두 백보좌 심판대 앞에서 심판을 받게 될 것으로 해석하는 견해를 취한다.

(2) 문제점

첫째, 요한계시록이 장차 종말에 성취될 연대기적 순차를 가지고 계시되고 있는데 이를 초림에서 재림까지의 사건으로 해석한다는 것은 상당한 무리가 따르는 해석이다.

무천년설을 따르는 사람들도 요한계시록 17장 이후의 사건들이 장차 역사의 종말에 있을 예수 그리스도의 재림과 그 이후에 성취될 사건들임을 주장하는 데는 별다른 이견(異見)이 없다.

17-18장에는 주로 바벨론의 멸망, 즉 바벨론으로 상징된 음녀에 대한 심판과 멸망당하는 모습들이 계시되고 있다.

19장 전반부에는 땅을 더럽게 한 큰 음녀에 대한 심판이 시행되어 순교자들의 핏값을 갚아 주셨음이 선포되고 있다.

19장 11절 이하에는 재림하시는 예수 그리스도의 모습이 계시된다.

> "내가 하늘이 열린 것을 보니 보라 백마와 탄 자가 있으니 그 이름은 충신과 진실이라"(계 19:11).

승리와 심판주로 역사 속에 재림하시는 주님의 모습이 나타난 후에 19장 후반부에서는 역사를 어지럽혔던 두 장본인인, 짐승으로 상징된 적그리스도와 거짓 선지자가 잡혀 이 둘이 산 채로 유황 불못에 던져진다.

> "또 내가 보매 그 짐승과 땅의 임금들과 그 군대들이 모여 그 말 탄 자와 그의 군대로 더불어 전쟁을 일으키다가 짐승이 잡히고 그 앞에서 이적을 행하던 거짓 선지자도 함께 잡혔으니 이는 짐승의 표를 받고 그의 우상에게 경배하던 자들을 이적으로 미혹하던 자라 이 둘이 산 채로 유황 불 붙는 못에 던지우고"(계 19:19-20).

20장에 와서는 악한 마귀 사탄이 결박을 당하고 무저갱에 천 년 동안 감금되고 천년왕국이 선포된다.

> "또 내가 보매 천사가 무저갱 열쇠와 큰 쇠사슬을 그 손에 가지고 하늘로서 내려와서 용을 잡으니 곧 옛 뱀이요 마귀요 사탄이라 잡아 일천 년 동안 결박하여 무저갱에 던져 잠그고 그 위에 인봉하여 천 년이 차도록 다시는 만국을 미혹하지 못하게 하였다가 그 후에는 반드시 잠간 놓이리라"(계 20:1-3).

20장 후반부에는 천년왕국 기간이 끝나고 사탄이 잠시 놓여 곡과 마곡의 전쟁이 있게 된다. 하나님을 훼방하고 이 세상을 미혹하던 마귀와 짐승과 거짓 선지자가 던져진 유황 불못에 던져진다.

> "천 년이 차매 사탄이 그 옥에서 놓여 나와서 땅의 사방 백성 곧 곡과 마곡을 미혹하고 모아 싸움을 붙이리니 그 수가 바다 모래 같으리라 저희가 지면에 널리 퍼져 성도들의 진과 사랑하시는 성을 두르매 하늘에서 불이 내려와 저희를 소멸하고 또 저희를 미혹하는 마귀가 불과 유황 못에 던지우니 거기는 그 짐승과 거짓 선지자도 있어 세세토록 밤낮 괴로움을 받으리라"(계 20:7-10).

첫째 부활에 참예하지 못했던 모든 죽은 자들은 부활하여 하나님의 백보좌 심판대 앞에서 자기 행위대로 심판을 받는다.

> "또 내가 크고 흰 보좌와 그 위에 앉으신 자를 보니 땅과 하늘이 그 앞에서 피하여 간 데 없더라 또 내가 보니 죽은 자들이 무론대소하고 그 보좌 앞에 섰는데 책들이 펴 있고 또 다른 책이 펴졌으니 곧 생명책이

라 죽은 자들이 자기 행위를 따라 책들에 기록된 대로 심판을 받으니 바다가 그 가운데서 죽은 자들을 내어주고 또 사망과 음부도 그 가운데서 죽은 자들을 내어주매 각 사람이 자기의 행위대로 심판을 받고 사망과 음부도 불못에 던지우니 이것은 둘째 사망 곧 불못이라 누구든지 생명책에 기록되지 못한 자는 불못에 던지우더라"(계 20:11-15).

21장에서는 첫 창조에 속했던 처음 하늘과 처음 땅과 바다가 없어지고 영원한 신천신지(新天新地)가 계시된다.

"또 내가 새 하늘과 새 땅을 보니 처음 하늘과 처음 땅이 없어졌고 바다도 다시 있지 않더라 또 내가 보매 거룩한 성 새 예루살렘이 하나님께로부터 하늘에서 내려오니 그 예비한 것이 신부가 남편을 위하여 단장한 것 같더라 내가 들으니 보좌에서 큰 음성이 나서 가로되 보라 하나님의 장막이 사람들과 함께 있으매 하나님이 저희와 함께 거하시리니 저희는 하나님의 백성이 되고 하나님은 친히 저희와 함께 계셔서 모든 눈물을 그 눈에서 씻기시매 다시 사망이 없고 애통하는 것이나 곡하는 것이나 아픈 것이 다시 있지 아니하리니 처음 것들이 다 지나갔음이러라"(계 21:1-4).

이렇게 연대기적으로 역사적 흐름에 따라 순차적으로 계시되고 있는 요한계시록의 흐름을 뒤집는다는 것은 불가능한 일임에도 불구하고 무천년설은 지나친 상징적 해석을 주장하고 있어 본문의 계시 의미를 혼잡하게 만드는 오류를 범하고 있다.

이동원 목사님은 요한계시록 강해 《마지막 싸움 마지막 승리》라는 책에서 이렇게 고백하고 있다. "저는 무천년설의 입장에 상당히 공감하고 있기는 하지만, 천년왕국에 관한 한 아직도 역사적 전천년설의 입장을 지지하고 있습니다. 그 이유는 간단합니다. 제가 요한계시록 18-20장을 쭉 해석해 보니까 전천년설이 가장 자연스러운 흐름 같아서입니다. 요한계시록은 연대기적인 입장을 가지고 상당히 역사적으로 서술되어 있습니다. 18장에는 주로 바벨론의 멸망, 즉 바벨론으로 상징된 이 세상 역사의 최후의 모습들이 나옵니다. 19장에는 심판이 끝났다는 선포가 나옵니다. 그다음에 19장 11절 이하에 다시 오시는 주님의 모습이 그려져 있습니다.

"내가 하늘이 열린 것을 보니 보라 백마와 탄 자가 있으니 그 이름은 충신과 진실이라"(11절).

승자로 역사 속에 귀환하시는 주님의 모습이 나타난 후에 19장 마지막에 가면 역사를 어지럽히던 두 장본인인, 짐승으로 상징된 적그리스도와 거짓 선지자가 잡힙니다. 그리고 20장에 와서 처음으로 사탄이 결박을 당하고 그런 후에 천년왕국이 선포됩니다.

18장부터 쭉 보면 종말에 있을 일들이 연대기적 역사적 흐름으로 전개되어 있음을 알 수 있습니다. 이러한 흐름을 뒤집는다는 것은 상당히 무리가 있다고 생각됩니다. 그래서 저는 전천년설의 입장에서 요한계시록 20장을 조망했습니다"(《마지막 싸움 마지막 승리》, 나침반사, pp. 207-208).

정근두 목사님도 무천년설을 주장한다. 무천년설의 입장에서 요한계시록 강해를 6권(일곱 교회, 일곱 인봉, 일곱 나팔, 일곱 대접, 바벨론의 멸망, 새 하늘과 새 땅)으로 출판했다. 무천년설로 일관되게 해석하시던 목사님도 19장 11-16절 말씀을 해석하는 부분에서 다음과 같이 설명하고 있다. "어떤 의미에서 오늘 본문의 환상은 바로 앞부분 어린 양의 혼인잔치의 절정으로도 볼 수 있습니다. 동시에 이제 펼쳐질 마지막 사건인 그리스도의 재림과 사탄의 패배, 사탄의 결박, 천년왕국, 사탄의 최후, 마지막 심판, 그리고 새 하늘과 새 땅, 새 예루살렘을 기술하는 이 사건들의 첫 시작으로도 볼 수 있습니다. 그렇게 볼 때 본문은 그리스도의 재림을 기술하는 것으로 볼 수 있습니다"(《바벨론의 멸망》, 하나, p. 128).

둘째, 무천년설은 예수님 초림 때에 사탄이 결정적으로 패배하고 결박당했기 때문에 세력이 약화되었다고 주장한다. 그러나 현실을 돌아볼 때나 교회사적 증거를 살펴볼 때, 그리고 성경의 증거를 살펴볼 때, 이 세상이 주께서 영광스럽게 통치하시며 모든 악이 사라지고 죄가 척결되어 불행이 없는 이상향의 세계라고 느껴지기보다는 오히려 마귀가 우는 사자처럼 극성을 부리며 왕성하게 역사한다는 사실을 보여주고 있다.

무천년설을 따르는 사람들도 이 책 17장 이후의 사건들이 역사의 종말에 있을 예수 그리스도의 재림과 그 이후에 성취될 사건들임을 주장함에 있어서는 별다른 이견(異見)이 없다. 그러면서도 20장에 계시되고 있는 천 년 동안의 사탄의 결박과 감금사건이 예수 그리스도의 초림으로 성취된 사건이라고 해석하고, 이 땅에서 성취될 천년왕국을 예수 그리스도의 초림 때부터 재림 때까지 성도들의 영혼이 천국에서 왕 노릇 하는 것이라고 주장한다. 이런 이중적 견해 때문에 요한계시록 해석에 많은 혼란을 가져다주고 있다.

제자원에서 발행된 《옥스퍼드 원어성경대전》은 무천년설 입장을 지지하는 책이다. 그런데 이 책에서도 20장에 계시되고 있는 사탄의 결박과 감금사건은 종말에 한 치의 오차도 없이 성취될 사건으로 설명하고 있다. "이 절(2절)은 1절에 언급된 큰 쇠사슬의 용도를 분명하게 보여준다. 즉 열쇠는 무저갱을 여는 데 사용되고, 쇠사슬은 용을 묶어 무저갱에 감금하는 데 사용된다. '잡으니'로 번역된 '에크라테센'(ἐκράτησεν)은 본래 '잡다', '붙들다', '지키다'의 뜻을 지닌 '크라테오'(κρατέω)의 예언적 부정 과거형으로 종말에 무저갱을 관장하는 천사가 용을 사로잡으리라는 사실을 드러낸다. 천사가 사로잡은 용의 다른 이름은 옛 뱀이요 마귀요 사탄이다. 이는 이미 요한계시록 12장 9절에서 언급한 바와 같다. 그런데 천사는 그가 사로잡은 용을 일천 년 동안 결박한다. '잡아……결박하여'로 번역된 '에데센'(ἔδησεν) 역시 '줄로 묶다'의 뜻을 지닌 '데오'(δέω)의 예언적 부정 과거로 천사가 사로잡은 용을 자신이 가지고 있던 큰 쇠사슬로 결박할 것임을 드러낸다. 이처럼 이 절에서 용을 사로잡고 결박하는 것을 묘사하는 데 사용된 동사가 모두 예언적 부정 과거형이란 점은 천사에 의한 사탄의 결박이 한 치의 오차도 없이 분명하게 성취될 종말론적 사건임을 암시한다"(《옥스퍼드 원어성경대전 요한계시록 제12-22장》, 제자원, p. 525).

마귀를 잡아 쇠사슬로 결박한 천사는 마귀를 무저갱에 던져버린다. 천사는 무저갱의 문을 닫고 다시 무저갱을 잠가버렸다. 그리고 아무도 그 문을 열지 못하도록 인봉했다. 이제 하나님의 때가 차고, 하나님의 허락하심이 없이는 아무도 그 문을 열 수 없다. 사탄을 결박하고 무저갱에 던진 후 무저갱의 문을 닫고 인봉한 이유가 무엇인가?

'천 년이 차도록 다시는 만국을 미혹하지 못하게 하기 위함' 이다 (계 20:3).

천년왕국은 사탄이 완전하게 감금을 당하여 미혹함이 없는 이 땅에 이루어질 지복(至福) 세상이다. 에덴 동산의 회복, 즉 복락원의 사건을 의미한다.

천년왕국이 예수님의 초림부터 재림 사이의 기간이라고 주장하는 무천년의 견해로는 마귀가 결박되어 무저갱에 갇히고 다시는 만국을 미혹하지 못하게 된 상태의 천년왕국을 설명하기는 대단히 어렵다.

바울 사도는 "마귀로 틈을 타지 못하게 하라"(엡 4:27)고 권면한다.

야고보 사도는 "그런즉 너희는 하나님께 순복할지어다 마귀를 대적하라 그리하면 너희를 피하리라"(약 4:7)고 가르친다.

베드로 사도는 "근신하라 깨어라 너희 대적 마귀가 우는 사자같이 두루 다니며 삼킬 자를 찾나니 너희는 믿음을 굳게 하여 저를 대적하라"(벧전 5:8-9)고 교훈한다.

요한 사도는 "마귀가 자기의 때가 얼마 못 된 줄을 알므로 크게 분내어 너희에게 내려갔음이라"(계 12:12)고 경고해 주고 있다.

"저희로 깨어 마귀의 올무에서 벗어나 하나님께 사로잡힌 바 되어 그 뜻을 좇게 하실까 하노라"(딤후 2:26).

셋째, 무천년설을 주장하는 사람들은 예수 그리스도의 초림부터 재림까지의 시기를 천년왕국 시기라고 주장하고 있다. 그러나 예수님의 초림부터 재림 사이의 기간은 성령의 역사로 말미암아 땅 끝까지 복음이 증거되는 교회시대요, 은혜시대이며, 이방인의 구원시대이지 이 땅에 낙원이 회복되는 천년왕국 시대가 아니다.

이 땅에 성취될 천년왕국은 아담과 하와가 사탄의 유혹을 받아 선악을 알게 하는 나무의 실과를 따 먹고 범죄함으로 인해 잃어버렸던 에덴 동산(失樂園)을 다시 회복하는 복낙원(復樂園)의 사건으로 이사야 65장의 예언 성취 사건이다.

"보라 내가 새 하늘과 새 땅을 창조하나니 이전 것은 기억되거나 마음에 생각나지 아니할 것이라 너희는 나의 창조하는 것을 인하여 영원히 기뻐하며 즐거워할지니라 보라 내가 예루살렘으로 즐거움을 창조하며 그 백성으로 기쁨을 삼고 내가 예루살렘을 즐거워하며 나의 백성을 기뼈하리니 우는 소리와 부르짖는 소리가 그 가운데서 다시는 들리지 아니할 것이며 거기는 날수가 많지 못하여 죽는 유아와 수한(壽限)이 차지 못한 노인이 다시는 없을 것이라 곧 백 세에 죽는 자가 아이겠고 백 세 못 되어 죽는 자는 저주받은 것이리라 그들이 가옥을 건축하고 그것에 거하겠고 포도원을 재배하고 열매를 먹을 것이며 그들의 건축한 데 타인이 거하지 아니할 것이며 그들의 재배한 것을 타인이 먹지 아니하리니 이는 내 백성의 수한이 나무의 수한과 같겠고 나의 택한 자가 그 손으로 일한 것을 길이 누릴 것임이며 그들의 수고가 헛되지 않겠고 그들의 생산한 것이 재난에 걸리지 아니하리니 그들은 여호와의 복된 자의 자손이요 그 소생도 그들과 함께 될 것임이라 그들이 부르기 전에 내가 응답하겠고 그들이 말을 마치기 전에 내가 들을 것이며 이리와 어린 양이 함께 먹을 것이며 사자가 소처럼 짚을 먹을 것이며 뱀은 흙으로 식물을 삼을 것이니 나의 성산(聖山)에서는 해함도 없겠고 상함도 없으리라 여호와의 말이니라"(사 65:17-25).

예수 그리스도의 초림 이후 우리가 살고 있는 이 시대에 이사야 65장이 예언하고 있는 복락원이 이루어진 적이 있는가? 아니면 후천년설을 주장하는 사람들의 견해처럼 혹 앞으로 예수님의 재림 이전의 시기까지 복락원이 이 땅에 성취되는 천년왕국 사건이 성취될 것이라고 생각되는가? 아니다. 천년왕국은 예수 그리스도의 재림으로 말미암아 이 땅 위에 성취될 사건이다. 사탄이 결박되어 천 년 동안 무저갱에 갇히고 다시는 만국을 미혹하지 못하게 될 사건이 성취된 후에 이 땅 위에 예수 그리스도가 통치하는 천년왕국이 이루어질 것이다.

넷째, 무천년설을 주장하는 사람들은 '첫째 부활'은 예수 그리스도를 믿는 성도들이 영적으로 거듭나는 것을 상징하고, 첫째 부활에 참예하여 그리스도와 더불어 왕 노릇 하는 것은 예수 그리스도를 믿고 죽은 성도들의 영혼이 살아서 천국에서 보좌에 앉아 왕 노릇 하는 축복을 나타낸다고 해석한다. 그러나 이런 주장은 본문의 내용을 전혀 무시한 해석이며, 성경적 지지를 얻지 못하는 무리한 해석이다.

요한계시록 20장에 계시되고 있는 '첫째 부활'에 참예할 대상이 "예수의 증거와 하나님의 말씀을 인하여 목 베임을 받은 자의 영혼들과 또 짐승과 그의 우상에게 경배하지도 아니하고 이마와 손에 그의 표를 받지도 아니한 자들"이라고 정확히 계시해 주고 있다(계 20:4-5).

그들은 이미 성령으로 거듭난 성도들이다. 그들은 성령 충만한 가운데 예수 그리스도의 복음과 하나님의 말씀을 증거하는 사명을 죽기까지 충성하며 감당했던 순교자들이다. 그들이 예수 그리스도 재림하실 때 첫째 부활에 참예하여 천년왕국에서 천 년 동안 왕 노릇 하게 될 것임을 증거하고 있다.

부활은 몸이 죽었다가 다시 살아나는 것을 말한다. 영적으로 거듭나는 중생을 부활이라 말하지 않는다. 요한계시록 20장 4-5절에 사용되고 있는 '살아서'라고 번역된 '에제산'(ἔζησαν)이라는 헬라어 단어는 '살다'라는 '자오'(ζάω)의 제1부정과거 직설법 3인칭 복수로 육체적 부활을 의미하는 데 사용되는 단어다. 무천년설의 대표적 학자인 렌스키(R.C.H. Lenski) 조차도 '에제산'은 항상 완전한 몸과 영이 혼합된 사람에게 적용되는 단어로 몸 없는 상태로서의 '영(靈)'에게는 결코 적용되지 않는 단어라고 주장하고 있다.

무천년설을 주장하는 사람들은 4절의 "살아서"(에제산)는 영적 부활로 해석하고, 똑같은 단어인 5절의 "살다"(에제산)는 육체적 부활을 나타낸다고 해석함으로 언어의 통일성을 무시한 채 이중적 해석을 적용해 요한계시록 해석에 혼란을 일으키고 있다.

강병도 목사님이 주석한 호크마 주석도 무천년설의 입장을 지지하는 책이다. 하지만 요한계시록 20장 4-5절에서 사용하고 있는 '살아서'의 헬라어 '에제산'(ἔζησαν)은 육체적인 부활을 지칭할 때 사용된 단어로(계 1:8, 2:8, 13:14; 마 9:18; 요 11:25; 행 1:3, 9:41; 롬 14:9) 그리스도에게 충성된 자들이 부활하여 그리스도와 더불어 천 년 동안 통치할 것을 시사한다고 설명하고 있다(《호크마 종합주석》, 기독지혜사, p. 533).

이와 같이 무천년설을 견지하고 있는 학자들이나 저서들이 18장 이후의 사건들을 다루면서 자연스럽게 역사적 전천년설의 견해에 젖어드는 것은 요한계시록의 계시내용이 역사적 전천년설을 너무도 분명하게 증거하고 있기 때문이며, 다른 모든 성경들도 역사적 전천년설을 뒷받침하고 있음을 부인할 수 없기 때문이다.

2) 후천년설 견해와 문제점

(1) 견해

후천년설은 예수 그리스도의 재림 이전에 이 땅에 천년왕국이 이루어질 것이라고 주장하는 견해다. 주님의 지상명령(마 28:18-20)에 따라 복음이 땅 끝까지 증거되고 전 세계가 기독교화되므로 마침내 여호와를 아는 지식이 물이 바다 덮음같이 세상에 충만하여 평화와 번영의 시대가 성취되어 주님의 재림이 있기까지 지속될 것으로 보는 견해다.

예수 그리스도의 복음이 인간의 역사 속에서 점진적으로 전파되고 확장되어 악은 점점 감소되는 반면 선은 점점 증대되어 세계는 마침내 기독교화되고, 이 땅은 이사야 11장에 예언된 평화와 번영의 시대인 천년왕국 시대를 맞이하게 될 것이며, 그 후에 잠시 동안 대환란이 있다가 예수 그리스도의 재림이 있을 것이라고 해석한다.

(2) 문제점

요한계시록이 계시하고 있는 역사의 순차적 흐름을 무시한 채 19장의 재림사건과 20장의 천년왕국 기간의 순서를 바꾸어 놓고 있어 요한계시록 전체의 계시 흐름을 흩어 놓는 이론이다.
재림 전에 평화와 번영의 영광스러운 황금시대가 온다는 이론은 성경과 맞지 않는다.
성경은 재림 직전의 시기에 오히려 배교하는 일이 있을 것이며, 신앙이 식어지고 참된 믿음을 보기 힘든 때가 될 것임을 증거하고 있다.
사회적 현상으로 볼 때도 인류 사회는 물질과 과학 문명에 있어서는 분명히 진보를 보이고 있으나, 정신 면과 하나님을 대하는 신앙 면에 있어서는 오히려 후퇴하고 있음을 동감할 수 있을 것이다.
사탄이 권세를 잡고 있는 이 세상에 예수 그리스도가 재림하시기 전 평화와 번영의 황금시대인 천년왕국 시대가 성취될 것이라는 기대는 결코 기대하거나 인정할 수 없는 사실이다.
후천년설은 인본주의적 역사 낙관론으로서, 성경에 근거한 것이라기보다는 진화론에 근거한 것으로 그 지지 기반이 약하다.
후천년설은 성경에 분명하게 계시하고 두 가지 중요한 사실, 즉 예수 그리스도께서 천년왕국을 다스리기 위하여 재림하시리라는 것과 그의 강림하실 때 첫째 부활에 참예할 순교자들이 육체적으로 부활하여 천년왕국에서 주와 함께 왕노릇하리라는 사실을 배제하고 있어 받아들일 수 없는 비성경적 견해다.

3) 세대주의 전천년설의 견해와 문제점

(1) 견해

인류의 전 역사를 일곱 시대(구약 다섯 시대, 신약 두 시대)로 나누어 7년 대환란 때에 예수님이 공중에 재림하시고, 교회(성도들)는 휴거되어 공중에서 7년 동안 어린 양의 혼인 잔치가 이루어지며, 7년 대환란이 끝나면 지상으로 재림하셔서 천년왕국이 이루어지는데, 그 시대를 마지막 7시대로 보고 그 나라 백성들은 유대인으로 보는 견해다.

세대주의 전천년설은 4장에 계시되고 있는 사도 요한의 승천 사건을 교회 휴거 사건으로 보고, 7장에 계시되고 있는 하나님의 인 맞은 십사만 사천을 육적 이스라엘 지파 중 일만 이천 명씩으로 해석한다. 7년 대환란이 있기 전에 교회는 공중으로 휴거되고, 땅에서는 유대인들의 이삭 줍기 구원사역이 성취될 것이라고 주장한다.

〈세대주의 종말론 도표〉
어린 양 혼인 잔치

무죄시대 창 1:28–3:13	양심시대 창 3:22–7:23	인류통치시대 창 8:20–11:9	약속시대 창 12:1–출 19:8	율법시대 출 19:8–마 27:35	은혜시대 요 1:17 ; 히 9:3–8	7년 대환란	천년왕국시대 계 20:1–6
①세대	②세대	③세대	④세대	⑤세대	⑥세대	유대인 회복기간	⑦세대
구 약 시 대					신 약 시 대		

(2) 문제점

첫째, 요한계시록 4장에서 사도 요한의 영혼이 하늘나라에 올라간 사건을 교회의 휴거사건으로 보는 것은 본문의 의도를 완전히 벗어난 해석이며 이 책의 내증과도 전혀 맞지 않는 해석이다.

세대주의 전천년설을 주장하는 사람들은 사도 요한을 교회의 대표로 보고 "이리로 올라오라"는 말씀은 곧 교회를 공중으로 이끌어 올리는 휴거사건을 나타낸다고 주장한다. 4장에서 교회를 공중으로 이끌어 올렸기 때문에 4장 이하의 사건은 교회와 무관한 사건으로 보고, 7년 대환란은 오직 육적 유대인들을 구원하기 위한 기간이라고 주장한다. 그러나 이 책은 교회가 7년 대환란의 전 3년 반 동안에는 이 땅에 존재하여 환난을 통과하고 후 3년 반 동안 광야 예비처로 피하여 하나님의 보호와 양육을 받게 될 것임을 계시하고 있다.

> "그 여자가 광야로 도망하매 거기서 일천이백육십 일 동안 저를 양육하기 위하여 하나님의 예비하신 곳이 있더라……용이 자기가 땅으로 내어쫓긴 것을 보고 남자를 낳은 여자를 핍박하는지라 그 여자가 큰 독수리의 두 날개를 받아 광야 자기 곳으로 날아가 거기서 그 뱀의 낯을 피하여 한 때와 두 때와 반 때를 양육 받으매"(계 12:6-14).

그들은 4장 이하의 말씀이 교회와 무관한 증거로, 3장까지는 '교회'라는 말이 많이 사용되고 있는 반면에 4장 이후에는 교회라는 단어가 전혀 등장하지 않고 있다는 사실을 내세우기도 한다. 그러나 요한계시록 22장 16절에서 증거하기를 "나 예수는 교회를 위하여 내 사자를 보내어 이것들을 너희에게 증거하게 하였노라 나는 다윗의 뿌리요 자손이니 곧 광명한 새벽 별이라 하시더라"라고 계시하고 있어 그들의 주장이 잘못되었음을 입증해 주고 있다.

세대주의 전천년설을 주장하는 사람들은 교회가 4장에서 휴거되어 7년 동안 공중에서 어린 양의 혼인 잔치를 치르고, 이 땅에서는 7년 대환란이 진행되며, 유대인들의 구원이 성취되는 것으로 설명한다.

4장 이후의 모든 사건은 교회와 무관하며, 육적 이스라엘에게 해당되는 말씀으로 보기 때문에 요한계시록 7장에 계시되고 있는 십사만 사천의 하나님의 인 맞은 종들도 육적 이스라엘 12지파에 속한 사람들로 해석한다. 그러나 요한계시록 자체에서 하나님의 인 맞은 거룩한 하나님의 종들이 육적 이스라엘 12지파에 속한 자들로 해석함을 거부하고 있고, 신약성경 여러 곳에서도 강조하여 이르기를 더 이상 육적 유대인이 아니라 영적 유대인인 그리스도인들이 믿음의 조상인 아브라함의 자손이며 참 이스라엘 백성임을 증거해 주고 있다.

① 요한계시록 계시내용

사도 요한으로부터 계시말씀을 전해 듣고 있는 1차 수신자는 아시아에 있는 일곱 교회다. 주님께서는 하나님의 말씀과 예수 그리스도의 복음을 믿고 증거하는 가운데 로마와 유대인들의 핍박을 받고 고난과 환난을 당하고 있는 초대교회 성도들을 위로하고 격려하며 신앙을 독려(督勵)하기 위해 사도 요한에게 요한계시록의 말씀내용을 계시해 주시고, 기록하여 증거하게 하셨다.

초대교회 성도들은 사도 요한이 보고 들은 계시의 말씀을 전해 듣고 위로와 용기를 얻었을 것이다. 그들은 어린 양 예수 그리스도와 함께 시온 산에 서 있는 자신들의 모습을 생각하며 죽기까지 충성하는 신앙의 승리자가 될 것을 다짐했을 것이다.

그런데 7년 대환란 때 있을 하나님의 인침을 받은 십사만 사천의 무리들이나 큰 환난을 통과한 셀 수 없는 큰 무리들이 육적 유대인들에 국한된 계시내용이라면 초대교회 성도들에게 위로와 용기를 심어 주는 말씀이 되었겠는가?

초대교회 당시 교회와 성도들을 가장 핍박한 사람들이 로마와 유대인들이었다. 그런데 자신들을 핍박하는 데 최고로 앞장서고 있는 육적 유대인들의 혈통적 유대인들만 하나님의 인침을 받은 하나님의 거룩한 종들로 쓰임을 받는다거나 그 자손들만 환난을 통과하고 승리자의 무리들 가운데 들어가게 된다고 해석된다면 초대교회 성도들에게 힘과 위로가 되기보다는 시험이 되는 말씀이 되었을 것이다.

요한계시록에서 예수님은 교회를 핍박하는 데 앞장서고 있는 육적 유대인들에 대해 매우 강한 어조로 그들을 책망시키며, 영적 이스라엘 자손인 성도들(교회)과 뚜렷한 구별을 보여주고 있다.

> "내가 네 환난과 궁핍을 아노니 실상은 네가 부요한 자니라 자칭 유대인이라 하는 자들의 훼방도 아노니 실상은 유대인이 아니요 사탄의 회라"(계 2:9).

> "보라 사탄의 회 곧 자칭 유대인이라 하나 그렇지 않고 거짓말하는 자들 중에서 몇을 네게 주어 저희로 와서 네 발 앞에 절하게 하고 내가 너를 사랑하는 줄을 알게 하리라"(계 3:9).

7장 9절 이하에 계시되고 있는 큰 환난을 통과한 '아무라도 능히 셀 수 없는 흰옷 입은 큰 무리'들은 "각 나라와 족속과 백성과 방언에서"(계 7:9) 나온 자들이지 육적 유대인들의 후손이 아니다.

요한계시록 13장 7절 이하의 말씀을 보아도 "짐승이 권세를 받아 성도들과 싸워 이기게 되고 각 족속과 백성과 방언과 나라를 다스리는 권세를 받으니 죽임을 당한 어린 양의 생명책에 창세 이후로 녹명(錄名)되지 못하고 이 땅에 사는 자들은 다 짐승에게 경배하리라 누구든지 귀가 있거든 들을지어다"(계 13:7-9)라고 계시하고 있다. 그러므로 7년 대환란 때 하나님의 인침을 받는 거룩한 하나님의 종들인 십사만 사천이나 큰 환난을 통과하고 승리하여 흰옷을 입고 어린 양 앞에 선 큰 무리들을 육적 유대인의 후손들인 육적 이스라엘 12지파 사람들로 해석하는 세대주의 전천년설의 주장은 요한계시록의 계시목적과 맞지 않을 뿐만 아니라 계시내용과도 전혀 조화를 이루지 못하는 해석임을 알 수 있다.

② 신약성경의 증거내용들

아브라함을 믿는 자들의 조상으로 세우신 것이 성경이 증거하는 진리의 말씀이라면 그의 자손으로 세워진 이스라엘의 12지파도 믿음의 자손인 영적 이스라엘 12지파를 지칭하는 것으로 보는 것이 신약성경의 증거내용들과 조화를 이루는 해석이 될 것이다.

- 세례 요한의 증거

"요한이 많은 바리새인과 사두개인이 세례 베푸는 데 오는 것을 보고 이르되 독사의 자식들아 누가 너희를 가르쳐 임박한 진노를 피하라 하더냐 그러므로 회개에 합당한 열매를 맺고 속으로 아브라함이 우리 조상이라고 생각지 말라 내가 너희에게 이르노니 하나님이 능히 이 돌들로도 아브라함의 자손이 되게 하시리라"(마 3:7-9).

- 사도 바울의 증거

"만일 율법에 속한 자들이 후사이면 믿음은 헛것이 되고 약속은 폐하여졌느니라 율법은 진노를 이루게 하나니 율법이 없는 곳에는 범함도 없느니라 그러므로 후사가 되는 이것이 은혜에 속하기 위하여 믿음으로 되나니 이는 그 약속을 그 모든 후손에게 굳게 하려 하심이라 율법에 속한 자에게뿐 아니라 아브라함의 믿음에 속한 자에게도니 아브라함은 하나님 앞에서 우리 모든 사람의 조상이라 기록된 바 내가 너를 많은 민족의 조상으로 세웠다 하심과 같으니……"(롬 4:14-17).

"대저 표면적 유대인이 유대인이 아니요 표면적 육신의 할례가 할례가 아니라 오직 이면적 유대인이 유대인이며 할례는 마음에 할지니 신령에 있고 의문에 있지 아니한 것이라 그 칭찬이 사람에게서가 아니요 다만 하나님에게서니라"(롬 2:28-29).

"곧 육신의 자녀가 하나님의 자녀가 아니라 오직 약속의 자녀가 씨로 여기심을 받느니라"(롬 9:8).

"너희가 다 믿음으로 말미암아 그리스도 예수 안에서 하나님의 아들이 되었으니 누구든지 그리스도와 합하여 세례를 받은 자는 그리스도로 옷 입었느니라……너희가 그리스도께 속한 자면 곧 아브라함의 자손이요 약속대로 유업을 이을 자니라"(갈 3:26-29).

- 예수님의 증거

"너희는 나의 모든 시험 중에 항상 나와 함께한 자들인즉 내 아버지께서 나라를 내게 맡기신 것같이 나도 너희에게 맡겨 너희로 내 나라에 있어 내 상에서 먹고 마시며 또는 보좌에 앉아 이스라엘 열두 지파를 다스리게 하려 하노라"(눅 22:28-30).

우리가 육적 이스라엘 12지파에 대해 간과(看過)해서는 안 될 한 가지 사실은 현재 유대인들에게는 더 이상 '지파' 개념이 전혀 없다는 것이다.

주후 70년 로마의 디도(Titus) 장군에게 정복되어 유대인들은 전 세계에 흩어지는 디아스포라가 되었다. 전 세계에 흩어져 2천여 년의 세월이 흐르는 동안 각 대륙에 흩어져 사는 유대인들에게 폐하여진 두 가지 사실이 있다. 첫째로 짐승을 희생시켜 피의 제사를 드리는 구약의 제사제도가 폐해졌다. 둘째로 이스라엘의 12지파의 육적 혈통 관계가 폐해졌다. 하나님께서 신약시대 예수 그리스도의 복음이 증거되는 동안 육적 이스라엘 백성의 두 가지를 폐하셨다고 볼 수 있다.

현재 이스라엘 자손들은 전 세계에 각 대륙 민족과 동화되어 버렸기 때문에 더 이상 그들만의 외적 특징을 찾아볼 수 없게 되었다.

지금 이스라엘 민족은 법적으로 부계(父系) 혈통이 아니라 모계(母系) 혈통을 따르고 있다. 아버지가 어떤 혈통의 족속이건 무관하고 그 대신 어머니가 유대인이면 유대인으로 여긴다. 유대인의 순결한 혈통을 이어 받은 남자라 할지라도 이방 여자와 결혼하여 자녀를 낳으면 그 자녀는 유대인이 될 수 없는 것이다. 이 같은 모계 혈통은 전체 유대인을 '혼혈아'로 만들었으며, 혈통적으로 그들의 조상을 찾아 올라갈 수 없는 자리에 이르게 되었다.

이런 현실 속에서 육적 이스라엘 백성이 과연 12지파의 구별을 갖고 자기에게 속한 지파를 찾을 수 있겠는가? 그러므로 요한계시록에 증거되고 있는 이스라엘 12지파는 육적 이스라엘을 나타내는 것이 아니라 믿음의 조상인 아브라함의 후손인 영적 이스라엘 12지파인 성도들을 지칭하고 있다고 해석하는 것이 타당하다.

둘째, 역사를 구약 5시대(무죄시대, 양심시대, 인류통치시대, 약속시대,

율법시대), 신약 2시대(은혜시대, 천년왕국시대)로 나누어 모두 7시대로 구분지어 설명하지만 그 구분이 명확하게 구분되지 못하고 서로 중첩(重疊)된다는 문제점을 내포하고 있다. 예를 들면, 제2시대를 양심시대(창 3:22-7:23)로 구분하여 칭하고 있지만, 양심은 사도 바울 당시에도 이방인에게도 경계가 되는 데 적용되고 있음을 성경이 말씀하고 있다.

> "(율법 없는 이방인이 본성으로 율법의 일을 행할 때는 이 사람은 율법이 없어도 자기가 자기에게 율법이 되나니 이런 이들은 그 양심이 증거가 되어 그 생각들이 서로 혹은 송사(訟事)하며 혹은 변명하여 그 마음에 새긴 율법의 행위를 나타내느니라)"(롬 2:14-15).

그들은 또 약속시대(제4시대: 창 12:1-출 19:8)와 율법시대(제5시대: 출 19:8-마 27:35)와 은혜시대(제6시대: 요 1:17; 히 9:3-8)를 구분하나 율법시대에도 약속들이 있고 은혜시대에도 율법이 더욱 강화되고 온전케 되어 생의 준칙이 되고 있다는 사실이 성경이 증거하고 있는 진리임을 세대주의자들도 알고 있는 사실이다.

> "내가 율법이나 선지자나 폐하러 온 줄로 생각지 말라 폐하러 온 것이 아니요 완전케 하려 함이로라 진실로 너희에게 이르노니 천지가 없어지기 전에는 율법의 일점일획이라도 반드시 없어지지 아니하고 다 이루리라 그러므로 누구든지 이 계명 중에 지극히 작은 것 하나라도 버리고 또 그같이 사람을 가르치는 자는 천국에서 지극히 작다 일컬음을 받을 것이요 누구든지 이를 행하며 가르치는 자는 천국에서 크다 일컬음을 받으리라 내가 너희에게 이르노니 너희 의가 서기관과 바리새인보다 더 낫지 못하면 결단코 천국에 들어가지 못하리라"(마 5:17-20).

"하나님은 홀로 유대인의 하나님뿐이시뇨 또 이방인의 하나님은 아니시뇨 진실로 이방인의 하나님도 되시느니라 할례자도 믿음으로 말미암아 또는 무할례자도 믿음으로 말미암아 의롭다 하실 하나님은 한 분이시니라 그런즉 우리가 믿음으로 말미암아 율법을 폐하느뇨 그럴 수 없느니라 도리어 율법을 굳게 세우느니라"(롬 3:29-31).

셋째, 7년 대환란 전에 휴거되어 공중에서 혼인 잔치를 갖게 된다면, 짐승(적그리스도)의 통치기간인 후 3년 반(마흔두 달, 한 때 두 때 반 때, 1,260일) 동안 신앙의 정절을 지키며 짐승의 표를 받지 않고 짐승의 우상에게 경배하지도 않음으로 순교를 당하게 될 해 입은 여자의 남은 자손들인 신실한 주의 종들과 성도들은 어린 양의 혼인 잔치에 참예하지 못하게 되는 문제가 발생한다.

"용이 여자에게 분노하여 돌아가서 그 여자의 남은 자손 곧 하나님의 계명을 지키며 예수의 증거를 가진 자들로 더불어 싸우려고 바다 모래 위에 섰더라"(계 12:17).

"저가 권세를 받아 그 짐승의 우상에게 생기를 주어 그 짐승의 우상으로 말하게 하고 또 짐승의 우상에게 경배하지 아니하는 자는 몇이든지 다 죽이게 하더라"(계 13:15).

4) 역사적 전천년설의 견해와 문제점

(1) 견해

역사적 전천년설은 은혜시대인 신약교회시대 동안 복음이 땅 끝까지 증거되어 이방인의 충만한 수가 구원을 받아 영적 이스라엘 12지파를 형성하여 하나님 나라가 확장된 후, 예수님의 재림이 임박한 역사의 종말에 70이레의 마지막 한 이레인 7년 대환란의 사건이 있을 것으로 보는 견해다.

이 견해를 주장하는 사람들은 7년 대환란의 전 3년 반 동안에는 교회가 이 땅에 내려지는 환난을 통과한 후 후 3년 반이 시작되는 시점에서 하나님이 예비하신 광야 예비처에 피신하여 한 때와 두 때와 반 때, 즉 짐승의 통치기간인 후 3년 반의 마흔두 달 동안 특별 보호와 양육을 받게 될 것으로 해석한다.

7년 대환란이 끝나면 예수 그리스도께서 재림하시며, 성도들은 모두 부활 승천하여 예수 그리스도와 더불어 천년왕국에 들어가 천년 동안 왕 노릇 할 것이라고 해석하는 것이 역사적 전천년설을 주장하는 사람들의 일반적 견해다.

그들은 천년왕국 동안 사탄이 결박되어 무저갱에 갇히고 인봉되어 다시는 만국을 미혹하지 못하게 되는 사건을 문자적으로 해석하며, 천 년 동안 이 땅에 에덴 동산이 회복되는 복락원(復樂園)의 시간이 성취될 것으로 믿는다.

천 년이 차면 사탄이 잠시 놓여 무저갱으로부터 나와서 땅의 사방 백성을 미혹함으로 곡과 마곡의 전쟁이 있을 것이나 하늘에서 하나님께로부터 불이 내려와 저희를 소멸하고 마귀가 불과 유황 못에 던져질 것이며, 사망과 음부도 둘째 사망의 불못에 던져져 영멸(永滅)에 들어가게 되고, 성도들은 신천신지에서 하나님과 어린 양 예수 그리스도로 더불어 영생(永生)에 들어가게 될 것이라는 해석을 취한다.

역사적 전천년설은 초대교회부터 기독교 초창기에 해당되는 1-3세기 동안 지배적인 전통적 이론이었다. 예수님의 사랑하는 제자 사도 요한은 자신의 수제자였던 서머나 교회 감독이었던 폴리갑

(Polycarp, 주후 156년 순교)에게 전승시켰으며, 폴리캅은 그의 제자였던 이레니우스(Irenaeus, 주후 202년)에게 전승시켜 초대교회 정통신학의 계열에 세워진 정설로 받아들였다.

역사적 전천년설이 예수님부터 이레니우스까지 이어지는 역사적 정통성을 지닌 가장 성경적 해석임에도 불구하고 큰 호응을 얻지 못하고 있는 것은 그동안 역사적 전천년설을 주장하는 사람들이 주장하는 학설에 다음과 같은 문제점을 드러내고 있기 때문이다.

(2) 문제점

역사적 전천년설을 주장하는 사람들은 예수 그리스도의 재림과 동시에 시작되는 천년왕국과 요한계시록 21장에 계시되고 있는 새 하늘과 새 땅을 동일시하며, 천년왕국부터 영원세계가 이어진다고 해석한다.

이 해석에 동조하지 않는 사람들이 제시하는 질문들이 있다.

첫째, 천년왕국과 영원세계인 신천신지가 동일한 연계선상에 있다면, 천년왕국이 끝난 뒤 사탄이 풀려 나와 곡과 마곡의 전쟁을 해야 할 이유가 무엇인가?

둘째, 천년왕국에 모든 성도들이 부활체나 변화체를 입고 왕 노릇한다면 천년왕국에서 죽음도 있고, 저주도 있고, 생육하고 번성하는 일이 가능한가?

> "부활 때에는 장가도 아니 가고 시집도 아니 가고 하늘에 있는 천사들과 같으니라"(마 22:30).

셋째, 천년왕국에서 번성한 사람들은 부활체나 변화체를 입고 예수 그리스도와 혼인 잔치를 치르지 않고도 영원한 천국(신천신지)에 들어갈 수 있는 것인가?

넷째, 예수 그리스도를 구주로 영접한 성도들, 즉 생명책에 이미 이름이 기록된 사람들은 이미 부활체나 변화체를 입고 예수 그리스도와 더불어 왕 노릇 하게 되는데, 백보좌 심판대 앞에 생명책이 펴져 있을 이유가 무엇인가? 다시 말해, 성도들은 이미 예수 그리스도 재림 때 모두 부활되거나 변화된 상태이므로 둘째 부활(전천년설주의자들이 말하는 악인의 부활)에 참예하는 자들은 무조건 유황 불못에 던져지면 되기 때문에 생명책이 펴져 있을 필요가 없지 않겠는가?

> "또 내가 보니 죽은 자들이 무론대소하고 그 보좌 앞에 섰는데 책들이 펴 있고 또 다른 책이 펴졌으니 곧 생명책이라 죽은 자들이 자기 행위를 따라 책들에 기록된 대로 심판을 받으니……각 사람이 자기의 행위대로 심판을 받고"(계 20:12-13).

다섯째, 예수 믿는 성도들은 예수 그리스도 재림 시에 모두 부활되거나 변화되어 천년왕국에서 왕 노릇 하는 상급을 이미 받았다면, 천년왕국이 끝난 뒤 있게 될 예수 그리스도의 백보좌 심판대 앞에 서서 각자의 입으로 자기 행위를 직고(直告)하리라고 증거하는 성경 말씀과 상충(相衝)되는 문제를 어떻게 설명할 것인가?

> "네가 어찌하여 네 형제를 판단하느뇨 어찌하여 네 형제를 업신여기느뇨 우리가 다 하나님의 심판대 앞에 서리라 기록되었으되 주께서 가라사대 내가 살았노니 모든 무릎이 내게 꿇을 것이요 모든 혀가 하나님께 자백하리라 하였느니라 그러므로 우리 각인이 자기 일을 하나님께 직고하리라"(롬 14:10-12).

"저희가 산 자와 죽은 자 심판하기를 예비하신 자에게 직고(直告)하리라"(벧전 4:5).

역사적 전천년설을 주장하는 사람들이 위와 같은 의문에 성경적인 대답을 해주지 못하는 것은 스스로 역사적 전천년설의 성경 해석에 문제가 있음을 자인하는 것이다.

네 가지 학설 중에 역사적 전천년설이 가장 전통적이고 성경적인 해석임에 틀림없다. 그럼에도 불구하고 역사적 전천년설을 주장하는 학자들이 위와 같은 의문에 시원한 성경적 대답을 제시해 주지 못하는 이유가 있다. 그것은 그동안 역사적 전천년설을 주장해 온 학자들의 해석에 몇 군데 잘못된 부분이 있기 때문이다. 몇 가지 잘못된 틀을 바로잡기만 하면 위와 같은 질문에 확실한 대답을 제시해 줄 수 있을 뿐만 아니라 요한계시록 전체의 해석에 역사적 전천년설이 가장 타당한 성경적 해석임을 확신할 수 있을 것이다.

7인, 7나팔, 7대접

"내가 보매 어린 양이 일곱 인 중에 하나를 떼시는 그때에 내가 들으니 네 생물 중에 하나가 우뢰 소리같이 말하되 오라 하기로 내가 이에 보니 흰 말이 있는데 그 탄 자가 활을 가졌고 면류관을 받고 나가서 이기고 또 이기려고 하더라 둘째 인을 떼실 때에 내가 들으니 둘째 생물이 말하되 오라 하더니 이에 붉은 다른 말이 나오더라 그 탄 자가 허락을 받아 땅에서 화평을 제하여 버리며 서로 죽이게 하고 또 큰 칼을 받았더라 셋째 인을 떼실 때에 내가 들으니 셋째 생물이 말하되 오라 하기로 내가 보니 검은 말이 나오는데 그 탄 자가 손에 저울을 가졌더라 내가 네 생물 사이로서 나는 듯하는 음성을 들으니 가로되 한 데나리온에 밀 한 되요 한 데나리온에 보리 석 되로다 또 감람유와 포도주는 해치 말라 하더라 넷째 인을 떼실 때에 내가 넷째 생물의 음성을 들으니 가로되 오라 하기로 내가 보매 청황색 말이 나오는데 그 탄 자의 이름은 사망이니 음부가 그 뒤를 따르더라 저희가 땅 사분 일의 권세를 얻어 검과 흉년과 사망과 땅의 짐승으로써 죽이더라 다섯째 인을 떼실 때에 내가 보니 하나님의 말씀과 저희의 가진 증거를 인하여 죽임을 당한 영혼들이 제단 아래 있어 큰 소리로 불러 가로되 거룩하고 참되신 대주재여 땅에 거하는 자들을 심판하여 우리 피를 신원하여 주지 아니하시기를 어느 때까지 하시려나이까 하니 각각 저희에게 흰 두루마기를 주시며 가라사대 아직 잠시 동안 쉬되 저희 동무 종들과 형제들도 자기처럼 죽임을 받아 그 수가 차기까지 하라 하시더라 내가 보니 여섯째 인을 떼실 때에 큰 지진이 나며 해가 총담같이 검어지고 온 달이 피같이 되며 하늘의 별들이 무화과나무가 대풍에 흔들려 선 과실이 떨어지는 것같이 땅에 떨어지며 하늘은 종이 축이 말리는 것같이 떠나가고 각 산과 섬이 제자리에서 옮기우매 땅의 임금들과 왕족들과 장군들과 부자들과 강한 자들과 각 종과 자주자가 굴과 산 바위 틈에 숨어 산과 바위에게 이르되 우리 위에 떨어져 보좌에 앉으신 이의 낯에서와 어린 양의 진노에서 우리를 가리우라,
일곱째 인을 떼실 때에 하늘이 반시 동안쯤 고요하더니 내가 보매 하나님 앞에 시위한 일곱 천사가 있어 일곱 나팔을 받았더라"(7인-계 6:1-16, 8:1-2).

"일곱째 인을 떼실 때에 하늘이 반시 동안쯤 고요하더니 내가 보매 하나님 앞에 시위한 일곱 천사가 있어 일곱 나팔을 받았더라 또 다른 천사가 와서 제단 곁에 서서 금 향로를 가지고 많은 향을 받았으니 이는 모든 성도의 기도들과 합하여 보좌 앞 금단에 드리고자 함이라 향연이 성도의 기도와 함께 천사의 손으로부터 하나님 앞으로 올라가는지라 천사가 향로를 가지고 단 위의 불을 담아다가 땅에 쏟으매 뇌성과 음성과 번개와 지진이 나더라 일곱 나팔 가진 일곱 천사가 나팔 불기를 예비하더라 첫째 천사가 나팔을 부니 피 섞인 우박과 불이 나서 땅에 쏟아지매 땅의 삼분의 일이 타서 사위고 수목의 삼분의 일도 타서 사위고 각종 푸른 풀도 타서 사위더라 둘째 천사가 나팔을 부니 불붙는 큰 산과 같은 것이 바다에 던지우매 바다의 삼분의 일이 피가 되고 바다 가운데 생명 가진 피조물들의 삼분의 일이 죽고 배들의 삼분의 일이 깨어지더라 셋째 천사가 나팔을 부니 횃불같이 타는 큰 별이 하늘에서 떨어져 강들의 삼분의 일과 여러 물샘에 떨어지니 이 별 이름은 쑥이라 물들의 삼분의 일이 쑥이 되매 그 물들이 쓰게 됨을 인하여 많은 사람이 죽더라 넷째 천사가 나팔을 부니 해 삼분의 일과 달 삼분의 일과 별들의 삼분의 일이 침을 받아 그 삼분의 일이 어두워지니 낮 삼분의 일은 비췸이 없고 밤도 그러하더라 내가 또 보고 들으니 공중에 날아가는 독수리가 큰 소리로 이르되 땅에 거하는 자들에게 화, 화, 화가 있으리로다 이외에도 세 천사의 불 나팔 소리를 인함이로다 하더라

둘째 화는 지나갔으나 보라 셋째 화가 속히 이르는도다 일곱째 천사가 나팔을 불매 하늘에 큰 음성들이 나서 가로되 세상 나라가 우리 주와 그 그리스도의 나라가 되어 그가 세세토록 왕 노릇 하시리로다 하니 하나님 앞에 자기 보좌에 앉은 이십사 장로들이 엎드려 얼굴을 대고 하나님께 경배하여 가로되 감사하옵나니 옛적에도 계셨고 시방도 계신 주 하나님 곧 전능하신 이여 친히 큰 권능을 잡으시고 왕 노릇 하시도다 이방들이 분노하매 주의 진노가 임하여 죽은 자를 심판하시며 종 선지자들과 성도들과 또 무론 대소하고 주의 이름을 경외하는 자들에게 상 주시며 또 땅을 망하게 하는 자들을 멸망시키실 때로소이다 하더라 이에 하늘에 있는 하나님의 성전이 열리니 성전 안에 하나님의 언약궤가 보이며 또 번개와 음성들과 뇌성과 지진과 큰 우박이 있더라"(7나팔-계 8:1-13, 11:14-19).

"또 하늘에 크고 이상한 다른 이적을 보매 일곱 천사가 일곱 재앙을 가졌으니 곧 마지막 재앙이라 하나님의 진노가 이것으로 마치리로다 또 내가 보니 불이 섞인 유리 바다 같은 것이 있고 짐승과 그의 우상과 그의 이름의 수를 이기고 벗어난 자들이 유리바다 가에 서서 하나님의 거문고를 가지고 하나님의 종 모세의 노래, 어린 양의 노래를 불러 가로되 주 하나님 곧 전능하신 이시여 하시는 일이 크고 기이하시도다 만국의 왕이시

여 주의 길이 의롭고 참되시도다 주여 누가 주의 이름을 두려워하지 아니하며 영화롭게 하지 아니하오리이까 오직 주만 거룩하시니이다 주의 의로우신 일이 나타났으매 만국이 와서 주께 경배하리이다 하더라 또 이 일 후에 내가 보니 하늘에 증거 장막의 성전이 열리며 일곱 재앙을 가진 일곱 천사가 성전으로부터 나와 맑고 빛난 세마포 옷을 입고 가슴에 금띠를 띠고 네 생물 중에 하나가 세세에 계신 하나님의 진노를 가득히 담은 금대접 일곱을 그 일곱 천사에게 주니 하나님의 영광과 능력을 인하여 성전에 연기가 차게 되매 일곱 천사의 일곱 재앙이 마치기까지는 성전에 능히 들어갈 자가 없더라 또 내가 들으니 성전에서 큰 음성이 나서 일곱 천사에게 말하되 너희는 가서 하나님의 진노의 일곱 대접을 땅에 쏟으라 하더라 첫째가 가서 그 대접을 땅에 쏟으매 악하고 독한 헌데가 짐승의 표를 받은 사람들과 그 우상에게 경배하는 자들에게 나더라 둘째가 그 대접을 바다에 쏟으매 바다가 곧 죽은 자의 피같이 되니 바다 가운데 모든 생물이 죽더라 셋째가 그 대접을 강과 물 근원에 쏟으매 피가 되더라 내가 들으니 물을 차지한 천사가 가로되 전에도 계셨고 시방도 계신 거룩하신 이여 이렇게 심판하시니 의로우시도다 저희가 성도들과 선지자들의 피를 흘렸으므로 저희로 피를 마시게 하신 것이 합당하니이다 하더라 또 내가 들으니 제단이 말하기를 그러하다 주 하나님 곧 전능하신 이시여 심판하시는 것이 참되시고 의로우시도다 하더라 넷째가 그 대접을 해에 쏟으매 해가 권세를 받아 불로 사람들을 태우니 사람들이 크게 태움에 태워진지라 이 재앙들을 행하는 권세를 가지신 하나님의 이름을 훼방하며 또 회개하여 영광을 주께 돌리지 아니하더라 또 다섯째가 그 대접을 짐승의 보좌에 쏟으니 그 나라가 곧 어두워지며 사람들이 아파서 자기 혀를 깨물고 아픈 것과 종기로 인하여 하늘의 하나님을 훼방하고 저희 행위를 회개치 아니하더라 또 여섯째가 그 대접을 큰 강 유브라데에 쏟으매 강물이 말라서 동방에서 오는 왕들의 길이 예비되더라 또 내가 보매 개구리 같은 세 더러운 영이 용의 입과 짐승의 입과 거짓 선지자의 입에서 나오니 저희는 귀신의 영이라 이적을 행하여 온 천하 임금들에게 가서 하나님 곧 전능하신 이의 큰 날에 전쟁을 위하여 그들을 모으더라 보라 내가 도적같이 오리니 누구든지 깨어 자기 옷을 지켜 벌거벗고 다니지 아니하며 자기의 부끄러움을 보이지 아니하는 자가 복이 있도다 세 영이 히브리 음으로 아마겟돈이라 하는 곳으로 왕들을 모으더라 일곱째가 그 대접을 공기 가운데 쏟으매 큰 음성이 성전에서 보좌로부터 나서 가로되 되었다 하니 번개와 음성들과 뇌성이 있고 또 큰 지진이 있어 어찌 큰지 사람이 땅에 있어 옴으로 이같이 큰 지진이 없었더라 큰 성이 세 갈래로 갈라지고 만국의 성들도 무너지니 큰 성 바벨론이 하나님 앞에 기억하신 바 되어 그의 맹렬한 진노의 포도주 잔을 받으매 각 섬도 없어지고 산악도 간 데 없더라 또 중수가 한 달란트나 되는 큰 우박이 하늘로부터 사람들에게 내리매 사람들이 그 박재로 인하여 하나님을 훼방하니 그 재앙이 심히 큼이러라"(7대접-계 15:1-8, 16:1-21).

1. 7인, 7나팔, 7대접 도표

[도표 11]

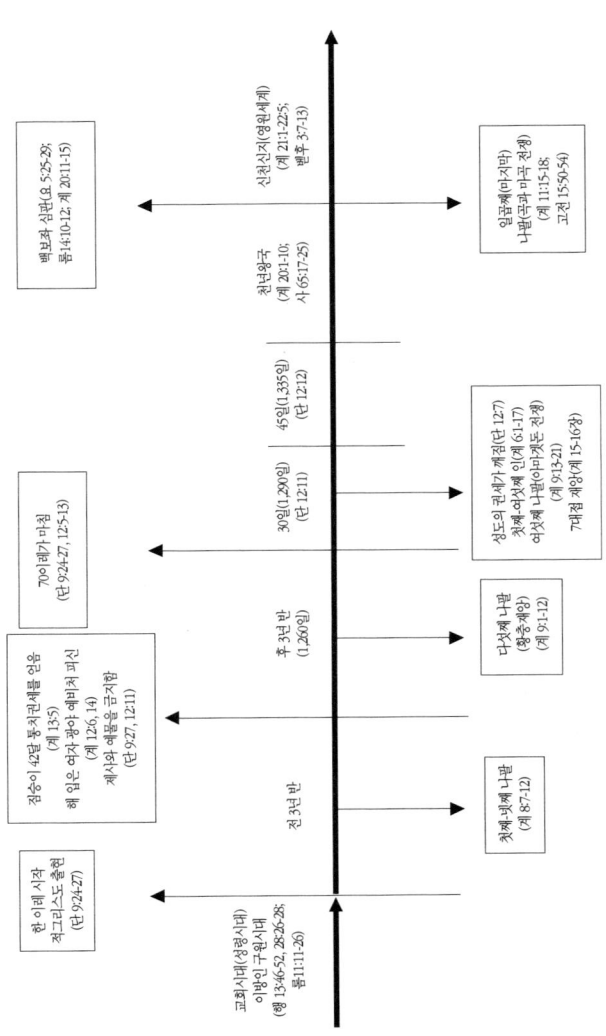

2. 7인, 7나팔, 7대접 강해

요한계시록 해석에 있어서 7인, 7나팔, 7대접 사건이 언제 일어나는 사건인지 그 시점을 제대로 파악하는 일은 대단히 중요하다.

요한계시록 해석의 어려움을 느끼는 요인 가운데 이 세 가지 7인, 7나팔, 7대접 사건의 연관성과 발생시점을 파악하는 일이 쉽지 않다는 것은 누구나가 인정하는 일임에 틀림없다.

어쩌면 지금까지도 요한계시록 해석에 일치를 이루지 못한 채 다양한 견해가 주장되고 있는 이유 또한 이 세 가지 사건의 발생시점을 제대로 파악하지 못한 데 있다고 보아도 과언은 아닐 것이다.

오늘 우리가 7인, 7나팔, 7대접 사건의 발생시점을 성경이 증거하는 말씀 안에서 정확히 파악할 수 있다면, 그동안 해석의 어려움을 느끼거나 난해문제로 여겨졌던 내용들이 막힘 없이 풀리는 기쁨을 맛보게 될 것으로 확신한다.

첫째에서 넷째 인까지(계 6:1-8)는 네 말(흰 말, 붉은 말, 검은 말, 청황색 말)에 대한 계시 내용으로 동일한 패턴(pattern)의 사건임을 알 수 있다. 첫째 인부터 넷째 인까지 이어지는 네 말의 계시내용은 시간적으로 간격을 두고 일어나는 사건이라기보다는 동일한 기간 동안 네 가지 다른 상황의 사건들이 동시다발적(同時多發的)으로 발생하는 사건으로 볼 수 있다.

다섯째 인을 떼는 순간에 천상의 제단 아래 있는 순교자들이 자신들의 피를 신원해 줄 것을 호소하는 사건은 두 증인의 예언사역이 마치고 순교하게 될 사건이 임박한 시점에 일어날 사건임을 알 수 있다. 왜냐하면 그들의 호소를 듣고 "아직 잠시 동안 쉬되 저희 동무 종들과 형제들도 자기처럼 죽임을 받아 그 수가 차기까지 하라"(계 6:11)는 말씀으로 미루어 짐작할 수 있기 때문이다.

순교자들의 동무 종들과 형제들이 이마와 손에 짐승의 표(666)를 받지 아니하고 짐승과 우상에게 경배하지도 아니하며 오직 하나님의 말씀과 예수 그리스도의 말씀을 증거하는 일을 감당하다 순교하게 될 사건은 짐승의 통치기간인 후 3년 반(마흔두 달)이 지난 후에 일어날 사건임이 분명하다(계 13:5-18, 14:4-5, 20:4-5).

첫째에서 여섯째 인까지의 사건은 예수 그리스도의 재림시점에 이루어질 사건임을 보여준다.

첫째에서 넷째 나팔까지(계 8:6-12)의 사건도 동일한 관점으로 해석할 수 있는데, 첫째 나팔부터 넷째 나팔까지는 자연의 3분의 1이 피해를 입고 많은 사람들이 죽임을 당하는 사건으로, 시간적으로 간격을 두고 발생하는 사건이라기보다는 동일한 시기에 네 가지 사건의 상황이 벌어지게 될 것으로 볼 수 있다.

첫째 나팔부터 넷째 나팔까지의 사건은 시간적으로 같은 시점에 발생하는 사건으로 볼 수 있는데, 이는 7년 대환란의 전 3년 반 동안에 일어날 사건으로 보는 것이 뒤에 따르는 사건들과 자연스럽게 조화를 이루는 해석임을 알 수 있다.

다섯째 나팔사건인 황충재앙(첫째 화) 사건이 발생하는 시점은 전 3년 반이 지나고 후 3년 반이 시작되는 시점임을 알 수 있다.

8장 6-12절까지 첫째 나팔 재앙부터 넷째 나팔 재앙까지를 계시한 뒤, 13절 말씀에서 나머지 세 나팔(다섯, 여섯, 일곱째 나팔) 사건에 대해서 특별히 '땅에 거하는 자들에게 임하는 세 가지 화'임을 강조하여 계시하고 있음이 이를 증거해 주고 있다.

> "내가 또 보고 들으니 공중에 날아가는 독수리가 큰 소리로 이르되 땅에 거하는 자들에게 화, 화, 화가 있으리로다 이외에도 세 천사의 불 나팔 소리를 인함이로다 하더라"(계 8:13).

다섯째 나팔이 울려 퍼질 때 발생하는 황충재앙부터 시작되는 세 가지 화는 성도들과는 무관하고 '땅에 거하는 자들'(불신자들) 위에 임하는 하나님의 진노의 화임을 강조하여 계시해 주고 있다.

다섯째 나팔이 울려 퍼지는 황충재앙 때 교회(해 입은 여자)는 이미 광야 예비처에 피신하여 하나님의 특별 보호와 양육을 받게 되고, 이 땅에는 순교하기까지 복음을 증거할 하나님의 인 맞은 종들(해 입은 여자가 낳은 아이, 계 12장)만 남아 있을 것이다.

> "이는 그때에 큰 환난이 있겠음이라· 창세로부터 지금까지 이런 환난이 없었고 후에도 없으리라 그 날들을 감하지 아니할 것이면 모든 육체가 구원을 얻지 못할 것이나 그러나 택하신 자들을 위하여 그 날들을 감하시리라"(마 24:21-22).

> "그때에 두 사람이 밭에 있으매 하나는 데려감을 당하고 하나는 버려둠을 당할 것이요 두 여자가 매를 갈고 있으매 하나는 데려감을 당하고 하나는 버려둠을 당할 것이니라"(마 24:40-41).

> "저희에게 이르시되 땅의 풀이나 푸른 것이나 각종 수목은 해하지 말고 오직 이마에 하나님의 인 맞지 아니한 사람들만 해하라 하시더라 그러나 그들을 죽이지는 못하게 하시고 다섯 달 동안 괴롭게만 하게 하시는데 그 괴롭게 함은 전갈이 사람을 쏠 때에 괴롭게 함과 같더라 그날에는 사람들이 죽기를 구하여도 얻지 못하고 죽고 싶으나 죽음이 저희를 피하리로다"(계 9:4-6).

> "용이 자기가 땅으로 내어쫓긴 것을 보고 남자를 낳은 여자를 핍박하는지라 그 여자가 큰 독수리의 두 날개를 받아 광야 자기 곳으로 날아가 거기서 그 뱀의 낯을 피하여 한 때와 두 때와 반 때를 양육 받으

매……용이 여자에게 분노하여 돌아가서 그 여자의 남은 자손 곧 하나
님의 계명을 지키며 예수의 증거를 가진 자들로 더불어 싸우려고 바다
모래 위에 섰더라"(계 12:13-17).

출애굽 당시 애굽 땅에 열 가지 재앙이 내려질 때 피, 개구리, 이
재앙이 내려질 때까지는 애굽인들과 이스라엘 백성들 사이에 구별
이 없이 온 애굽에 내려졌지만, 네 번째 재앙인 파리 재앙부터는 애
굽인들과 하나님의 백성인 이스라엘 백성 사이에 구별이 있게 되었
음을 보여주고 있다.

"네가 만일 내 백성을 보내지 아니하면 내가 너와 네 신하와 네 백성과
네 집들에 파리 떼를 보내리니 애굽 사람의 집집에 파리 떼가 가득할
것이며 그들의 거하는 땅에도 그러하리라 그날에 내가 내 백성의 거하
는 고센 땅을 구별하여 그곳에는 파리 떼가 없게 하리니 이로 말미암아
나는 세상 중의 여호와인 줄을 네가 알게 될 것이라 내가 내 백성과 네
백성 사이에 구별을 두리니 내일 이 표징이 있으리라 하셨다 하라 하시
고 여호와께서 그와 같이 하시니 무수한 파리 떼가 바로의 궁에와 그
신하의 집에와 애굽 전국에 이르니 파리 떼로 인하여 땅이 해(害)를 받
더라"(출 8:21-24).

이와 마찬가지로 마지막 종말 때 있을 7년 대환란 기간에도 전 3
년 반에 있을 첫째에서 넷째 나팔재앙인 자연재앙은 성도들과 이 땅
에 거하는 자들 즉 불신자들 사이에 구별됨이 없이 모두 환난을 겪
게 된다. 그러나 하나님의 진노의 화로 계시되고 있는 다섯째 나팔
재앙부터는 하나님의 백성 된 성도들과 이 땅에 거하는 자들로 계시
된 불신자들 사이에 뚜렷한 구별이 있음을 계시해 주고 있다.

전 3년 반의 환난 기간이 지나면 영적 이스라엘인 교회는 하나님이 예비하신 광야 예비처로 피신하여 하나님의 특별 보호와 양육을 받게 되고, 이 땅에 거하는 자들에게는 세 가지 화를 내리심으로 회개를 촉구하고 공의의 심판을 행하게 될 것임을 보여주고 있다.

다섯째 나팔재앙인 황충재앙 때 하나님의 인 맞지 않은 자들을 다섯 달 동안 괴롭게만 하고 죽이지는 못하게 하시는 것은 그들에게 회개를 촉구하는 수단으로 황충재앙의 화를 사용하신다는 것을 알 수 있다.

다니엘 12장 9-12절의 예언의 말씀에 보면, 두 증인의 사역기간 또는 짐승의 통치기간인 후 3년 반의 1,260일이 지난 뒤 1,290일이 되는 동안 많은 사람들이 깨달아 회개하는 역사가 일어날 것이며, 1,335일 동안 참고 인내하며 정결하고 희게 하는 거룩한 백성으로 남아 복 받을 자들이 많이 있게 될 것임을 증거해 주고 있다.

"그가 가로되 다니엘아 갈지어다 대저 이 말은 마지막 때까지 간수하고 봉함할 것임이니라 많은 사람이 연단을 받아 스스로 정결케 하며 희게 할 것이나 악한 사람은 악을 행하리니 악한 자는 아무도 깨닫지 못하되 오직 지혜 있는 자는 깨달으리라 매일 드리는 제사를 폐하며 멸망케 할 미운 물건을 세울 때부터 일천이백구십 일을 지낼 것이요 기다려서 일천삼백삼십오 일까지 이르는 그 사람은 복이 있으리라"(단 12:9-12).

"또 내게 말하되 이 책의 예언의 말씀을 인봉하지 말라 때가 가까우니라 불의를 하는 자는 그대로 불의를 하고 더러운 자는 그대로 더럽고 의로운 자는 그대로 의를 행하고 거룩한 자는 그대로 거룩되게 하라 보라 내가 속히 오리니 내가 줄 상이 내게 있어 각 사람에게 그의 일한 대로 갚아 주리라 나는 알파와 오메가요 처음과 나중이요 시작과 끝이라

그 두루마기를 빠는 자들은 복이 있으니 이는 저희가 생명나무에 나아
가며 문들을 통하여 성에 들어갈 권세를 얻으려 함이로다"(계 22:10-
14).

다섯째 나팔이 울려 퍼질 때 있을 황충재앙을 7년 대환란의 후 3
년 반이 시작되는 시점에 있을 '첫째 화'의 사건으로 보는 데는 큰
이견(異見)이 없으나 둘째 화인 여섯째 나팔과 셋째 화인 일곱째 나
팔이 울려 퍼지는 시점이 언제인가라는 문제에 대해서는 다소간(多
少間)의 차이가 있다.

지금까지 대부분의 학자들은 둘째 화인 여섯째 나팔사건과 셋째
화인 일곱째 나팔사건이 후 3년 반의 후반부에 집중되어 일어날 사
건으로 해석하고 있다.

그러나 성경을 자세히 살펴보면, 여섯째 나팔인 둘째 화(아마겟돈
전쟁: 땅 위에 있는 사람의 3분의 1이 죽음)의 사건은(계 9:13-21) 후 3년 반이
끝난 뒤에 일어날 사건이다.

이 사건은 예수 그리스도가 백마 타고 재림하는 시점(계 19:11-21)에
발생할 사건이고, 마지막 일곱 번째 나팔인 셋째 화는 천년왕국 기
간이 끝난 이후에 발생할 사건임을 알 수 있다.

여섯째 인, 여섯째 나팔, 여섯째 대접재앙은 모두 같은 시점에 발
생할 동일사건인 아마겟돈 전쟁을 계시하고 있는데, 이 세 가지 각
기 다른 표현을 자세하게 관찰해 보면 모두가 예수 그리스도께서 흰
말을 타시고 공의로 심판하며 싸우시려고 재림하실 때 발생할 아마
겟돈 전쟁을 나타내는 계시말씀임을 알 수 있다.

"내가 보니 여섯째 인을 떼실 때에 큰 지진이 나며 해가 총담같이 검어
지고 온 달이 피같이 되며 하늘의 별들이 무화과나무가 대풍에 흔들려

선 과실이 떨어지는 것같이 땅에 떨어지며 하늘은 종이 축이 말리는 것 같이 떠나가고 각 산과 섬이 제자리에서 옮기우매 땅의 임금들과 왕족들과 장군들과 부자들과 강한 자들과 각 종과 자주자가 굴과 산 바위 틈에 숨어 산과 바위에게 이르되 우리 위에 떨어져 보좌에 앉으신 이의 낯에서와 어린 양의 진노에서 우리를 가리우라 그들의 진노의 큰 날이 이르렀으니 누가 능히 서리요 하더라"(계 6:12-17).

"여섯째 천사가 나팔을 불매 내가 들으니 하나님 앞 금단 네 뿔에서 한 음성이 나서 나팔 가진 여섯째 천사에게 말하기를 큰 강 유브라데에 결박(結縛)한 네 천사를 놓아주라 하매 네 천사가 놓였으니 그들은 그 년 월 일 시에 이르러 사람 삼분의 일을 죽이기로 예비한 자들이더라 마병대의 수는 이만만이니 내가 그들의 수를 들었노라 이같이 이상한 가운데 그 말들과 그 탄 자들을 보니 불빛과 자줏빛과 유황빛 흉갑이 있고 또 말들의 머리는 사자 머리 같고 그 입에서는 불과 연기와 유황이 나오더라 이 세 재앙 곧 저희 입에서 나오는 불과 연기와 유황을 인하여 사람 삼분의 일이 죽임을 당하니라"(계 9:13-18).

"또 여섯째가 그 대접을 큰 강 유브라데에 쏟으매 강물이 말라서 동방에서 오는 왕들의 길이 예비되더라 또 내가 보매 개구리 같은 세 더러운 영이 용의 입과 짐승의 입과 거짓 선지자의 입에서 나오니 저희는 귀신의 영이라 이적을 행하여 온 천하 임금들에게 가서 하나님 곧 전능하신 이의 큰 날에 전쟁을 위하여 그들을 모으더라 보라 내가 도적같이 오리니 누구든지 깨어 자기 옷을 지켜 벌거벗고 다니지 아니하며 자기의 부끄러움을 보이지 아니하는 자가 복이 있도다 세 영이 히브리 음으로 아마겟돈이라 하는 곳으로 왕들을 모으더라"(계 16:12-16).

"또 내가 하늘이 열린 것을 보니 보라 백마와 탄 자가 있으니 그 이름은 충신과 진실이라 그가 공의로 심판하며 싸우더라……또 그가 피 뿌린 옷을 입었는데 그 이름은 하나님의 말씀이라 칭하더라 하늘에 있는 군대들이 희고 깨끗한 세마포를 입고 백마를 타고 그를 따르더라 그의 입에서 이한 검이 나오니 그것으로 만국을 치겠고 친히 저희를 철장으로 다스리며 또 친히 하나님 곧 전능하신 이의 맹렬한 진노의 포도주 틀을 밟겠고 그 옷과 그 다리에 이름 쓴 것이 있으니 만왕의 왕이요 만주의 주라 하였더라……또 내가 보매 그 짐승과 땅의 임금들과 그 군대들이 모여 그 말 탄 자와 그의 군대로 더불어 전쟁을 일으키다가 짐승이 잡히고 그 앞에서 이적을 행하던 거짓 선지자도 함께 잡혔으니 이는 짐승의 표를 받고 그의 우상에게 경배하던 자들을 이적으로 미혹하던 자라 이 둘이 산 채로 유황 불붙는 못에 던지우고 그 나머지는 말 탄 자의 입으로 나오는 검에 죽으매 모든 새가 그 고기로 배불리우더라"(계 19:11-21).

이상의 모든 계시말씀들을 살펴볼 때 여섯째 나팔인 '둘째 화'의 사건은 후 3년 반이 끝나고 예수 그리스도의 재림 시에 일어나게 될 아마겟돈 전쟁을 예언해 주는 동일한 계시 내용임을 확인할 수 있는 말씀들이다.

따라서 마지막 일곱 번째 나팔인 '셋째 화'의 사건은 예수 그리스도의 재림사건 이후에 있을 사건이 될 수밖에 없고, 마지막 나팔인 일곱 번째 나팔이 울려 퍼질 때 일어나게 될 사건들의 계시내용들을 살펴보면 마지막 '셋째 화'는 천년왕국이 끝나고 발생하는 사건임을 보여주고 있음을 확신할 수 있다.

천년왕국은 이사야 선지자가 예언한 이 땅에 성취될 새 하늘과 새 땅의 예언이 성취되는 사건으로 복락원(復樂園)의 기간이다. 이 기간 동안에는 육체를 입고 들어간 성도들의 번성이 있고, 사망과 저주도 존재한다.

천년왕국이 끝나고 사탄이 잠시 놓여 곡과 마곡의 전쟁을 일으키게 될 것이며, 모든 사람들이 부활하거나 변화되어 백보좌 심판을 받고, 사망과 음부가 둘째 사망의 불못에 던져져 다시는 사망이 없는 신천신지가 이루어질 것이다. 그때가 예수 그리스도가 그의 나라를 하나님 아버지께 바치게 될 때이며, 그때부터는 전능하신 하나님이 친히 성도들과 함께 계시며 영원토록 왕으로 통치하시는 영원한 천국이 성취될 것이다.

> "아담 안에서 모든 사람이 죽은 것같이 그리스도 안에서 모든 사람이 삶을 얻으리라 그러나 각각 자기 차례대로 되리니 먼저는 첫 열매인 그리스도요 다음에는 그리스도 강림하실 때에 그에게 붙은 자요 그 후에는 나중이니 저가 모든 정사와 모든 권세와 능력을 멸하시고 나라를 아버지 하나님께 바칠 때라 저가 모든 원수를 그 발 아래 둘 때까지 불가불 왕 노릇 하시리니 맨 나중에 멸망받을 원수는 사망이니라"(고전 15:22-26).

> "또 내가 크고 흰 보좌와 그 위에 앉으신 자를 보니 땅과 하늘이 그 앞에서 피하여 간 데 없더라 또 내가 보니 죽은 자들이 무론대소하고 그 보좌 앞에 섰는데 책들이 펴 있고 또 다른 책이 펴졌으니 곧 생명책이라 죽은 자들이 자기 행위를 따라 책들에 기록된 대로 심판을 받으니 바다가 그 가운데서 죽은 자들을 내어주고 또 사망과 음부도 그 가운데서 죽은 자들을 내어주매 각 사람이 자기의 행위대로 심판을 받고 사망과 음부도 불못에 던지우니 이것은 둘째 사망 곧 불못이라 누구든지 생명책에 기록되지 못한 자는 불못에 던지우더라"(계 20:11-15).

"또 내가 새 하늘과 새 땅을 보니 처음 하늘과 처음 땅이 없어졌고 바다도 다시 있지 않더라 또 내가 보매 거룩한 성 새 예루살렘이 하나님께로부터 하늘에서 내려오니 그 예비한 것이 신부가 남편을 위하여 단장한 것 같더라 내가 들으니 보좌에서 큰 음성이 나서 가로되 보라 하나님의 장막이 사람들과 함께 있으매 하나님이 저희와 함께 거하시리니 저희는 하나님의 백성이 되고 하나님은 친히 저희와 함께 계셔서 모든 눈물을 그 눈에서 씻기시매 다시 사망이 없고 애통하는 것이나 곡하는 것이나 아픈 것이 다시 있지 아니하리니 처음 것들이 다 지나갔음이러라"(계 21:1-4).

"일곱째 천사가 나팔을 불매 하늘에 큰 음성들이 나서 가로되 세상 나라가 우리 주와 그 그리스도의 나라가 되어 그가 세세토록 왕 노릇 하시리로다 하니 하나님 앞에 자기 보좌에 앉은 이십사 장로들이 엎드려 얼굴을 대고 하나님께 경배하여 가로되 감사하옵나니 옛적에도 계셨고 시방도 계신 주 하나님 곧 전능하신 이여 친히 큰 권능을 잡으시고 왕 노릇 하시도다 이방들이 분노하매 주의 진노가 임하여 죽은 자를 심판하시며 종 선지자들과 성도들과 또 무론대소하고 주의 이름을 경외하는 자들에게 상 주시며 또 땅을 망하게 하는 자들을 멸망시키실 때로소이다 하더라"(계 11:15-18).

    일곱째 천사가 나팔을 부는 셋째 화 사건을 계시하고 있는 위의 본문말씀은 그 시기가 백보좌 심판이 행해지고 전능하신 하나님이 직접 통치하시는 영원한 하나님의 나라가 성취되는 시점임을 명시(明示)해 주고 있다.
    이 사실에 대해 사도 바울은 부활장인 고린도전서 15장에서 확증을 더해 주고 있는데, 15장 50절 이하의 증거말씀이 이 진리를 입증해 주는 말씀임을 알 수 있다.

> "형제들아 내가 이것을 말하노니 혈과 육은 하나님 나라를 유업으로 받을 수 없고 또한 썩은 것은 썩지 아니한 것을 유업으로 받지 못하느니라 보라 내가 너희에게 비밀을 말하노니 우리가 다 잠잘 것이 아니요 마지막 나팔에 순식간에 홀연히 다 변화하리니 나팔 소리가 나매 죽은 자들이 썩지 아니할 것으로 다시 살고 우리도 변화하리라 이 썩을 것이 불가불 썩지 아니할 것을 입겠고 이 죽을 것이 죽지 아니함을 입으리로다 이 썩을 것이 썩지 아니함을 입고 이 죽을 것이 죽지 아니함을 입을 때에는 사망이 이김의 삼킨 바 되리라고 기록된 말씀이 응하리라"(고전 15:50-54).

사도 바울은 마지막 일곱째 나팔이 불려질 때 영원한 하나님의 나라를 유업으로 받기 위하여 예수 믿는 모든 성도들이 부활하거나 변화되어 시공간을 초월할 수 있는 영원한 생명의 몸을 입게 될 것이며, 사망이 이김의 삼킨 바 되리라고 증거해 주고 있다.

사망과 음부가 둘째 사망의 불못에 던져지는 시기는 천년왕국이 끝나고 곡과 마곡의 전쟁이 있게 되고, 백보좌 심판이 시행되는 시점임이 명백하다.

3 세 가지 화(禍)

"다섯째 천사가 나팔을 불매 내가 보니 하늘에서 땅에 떨어진 별 하나가 있는데 저가 무저갱의 열쇠를 받았더라 저가 무저갱을 여니 그 구멍에서 큰 풀무의 연기 같은 연기가 올라오매 해와 공기가 그 구멍의 연기로 인하여 어두워지며 또 황충이 연기 가운데로부터 땅 위에 나오매 저희가 땅에 있는 전갈의 권세와 같은 권세를 받았더라 저희에게 이르시되 땅의 풀이나 푸른 것이나 각종 수목은 해하지 말고 오직 이마에 하나님의 인 맞지 아니한 사람들만 해하라 하시더라 그러나 그들을 죽이지는 못하게 하시고 다섯 달 동안 괴롭게만 하게 하시는데 그 괴롭게 함은 전갈이 사람을 쏠 때에 괴롭게 함과 같더라 그날에는 사람들이 죽기를 구하여도 얻지 못하고 죽고 싶으나 죽음이 저희를 피하리로다 황충들의 모양은 전쟁을 위하여 예비한 말들 같고 그 머리에 금 같은 면류관 비슷한 것을 썼으며 그 얼굴은 사람의 얼굴 같고 또 여자의 머리털 같은 머리털이 있고 그 이는 사자의 이 같으며 또 철흉갑 같은 흉갑이 있고 그 날개들의 소리는 병거와 많은 말들이 전장으로 달려 들어가는 소리 같으며 또 전갈과 같은 꼬리와 쏘는 살이 있어 그 꼬리에는 다섯 달 동안 사람들을 해하는 권세가 있더라 저희에게 임금이 있으니 무저갱의 사자라 히브리 음으로 이름은 아바돈이요 헬라 음으로 이름은 아볼루온이더라 첫째 화는 지나갔으나 보라 아직 이 후에 화 둘이 이르리로다 여섯째 천사가 나팔을 불매 내가 들으니 하나님 앞 금단 네 뿔에서 한 음성이 나서 나팔 가진 여섯째 천사에게 말하기를 큰 강 유브라데에 결박한 네 천사를 놓아주라 하매 네 천사가 놓였으니 그들은 그 년 월 일 시에 이르러 사람 삼분의 일을 죽이기로 예비한 자들이더라 마병대의 수는 이만만이니 내가 그들의 수를 들었노라 이같이 이상한 가운데 그 말들과 그 탄 자들을 보니 불빛과 자줏빛과 유황빛 흉갑이 있고 또 말들의 머리는 사자 머리 같고 그 입에서는 불과 연기와 유황이 나오더라 이 세 재앙 곧 저희 입에서 나오는 불과 연기와 유황을 인하여 사람 삼분의 일이 죽임을 당하니라 이 말들의 힘은 그 입과 그 꼬리에 있으니 그 꼬리는 뱀 같고 또 꼬리에 머리가 있어 이것으로 해하더라 이 재앙에 죽지 않고 남은 사람들은 그 손으로 행하는 일을 회개치 아니하고 오히려 여러 귀신과 또는 보거나 듣거나 다니거나 하지 못하

는 금, 은, 동과 목석의 우상에게 절하고 또 그 살인과 복술과 음행과 도적질을 회개치 아니하더라
둘째 화는 지나갔으나 보라 셋째 화가 속히 이르는도다 일곱째 천사가 나팔을 불매 하늘에 큰 음성들이 나서 가로되 세상 나라가 우리 주와 그 그리스도의 나라가 되어 그가 세세토록 왕 노릇 하시리로다 하니 하나님 앞에 자기 보좌에 앉은 이십사 장로들이 엎드려 얼굴을 대고 하나님께 경배하여 가로되 감사하옵나니 옛적에도 계셨고 시방도 계신 주 하나님 곧 전능하신 이여 친히 큰 권능을 잡으시고 왕 노릇 하시도다 이방들이 분노하매 주의 진노가 임하여 죽은 자를 심판하시며 종 선지자들과 성도들과 또 무론대소하고 주의 이름을 경외하는 자들에게 상 주시며 또 땅을 망하게 하는 자들을 멸망시키실 때로소이다 하더라 이에 하늘에 있는 하나님의 성전이 열리니 성전 안에 하나님의 언약궤가 보이며 또 번개와 음성들과 뇌성과 지진과 큰 우박이 있더라"(계 9:1-21, 11:14-19).

1. 세 가지 화(禍) 도표

[도표 12]

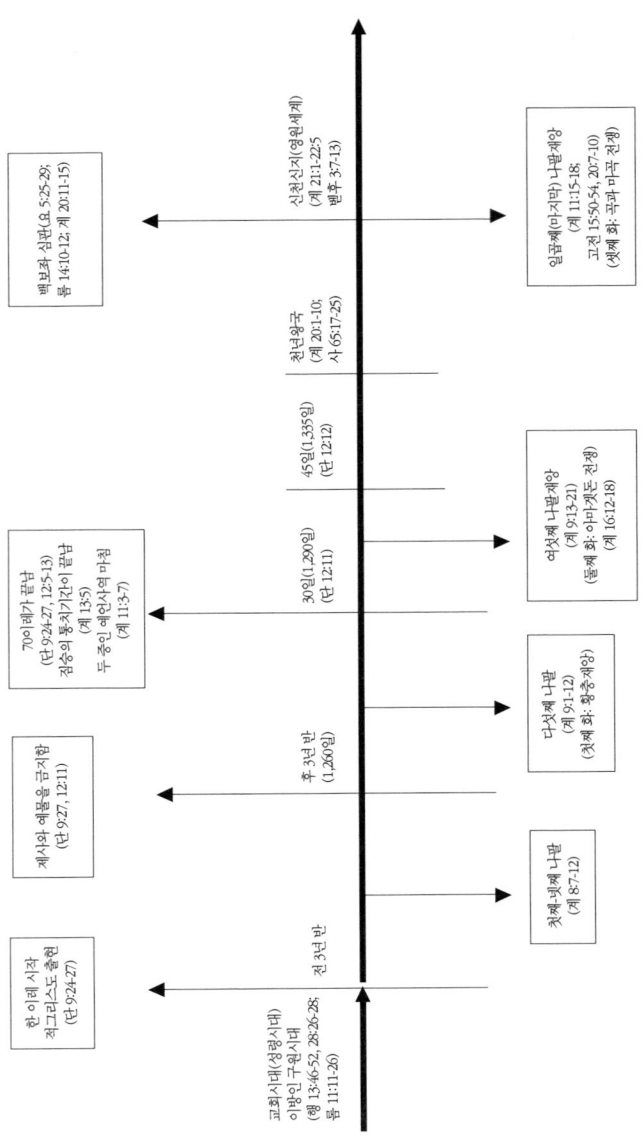

2. 세 가지 화(禍) 강해

넷째 나팔재앙까지는 성도들도 불신자들과 함께 자연에 임하는 대재앙을 겪어야만 했다. 그러나 다섯째 나팔재앙부터는 불신자와 구별된다.

이 땅에 거하던 '해 입은 여자' 곧 교회와 성도들은 광야 예비처로 피신하여 일천이백육십 일 동안 특별 양육을 받게 된다. 그리고 하나님의 인 맞은 종들은 하나님의 진노의 화가 시행되는 다섯째 나팔재앙인 황충재앙으로부터 특별히 구별되어 보호받고 해함을 당하지 않게 된다. 다섯째 나팔재앙인 황충재앙은 후 3년 반이 시작되면서 일어날 사건이다.

해 입은 여자 곧 교회는 전 3년 반이 끝나고 광야 예비처로 피신하여 후 3년 반 동안 특별 양육을 받게 되고, 여자의 남은 후손들 즉 하나님의 인 맞은 종들만 남아 적그리스도와 싸우며 하나님의 말씀과 예수 그리스도의 복음을 증거하는 사역을 감당하게 된다.

다섯째 나팔부터 시작되는 세 가지 화는 땅에 거하는 자들(불신자들)에게 내려지는 하나님의 진노의 화다.

다섯째 나팔재앙에 나타나는 황충의 모습은 전쟁에 예비된 말들 같고(7절), 날아가는 소리는 병거와 많은 말들이 전장으로 달려 들어가는 소리 같다(9절)고 증거하고 있다.

육적인 사건으로 볼 때, 전쟁에 사용되는 무기들 중에 황충과 같은 역할을 하는 무기를 들자면 화학탄을 꼽을 수 있다.

현대전에 사용되는 무기들은 건물이나 자연을 황폐화시키는 엄청난 파괴력을 가지고 있는데, 화학탄은 이것들을 전혀 해하지 아니하고 적진을 향해 날아가서 사람들에게만 고통을 주고 괴롭게 하는 무기다.

황충이 올라오는 모습이나 생긴 모습이나 날아가는 소리는 지하에서 발사되어 적진을 향해 날아가는 화학탄을 탑재한 미사일이 발사되어 날아가는 모습을 보여준다.

〈이스라엘 투데이〉(Israel Today)라는 월간지 2009년 2월호 3페이지에 보면 다음과 같은 내용의 글이 소개되고 있다. "구석진 텔아비브 거리에서 이스라엘 가수 아리엘 질버가 친구들과 함께 '깨어 있으라! 깨어 있으라! 메시아가 오신다!'라고 목소리를 높였다. 몇 년 전 정통 유대교로 전환한 질버는 '이스라엘이 깨어서 메시아를 간구하기를 원합니다'라고 말했다. '우리는 메시아를 고대하고 있습니다. 그분 없이는 아무것도 이룰 수 없습니다.' ……질버 곁에 서 있던 베티 쉬퍼는 사람들에게 회개를 권고하는 것이 자신의 임무라며 '우리는 메시아가 마침내 임재하시기를 기도합니다'라고 말했다. 어떤 이들은 종말의 도래를 경고했다. '이스라엘은 위험에 빠져 있습니다! 끔찍한 전쟁이 이 땅에 고통을 가져올 것입니다!'라고 확성기를 들고 외쳤다. '이스라엘은 곧 시리아, 이란, 레바논으로부터 화학무기 공격을 받게 될 것입니다.' 메시아를 찾는 사람들이 급증하고 있으며, 메시아에 대한 희망은 이스라엘의 일상생활이 되었다."

황충재앙을 통해서도 하나님이 외치시는 메시지는 두 가지다.

첫째는, 황충재앙의 화는 성도들의 고난을 신원하시는 하나님의 진노의 심판재앙임을 보여준다.

차라리 죽기를 구하는 괴로움과 고통을 겪도록 땅에 거하는 자들에게 진노의 화를 내려 성도들의 고통을 신원해 주실 것임을 계시해 주고 있다.

"큰 소리로 불러 가로되 거룩하고 참되신 대주재여 땅에 거하는 자들을 심판하여 우리 피를 신원하여 주지 아니하시기를 어느 때까지 하시려나이까 하니"(계 6:10).

둘째는, '회개하고 주 예수를 믿어 구원함을 받으라'는 복음의 소리다.

땅에 거하는 자들을 죽이지 않고 다섯 달 동안 괴롭게 하신 이유가 거기에 있다.

자포자기한 상태로 죽기를 구하는 어리석은 사람이 되기보다는 회개하고 돌아오기를 바라는 사랑의 채찍이다. 하나님의 인 맞은 십사만사천의 종들이 그들 가운데 남아 있어 생명을 걸고 외치는 복음의 소리를 듣고 회개하도록 기회를 주고 계신 것이다.

"주의 약속은 어떤 이의 더디다고 생각하는 것같이 더딘 것이 아니라 오직 너희를 대하여 오래 참으사 아무도 멸망치 않고 다 회개하기에 이르기를 원하시느니라"(벧후 3:9).

황충을 배후에서 다스리는 임금이 있다. 그 임금은 어두움의 권세 잡은 자요 악의 근본인 사탄이다. 그를 '무저갱의 사자'라 일컫는 것은 그가 장차 무저갱에 갇히게 될 것임을 계시하고 있다.

"또 내가 보매 천사가 무저갱 열쇠와 큰 쇠사슬을 그 손에 가지고 하늘로서 내려와서 용을 잡으니 곧 옛 뱀이요 마귀요 사탄이라 잡아 일천 년 동안 결박하여 무저갱에 던져 잠그고 그 위에 인봉하여 천 년이 차도록 다시는 만국을 미혹하지 못하게 하였다가 그 후에는 반드시 잠깐 놓이리라"(계 20:1-3).

무저갱의 사자인 사탄의 이름이 히브리어로는 아바돈이요, 헬라어로는 아볼루온이라고 밝히고 있다. 이 둘은 모두 '파괴' 또는 '파괴자'라는 뜻을 가지고 있다. 사탄이 하는 일이 무엇인가를 계시해 주는 이름이다. 사탄은 파괴자다. 사탄은 파괴를 주도하는 악의 왕이요, 어두움의 권세자다. 하나님의 창조 질서를 파괴한 최초의 장본인이 사탄이다.

창조주 하나님을 경외하며 순종하여 찬양과 존귀와 영광을 돌려 드려야 마땅한 피조물이 스스로 높아져 교만한 마음으로 하나님의 보좌를 넘보고 영광을 가로채기 위해 반기를 들었던 장본인이 사탄이다. 그는 첫 사람 아담과 하와를 유혹하여 하나님과의 언약을 신뢰하지 못하게 하고, 그 언약을 파괴하도록 거짓으로 꾀어 선악을 알게 하는 나무의 실과를 따 먹도록 했던 옛 뱀이다.

하나님은 질서의 하나님이시다. 땅이 혼돈하고 공허하며 흑암이 깊음 위에 있을 때 하나님께서는 창조사역을 통해 질서를 확립하셨다. 이 창조 질서 안에서 모든 만물은 생육하고 번성하는 축복을 누릴 수 있다. 인간의 참된 평화와 번영도 질서와 정돈된 세상에서 이루어질 수 있는 것이다. 질서가 무너진 세계는 무질서와 혼돈의 세계가 되어 버린다. 그 속에서는 불안과 공포와 파괴가 있을 뿐이다. 우주 안에 있는 수많은 별들이 하나님의 창조 질서에 따라 순항하고 있기 때문에 오랜 세월이 흐르는 동안에도 존재하고 있는 것이다. 만일 창조 질서가 파괴되어 버린다면 무질서와 혼돈 속에서 충돌과 폭발이 계속되고 파멸의 길을 맞이하게 될 것이다.

우리가 마음속에 깊이 새기고 결코 잊어서는 안 되는 사실 가운데 하나가 사탄의 이름이다. 히브리 음으로는 '아바돈', 헬라 음으로는 '아볼루온', 그 뜻은 '파괴자'라는 사실을 심비(心碑)에 깊이 각인(刻印)할 필요가 있다.

사탄이 마음을 미혹하려 할 때마다 그가 파괴자임을 쉽게 깨달을 수 있도록 그의 이름을 마음에 깊이 새겨서 결코 잊지 않도록 해야 한다.

"무릇 지킬 만한 것보다 더욱 네 마음을 지키라 생명의 근원이 이에서 남이니라"(잠 4:23).

사탄에게 틈을 주어서는 안 된다. 앞에서 살펴본 대로 그는 집요하게 공격하는 특성이 있음을 알아야 한다. 사탄은 조금만 틈을 주어도 쉽게 침입해 들어와 거짓으로 속여 하나님의 말씀을 불신하게 미혹한다. 하나님의 언약을 의심하게 하고, 하나님과의 언약을 파괴하고 자신의 거짓을 따라 육신의 정욕을 좇아 행하게 만든다. 결국 하나님 말씀을 불신하고 언약을 파괴한 범죄자가 되게 만들어 버리고, 평안 대신 겁과 두려움에 사로잡히게 하고, 생명 대신 죽음의 덫에 걸리게 하고, 천국 대신 지옥에 빠지는 어두움의 자식이 되도록 만들어 버린다.

사탄은 질서를 파괴하고, 아름다움을 파괴하고, 생명을 파괴하는 자임을 명심해야 한다. 최초의 교회요, 가정이었던 아담과 하와의 가정교회를 파괴시킨 자가 사탄이다. 하나님께서 아담과 하와 부부에게 서로 사랑함으로 돕고, 하나님을 경외하고 말씀에 순복하여 살아갈 때 풍성함과 번성함의 축복을 누리도록 하셨다. 그런 아담과 하와의 가정에 불신과 불행을 가져다준 장본인이 사탄이다. 그는 아담과 하와의 마음에 흐르는 아름다운 사랑과 신뢰의 감정을 파괴시켜 버렸다.

불신이 마음을 뒤덮었고, 불평이 입술을 점령했으며, 고통이 삶을 장악했고, 죽음이 찾아왔다.

현대인들의 영혼세계는 아름다운 감정들이 파괴되어 버린 심령상태를 나타내고 있다. 사탄이 아름다운 인간성을 파괴하는 데 성공한 것이다. 사탄은 인간의 마음속에 자신들의 힘으로 평화를 지키고 평안을 이룰 수 있다는 교만의 씨앗을 심었다. 그래서 인간들이 스스로를 지킨다는 명목하에 살상무기를 만들도록 조장하고 있다. 인간이 만든 살상무기는 그 성능이 갈수록 진보되어 놀라운 수준에 이르렀다. 그들이 만든 살상무기가 곧 자신들의 생명을 빼앗는 도구가 될 것을 모른 채 사람들은 파괴자인 사탄의 속임수에 놀아나고 있다. 요한계시록에 표현되고 있는 종말에 있을 대환란의 모습은 인류가 만든 무기들로 인한 전쟁의 모습을 보여주는 내용임을 알 수 있다.

8장 13절에서 세 가지 화가 있을 것을 이미 예고한 바 있다. 본문의 '첫째 화'는 1-11절까지 언급된 다섯째 나팔의 심판을 가리키고, 앞으로 있을 두 가지 화는 여섯 번째 나팔재앙과 일곱 번째 나팔재앙의 화를 의미한다.

여섯째 천사가 나팔을 불 때에 한 음성이 나서 재앙을 계시하는데, 하나님 앞 금단의 네 뿔로부터 한 음성이 들려왔다고 증거하고 있다. 금단은 성도의 기도가 향연과 함께 하나님께 드려지는 곳이다.

> "또 다른 천사가 와서 제단 곁에 서서 금향로를 가지고 많은 향을 받았으니 이는 모든 성도의 기도들과 합하여 보좌 앞 금단에 드리고자 함이라 향연이 성도의 기도와 함께 천사의 손으로부터 하나님 앞으로 올라가는지라 천사가 향로를 가지고 단 위의 불을 담아다가 땅에 쏟으매 뇌성과 음성과 번개와 지진이 나더라"(계 8:3-5).

이 향단은 구약에서 성막의 분향단을 통해 우리에게 계시된 복음이다. 분향단은 하나님이 임재하시는 법궤가 있는 지성소 가장 가까이에 위치한 성소의 기구다. 분향단의 향은 그룹들이 수놓아져 있는 휘장을 지나 지성소에 가득히 채워진다. 이 분향단의 네 뿔에는 희생양의 피가 발라지는데 이는 성도들의 기도가 예수 그리스도의 이름을 통하여 하나님께 상달된다는 복음적 진리를 담고 있다.

> "나의 기도가 주의 앞에 분향함과 같이 되며 나의 손 드는 것이 저녁 제사같이 되게 하소서"(시 141:2).

여섯 번째 나팔재앙에 대한 계시가 금단의 네 뿔에서부터 계시되고 있는 것은 그 재앙이 성도들의 기도의 응답으로 시행되는 심판재앙임을 시사해 주고 있다.

순교자들의 부르짖음(계 6:10)에 대해서는 이제 그들의 피에 대한 복수가 시행된다는 고지(告知)의 성격을 지니며, 성도들의 기도(계 8:3)에 대해서는 여섯 나팔재앙으로 주의 재림이 임박했다는 사실을 알려 주고 있다.

악한 세상에 대한 하나님의 공의의 심판은 성도들의 기도에 대한 응답으로 시행됨을 보여준다. 주께서 사도 요한을 천상에 끌어올려 이 사건을 계시하시고 교회에 증거하신 이유가 어디에 있는가? 핍박 가운데 있는 성도들의 기도가 결코 헛되지 않음을 보여주심으로 기도하기를 포기하거나 쉬지 말라는 메시지를 전하고 계신 것이다. 성도들이 눈물로 호소하는 기도는 하늘 보좌를 움직이며, 하나님의 공의의 심판을 시행하시는 근거가 된다는 사실을 계시하고 있다. 하나님은 이 시간에도 연약한 성도의 부르짖음에 귀를 기울이신다. 하나님의 나라와 의를 구하며 핍박 가운데서 호소하는 성도의 기도는 전능하신 하나님의 팔을 움직인다. 연약한 성도들은 불의한 세상을 목도할 때마다 하나님의 공의가 임하도록 하기 위해 기도와 간구를 쉬지 않아야 한다.

　요셉이 형들의 불의를 아버지 야곱에게 고하듯(창 37:2), 하나님의 자녀 된 성도들은 불의한 세상에 살면서 하나님의 공의가 시행되도록 하나님 아버지께 기도와 간구를 드려야 한다.

　본문말씀은 성도들에게 하나님의 공의가 실현되도록 불의의 세상을 바라보며 기도해야 할 책임과 의무가 부여되고 있을 뿐만 아니라, 기도는 하나님의 자녀 된 특권임을 보여주고 있다. 하나님께서는 연약한 자녀들의 기도와 간구를 들으시고 반드시 그리고 속히 그들의 눈물을 닦아 주시며, 그들의 원한을 갚아 주실 것이다.

　"만물의 마지막이 가까웠으니 그러므로 너희는 정신을 차리고 근신하
　여 기도하라"(벧전 4:7).

　요한계시록 해석에 있어서 매우 힘들고 또한 중요한 문제 중에 하나가 문자적 해석을 취할 것인지 아니면 상징적 해석을 취할 것인지를 분별하는 일이다.

　요한계시록 자체의 문장과 단어들이 대부분 비유적이고, 상징적이며, 예언적인 계시로 엮어져 있기 때문에 본문을 통해 전하고자 하는 주님의 복음적 진의(眞義)를 파악하기가 쉽지 않다.

　본문에 계시되고 있는 유브라데 전쟁에 관한 해석도 이와 같은 어려움에 직면(直面)하게 된다. 많은 성경학자들의 견해를 살펴보아도 문자적 해석을 취하는 견해와 상징적 해석을 취하는 견해가 양분된다. 문자적 해석을 취하는 이들은 '유브라데'와 '마병대'를 문자 그대로, 실물 그대로 해석하고자 한다.

　월부어드(J. F. Walvoord)가 재앙을 가리켜 실제로 2억의 군대가 동쪽으로부터 말라붙은 유브라데 강을 건너서 들어올 것을 예언한 것

으로 해석한다. 그는 1965년 5월 21일자 〈타임〉(Time)지에서 중공이 자국의 군대를 2억이라고 발표한 것과 유브라데 강 댐 공사를 통해 강바닥이 마르는 것을 그 예언이 실현될 현상이라고 보았다.

매튜 헨리(Matthew Henry)는 이 재앙을 터키의 세력 확장과 침공으로 해석한다. 그는 메데의 설명을 참조하여 이슬람(회교) 제국의 엄청난 군인들을 '그 만만의 마병대'로, 또 대포의 전신인 대량 학살 기구를 '불과 연기와 유황'으로 해석하고 있다.

휫트니스리는 마병대의 말[馬]에 초점을 맞추어 말을 많이 기르는 몽고 군대가 동쪽에서 서쪽으로 진군할 것이며, 유브라데를 통과하여 지상에서 제일 부요한 지역, 즉 중동에 이를 것으로 해석하기도 한다.

상징적 해석주의자들은 '유브라데'를 전쟁이 일어나는 상징적 터로, '마병대'는 인간을 해치는 마귀의 세력으로, 그리고 '2억'은 힘과 파괴력이 엄청난 큰 무리로 해석한다.

윌콕(M. Wilcock)은 여섯째 재앙의 서두인 9장 13절과 8장 3-5절을 연결시킴으로써 이 재앙을 다른 재앙들과 마찬가지로 죄악에 대한 하나님의 진노를 나타내는 것으로 해석한다. 그는 14절의 '유브라데'는 많은 성경의 역사를 살펴볼 때 주로 멸망의 경고가 흘러나온 곳이었기에 본문에서도 경고의 발원지로 나타난다고 본다.

래드(G. E. Ladd)도 이러한 상징적 해석법을 따르고 있는데, 파르티안 군대가 로마의 평화에 위협을 준 사건을 배경으로 헤아릴 수 없이 많은 마귀의 무리들이 침공하는 것을 상징한다고 해석한다.

이들 상징적 해석주의자들의 공통점은 이 재앙을 문자적인 실현 여부에 초점을 맞추어 연구하는 대신에 이 재앙 속에 나타난 하나님의 징계와 경고에 초점을 맞추고 있다.

본문의 계시는 하나님이 예정하신 연, 월, 일, 시에 유브라데 강 지역에서 발생할 전쟁으로 보는 문자적 해석방법을 취하는 것이 좋다. 본문의 계시내용을 상징적이고 영적으로 해석하려고 하다 보면 오히려 난해해질 뿐만 아니라 무리한 해석을 취하게 된다. 본문의 계시내용을 살펴보면 악한 영의 역사로 말미암아 이 땅에 있는 국가지도자들이 전쟁을 결심하고 유브라데 강이 존재하는 중동지역에서 세계 인구의 3분의 1이 죽는 엄청난 전쟁을 치르게 될 것임을 나타낸다. '유브라데'는 믿음의 조상인 아브라함이 하나님께로부터 언약을 받은 축복의 땅을 구분하는 동쪽 경계선이다.

> "그날에 여호와께서 아브람으로 더불어 언약을 세워 가라사대 내가 이 땅을 애굽 강에서부터 그 큰 강 유브라데까지 네 자손에게 주노니"(창 15:18).

예언적 및 역사적으로 보아도 유브라데 강은 하나님의 선택을 받은 이스라엘과 그의 주요 적대국들 사이에 경계선이 되었던 곳이며(사 7:20), 하나님의 심판의 대상이 되는 나라들이 유브라데 강가에서 전쟁에 패배해서 희생을 당하는 장소였다.

> "애굽을 논한 것이니 곧 유다 왕 요시야의 아들 여호야김 제사년에 유브라데 하숫가 갈그미스에서 바벨론 왕 느부갓네살에게 패한 애굽 왕 바로느고의 군대에 대한 말씀이라……말들아 달리라 병거들아 급히 동(動)하라 용사여 나오라 방패 잡은 구스인과 붓인과 활을 당기는 루딤인이여 나올지니라 하거니와 그날은 주 만군의 여호와께서 그 대적에게 원수 갚는 보수(報讐)일이라 칼이 배부르게 삼키며 그들의 피를 가득히 마시리니 주 만군의 여호와께서 북편 유브라데 하숫가에서 희생을 내실 것임이로다"(렘 46:2-10).

유브라데 강은 인류 4대 문명의 발생지 중에 한 곳이다. 황하 강은 고대 중국 문명의 발생지이고, 나일 강은 애굽 문명의 발생지이며, 갠지스, 인더스 강에서 인도 문명이 발생했고, 유브라데, 티그리스 강에서 바벨론 문명이 발생했다.

유브라데 강이 하나님을 대적하는 바벨론 문명의 발생지인 만큼 인류 역사가 흐르는 동안 끊임없이 흐르고 있는 유브라데 강은 항상 전쟁으로 인해 피가 흐르는 심판의 강이 되어 왔다. 그리고 종말의 때가 찰 때 인류의 심판전쟁 또한 유브라데 강가에서 치러지게 될 것을 성경이 예언하고 있는 것이다.

결박된 네 천사를 유브라데 강가에 풀어놓음으로 유브라데 강 유역에서 이 땅에 남아 있는 사람의 3분의 1이 죽는 제3차 세계대전이 일어나게 될 것으로 받아들이는 것이 자연스럽다. 유브라데 강가에 풀려난 네 천사는 전쟁을 종용(慫慂)하는 천사들이다. 하나님께서는 이 천사들을 때가 찰 때까지 결박해 두었다가 때가 차매 예정된 연, 월, 일, 시에 전쟁을 일으키도록 유브라데 강가에 풀어놓으신다.

9장 15절 말씀의 "네 천사가 놓였으니"에서 '놓였으니'는 헬라어로 '에루데산'(ἐλύθησαν)인데 '풀다'(λύω)의 제1부정과거 수동태 직설법으로 '풀어놓아졌다'는 뜻을 가졌으며, 이는 지금까지 하나님께서 억제하신 것을 해제했다는 뜻을 나타낸다.

7장에서 네 천사가 전쟁을 상징하는 땅 사방 바람을 손에 쥐고 있다. 그들은 땅과 바다를 해롭게 할 권세를 얻은 천사들이지만 하나님의 종들의 이마에 인치기까지 땅이나 바다나 각종 나무에 불지 못하도록 하라는 말씀에 억제(결박)를 받는다.

본문은 결박된 네 천사가 유브라데 강가에 풀려남으로 인해 땅 사방 나라를 전쟁의 바람에 휘몰아 넣음으로 유브라데 강가에서 땅에 거하고 있는 사람의 3분의 1이 죽게 되는, 제3차 세계대전을 일으키게 될 것임을 계시하고 있다고 해석함이 성경의 증거와 조화를 이룬다.

둘째 화는 여섯째 나팔재앙을 가리키는 사건이었음을 나타낸다. 두 증인이 1,260일 동안의 예언사역을 끝마치고 무저갱으로부터 올라온 짐승에게 패배하고 죽음을 당한 지 사흘 반 만에 부활·승천한다. 두 증인의 부활·승천과 동시에 큰 지진이 있어 도성의 10분의 1이 무너지고 7천 명의 사람들이 죽는 재앙이 동반된다. 그 사건이 둘째 화가 지나간 사건이었다고 마감하는 표현을 하고 있다.

둘째 화는 여섯째 나팔재앙으로 7년 대환란의 종국(終局)에 있을 제3차 세계대전인 유브라데 전쟁을 나타낸다. 그리고 셋째 화는 일곱째 나팔 재앙으로 천년왕국의 끝판에 나타날 곡과 마곡의 전쟁 사건임을 예시(豫示)해 준다. 마지막 나팔인 일곱째 나팔이 울리면 세상 나라가 하나님과 예수 그리스도의 나라가 될 것이다.

하나님께서 사탄과 그의 하수인인 짐승과 거짓 선지자들과 악한 불신자들을 둘째 사망의 유황 불못에 던져 멸하시고, 당신의 나라를 성부 하나님께 바치게 될 때, 하나님께서 친히 당신의 백성들 가운데 장막을 치시고 세세토록 통치하시며 왕 노릇 하실 것이다.

> "여섯째 천사가 나팔을 불매 내가 들으니 하나님 앞 금단 네 뿔에서 한 음성이 나서 나팔 가진 여섯째 천사에게 말하기를 큰 강 유브라데에 결박한 네 천사를 놓아주라 하매 네 천사가 놓였으니 그들은 그 년 월 일 시에 이르러 사람 3분의 1을 죽이기로 예비한 자들이더라"(계 9:13-15).

"그가……왕 노릇 하시리로다"로 번역된 '바실류세이'($\beta\alpha\sigma\iota\lambda\epsilon\acute{u}\sigma\epsilon\iota$: he shall reign)는 '다스리다', '통치하다'의 뜻을 지닌 '바실류오'($\beta\alpha\sigma\iota\lambda\epsilon\acute{u}\omega$)의 3인칭 단수 미래 능동태다.

이는 일곱째 천사가 나팔을 부는 셋째 화의 사건이 지나간 뒤 장차 미래에 이루어질 사건임을 보여준다. 이것은 장차 새 하늘과 새 땅 새 예루살렘에서 이루어질 하나님의 영원한 통치를 나타낸다.

> "아담 안에서 모든 사람이 죽은 것같이 그리스도 안에서 모든 사람이 삶을 얻으리라 그러나 각각 자기 차례대로 되니니 먼저는 첫 열매인 그리스도요 다음에는 그리스도 강림하실 때에 그에게 붙은 자요 그 후에는 나중이니 저가 모든 정사와 모든 권세와 능력을 멸하시고 나라를 아버지 하나님께 바칠 때라"(고전 15:22-24).

일곱째 나팔 소리는 이 땅의 불의한 역사의 시간이 끝났음을 알리는 마지막 나팔 소리다. 불의한 나라는 멸망당하고 하나님께서 친히 통치하시는 의의 나라가 임하는 승리의 소식이다.

본문 11장 15절에서 "우리 주와 그 그리스도의 나라가 되어"의 '되어'는 원문에서 '에게논토'(ἐγένοντο되었다)다. 이는 미래에 이뤄질 일임에도 불구하고 반드시 성취될 확실한 사건임을 강조하는 표현이다. 하나님께서 친히 다스리시는 하늘나라가 마지막 나팔 소리와 함께 이루어질 것임을 나타낸다. 그날에 우리 눈은 기쁨과 환희가 가득하고 우리의 입술은 감사와 찬송이 영원토록 이어질 것이다.

> "일곱째 천사가 소리 내는 날 그 나팔을 불게 될 때에 하나님의 비밀이 그 종 선지자들에게 전하신 복음과 같이 이루리라"(계 10:7).

마지막 나팔 사건인 일곱째 나팔의 사건(셋째 화)은 천년왕국이 끝난 후에 있을 곡과 마곡의 전쟁을 나타내고 있음을 쉽게 짐작할 수 있다. 마지막 나팔 때에는 모든 자가 부활하여 하나님의 심판대인 백보좌 심판대에서 심판을 받을 것이며, 마귀가 유황 불못인 둘째 사망에 던져져 영원한 형벌을 받고, 사망과 음부도 둘째 사망인 유황 불못에 던져져 다시는 죽음이 없는 영원세계로 들어가게 된다.

> "형제들아 내가 이것을 말하노니 혈과 육은 하나님 나라를 유업으로 받을 수 없고 또한 썩은 것은 썩지 아니한 것을 유업으로 받지 못하느니라 보라 내가 너희에게 비밀을 말하노니 우리가 다 잠잘 것이 아니요 마지막 나팔에 순식간에 홀연히 다 변화하리니 나팔 소리가 나매 죽은 자들이 썩지 아니할 것으로 다시 살고 우리도 변화하리라 이 썩을 것이 불가불 썩지 아니할 것을 입겠고 이 죽을 것이 죽지 아니함을 입으리로다 이 썩을 것이 썩지 아니함을 입고 이 죽을 것이 죽지 아니함을 입을 때에는 사망이 이김의 삼킨 바 되리라고 기록된 말씀이 응하리라"(고전 15:50-54).

네 생물의 찬미 소리에 화답하여 24장로들이 여호와 하나님께 경배하며 감사함으로 찬양하는 내용은 세 가지다.

첫째, 전능하시고 영원하신 하나님이 친히 왕이 되어 주심에 감사하며 찬양을 돌리고 있다.

사무엘 선지자 시대에 하나님의 다스리심을 거부하고 세상 나라처럼 사람을 왕으로 세워 달라고 떼를 쓰는 이스라엘 백성에게 하나님께서는 그 소원대로 왕을 허락하신다.

> "우리에게 왕을 주어 우리를 다스리게 하라 한 그것을 사무엘이 기뻐하지 아니하여 여호와께 기도하매 여호와께서 사무엘에게 이르시되 백성이 네게 한 말을 다 들으라 그들이 너를 버림이 아니요 나를 버려 자기들의 왕이 되지 못하게 함이니라"(삼상 8:6-7).

그리고 그 왕으로 인하여 그들이 짊어져야 할 무거운 짐에 대해 다음과 같이 말씀하신다.

"가로되 너희를 다스릴 왕의 제도가 이러하니라 그가 너희 아들들을 취하여 그 병거와 말을 어거케 하리니 그들이 그 병거 앞에서 달릴 것이며 그가 또 너희 아들들로 천부장과 오십부장을 삼을 것이며 자기 밭을 갈게 하고 자기 추수를 하게 할 것이며 자기 병기와 병거의 제구를 만들게 할 것이며 그가 또 너희 딸들을 취하여 향료 만드는 자와 요리하는 자와 떡 굽는 자를 삼을 것이며 그가 또 너희 밭과 포도원과 감람원의 제일 좋은 것을 취하여 자기 신하들에게 줄 것이며 그가 또 너희 곡식과 포도원 소산의 십일조를 취하여 자기 관리와 신하에게 줄 것이며 그가 또 너희 노비와 가장 아름다운 소년과 나귀들을 취하여 자기 일을 시킬 것이며 너희 양 떼의 십분 일을 취하리니 너희가 그 종이 될 것이라 그날에 너희가 너희 택한 왕을 인하여 부르짖되 그날에 여호와께서 너희에게 응답지 아니하시리라"(삼상 8:11-18).

전능하시고 영원하신 하나님의 통치를 거부했던 이스라엘 백성들은 유한한 생명과 유한한 능력을 가진 인간을 왕으로 섬기면서 하나님을 떠나 죄를 범하는 악한 왕이 다스릴 때마다 이방인의 침략을 받고 종으로 살아가는 숱한 고난의 세월을 보내게 되었다. 그런데 전능하신 하나님 여호와께서 다시 그 백성들을 친히 다스리시되 영원히 다스리시는 왕이 되어 주신다고 말씀하신다. 24장로들은 전능하시고 영원하신 하나님의 통치를 감사함으로 찬양하여 환영하고 있다. 하나님의 통치를 환영하는 백성마다 여호와의 다스리심을 찬양할 것이다.

둘째, 상 주시는 하나님을 찬양하고 있다.

18절에 보면 "…… 선지자들과 성도들과 또 무론 대소하고 주의 이름을 경외하는 자들에게 상 주시며"라고 찬양한다. 상 받는 대상이 누구인가? 주 안에서 신실한 믿음을 지키며 하나님 말씀과 예수 그리스도의 복음을 믿고 증거하는 주의 종들과 모든 성도들을 포함하고 있다. "무론 대소하고"라는 말씀은 유명한 자나 무명한 자나 할 것 없이, 또는 큰일에 충성한 자나 작은 일에 충성한 자나 가리지 않고 모두 상에 동참하게 될 것임을 나타내는 말씀이다. 하나님의 은혜로 구원받아 하나님의 자녀 삼아주신 것만으로도 감당할 수 없는 사랑인데, 하나님께서는 상(賞)까지 예비해 주신다. 하나님의 크신 사랑과 은총이 우리에게 베풀어지고 있음을 바라볼 때마다 감사찬양을 올릴 수밖에 없다.

히브리서 11장 6절에 "믿음이 없이는 기쁘시게 못하나니 하나님께 나아가는 자는 반드시 그가 계신 것과 또한 그가 자기를 찾는 자들에게 상(賞) 주시는 이심을 믿어야 할지니라"라고 증거해 주고 있다. 모든 믿음의 선진들은 하나님이 약속하신 영원한 상(賞)을 바라보며 전력으로 질주하는 믿음의 경주자가 되었다.

"운동장에서 달음질하는 자들이 다 달아날지라도 오직 상 얻는 자는 하나인 줄을 너희가 알지 못하느냐 너희도 얻도록 이와 같이 달음질하라 이기기를 다투는 자마다 모든 일에 절제하나니 저희는 썩을 면류관을 얻고자 하되 우리는 썩지 아니할 것을 얻고자 하노라 그러므로 내가 달음질하기를 향방 없는 것같이 아니하고 싸우기를 허공을 치는 것같이 아니하여 내가 내 몸을 쳐 복종하게 함은 내가 남에게 전파한 후에 자기가 도리어 버림이 될까 두려워함이로라"(고전 9:24-27).

사극(史劇)을 보면 왕위에 오른 뒤 자신이 왕위에 등극할 수 있도록 도왔던 신하들에게 새로운 왕국을 세우는 데 수고한 공력에 따라 상을 주는 장면을 볼 수 있다. 주님의 나라가 임할 때도 이와 동일하다. 우리는 종종 하나님이 주시는 상마저도 우리의 공력과는 무관한 것처럼 말하는 것이 겸손의 자세인 것처럼 주장한다. 그러나 진실로 아름다운 겸손은 하나님의 말씀을 그대로 믿고 받아들이는 자세이다. 우리가 받은 구원은 하나님의 은혜의 선물이다. 우리의 공력과는 전혀 무관하다. 내가 주 예수 그리스도의 보혈을 믿고 하나님의 자녀가 된 것은 나의 노력으로 말미암은 것이 아니라 하나님의 은혜의 선물이다. 그러나 하나님께서 믿음의 자녀들에게 약속하신 상(賞)은 우리 노력에 따라 다르게 주어진다는 것이 성경이 증거하는 진리다. 주님의 나라가 이 땅에 임할 때 베푸시는 상(賞)은 우리의 공력(功力)에 따라 각자의 상급이 다르다.

"너희가 그 은혜를 인하여 믿음으로 말미암아 구원을 얻었나니 이것이 너희에게서 난 것이 아니요 하나님의 선물이라"(엡 2:8).

"믿음이 없이는 기쁘시게 못하나니 하나님께 나아가는 자는 반드시 그가 계신 것과 또한 그가 자기를 찾는 자들에게 상 주시는 이심을 믿어야 할지니라"(히 11:6).

"나를 인하여 너희를 욕하고 핍박하고 거짓으로 너희를 거스려 모든 악한 말을 할 때에는 너희에게 복이 있나니 기뻐하고 즐거워하라 하늘에서 너희의 상이 큼이라 너희 전에 있던 선지자들을 이같이 핍박하였느니라"(마 5:11-12).

"보라 내가 속히 오리니 내가 줄 상이 내게 있어 각 사람에게 그의 일한 대로 갚아 주리라"(계 22:12).

"이것이 곧 적게 심는 자는 적게 거두고 많이 심는 자는 많이 거둔다 하는 말이로다"(고후 9:6).

예수님께서도 누가복음 19장 11절 이하의 므나 비유에서 이 진리에 대해 가르치신다.

"저희가 이 말씀을 듣고 있을 때에 비유를 더하여 말씀하시니 이는 자기가 예루살렘에 가까이 오셨고 저희는 하나님의 나라가 당장에 나타날 줄로 생각함이러라 가라사대 어떤 귀인이 왕위를 받아 가지고 오려고 먼 나라로 갈 때에 그 종 열을 불러 은 열 므나를 주며 이르되 내가 돌아오기까지 장사하라 하니라 그런데 그 백성이 저를 미워하여 사자를 뒤로 보내어 가로되 우리는 이 사람이 우리의 왕 됨을 원치 아니하노이다 하였더라 귀인이 왕위를 받아 가지고 돌아와서 은 준 종들의 각각 어떻게 장사한 것을 알고자 하여 저희를 부르니 그 첫째가 나아와 가로되 주여 주의 한 므나로 열 므나를 남겼나이다 주인이 이르되 잘하였다 착한 종이여 네가 지극히 작은 것에 충성하였으니 열 고을 권세를 차지하라 하고 그 둘째가 와서 가로되 주여 주의 한 므나로 다섯 므나를 만들었나이다 주인이 그에게도 이르되 너도 다섯 고을을 차지하라 하고 또 한 사람이 와서 가로되 주여 보소서 주의 한 므나가 여기 있나이다 내가 수건으로 싸두었었나이다 이는 당신이 엄한 사람인 것을 내가 무서워함이라 당신은 두지 않은 것을 취하고 심지 않은 것을 거두나이다 주인이 이르되 악한 종아 내가 네 말로 너를 판단하노니 너는 내가 두지 않은 것을 취하고 심지 않은 것을 거두는 엄한 사람인 줄을 알

았느냐 그러면 어찌하여 내 은을 은행에 두지 아니하였느냐 그리하였
으면 내가 와서 그 변리까지 찾았으리라 하고 곁에 섰는 자들에게 이르
되 그 한 므나를 빼앗아 열 므나 있는 자에게 주라 하니 저희가 가로되
주여 저에게 이미 열 므나가 있나이다 주인이 가로되 내가 너희에게 말
하노니 무릇 있는 자는 받겠고 없는 자는 그 있는 것도 빼앗기리라 그
리고 나의 왕 됨을 원치 아니하던 저 원수들을 이리로 끌어다가 내 앞
에서 죽이라 하였느니라"(눅 19:11-27).

셋째, 공의로 심판하시며 악한 자를 멸망시키시는 하나님을 찬양
하고 있다.

주님의 나라가 임하는 마지막 나팔 소리가 울리는 날은 성도들에
게는 승리와 상급을 받는 기쁨과 영광의 날이 되겠지만, 주님 예수
그리스도의 복음을 거부하고 하나님 말씀을 불신했던 악한 자들에
게는 심판의 날이요, 재앙의 날이다.

마지막 나팔인 일곱째 나팔이 울려 퍼지면 악한 자들에게는 더 이
상의 긍휼이 없는 하나님의 공의의 심판으로 인한 죽음과 멸망이 있
을 뿐이다.

우리는 때로 악인의 형통을 보고도 침묵하시는 하나님께 하박국
선지자가 외쳤던 의문의 질문을 부르짖을 때가 있다.

"여호와여 내가 부르짖어도 주께서 듣지 아니하시니 어느 때까지리이
까 내가 강포(强暴)를 인하여 외쳐도 주께서 구원치 아니하시나이다
어찌하여 나로 간악을 보게 하시며 패역(悖逆)을 목도하게 하시나이까
대저 겁탈과 강포가 내 앞에 있고 변론과 분쟁이 일어났나이다 이러므
로 율법이 해이하고 공의(公義)가 아주 시행되지 못하오니 이는 악인
이 의인을 에워쌌으므로 공의가 굽게 행함이니이다"(합 1:2-4).

하나님께서 하박국 선지자의 기도를 들으시고 "이 묵시는 정한 때가 있나니 그 종말이 속히 이르겠고 결코 거짓되지 아니하리라 비록 더딜지라도 기다리라 지체되지 않고 정녕 응하리라……대저 물이 바다를 덮음같이 여호와의 영광을 인정하는 것이 세상에 가득하리라"(합 2:3-14)고 응답해 주신다. 그날이 일곱째 나팔과 함께 이루어지고 있음을 본문은 계시해 주고 있다. 악인의 종말이 임하리라는 응답을 듣고 하박국 선지자는 이렇게 기도한다.

> "주께서 노를 발하사 땅에 둘리셨으며 분을 내사 열국을 밟으셨나이다 주께서 주의 백성을 구원하시려고, 기름 받은 자를 구원하시려고 나오사 악인의 집 머리를 치시며 그 기초를 끝까지 드러내셨나이다 (셀라) 그들이 회리바람처럼 이르러 나를 흩으려 하며 가만히 가난한 자 삼키기를 즐거워하나 오직 주께서 그들의 전사의 머리를 그들의 창으로 찌르셨나이다 주께서 말을 타시고 바다 곧 큰 물의 파도를 밟으셨나이다……비록 무화과나무가 무성치 못하며 포도나무에 열매가 없으며 감람나무에 소출이 없으며 밭에 식물이 없으며 우리에 양이 없으며 외양간에 소가 없을지라도 나는 여호와를 인하여 즐거워하며 나의 구원의 하나님을 인하여 기뻐하리로다"(합 3:12-18).

하나님은 결코 임의적으로 일하지 않으신다. 일을 계획하시고 계시하시며 그 계시말씀에 따라 일점일획의 착오 없이 정확하게 역사하시는 분이시다. 그날은 계획되었고 정해져 있다. 정해진 그 시간은 반드시 속히 임하게 될 것이다. 그날에 기쁨과 영광에 동참해서 승리의 노래로 하나님께 찬미의 제사를 드리는 교회와 성도들이 되길 바란다.

두 증인의 사역기간

"또 내게 지팡이 같은 갈대를 주며 말하기를 일어나서 하나님의 성전과 제단과 그 안에서 경배하는 자들을 척량하되 성전 밖 마당은 척량하지 말고 그냥 두라 이것을 이방인에게 주었은즉 저희가 거룩한 성을 마흔두 달 동안 짓밟으리라 내가 나의 두 증인에게 권세를 주리니 저희가 굵은 베옷을 입고 일천이백육십 일을 예언하리라 이는 이 땅의 주 앞에 섰는 두 감람나무와 두 촛대니 만일 누구든지 저희를 해하고자 한즉 저희 입에서 불이 나서 그 원수를 소멸할지니 누구든지 해하려 하면 반드시 이와 같이 죽임을 당하리라 저희가 권세를 가지고 하늘을 닫아 그 예언을 하는 날 동안 비 오지 못하게 하고 또 권세를 가지고 물을 변하여 피 되게 하고 아무 때든지 원하는 대로 여러 가지 재앙으로 땅을 치리로다 저희가 그 증거를 마칠 때에 무저갱으로부터 올라오는 짐승이 저희로 더불어 전쟁을 일으켜 저희를 이기고 저희를 죽일 터인즉 저희 시체가 큰 성 길에 있으리니 그 성은 영적으로 하면 소돔이라고도 하고 애굽이라고도 하니 곧 저희 주께서 십자가에 못 박히신 곳이니라 백성들과 족속과 방언과 나라 중에서 사람들이 그 시체를 사흘 반 동안을 목도하며 무덤에 장사하지 못하게 하리로다 이 두 선지자가 땅에 거하는 자들을 괴롭게 한 고로 땅에 거하는 자들이 저희의 죽음을 즐거워하고 기뻐하여 서로 예물을 보내리라 하더라 삼 일 반 후에 하나님께로부터 생기가 저희 속에 들어가매 저희가 발로 일어서니 구경하는 자들이 크게 두려워하더라 하늘로부터 큰 음성이 있어 이리로 올라오라 함을 저희가 듣고 구름을 타고 하늘로 올라가니 저희 원수들도 구경하더라 그 시에 큰 지진이 나서 성 십분의 일이 무너지고 지진에 죽은 사람이 칠천이라 그 남은 자들이 두려워하여 영광을 하늘의 하나님께 돌리더라 둘째 화는 지나갔으나 보라 셋째 화가 속히 이르는도다"(계 11:1-14).

1. 두 증인의 사역기간 도표

[도표 13]

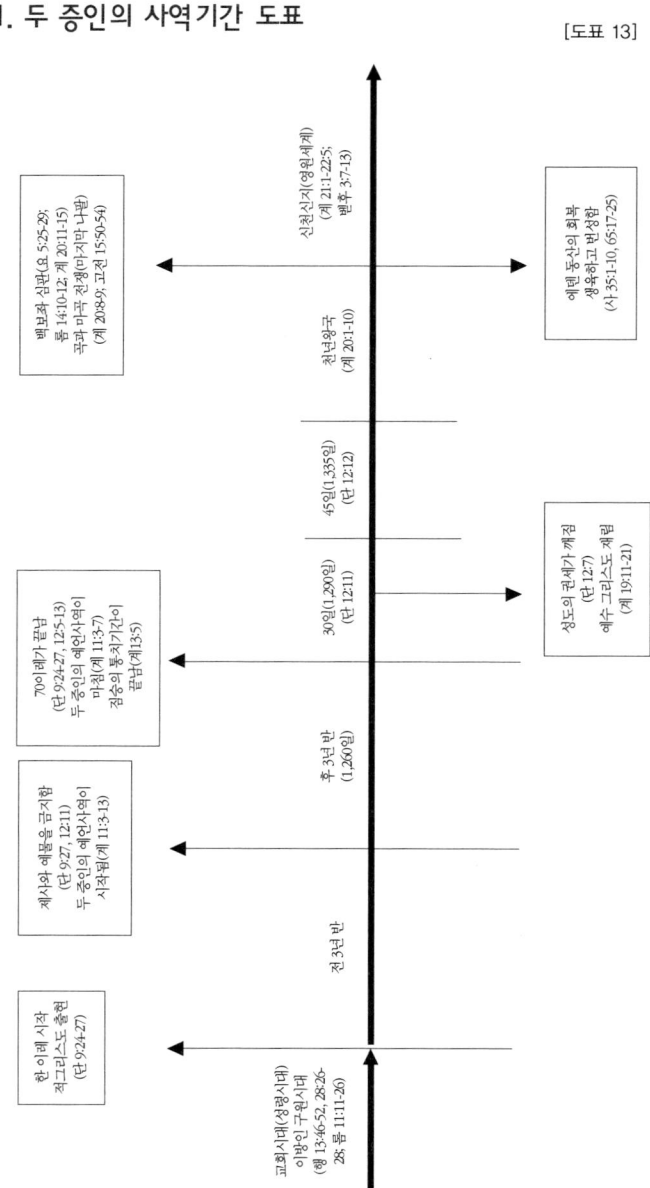

2. 두 증인의 사역기간 강해

두 증인의 사역기간을 7년 대환란의 전 3년 반으로 보는 견해와 후 3년 반으로 보는 견해가 있다.

요한계시록 전체의 증거에 비추어 볼 때 두 증인의 사역기간이 전 3년 반이 아니라 후 3년 반으로 보는 것이 타당한 해석임을 알 수 있다.

두 증인의 사역기간을 전 3년 반으로 볼 때는 요한계시록 자체의 앞뒤 계시내용들과 조화를 이루지 못함으로, 전 3년 반으로 해석하는 분들의 주장이 자가당착에 빠지게 되는 것을 보여준다. 두 증인의 사역기간을 전 3년 반으로 해석할 경우 이 책에서 증거하고 있는 다음과 같은 계시내용과 상충(相衝)되는 문제점을 안고 있다.

첫째, 이 책은 두 증인이 사역하는 1,260일의 사역기간이 끝나고 짐승에게 죽임을 당한 뒤 삼 일 반 후에 부활 승천하는 사건을 여섯째 나팔이 불어지는 '둘째 화'의 사건임을 증거하고 있다.

둘째 화인 여섯째 나팔 사건은 후 3년 반이 끝나는 시점에 있게 될 아마겟돈 사건이다. 그러므로 두 증인의 사역기간은 전 3년 반이 아니라 후 3년 반으로 해석하는 것이 이 책의 계시내용과 일치되는 성경적 해석이다.

> "첫째 화는 지나갔으나 보라 아직도 이후에 화 둘이 이르리로다 여섯째 천사가 나팔을 불매 내가 들으니 하나님 앞 금단 네 뿔에서 한 음성이 나서 나팔 가진 여섯째 천사에게 말하기를 큰 강 유브라데에 결박(結縛)한 네 천사를 놓아주라 하매 네 천사가 놓였으니 그들은 그 년 월 일 시에 이르러 사람 삼분의 일을 죽이기로 예비한 자들이더라 마병대의 수는 이만만이니 내가 그들의 수를 들었노라 이같이 이상한 가운데 그 말들과 그 탄 자들을 보니 불빛과 자줏빛과 유황빛 흉갑이 있고 또

말들의 머리는 사자 머리 같고 그 입에서는 불과 연기와 유황이 나오더라 이 세 재앙 곧 저희 입에서 나오는 불과 연기와 유황을 인하여 사람 삼분의 일이 죽임을 당하니라"(계 9:12-18).

"내가 나의 두 증인에게 권세를 주리니 저희가 굵은 베옷을 입고 일천 이백육십 일을 예언하리라……이 두 선지자가 땅에 거하는 자들을 괴롭게 한 고로 땅에 거하는 자들이 저희의 죽음을 즐거워하고 기뻐하여 서로 예물을 보내리라 하더라 삼 일 반 후에 하나님께로부터 생기가 저희 속에 들어가매 저희가 발로 일어서니 구경하는 자들이 크게 두려워하더라 하늘로부터 큰 음성이 있어 이리로 올라오라 함을 저희가 듣고 구름을 타고 하늘로 올라가니 저희 원수들도 구경하더라 그 시에 큰 지진이 나서 성 십분의 일이 무너지고 지진에 죽은 사람이 칠천이라 그 남은 자들이 두려워하여 영광을 하늘의 하나님께 돌리더라 둘째 화는 지나갔으나 보라 셋째 화가 속히 이르는도다"(계 11:3-14).

둘째, 두 증인은 7년 대환란 기간에 하나님의 말씀과 예수 그리스도의 복음을 증거하다가 순교당할 주의 일꾼들이다.

요한계시록 6장 9절 이하에는 다섯째 인을 떼실 때에 순교자들이 자신들의 피를 신원해 주실 것을 대주재이신 하나님께 호소하고 있다. 그들의 호소를 들으시고 하나님께서 "각각 저희에게 흰 두루마기를 주시며 가라사대 아직 잠시 동안 쉬되 저희 동무 종들과 형제들도 자기처럼 죽임을 받아 그 수가 차기까지 하라 하시더라"(계 6:11)고 말씀하신다.

7년 대환란 때 복음을 증거하며 신앙의 정절을 지키다가 가장 많이 순교를 당하게 되는 때가 언제인가? 짐승의 통치기간인 후 3년 반의 마흔두 달 동안이다.

> "또 짐승이 큰 말과 참람된 말 하는 입을 받고 또 마흔두 달 일할 권세를 받으니라 짐승이 입을 벌려 하나님을 향하여 훼방하되 그의 이름과 그의 장막 곧 하늘에 거하는 자들을 훼방하더라 또 권세를 받아 성도들과 싸워 이기게 되고 각 족속과 백성과 방언과 나라를 다스리는 권세를 받으니 죽임을 당한 어린 양의 생명책에 창세 이후로 녹명되지 못하고 이 땅에 사는 자들은 다 짐승에게 경배하리라……저가 권세를 받아 그 짐승의 우상에게 생기를 주어 그 짐승의 우상으로 말하게 하고 또 짐승의 우상에게 경배하지 아니하는 자는 몇이든지 다 죽이게 하더라"(계 13:5-15).

대부분의 성경학자들은 두 증인과 십사만사천의 하나님의 인 맞은 종들을 동일시한다.

이들은 요한계시록 6장 11절에 계시되고 있는 "저희 동무 종들과 형제들도 자기처럼 죽임을 받아 그 수가 차기까지 하라"는 말씀과 맥을 같이하는 계시내용이다.

6장에 계시되고 있는 다섯째 인을 떼실 때에 순교자들이 자신들의 피를 신원해 주실 때가 언제가 될 것이냐고 묻는 호소의 응답은 7년 대환란의 후 3년 반이 끝나고 이 세상을 상징하는 큰 성 바벨론이 심판을 받아 멸망에 처할 때다. 그러므로 두 증인의 사역기간은 7년 대환란의 후 3년 반으로 해석하는 것이 이 책의 계시내용과 조화를 이루는 자연스러운 해석이 된다.

> "이에 한 힘센 천사가 큰 맷돌 같은 돌을 들어 바다에 던져 가로되 큰 성 바벨론이 이같이 몹시 떨어져 결코 다시 보이지 아니하리로다……선지자들과 성도들과 및 땅 위에서 죽임을 당한 모든 자의 피가 이 성 중에서 보였느니라 하더라"(계 18:21-24).

셋째, 두 증인을 하나님의 인 맞은 십사만 사천이나 대환란 때 순교를 당할 "동무 종들과 형제들"(계 6:11)과 동일인들로 볼 때, 이들은 "처음 익은 열매"(계 14:4)로 예수 그리스도 재림 때 첫째 부활에 참예하여 천년왕국 동안 예수 그리스도와 더불어 왕 노릇 할 사람들로 계시되고 있다. 그러므로 두 증인이 사역기간을 7년 대환란의 전 3년 반이 아니라 후 3년 반으로 해석하는 것이 타당함을 알 수 있다.

"이 사람들은 여자로 더불어 더럽히지 아니하고 정절이 있는 자라 어린 양이 어디로 인도하든지 따라가는 자며 사람 가운데서 구속을 받아 처음 익은 열매로 하나님과 어린 양에게 속한 자들이니 그 입에 거짓말이 없고 흠이 없는 자들이더라"(계 14:4-5).

"또 내가 보좌들을 보니 거기 앉은 자들이 있어 심판하는 권세를 받았더라 또 내가 보니 예수의 증거와 하나님의 말씀을 인하여 목 베임을 받은 자의 영혼들과 또 짐승과 그의 우상에게 경배하지도 아니하고 이마와 손에 그의 표를 받지도 아니한 자들이 살아서 그리스도로 더불어 천 년 동안 왕 노릇 하니 (그 나머지 죽은 자들은 그 천 년이 차기까지 살지 못하더라) 이는 첫째 부활이라 이 첫째 부활에 참예하는 자들은 복이 있고 거룩하도다 둘째 사망이 그들을 다스리는 권세가 없고 도리어 그들이 하나님과 그리스도의 제사장이 되어 천 년 동안 그리스도로 더불어 왕 노릇 하리라"(계 20:4-6).

"아담 안에서 모든 사람이 죽은 것같이 그리스도 안에서 모든 사람이 삶을 얻으리라 그러나 각각 자기 차례대로 되리니 먼저는 첫 열매인 그리스도요 다음에는 그리스도 강림하실 때에 그에게 붙은 자요 그 후에는 나중이니 저가 모든 정사와 모든 권세와 능력을 멸하시고 나라를 아버지 하나님께 바칠 때라 저가 모든 원수를 그 발 아래 둘 때까지 불가불 왕 노릇 하시리니 맨 나중에 멸망받을 원수는 사망이니라"(고전 15:22-26).

5 해를 입은 여자

"하늘에 큰 이적이 보이니 해를 입은 한 여자가 있는데 그 발 아래는 달이 있고 그 머리에는 열두 별의 면류관을 썼더라 이 여자가 아이를 배어 해산하게 되매 아파서 애써 부르짖더라 하늘에 또 다른 이적이 보이니 보라 한 큰 붉은 용이 있어 머리가 일곱이요 뿔이 열이라 그 여러 머리에 일곱 면류관이 있는데 그 꼬리가 하늘 별 삼분의 일을 끌어다가 땅에 던지더라 용이 해산하려는 여자 앞에서 그가 해산하면 그 아이를 삼키고자 하더니 여자가 아들을 낳으니 이는 장차 철장으로 만국을 다스릴 남자라 그 아이를 하나님 앞과 그 보좌 앞으로 올려가더라 그 여자가 광야로 도망하매 거기서 일천이백육십 일 동안 저를 양육하기 위하여 하나님의 예비하신 곳이 있더라, 용이 자기가 땅으로 내어쫓긴 것을 보고 남자를 낳은 여자를 핍박하는지라 그 여자가 큰 독수리의 두 날개를 받아 광야 자기 곳으로 날아가 거기서 그 뱀의 낯을 피하여 한 때와 두 때와 반 때를 양육 받으매 여자의 뒤에서 뱀이 그 입으로 물을 강같이 토하여 여자를 물에 떠내려가게 하려 하되 땅이 여자를 도와 그 입을 벌려 용의 입에서 토한 강물을 삼키니 용이 여자에게 분노하여 돌아가서 그 여자의 남은 자손 곧 하나님의 계명을 지키며 예수의 증거를 가진 자들로 더불어 싸우려고 바다 모래 위에 섰더라"(계 12:1-6, 13-17).

1. 해를 입은 여자 도표

[도표 14]

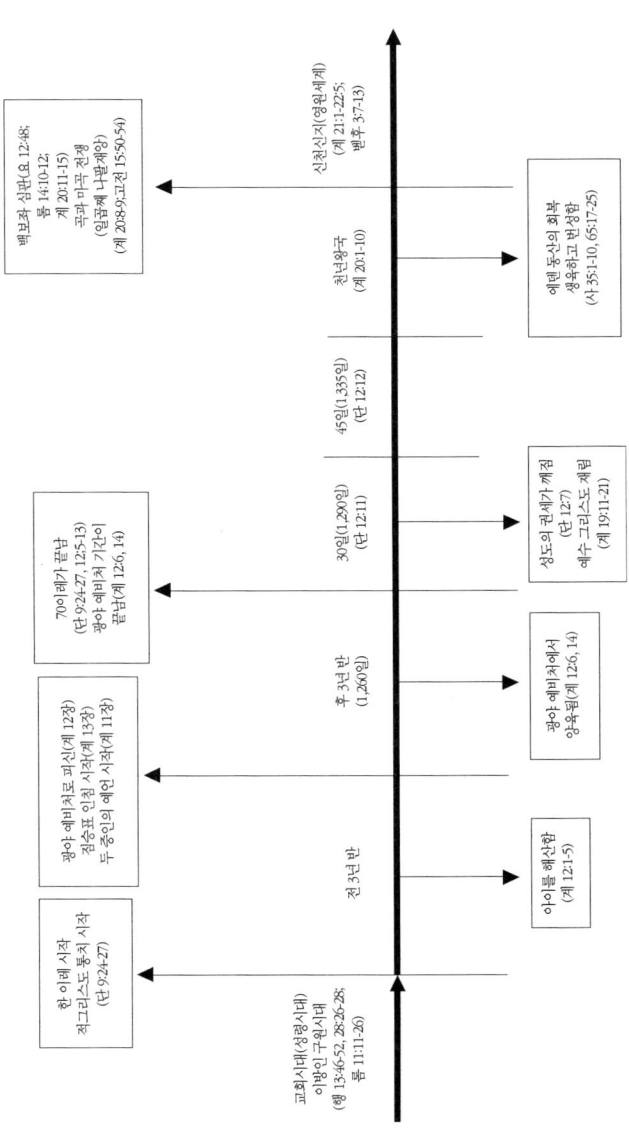

3부 요한계시록 도표 강해 335

2. 해를 입은 여자 강해

> "하늘에 큰 이적이 보이니 해[太陽]를 입은 한 여자가 있는데 그 발 아래는 달이 있고 그 머리에는 열두 별의 면류관을 썼더라 이 여자가 아이를 배어 해산하게 되매 아파서 애써 부르짖더라"(계 12:1-2).

이 절에 계시되고 있는 '해를 입은 한 여자'의 정체에 대해 여러 이견(異見)들이 주장되고 있다.

1) 마리아로 보는 견해

'해를 입은 여자'는 마리아를 의미하고, 그녀가 낳은 아이는 예수 그리스도를 상징한다고 보는 견해다. 이 견해는 이그나티우스(Ignatius) 등의 교부들에 의해 주장되었으며, 최근에는 천주교 계통의 신학자들이 지지하는 견해다.

이 견해는 다음과 같은 문제점을 보인다.

첫째, 예수의 어머니 마리아는 처녀(vergin)를 뜻하는 '파르데노스'($παρθένος$)가 사용된 반면에 해를 입은 여자는 출산(出産) 경험이 있는 부인(a woman)을 뜻하는 '귀네'($γυνη$)가 사용되고 있으므로 원어상 차이점을 드러내고 있다.

둘째, 이 견해를 주장하는 사람들은 해를 입은 여자가 붉은 용으로부터 핍박받고 붉은 용이 여자가 낳은 아이를 삼키려고 한 사건은 헤롯 왕이 아기 예수를 죽이기 위해 베들레헴과 그 지경에 있는 두 살 이하의 남아들을 모두 살해한 사건으로 보고(마 2:16 이하), 여인이 예비처로 피신하여 1,260일을 양육 받은 사건은 마리아가 애굽으로 피신한 사건으로 해석한다. 그러나 이 장의 계시를 자세히 고찰해 보면 이 해석은 앞뒤 문맥과 조화를 이루지 못한다.

이 장의 계시는 붉은 용이 직접 여자가 낳은 아이를 삼키려고 여자 앞에서 기다리고 있으므로 예수 그리스도의 초림 때 아기 예수를 죽이려고 베들레헴과 그 지경에 있는 두 살 이하의 남자아이들을 모두 살해한 헤롯 왕의 사건과 상황이 전혀 다른 것을 알 수 있다.

헤롯을 비롯한 그 무리들은 아기 탄생의 비밀을 전혀 모르고 있다가 무방비 상태에서 메시아 탄생에 대한 소식을 듣고 일격을 맞은 자와 같은 행동을 보이고 있는 반면에, 본문에 계시되고 있는 '붉은 용'은 아이를 삼키려는 완료된 상태의 자세로 아기 탄생을 기다리고 서 있는 모습을 보이고 있다. 아기 예수의 탄생을 전혀 알지 못하다가 동방박사들의 소식을 듣고 아기 예수를 죽이기 위해 베들레헴과 그 지경에 있는 두 살 이하의 남아들을 모두 살해하도록 명령한 헤롯 왕은 '붉은 용'(사탄)이 취하고 있는 자세와 전혀 다른 모습이다. 그러므로 이 두 사건은 전혀 다른 사건임을 드러낸다.

셋째, 마리아가 애굽에 피신할 때는 요셉과 아기 예수가 함께 동행했으나(마 2:13-15), 해 입은 여자는 아이와 동행하지 않고 있어 두 사건이 서로 다른 사건임을 보여준다.

해를 입은 여자가 예비처에 피신하여 1,260일을 양육 받는 동안에도 '그 여자의 남은 자손'들이 이 땅에서 용의 핍박을 받게 된다(17절)는 이 장의 계시내용은 해를 입은 여자를 마리아로 해석하는 것이 타당하지 못한 결정적 이유가 된다.

넷째, '해를 입은 한 여자'를 예수의 어머니 마리아로 보는 견해는 요한계시록의 계시내용이 장차 일어날 종말에 대한 계시예언임을 강조하는 본문말씀에도 조화를 이루지 못하는 주장이다.

'해를 입은 한 여자'를 예수의 어머니 마리아로 본다면 사도 요한이 환상 중에(주후 95년경) 이미 복음서에 기록된 과거를 보았다는 이야기가 된다. 이는 이 책이 장차 종말에 있을 사건들을 계시하고 있는 특성과 전혀 조화되지 않는 해석이다. '장차 될 일'을 계시해 주고 있는 본문을 '과거에 있었던 일'로 해석하는 것은 본문의 계시의 미가 완전히 왜곡되는 비성경적 해석이다.

다섯째, 계시를 받고 있는 사도 요한은 예수님의 어머니인 마리아를 오랫동안 섬겼던 제자다. 만일 해를 입은 여자가 마리아였다면 요한이 쉽게 알아보았을 것이고 본문에 계시했을 것이 분명하다. 사도 요한이 해를 입은 한 여자의 계시를 증거하면서 마리아에 대한 이야기를 전혀 언급하고 있지 않은 것으로 보아도 본문에 계시되고 있는 해를 입은 한 여자는 마리아와 거리가 먼 것을 보여준다.

2) 유대 민족 또는 유대교를 가리킨다고 보는 견해

'해를 입은 여자'가 유대 민족 또는 유대교 또는 구약교회를 상징하고, 여자가 낳은 아이를 예수 그리스도라고 주장하는 견해로, 헨리 알포드(Henry Alford), 모리스(C. L. Morris), 존 월부어드(John F. Walvoord), 비더울프(W. E. Biederwolf), 이상근 박사 등이 지지하는 견해다.

이 견해 또한 다음과 같은 문제점을 드러낸다.

첫째, '해를 입은 여자'는 아기를 낳은 뒤 붉은 용인 사탄의 핍박을 피하여 큰 독수리의 두 날개로 하나님의 예비처에 피신하여 1,260일을 양육 받는다는 본문의 계시 내용으로 볼 때, 해를 입은 여자가 구약교회나 유대 민족 또는 유대교를 상징한다고 보는 해석은 성경의 증거와 맞지 않는 견해다.

교회사의 기록으로 볼 때나 성경의 증거로 볼 때, 초대교회들이 로마의 핍박을 받을 동안 유대인들(유대교, 구약교회)은 핍박을 받지 않았을 뿐만 아니라 오히려 로마와 결탁하여 교회를 괴롭히고 핍박하므로 '사탄의 회'라 칭함 받고 있다.

> "내가 네 환난과 궁핍을 아노니 실상은 네가 부요한 자니라 자칭 유대인이라 하는 자들의 훼방도 아노니 실상은 유대인이 아니요 사탄의 회라"(계 2:9).

둘째, 이 견해도 17절에 계시되고 있는 '그 여자의 남은 자손'을 해석하는 데 문제를 드러낸다.

구약교회나 유대교가 '하나님의 계명을 지키며 예수의 증거를 가진 남은 자손들을 낳았다'고 해석하는 것은 무리다. 하나님의 계명을 지키며 예수의 증거를 가진 자손들을 낳은 교회는 신약교회를 일컫는 말씀으로 해석하는 것이 타당하다. 구약교회 사건을 '장차 될 일'(주후 95년 이후)에 포함시킬 수 없다는 것은 너무도 상식적인 논리다. 구약교회가 예수 그리스도를 낳은 것이 아니라 예수 그리스도를 통해 신부 된 신약교회가 탄생하게 되었고, 신부 된 교회가 예수 그리스도의 복음의 씨앗을 받아 장차 철장으로 만국을 다스릴 믿음의 자녀들을 낳게 될 것을 증거하는 것이 이 장의 계시내용이다.

> "이기는 자와 끝까지 내 일을 지키는 그에게 만국을 다스리는 권세를 주리니 그가 철장을 가지고 저희를 다스려 질그릇 깨뜨리는 것과 같이 하리라 나도 내 아버지께 받은 것이 그러하니라"(계 2:26-27).

3) 신·구약의 통일된 교회로 보는 견해

구약은 이스라엘을 아내로, 신약은 여인을 교회로 보기 때문에 본문 속의 '해 입은 여자'는 신·구약의 통일된 교회를 상징한다고 보는 견해로, 하지(A. A. Hodge), 랑게(J. P. Lange), 윌리엄 헨드릭슨(William Hendriksen), 윌리엄 바클레이(William Barclay), 래드(G. E. Ladd), 석원태 목사님 등 국내외의 많은 목사님들이 지지하는 견해다.

이 견해도 구약교회가 포함되어 있기 때문에 앞에 있던 견해가 가지고 있는 결점을 가진다.

여인을 신·구약교회의 통일된 교회로 보는 것이 부당한 이유를 이 장에서 찾을 수 있다.

6절에 보면 "그 여자가 광야로 도망하매 거기서 일천이백육십 일 동안 저를 양육하기 위하여 하나님의 예비하신 곳이 있더라"라고 말씀하고 있다.

여자가 아이를 낳은 후에 사탄의 핍박을 피해 광야의 예비처로 피신하여 일천이백육십일을 양육 받는다는 6절 말씀은 그 여자가 신·구약의 통일된 교회로 보는 해석방법을 전적으로 부정하는 말씀이다.

1,260일은 7년 대환란 절반에 해당하는 후 3년 반 기간이기 때문에 상징적으로 신약시대 전 기간이라든지, 또는 일수를 연수로 계산해서 1,260년으로 계수하는 모든 해석은 다니엘의 70이레 예언 해석에 조화를 이루지 못하는 해석이다.

다니엘의 70이레 예언의 마지막 한 이레는 종말에 성취될 7년 대환란의 사건임을 예수님이 직접 인용하신 말씀이다.

"……너희가 선지자 다니엘의 말한 바 멸망의 가증한 것이 거룩한 곳에 선 것을 보거든 (읽는 자는 깨달을진저) 그때에 유대에 있는 자들은 산으로 도망할지어다……이는 그때에 큰 환난이 있겠음이라 창세로부터 지금까지 이런 환난이 없었고 후에도 없으리라"(마 24:15-21).

12절에 계시된 말씀에도 사탄과 그의 사신들이 미가엘 천사장과 그 사신들과의 하늘 전쟁에서 패배한 뒤에 하늘에서 땅으로 내어쫓기니 "마귀가 자기의 때가 얼마 못 된 줄을 알므로 크게 분내어 너희에게 내려갔음이라"고 증거하고 있다.

'해를 입은 한 여자'에 대한 계시는 예수 그리스도의 재림사건이 성취될 종말의 때에 있을 사건임을 보여주고 있다. 그러므로 해를 입은 한 여자를 신·구약의 통일된 교회로 해석하는 것이 부당하며, 그 여인이 낳은 아이를 초림 예수 그리스도로 해석하는 것 또한 성경말씀과 조화를 이루지 못한다.

4) 종말에 있을 신령한 교회로 보는 견해

'해[太陽]를 입은 여자'를 마지막 대환란기에 하나님의 계명과 예수 그리스도의 복음을 믿고 증거하는 신실한 교회로 보는 견해다.

이 견해는 '여자가 낳은 아이'를 '두 증인'과 같은 추수기의 사명을 감당할 일꾼들을 상징하는 것으로 해석한다.

이 책이 '장차 될 일'(1:1, 19, 4:1, 22:6)의 내용을 계시하는 책이기 때문에 해를 입은 여자는 과거나 현재의 어떤 교회, 인물, 민족 등을 상징하는 것이 아니라 장차 임할 대환란기를 앞두고 1,260일을 예언할 두 증인과 같은 추수의 일꾼들을 배출할 참된 교회를 예표하는 것으로 보는 견해다.

이상의 네 가지 견해 중에 종말에 대해 예언하고 있는 다니엘서와 마태복음 24장과 본문의 내용에 가장 충실한 견해는 네 번째 견해다.

'해를 입은 한 여자'는 종말에 있을 7년 대환란기에 하나님의 인 맞은 십사만사천 명의 순교자를 낳게 될 신실한 교회를 상징하고 있다.

사도 요한이 하늘에 있는 큰 이적 가운데 본 한 여자의 모습은 해를 입고 있었고, 그 발 아래는 달이 있고, 그 머리에는 열두 별의 면류관을 쓴 아름다운 모습이었다.

여인이 하늘의 모든 광채로 머리에서 발끝까지 영광스럽게 장식하고 있다. 가장 아름답고 화사하게 화장한 신부처럼, 예수 그리스도의 신부 된 교회가 하늘에 가지고 있는 모든 발광체를 가지고 머리에서 발끝까지 아름답고 고귀하게 치장하고 영광스러운 자태를 선보이고 있다. 세상의 눈으로는 교회가 아름답거나 영광스럽게 보이지 않을지 모른다. 그러나 하나님의 관점에서 보면 지극히 아름답고 고귀하고 영광스러운 존재가 교회임을 보여주고 있다.

부모의 눈에는 자녀의 모든 것이 예쁘게 보이고 사랑스럽게 느껴지고 귀하게만 생각되는 것처럼, 하나님의 자녀들이 모인 교회는 하나님 보시기에 가장 예쁘고 사랑스럽고 고귀하게만 여겨진다는 것이다. 교회는 여호와께서 기쁨을 이기지 못하여 하시며 잠잠히 사랑하시는 대상이요, 즐거이 부르며 기뻐하시는 대상이다.

> "너의 하나님 여호와가 너의 가운데 계시니 그는 구원을 베푸실 전능자시라 그가 너로 인하여 기쁨을 이기지 못하여 하시며 너를 잠잠히 사랑하시며 너로 인하여 즐거이 부르며 기뻐하시리라"(습 3:17).

시편 기자는 시편 87편에서 "여호와께서 야곱의 모든 거처보다 시온의 문들을 사랑하시는도다 하나님의 성이여 너를 가리켜 영광스럽다 말하는도다"(시 87:2-3)라고 교회의 아름다움을 노래하고 있다.

교회를 볼 때 어떤 시야를 가지고 바라보고 있는가? 세상의 눈으로 교회를 바라보며 실망하거나 무시하거나 외면했다면 당신의 시각을 교정할 필요가 있다. 교회를 바라볼 때는 하나님의 관점에서 영의 눈을 뜨고 믿음의 시각으로 바라보아야 한다. 그렇게 볼 때 교회의 아름다움과 소중함과 영광스러움을 볼 수 있을 것이다. 교회는 복음으로 영혼을 잉태하고 해산하는 고통을 인내하며 기뻐하는 예수 그리스도의 신부이며, 성도들의 영적 어머니다. 교회를 향한 아름다움과 고귀함과 영광스러움을 바라볼 수 있는 영혼의 시력이 밝게 되길 축원한다.

"……내가 신부 곧 어린 양의 아내를 네게 보이리라 하고……하나님께로부터 하늘에서 내려오는 거룩한 성 예루살렘을 보이니"(계 21:9-10).

"오직 위에 있는 예루살렘은 자유자니 곧 우리 어머니라"(갈 4:26).

"내 형제들아 영광의 주 곧 우리 주 예수 그리스도를 믿는 믿음을 너희가 받았으니 사람을 외모로 취하지 말라……내 사랑하는 형제들아 들을지어다 하나님이 세상에 대하여는 가난한 자를 택하사 믿음에 부요하게 하시고 또 자기를 사랑하는 자들에게 약속하신 나라를 유업으로 받게 아니하셨느냐……만일 너희가 외모로 사람을 취하면 죄를 짓는 것이니 율법이 너희를 범죄자로 정하리라"(약 2:1, 5, 9).

한 여인이 해를 입었다는 말씀은 교회가 의의 태양이신 예수 그리스도로 옷 입었음을 상징하는 말씀이다.

"너희가 다 믿음으로 말미암아 그리스도 예수 안에서 하나님의 아들이 되었으니 누구든지 그리스도와 합하여 세례를 받은 자는 그리스도로 옷 입었느니라"(갈 3:26-27).

"내 이름을 경외하는 너희에게는 의로운 해가 떠올라서 치료하는 광선을 발하리니……"(말 4:2).

"해는 그 방에서 나오는 신랑과 같고 그 길을 달리기 기뻐하는 장사 같아서"(시 19:5).

"밤이 깊고 낮이 가까웠으니 그러므로 우리가 어두움의 일을 벗고 빛의 갑옷을 입자 낮에와 같이 단정히 행하고 방탕과 술 취하지 말며 음란과 호색하지 말며 쟁투(爭鬪)와 시기하지 말고 오직 주 예수 그리스도로 옷 입고 정욕을 위하여 육신의 일을 도모하지 말라"(롬 13:12-14).

해를 입은 한 여자가 낳을 '남자 아이'는 7년 대환란의 전 3년 반을 통과하면서 고난 가운데서 참고 인내하며 낳게 될 '하나님의 인 맞은 종들' 즉 십사만 사천 명의 종들이요(계 7장), 짐승의 통치기간인 후 3년 반 동안 신앙의 정절을 지키며 죽기까지 복음을 증거하는 사명을 감당할 두 증인(계 11장)과 동일한 대상을 상징한다.

해를 입은 한 여자가 '장차 철장으로 만국을 다스릴 남자 아이'를 낳는 사건을 과거에 마리아가 예수 그리스도를 낳은 사건으로 보는 견해가 있는데 이는 성경의 지지를 받지 못하는 주장이다.

사도 요한이 본문의 환상을 본 것은 예수 그리스도의 초림 이후의 사건이다. 사도 요한이 본문을 계시받는 시점은 이미 예수 그리스도의 탄생, 공생애 기간, 십자가의 죽으심과 부활승천이 이루어지고 60년 가까운 시간이 흐른 뒤다. 그러므로 여자가 낳은 것을 남자아이를 예수 그리스도의 탄생으로 볼 수 없다.

요한계시록 6장 이하의 사건은 종말에 있을 7년 대환란에 성취될 '장차 될 일'을 계시하고 있으므로 예수 그리스도의 탄생으로 보기에는 적합하지 않고, 장차 있을 종말의 때에 추수의 사명을 감당할 하나님의 인 맞은 종들과 두 증인들을 상징한다고 보는 것이 이 책의 내증과 자연스럽게 조화를 이루는 견해다.

> "이기는 자와 끝까지 내 일을 지키는 그에게 만국(萬國)을 다스리는 권세를 주리니 그가 철장을 가지고 저희를 다스려 질그릇 깨뜨리는 것과 같이 하리라 나도 내 아버지께 받은 것이 그러하니라"(계 2:26-27).

해를 입은 여자가 아이를 낳으면 삼키고자 여자 앞에서 기다리고 있는 용이 하늘 전쟁에서 미가엘 군대에게 패배하고 땅으로 내어쫓긴 때가 언제인가?

붉은 큰 용과 그 사자들이 하늘의 군대장관 미가엘과 그 사자들과 하늘 전쟁에서 패배하고 땅으로 내어쫓기는 사건은 종말에 성취될 사건이다. 이 장의 계시내용이 이를 입증하고 있다.

> "하늘에 전쟁이 있으니 미가엘과 그의 사자들이 용으로 더불어 싸울새 용과 그의 사자들도 싸우나 이기지 못하여 다시 하늘에서 저희의 있을 곳을 얻지 못한지라 큰 용이 내어쫓기니 옛 뱀 곧 마귀라고도 하고 사탄이라고도 하는 온 천하를 꾀는 자라 땅으로 내어쫓기니 그의 사자들도 저와 함께 내어쫓기니라……그러므로 하늘과 그 가운데 거하는 자들은 즐거워하라 그러나 땅과 바다는 화 있을진저 이는 마귀가 자기의 때가 얼마 못 된 줄을 알므로 크게 분내어 너희에게 내려갔음이라 하더라……용이 여자에게 분노하여 돌아가서 그 여자의 남은 자손 곧 하나님의 계명을 지키며 예수의 증거를 가진 자들로 더불어 싸우려고 바다 모래 위에 섰더라"(계 12:7-17).

위의 말씀을 보면 용이 하늘 전쟁에서 미가엘 군대에 패배하고 땅으로 내어쫓긴 시점은 역사의 마지막 시점임을 계시해 주고 있다. 용이 땅에 쫓겨나면서 크게 분내고 있는 것은 이제 그가 멸망받아 지옥에 던져질 시간인 역사의 종말이 얼마 남지 않았음을 알기 때문이라고 계시해 주고 있다. 그러므로 이 장에 계시된 해를 입은 여자가 낳은 남자아이는 마리아가 낳은 예수 그리스도를 상징한다고 볼 수 없고, 장차 종말에 예수 그리스도(의의 태양)의 복음으로 무장한 예수 그리스도의 신부 된 교회가 믿음으로 승리할 주의 종들인 두 증인을 낳게 될 것임을 상징한다고 해석하는 것이 이 장의 계시문맥과 자연스럽게 조화되는 해석임을 알 수 있다.

> "용이 여자에게 분노하여 돌아가서 그 여자의 남은 자손 곧 하나님의 계명을 지키고 예수의 증거를 가진 자들로 더불어 싸우려고 바다 모래 위에 섰더라"(계 12:17).

신약교회는 예수 그리스도의 신부다. 신부는 신랑의 생명의 씨를 받아 잉태함으로 씨를 받은 대로 자녀를 낳기 마련이다. 그러므로 본문에 계시되고 있는 해를 입은 한 여인이 해산의 고통을 통해 낳은 '장차 철장으로 만국을 다스릴 남자'는 예수 그리스도의 신부 된 교회가 장차 철장으로 만국을 다스릴 권세를 가지신 예수 그리스도의 씨를 받아 잉태함으로 그분과 같은 믿음의 자녀들을 낳게 될 것임을 보여준다.

> "이기는 자와 끝까지 내 일을 지키는 그에게 만국(萬國)을 다스리는 권세를 주리니 그가 철장을 가지고 저희를 다스려 질그릇 깨뜨리는 것과 같이 하리라 나도 내 아버지께 받은 것이 그러하니라"(계 2:26-27).

주님이 두아디라 교회에 주신 언약의 말씀을 보면 '장차 철장으로 만국을 다스릴 권세'의 약속이 이기는 성도들에게 주어질 것으로 언약되고 있다.

해를 입은 한 여인이 해산의 고통을 통해 장차 철장으로 만국을 다스릴 남자를 낳게 되는 계시는 예수 그리스도의 신부 된 교회가 대환란 가운데서도 두 증인과 같은 순교자적 사명을 가진 복음의 증인들을 배출하여 끝까지 사명을 완수하고 승리하게 될 것임을 보여 준다.

주님은 이 계시를 통해 하나님의 말씀과 예수 그리스도의 복음을 믿고 증거하다가 고난과 환난을 당하고 있는 성도들에게 끝까지 참고 인내하며 죽기까지 충성할 것을 권면하는 동시에, 반드시 예수 그리스도의 영광에 동참케 될 소망을 바라보며 힘과 용기를 가지고 승리할 것을 격려하고 있다.

이제 예수 그리스도의 신부 된 교회가 하나님 사랑과 주님의 은혜에 감사하며 보답할 길은 신랑 되신 예수 그리스도의 진리의 복음으로 옷 입고, 복음의 씨앗을 받아 믿음의 자녀를 낳기 위해 해산하는 여인의 고통처럼 구로하며 부르짖어 기도하고, 하나님의 말씀과 예수 그리스도의 복음을 전하는 거룩한 사명을 충성스럽게 감당하는 것이다. 신랑 되신 예수님을 가장 기쁘시게 하는 일은 예수님 닮은 자녀를 낳는 것이다. 신랑 되신 예수 그리스도 재림 신앙으로 무장한 교회는 반드시 승리할 것이다.

"딸 시온이여 해산하는 여인처럼 애써 구로하여 낳을지어다"(미 4:10).

"여호와여 잉태한 여인이 산기가 임박하여 구로하며 부르짖음같이 우리가 주의 앞에 이르하나이다"(사 26:17).

"저희가 어린 양으로 더불어 싸우려니와 어린 양은 만주의 주시요 만
왕의 왕이시므로 저희를 이기실 터이요 또 그와 함께 있는 자들 곧 부
르심을 입고 빼내심을 얻고 진실한 자들은 이기리로다"(계 17:14).

해를 입은 한 여자는 짐승의 통치기간인 후 3년 반(42달) 동안 하나
님이 예비하신 광야 예비처로 피신하여 1,260일 동안 특별 보호를
받으며 양육된다.

"그 여자가 광야로 도망하매 거기서 1,260일 동안 저를 양육하기 위하
여 하나님의 예비하신 곳이 있더라……그 여자가 큰 독수리의 두 날개
를 받아 광야 자기 곳으로 날아가 거기서 그 뱀의 낯을 피하여 한 때와
두 때와 반 때를 양육 받으매"(계 12:6, 14).

'해를 입은 한 여자'가 피신하여 양육 받을 '광야 예비처'에 대한
해석 방법은 첫째, 종교개혁으로 보는 견해, 둘째, 애굽의 피난으로
보는 견해, 셋째, 광야 같은 세상에서의 보호로 보는 견해, 넷째, 교
회 휴거 후 유대인들이 대환란 중에 보호받을 것으로 보는 견해, 다
섯째, 상징적 비유로 보는 견해, 여섯째, 이 땅이 아닌 하늘 예비처로
보는 견해 등 다양한 견해가 주장되고 있다.

이상의 견해 중에서 마지막 여섯 번째 견해가 이 책의 증거내용과
가장 조화를 이루는 성경적 주장이라고 할 수 있다.

12장 12절에서는 "그러므로 하늘과 그 가운데 거하는 자들은 즐
거워하라 그러나 땅과 바다는 화 있을진저 이는 마귀가 자기 때가
얼마 못 된 줄을 알므로 크게 분내어 너희에게 내려갔음이라"고 증

거해 주고 있다.

공중 권세 잡았던 마귀가 하늘 전쟁에서 패배하고 땅으로 내어쫓김으로 하늘이 정결케 되어 하나님의 신실한 백성들을 피신시키는 예비처로 준비되었음을 보여주고 있다.

13장 5-6절에서는 "또 짐승이 큰 말과 참람된 말 하는 입을 받고 또 마흔두 달 일할 권세를 받으니라 짐승이 입을 벌려 하나님을 향하여 훼방하고 그의 이름과 그의 장막 곧 하늘에 거하는 자들을 훼방하더라"라고 계시해 주고 있다.

이상의 계시말씀은 적그리스도의 통치기간인 후 3년 반(마흔두 달) 동안 성도들이 피신하여 하나님의 양육과 보호를 받는 광야 예비처가 하늘임을 입증해 주고 있다.

후 3년 반(마흔두 달) 동안 적그리스도인 짐승이 통치하는 권세를 받아 다스리게 될 것이기 때문에 이 땅 어느 곳도 피난처로 적합하지 않다. 정보통신 기술이 발달한 현대 문명 속에서 지구 어느 곳에 피신하여 뱀의 낯을 피할 수 있겠는가? 이 땅 어디에도 뱀의 낯을 피해 살 수 있는 예비처가 없을 것이므로 광야 예비처가 이 땅이 아닌 하늘이 될 것임을 입증한다.

> "용이 자기가 땅으로 내어쫓긴 것을 보고 남자를 낳은 여자를 핍박하는지라 그 여자가 큰 독수리의 두 날개를 받아 광야 자기 곳으로 날아가 거기서 그 뱀의 낯을 피하여 한 때와 두 때와 반 때를 양육 받으매" (계 12:13-14).

> "용이 짐승에게 권세를 주므로 용에게 경배하며 짐승에게 경배하여 가로되 누가 이 짐승과 같으뇨 누가 능히 이를 더불어 싸우리요 하더라 또 짐승이 큰 말과 참람된 말 하는 입을 받고 또 마흔두 달 일할 권세를

받으니라"(계 13:4-5).

하나님께서는 일찍이 하나님의 백성인 이스라엘 백성을 종살이 하던 애굽 왕 바로의 핍박 가운데서 광야로 이끌어내시고, 불과 구름 기둥으로 보호하시며, 하늘의 만나와 반석의 생수로 그들을 먹이시며, 40년 동안을 양육하시며 가나안으로 인도하셨다.

이스라엘 백성을 애굽에서 광야로 이끌어내시고 광야에서 특별 보호 양육하신 뒤 가나안으로 인도하신 사건은 종말에 이 땅(세상)에서 하늘 예비처로 이끌어 특별 보호와 양육하심을 받은 해 입은 여자(교회)를 새 하늘과 새 땅으로 인도하실 것을 보여준다.

애굽(이 세상)→광야(하늘 예비처)→가나안(새 하늘과 새 땅)

"나의 애굽 사람에게 어떻게 행하였음과 내가 어떻게 독수리 날개로 너희를 업어 내게로 인도하였음을 너희가 보았느니라"(출 19:4).

12장 17절 말씀은 '여자의 남은 자손'에 대해 계시해 주고 있다.

"용이 여자에게 분노하여 돌아가서 그 여자의 남은 자손 곧 하나님의 계명을 지키며 예수의 증거를 가진 자들로 더불어 싸우려고 바다 모래 위에 섰더라"(계 12:17).

'그 여자의 남은 자손'에 대해서는 여러 견해가 주장되고 있다. 첫째, 이방인으로서의 그리스도인으로 보는 견해, 둘째, 유대인의 남은 성도로 보는 견해, 셋째, 예비처로 피신하지 못하고 남겨진 성도들로 보는 견해, 넷째, 예수 그리스도의 계명을 따르는 신실한 종들로 보는 견해가 그것이다.

이상의 견해 중 마지막 네 번째 견해가 이 책의 계시내용과 가장 조화되는 해석이다.

이 절에 계시하고 있는 에 대해 나쁜 의미로 해석하는 사람들이 종종 있다. 그러나 이 절에 계시된 '그 여자의 남은 자손'은 좋은 의미의 남은 자로 해석하는 것이 타당하다.

첫째, 원어적으로 입증된다.

'그 여자의 남은 자손'이란 이 절 말씀에서 '자손'(子孫)을 의미하는 헬라어 '스페르마토스'(σπέρματος)로 '뿌려진 것'(that which is sown)을 의미한다. 그러므로 해를 입은 여자가 참 교회의 모형이라면 그 여자로부터 뿌려진 씨앗 또한 좋은 의미의 남은 자라고 해석하는 것이 타당하다.

"……그 그루터기는 남아 있는 것같이 거룩한 씨가 이 땅의 그루터기니라"(사 6:13).

둘째, 그들의 신앙자세가 이를 입증한다.

이 절은 그 여자의 남은 자손의 신앙적 자세를 '하나님의 계명과 예수의 증거를 가진 자들'이라고 분명하게 계시해 주고 있다. '하나님의 계명을 지키며 예수의 증거를 가진 자들'은 진리에 바르게 선 신실한 성도들임이 분명하다. 그 어떤 이론이나 추측도 본문의 계시 증거보다 앞설 수 없다. 여자의 남은 자손에 대한 본문의 확실한 계시를 무시하거나 억지로 해석하는 것은 하나님의 말씀을 왜곡시키는 죄를 범하는 것이다.

셋째, 사탄의 행동이 이를 입증한다.

요한계시록 말씀은 "용이 여자에게 분노하여 돌아가서 그 여자의 남은 자손 곧 하나님의 계명을 지키며 예수의 증거를 가진 자들로 더불어 싸우려고 바다 모래 위에 섰더라"고 증거한다. 그 여자의 남은 자손들이 신앙이 나약하고 세상을 쫓아가다 버림받는 무리들이라면 용이 그들과 더불어 싸우려는 임전태세를 갖출 필요가 있겠는가? 용이 그 여자의 남은 자손과 더불어 싸우려는 임전태세를 갖추고 있다는 것은 그들이 진리로 무장한 거룩한 성도들임을 입증한다.

이 책 13장의 계시내용을 보면 용으로부터 후 3년 반인 마흔두 달 동안 권세를 받아 다스리게 되는 짐승(적그리스도)이 성도들과 싸워 이기게 될 때 이 땅에 남은 성도들은 죽기까지 믿음을 지키며 인내로써 하나님 말씀과 예수 그리스도의 복음을 증거할 것임을 계시 해 주고 있다.

"또 짐승이……마흔두 달 일할 권세를 받으니라……또 권세를 받아 성도들과 싸워 이기게 되고……죽임을 당한 어린 양의 생명책에 창세 이후로 녹명되지 못하고 이 땅에 사는 자들은 다 짐승에게 경배하리라……성도들의 인내와 믿음이 여기 있느니라"(계 13:5-10).

짐승이 다스리게 될 후 3년 반(마흔두 달) 동안 이 땅에 남아 하나님의 계명을 지키며 예수 그리스도의 복음을 증거하며 인내로써 영적 싸움을 싸우게 될 '그 여자의 남은 자손'은 짐승의 표인 666을 받지도 아니하고 짐승의 우상에게 경배하지도 아니함으로 순교당할 거룩한 믿음의 성도들을 나타낸다. 이들에 대해 이 책 14장 4절에서는 "이 사람들은 여자로 더불어 더럽히지 아니하고 정절이 있는 자라 어린 양이 어디로 인도하든지 따라가는 자며 사람 가운데서 구속을 받아 처음 익은 열매로 하나님과 어린 양에게 속한 자들"이라고 증거한다.

20장 4-6절에서는 "또 내가 보좌들을 보니 거기 앉은 자들이 있어 심판하는 권세를 받았더라 또 내가 보니 예수의 증거와 하나님의 말씀을 인하여 목 베임을 받은 자의 영혼들과 또 짐승과 그의 우상에게 경배하지도 아니하고 이마와 손에 그의 표를 받지도 아니한 자들이 살아서 그리스도로 더불어 천 년 동안 왕 노릇 하니 (그 나머지 죽은 자들은 그 천 년이 차기까지 살지 못하더라) 이는 첫째 부활이라 이 첫째 부활에 참예하는 자들은 복이 있고 거룩하도다 둘째 사망이 그들을 다스리는 권세가 없고 도리어 그들이 하나님과 그리스도의 제사장이 되어 천 년 동안 그리스도로 더불어 왕 노릇 하리라"고 증거해 준다. 그러므로 짐승이 다스리게 될 후 3년 반(마흔두 달) 동안 이 땅에 남게 될 '그 여자의 남은 자손'은 순교하기까지 충성하며 복음증거의 사명을 감당할 두 증인과 십사만 사천의 종들과 동일한 대상으로 해석하는 것이 이 책의 계시증거들과 조화를 이루는 해석이다.

'여자의 남은 자손'에 대한 본문의 사건은 구약성경의 스바냐 3장 13절 말씀과 구약 열왕기상 19장의 엘리야 시대의 남은 자를 그 배경으로 하고 있다.

스바냐 3장 13절 말씀은 "이스라엘의 남은 자는 악을 행치 아니하며 거짓을 말하지 아니하며 입에 궤휼한 혀가 없으며 먹으며 누우나 놀라게 할 자가 없으리라"고 예언하고 있다.

여자의 남은 자손은 두 증인과 하나님의 인 맞은 십사만사천의 종들과 동일한 대상으로 보는 것이 성경에 조화되는 해석이다.

> "이 사람들은 여자로 더불어 더럽히지 아니하고 정절이 있는 자라 어린 양이 어디로 인도하든지 따라가는 자며 사람 가운데서 구속을 받아 처음 익은 열매로 하나님과 어린 양에게 속한 자들이니 그 입에 거짓말이 없고 흠(欠)이 없는 자들이더라"(계 14:4-5).

열왕기상 19장에 보면, 시내 산 굴 속에 들어가 있는 열심이 특심한 엘리야 선지자에게 하나님의 말씀이 계시되는데, 이스라엘 백성 중에 바알에게 무릎을 꿇지 아니하고 바알에게 입을 맞추지도 아니하며 신앙의 정절을 지키는 7천 명을 남겨 두었다고 말씀하고 있다.

"여호와께서 가라사대 너는 나가서 여호와의 앞에서 산에 섰으라 하시더니 여호와께서 지나가시는데 여호와의 앞에 크고 강한 바람이 산을 가르고 바위를 부수나 바람 가운데 여호와께서 계시지 아니하며 바람 후에 지진이 있으나 지진 가운데도 여호와께서 계시지 아니하며 또 지진 후에 불이 있으나 불 가운데도 여호와께서 계시지 아니하더니 불 후에 세미한 소리가 있는지라 엘리야가 듣고 겉옷으로 얼굴을 가리우고 나가 굴 어귀에 서매 소리가 있어 저에게 임하여 가라사대 엘리야야 네가 어찌하여 여기 있느냐 저가 대답하되 내가 만군의 하나님 여호와를 위하여 열심이 특심하오니 이는 이스라엘 자손이 주의 언약을 버리고 주의 단을 헐며 칼로 주의 선지자들을 죽였음이오며 오직 나만 남았거늘 저희가 내 생명을 찾아 취하려 하나이다……내가 이스라엘 가운데 칠천 인을 남기리니 다 무릎을 바알에게 꿇지 아니하고 다 그 입을 바알에게 맞추지 아니한 자니라" (왕상 19:11-18).

'남은 자의 신앙'은 죽기까지 신앙의 정절을 지키며, 믿음으로 승리한 성도들의 신앙이다.
이사야 선지자는 이들을 '거룩한 씨'요 '그루터기'라고 표현하고 있다.

"내가 가로되 주여 어느 때까지니이까 대답하시되 성읍들은 황폐하여 거민이 없으며 가옥들에는 사람이 없고 이 토지가 전폐(全廢)하게 되

며 사람들이 여호와께 멀리 옮기워서 이 땅 가운데 폐한 곳이 많을 때
까지니라 그중에 십분의 일이 오히려 남아 있을지라도 이것도 삼키운
바 될 것이나 밤나무, 상수리나무가 베임을 당하여도 그 그루터기는 남
아 있는 것같이 거룩한 씨가 이 땅의 그루터기니라"(사 6:11-13).

에스겔 6장 8절에서 하나님께서는 이스라엘 산들이 멸망을 당할
때에 이방 중에 남아 있는 자가 있을 것임을 증거하고 있다.

"그러나 너희가 열방에 흩어질 때에 내가 너희 중에서 칼을 피하여 이
방 중에 남아 있는 자가 있게 할지라"(겔 6:8).

사도행전 8장에 보면 예루살렘 교회에 큰 핍박이 가해지자 다 유
대와 사마리아 땅으로 흩어져 피했지만 사도들은 피하지 않고 예루
살렘에 남아 있어 순교당한 스데반 집사를 장사하고 크게 울었다고
증거하고 있다.

"사울이 그의 죽임당함을 마땅히 여기더라 그날에 예루살렘에 있는 교
회에 큰 핍박이 나서 사도 외에는 다 유대와 사마리아 모든 땅으로 흩어
지니라 경건한 사람들이 스데반을 장사하고 위하여 크게 울더라 사울이
교회를 잔멸할새 각 집에 들어가 남녀를 끌어다가 옥에 넘기니라"(행
8:1-3).

6 하나님의 인과 짐승의 표
(666)

"이 일 후에 내가 네 천사가 땅 네 모퉁이에 선 것을 보니 땅의 사방의 바람을 붙잡아 바람으로 하여금 땅에나 바다에나 각종 나무에 불지 못하게 하더라 또 보매 다른 천사가 살아 계신 하나님의 인을 가지고 해 돋는 데로부터 올라와서 땅과 바다를 해롭게 할 권세를 얻은 네 천사를 향하여 큰 소리로 외쳐 가로되 우리가 우리 하나님의 종들의 이마에 인치기까지 땅이나 바다나 나무나 해하지 말라 하더라 내가 인 맞은 자의 수를 들으니 이스라엘 자손의 각 지파 중에서 인 맞은 자들이 십사만 사천이니"(하나님의 인—계 7:1-4).

"내가 보니 바다에서 한 짐승이 나오는데 뿔이 열이요 머리가 일곱이라 그 뿔에는 열 면류관이 있고 그 머리들에는 참람된 이름들이 있더라 내가 본 짐승은 표범과 비슷하고 그 발은 곰의 발 같고 그 입은 사자의 입 같은데 용이 자기의 능력과 보좌와 큰 권세를 그에게 주었더라 그의 머리 하나가 상하여 죽게 된 것 같더니 그 죽게 되었던 상처가 나으매 온 땅이 이상히 여겨 짐승을 따르고 용이 짐승에게 권세를 주므로 용에게 경배하며 짐승에게 경배하여 가로되 누가 이 짐승과 같으뇨 누가 능히 이로 더불어 싸우리요 하더라 또 짐승이 큰 말과 참람된 말 하는 입을 받고 또 마흔두 달 일할 권세를 받으니라 짐승이 입을 벌려 하나님을 향하여 훼방하되 그의 이름과 그의 장막 곧 하늘에 거하는 자들을 훼방하더라 또 권세를 받아 성도들과 싸워 이기게 되고 각 족속과 백성과 방언과 나라를 다스리는 권세를 받으니 죽임을 당한 어린 양의 생명책에 창세 이후로 녹명되지 못하고 이 땅에 사는 자들은 다 짐승에게 경배하리라 누구든지 귀가 있거든 들을지어다 사로잡는 자는 사로잡힐 것이요 칼로 죽이는 자는 자기도 마땅히 칼에 죽으리니 성도들의 인내와 믿음이 여기 있느니라 내가 보매 또 다른 짐승이 땅에서 올라오니 새끼 양같이 두 뿔이 있고 용처럼 말하더라 저가 먼저 나온 짐승의 모든 권세를 그 앞에서 행하고 땅과 땅에 거하는 자들로 처음 짐승에게 경배하게 하니 곧 죽게 되었던 상처가 나은 자니라 큰 이적을 행하되 심지어 사람들 앞에서 불이 하늘로부터 땅에 내려오게 하고 짐승 앞에서 받은 바 이적을 행함으로 땅에 거하는 자들을 미혹하며 땅에 거하는 자들에게 이르기를 칼에 상하였다가 살아난 짐승을 위하여 우상을 만들라 하더라 저가 권세를 받아 그 짐승의 우상에게 생기를 주어 그 짐승의 우상으로 말하게 하고 또 짐승의 우상에게 경배하지 아니하는 자는 몇이든지 다 죽이게 하더라 저가 모든 자 곧 작은 자나 큰 자나 부자나 빈궁한 자나 자유한 자나 종들로 그 오른손에나 이마에 표를 받게 하고 누구든지 이 표를 가진 자 외에는 매매를 못하게 하니 이 표는 곧 짐승의 이름이나 그 이름의 수라 지혜가 여기 있으니 총명 있는 자는 그 짐승의 수를 세어 보라 그 수는 사람의 수니 육백육십육이니라"(짐승의 표—계 13:1-18).

1. 하나님의 인과 짐승의 표(666) 도표

[도표 15]

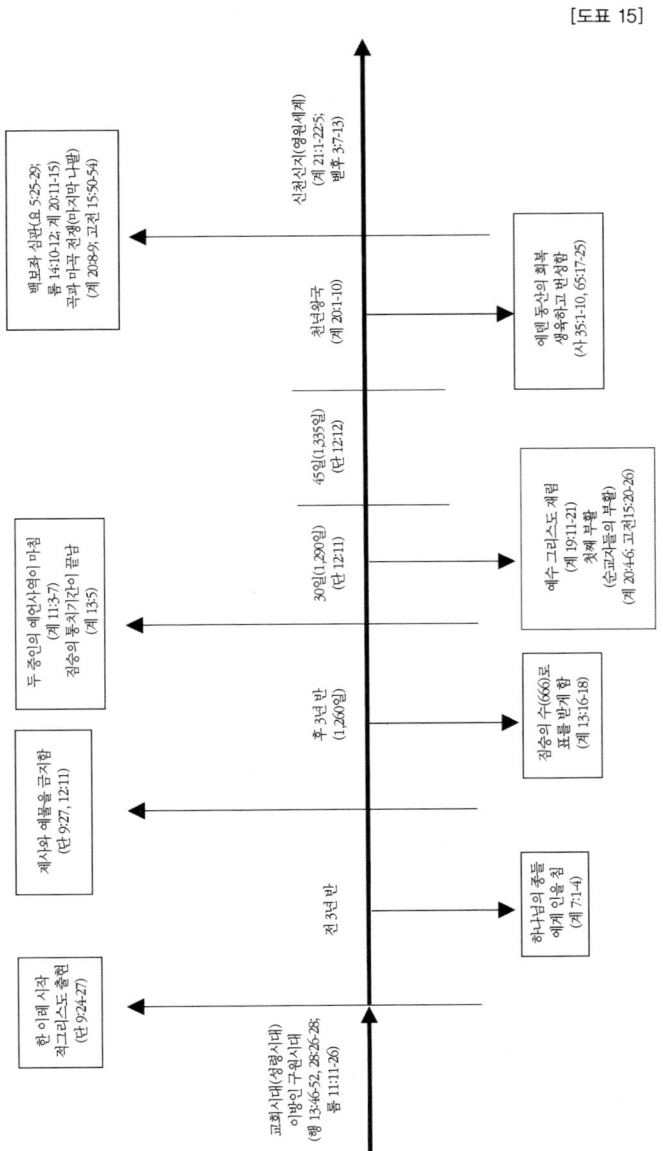

2. 하나님의 인과 짐승의 표 강해

요한계시록 전반에 걸쳐 두드러지게 나타나는 계시 중에 하나는 '하나님의 인을 받은 자들'(계 7:2-3, 9:4, 14:1, 22:4)과 '사탄의 소유를 나타내는 짐승의 표(666)를 받은 자들'(계 13:16-18, 14:9, 16:2, 19:20, 20:4)이 대조되어 증거되는 내용이다.

우리는 7장에서 해 돋는 곳으로부터 천사가 살아 계신 하나님의 인을 가지고 올라와서 "우리가 우리 하나님의 종들의 이마에 인치기까지 땅이나 바다나 나무나 해하지 말라"고 큰 소리로 외치는 계시내용을 들을 수 있다. 그리고 13장에서 짐승이 그의 통치기간인 후 3년 반 동안에 사람들의 오른손이나 이마에 짐승의 표인 666표를 받게 하고, 그 표를 받지 아니하는 자들은 매매를 못하게 하며, 짐승의 우상에게 경배하지 아니하는 자들은 몇이든지 다 죽이는 계시내용을 볼 수 있다.

대환란 때 하나님의 종들의 이마에 인치는 하나님의 인과 짐승의 우상에게 경배하는 자들에게 받기 하는 짐승의 표인 666에 대해 성경적 계시의미를 정확히 분별함으로 신앙의 게으름을 초래하거나 겁과 두려움을 심어 주는 잘못된 비성경적 해석의 주장들로부터 자유하고, 평안을 누리게 되기를 바란다.

1) 그들의 이마에 하나님의 인으로 인침 받는 십사만 사천의 하나님의 종들에 대한 고찰

먼저 살아 계신 하나님의 인에 대해서 살펴보자.

하나님의 인을 가진 천사들로부터 인침을 받는 대상에 대해 이 책이 증거하고 있는 사람들은 누구인가? 이 책 7장의 계시내용을 보면 하나님의 인으로 이마에 인침을 받는 사람들은 이스라엘 12지파에서 각각 일만 이천 명씩 십사만 사천 명의 하나님의 종들이라고 증거하고 있다. 어떤 이들은 하나님의 인으로 그 이마에 인침을 받는 십사만 사천의 하나님의 종들을 7장 9절 이하에 계시되고 있는 '아무라도 능히 셀 수 없는 흰옷 입은 큰 무리'와 동일한 사람들을 나타낸다고 해석하며, 이들은 모두 구원받은 성도를 상징한다고 주장하는 사람들이 있다. 하지만 그렇게 해석하는 견해는 이 책의 증거내용과 전혀 맞지 않는 비성경적 주장임을 쉽게 파악할 수 있다.

이 책이 증거하는 말씀의 내용을 보면, 하나님의 인으로 인침 받는 십사만 사천은 이스라엘 12지파에서 각각 일만 이천씩 선별된 하나님의 종들이지 이스라엘 모든 백성들이 아님을 뚜렷하게 계시해 주고 있다. 그러므로 하나님의 인으로 그 이마에 인침 받는 십사만 사천의 하나님의 종들이 구원받은 모든 성도들을 상징한다고 해석함은 지나치게 상징적으로 해석한 자의적(自意的) 해석이며, 이 책의 증거와는 거리가 먼 비성경적 견해임이 쉽게 드러난다.

이 책의 계시내용을 살펴볼 때 해 돋는 데로부터 하나님의 인을 가지고 올라온 천사가 이스라엘 12지파에게 각 지파마다 일만 이천 명씩 뽑아 총 십사만 사천의 하나님의 종들의 이마에 인을 치는 사건은 7년 대환란의 전 3년 반 동안에 성취될 사건임을 알 수 있다. 또한 전 3년 반의 환난기간이 끝나면 하나님의 예비하신 광야 예비처에 모든 교회가 피하여 특별 보호와 양육을 받게 될 것임을 계시해 주고 있다. 이들이 곧 아무나 능히 셀 수 없는 흰옷 입은 큰 무리임을 알 수 있다.

요한계시록 12장의 계시내용을 보면 해를 입은 한 여자가 장차 철장으로 만국을 다스릴 남자아이를 낳는 기간이 전 3년 반 동안임을 보여주고 있다.

해를 입은 한 여자는 교회를 상징함에 다른 이견(異見)이 없을 것이다. 그러므로 장차 영적 이스라엘 12지파인 교회가 하나님의 인으로 인침 받는 십사만 사천의 종을 낳는 기간이 종말에 있을 한 이레의 전 3년 반 동안 있게 될 사건으로 해석함이 요한계시록의 앞뒤 증거와 일치되는 해석임을 알 수 있다.

하나님의 인으로 이마에 인침을 받는 십사만 사천의 하나님의 종들과 해를 입은 한 여자가 장차 철장으로 만국을 다스릴 남자아이를 낳게 된 사건은 그 맥을 같이하는 동일한 사건의 다른 표현임을 알 수 있다.

해를 입은 한 여자 곧 예수 그리스도의 몸 된 교회는 7년 대환란의 전 3년 반 동안 환난 가운데서도 하나님의 인으로 이마에 인침 받아 죽기까지 충성하며 하나님의 말씀과 예수 그리스도의 복음 증거의 사명을 감당하게 될 십사만 사천의 하나님의 순교할 종들을 낳고 용의 핍박을 받게 된다.

하나님께서는 용의 핍박을 받는 그 여자를 큰 독수리의 두 날개로 광야 예비처로 피하게 하시고, 후 3년 반인 한 때와 두 때와 반 때(1,260일) 동안 특별 보호와 양육하는 기간을 지내도록 할 것임을 계시하고 있다.

"이는 그때에 큰 환난이 있겠음이라 창세로부터 지금까지 이런 환난이 없었고 후에도 없으리라 그날들을 감하지 아니할 것이면 모든 육체가 구원을 얻지 못할 것이라 그러나 택하신 자들을 위하여 그날들을 감하시리라"(마 24:21-22).

"용이 자기가 땅으로 내어쫓긴 것을 보고 남자를 낳은 여자를 핍박하는지라 그 여자가 큰 독수리의 두 날개를 받아 광야 자기 곳으로 날아가 거기서 그 뱀의 낯을 피하여 한 때와 두 때와 반 때를 양육(養育) 받으매"(계 12:13-14).

용이 그 여자를 핍박하려 하지만 땅이 여자를 도와 실패로 돌아가자 용이 분노하여 돌아가서 그 여자의 남은 자손 곧 하나님의 계명을 지키며 예수의 증거를 가진 자들 곧 여자가 낳은 남자아이인 십사만 사천의 하나님의 인 맞은 종들과 싸우려고 바다 모래 위에 서 있는 모습을 요한계시록 13장 15절 이하에서 계시하고 있다. 그러므로 하나님의 인으로 그 이마에 인침을 받는 하나님의 종들은 후 3년 반 동안 하나님의 말씀과 예수 그리스도의 복음을 증거하는 사명을 감당하다 순교할 하나님의 종들이며, 요한계시록에 계시되고 있는 장차 철창으로 만국을 다스리게 될 해 입은 여자가 낳은 아이나, 1,260일 동안 예언사역을 감당하고 순교를 당했다가 3일 반 후에 살아나 부활 승천하는 두 증인과 맥(脈)을 같이하는 사건으로 해석하는 것이 요한계시록의 앞뒤 계시내용과 자연스럽게 조화를 이루는 해석임을 보여주고 있다.

하나님의 종들의 이마에 하나님의 인을 친다는 것은 하나님의 특별 소유를 삼는다는 의미를 나타내며, 하나님의 특별 사명을 감당할 특수부대 요원들을 착출하는 의미를 나타낸다.

이들은 교회가 광야 예비처에 피신하여 1,260일 동안 하나님의 특별 보호와 양육을 받는 동안에 이 땅에 남아 짐승에게 주어지는 후 3년 반의 통치기간에 생명을 아끼지 않고 하나님의 말씀과 예수 그리스도의 복음을 증거할 정예 부대원들이며, 이들에게는 그들이 사명을 감당할 1,260일 동안 하나님의 화로부터 보호를 받으며, 사명을 감당할 수 있는 큰 권세와 능력이 주어질 것임을 이 책은 증거하고 있다.

"또 황충이 연기 가운데로부터 땅 위에 나오매 저희가 땅에 있는 전갈의 권세와 같은 권세를 받았더라 저희에게 이르시되 땅의 풀이나 푸른 것이나 각종 수목은 해하지 말고 오직 이마에 하나님의 인 맞지 아니한 사람들만 해하라 하시더라"(계 9:3-4).

"성전 밖 마당은 척량하지 말고 그냥 두라 이것을 이방인에게 주었은즉 저희가 거룩한 성을 마흔두 달 동안 짓밟으리라 내가 나의 두 증인에게 권세를 주리니 저희가 굵은 베옷을 입고 일천이백육십 일을 예언하리라 이는 이 땅의 주 앞에 섰는 두 감람나무와 두 촛대니 만일 누구든지 저희를 해하고자 한즉 저희 입에서 불이 나서 그 원수를 소멸할지니 누구든지 해하려 하면 반드시 이와 같이 죽임을 당하리라 저희가 권세를 가지고 하늘을 닫아 그 예언을 하는 날 동안 비 오지 못하게 하고 또 권세를 가지고 물을 변하여 피 되게 하고 아무 때든지 원하는 대로 여러 가지 재앙으로 땅을 치리로다"(계 11:2-6).

예수 그리스도 초림 이후에 계속되고 있는 교회시대에는 주 안에서 믿음으로 인침 받은 성도들을 성령으로 인치시고, 세상을 이기며 십자가 군병으로 하나님 나라 확장을 위해 하나님의 말씀과 예수 그리스도의 복음을 증거하는 복음의 제사장 사명을 감당할 수 있도록 하신다. 하지만 마지막 한 이레의 7년 대환란 기간에는 종들의 이마에 하나님의 인으로 인을 치시고, 그들에게 강한 능력과 권세를 부어 주시고 순교하기까지 신앙의 정절을 지키며 하나님의 말씀과 예수 그리스도의 복음을 증거하는 특수사명을 감당하도록 구별하여 세우실 것임을 계시하고 있다.

"우리를 너희와 함께 그리스도 안에서 견고케 하시고 우리에게 기름을 부으신 이는 하나님이시니 저가 또한 우리에게 인치시고 보증으로 성령을 우리 마음에 주셨느니라"(고후 1:21-22).

"또 내가 보니 보라 어린 양이 시온 산에 섰고 그와 함께 십사만 사천이 섰는데 그 이마에 어린 양의 이름과 그 아버지의 이름을 쓴 것이 있도다"(계 14:1).

2) 그들의 오른손이나 이마에 짐승의 표인 666표를 받는 자들에 대한 고찰

요한계시록을 접하는 성도들이 제일 많이 듣고 두려워하고 걱정과 의심을 갖는 내용이 짐승의 표인 '666'에 관한 내용일 것으로 생각된다. 그동안 666에 대한 논란이 성도들에게 걱정과 두려움을 가져다주는 쪽으로 설명되고 주장되었기 때문임을 부인할 수 없다. 그러나 주님이 사도 요한에게 요한계시록 말씀을 보여주시며 기록하여 증거하도록 하신 이유와 목적이 성도들을 겁주고 걱정에 빠지도록 하기 위함이 아니라는 사실을 먼저 깨닫고 인정한다면, 짐승의 표인 666에 대한 계시내용 또한 성도들에게 의심과 두려움을 갖게 하는 계시내용이 아니라 오히려 평안과 기쁨과 감사를 가져다주는 계시내용임을 알게 될 것이다.

결론을 먼저 말한다면, 짐승의 표인 666표는 예수 그리스도를 믿고 영접한 성도들과는 전혀 상관이 없는 계시내용이다. 왜냐하면 짐승의 표인 666표를 오른손이나 이마에 받게 하고, 그 표를 받지 않는 자들은 매매를 금지하는 사건은 짐승의 통치기간인 후 3년 반에 있을 사건이기 때문이다. 요한계시록 13장에 계시되고 있는 짐승의 표인 666에 대한 증거말씀은 이 사실을 보여주고 있다.

"또 짐승이 큰 말과 참람된 말 하는 입을 받고 또 마흔두 달 일할 권세를 받으니라……또 권세를 받아 성도들과 싸워 이기게 되고 각 족속과 백성과 방언과 나라를 다스리는 권세를 받으니 죽임을 당한 어린 양의 생명책에 창세 이후로 녹명되지 못하고 이 땅에 사는 자들은 다 짐승에게 경배하리라……저가 권세를 받아 그 짐승의 우상에게 생기를 주어 그 짐승의 우상으로 말하게 하고 또 짐승의 우상에게 경배하지 아니하는 자는 몇이든지 다 죽이게 하더라 저가 모든 자 곧 작은 자나 큰 자나 부자나 빈궁한 자나 자유한 자나 종들로 그 오른손에나 이마에 표를 받게 하고 누구든지 이 표를 가진 자 외에는 매매를 못하게 하니 이 표는 곧 짐승의 이름이나 그 이름의 수라 지혜가 여기 있으니 총명 있는 자는 그 짐승의 수를 세어 보라 그 수는 사람의 수니 육백육십육이니라"(계 13:5-18).

하나님의 생명책에 그 이름이 기록된 성도들은 전 3년 반의 환난기간을 통과한 뒤 주께서 택하신 자들을 위해서 그 기간을 감해 주시고 광야 예비처로 피신시켜 특별 보호와 양육하게 될 것임을 성경이 증거하고 있다. 그러므로 짐승의 표인 666표를 받아야 되느니 받지 말아야 되느니 하는 논란이 성도들에게는 전혀 무의미한 것임을 알 수 있다.

짐승의 표인 666표는 하나님의 생명책에 그 이름이 기록되지 못한 자들을 사탄이 짐승의 표로 인치는 사건이다. 이는 사탄이 하나님을 모방하는 사건이다. 하나님께서 전 3년 반 동안에 하나님의 종들의 이마에 하나님의 인을 치심으로 하나님의 특별 소유를 삼으시고, 짐승의 통치기간인 후 3년 반 동안 하나님의 말씀과 예수 그리스도의 복음을 증거하여 영혼 구원의 특수사명을 감당하도록 권세와 능력을 부어 주신다.

사탄이 이를 모방하여 자신도 짐승의 표인 666표를 그를 경배하는 자들의 오른손이나 이마에 받게 하여 자신이 곧 하나님인 것처럼 보이려는 행동으로 볼 수 있다.

하나님의 인침을 받은 십사만 사천이나 짐승의 표인 666표를 받는 자들에 대한 성경적 정립이 바르게 세워지지 않을 때, 우리는 성경을 아전인수격(我田引水格)으로 해석하여 자신들의 교파에 속한 자들만이 십사만 사천의 무리에 속한다고 해석하는 비성경적 교리를 주장하는 무리들의 미혹에 빠질 수 있을 뿐 아니라, 성경을 곡해(曲解)해서 이 시대의 교회들 대부분이 짐승의 표인 666표를 받았다고 주장하는 자들의 목소리에 귀를 기울이며 동조하는 과오를 범하게 된다.

짐승의 표인 666표에 대해 강조하는 사람들은 그것이 성도들에게 큰 문제가 되고 구원의 문제를 좌우하는 사건인 것처럼 과장하여 강조한다. 하지만 성경은 그 사건이 성도들에게 전혀 문제가 되지 않고 오히려 은혜와 평강을 전하는 메시지임을 보여주고 있다.

짐승의 표인 666표가 적그리스도의 이름이든 아니면 컴퓨터의 바코드를 나타내든지, 그것이 하나님의 생명책에 그 이름이 기록된 성도들에게는 전혀 영향을 미치지 못한다는 사실을 강조하는 것이 요한계시록의 증거말씀임을 알 수 있다.

짐승이 666표를 받게 하는 시기는 7년 대환란의 후 3년 반 동안임을 이 책이 분명히 계시하고 있다. 그리고 짐승의 통치기간인 후 3년 반 동안 성도들은 이미 하나님이 예비하신 광야 예비처에 피신시켜 1,260일 동안 특별 보호와 양육을 받게 하신다는 사실도 계시해 주고 있다. 주님께서 이런 사건들을 계시하신 목적이 어디에 있는가? 주님께서 요한계시록을 증거하신 목적은 성도들에게 두려움과 걱정을 가져다주기 위함이 아니라 성도들에게 은혜와 평강을 전하기 위함이라는 사실은 의심할 여지가 없다.

우리는 주님의 계시의도와 목적을 바르게 헤아려 바른 성경적 해석을 증거해야 한다.

교회에 주시는 주님의 은혜와 평강을 전하여 성도들로 하여금 위로와 감사를 느끼며, 찬양과 존귀와 영광을 하나님께 올려드리는 신실한 신앙생활로 이끌어야 할 것이다.

> "또 충성된 증인으로 죽은 자들 가운데서 먼저 나시고 땅의 임금들의 머리가 되신 예수 그리스도로 말미암아 은혜와 평강이 너희에게 있기를 원하노라"(계 1:5).

짐승의 표인 666이 지구촌의 마지막 문명이 되리라고 생각되는 컴퓨터 문명의 바코드로부터 시작되어 마그네틱 테이프(Magnetic Tape)로 발전하고, 또다시 마이크로 칩(Micro Chip)으로 발전했으며, RFID(Radio Frequency Identication) 시대를 거쳐 사람의 몸에 삽입하기 위해 만든 베리 칩(Veri Chip)까지 발전하여 현실에 실용화되고 있음이 사실이다. 이 사실을 보더라도 성경이 얼마나 정확무오한 하나님의 계시말씀인가를 확신할 수 있는 사건이 아닐 수 없다.

주님께서 이 말씀을 계시하신 것은 2천 년 전의 일이다. 그 당시 지금과 같은 컴퓨터 문명이 꽃을 피우고 사람의 몸속에 칩을 삽입하여 모든 정보와 출입을 관리하게 되는 컴퓨터 문명이 이루어질 것을 누가 꿈이라도 꿀 수 있었겠는가? 이 계시의 말씀을 듣는 사람들 모두가 하나님 외에 아무도 인류의 처음과 나중을 아는 분이 없음을 인정하는 지혜와 용기를 갖길 바란다. 우리는 2천 년 전에 계시해 주신 요한계시록의 계시예언들이 이 시대에 현상으로 나타나고 있음을 바라보면서, 이 시대가 종말을 향해 어디까지 달려왔는가를 분별할 수 있는 안목을 가져야 할 것이다. 주님께서 종말시대에 나타날 문명의 징조들을 계시해 주신 이유가 어디에 있는가? 종말에 나타날 계시예언들이 현실에 징조들로 나타나는 것을 보거든 교회는 시대를 분별하고 더욱 깨어 있어 신앙의 정절을 지키며 사명에 더욱 충실하고 거룩한 주님의 신부로 단장하고 신랑 되신 예수 그리스도를 기다리는 지혜로운 다섯 처녀가 되라는 권고이자 명령이 아니겠는가?

> "예수께서 대답하여 가라사대 너희가 저녁에 하늘이 붉으면 날이 좋겠다 하고 아침에 하늘이 붉고 흐리면 오늘은 날이 궂겠다 하나니 너희가 천기는 분별할 줄 알면서 시대의 표적은 분별할 수 없느냐"(마 16:2-3).

일곱 머리 열 뿔 짐승과 음녀의 비밀

"또 일곱 대접을 가진 일곱 천사 중 하나가 와서 내게 말하여 가로되 이리 오라 많은 물 위에 앉은 큰 음녀의 받을 심판을 네게 보이리라 땅의 임금들도 그로 더불어 음행하였고 땅에 거하는 자들도 그 음행의 포도주에 취하였다 하고 곧 성령으로 나를 데리고 광야로 가니라 내가 보니 여자가 붉은 빛 짐승을 탔는데 그 짐승의 몸에 참람된 이름들이 가득하고 일곱 머리와 열 뿔이 있으며 그 여자는 자줏빛과 붉은 빛 옷을 입고 금과 보석과 진주로 꾸미고 손에 금잔을 가졌는데 가증한 물건과 그의 음행의 더러운 것들이 가득하더라 그 이마에 이름이 기록되었으니 비밀이라, 큰 바벨론이라, 땅의 음녀들과 가증한 것들의 어미라 하였더라 또 내가 보매 이 여자가 성도들의 피와 예수의 증인들의 피에 취한지라 내가 그 여자를 보고 기이히 여기고 크게 기이히 여기니 천사가 가로되 왜 기이히 여기느냐 내가 여자와 그의 탄 바 일곱 머리와 열 뿔 가진 짐승의 비밀을 네게 이르리라 네가 본 짐승은 전에 있었다가 시방 없으나 장차 무저갱으로부터 올라와 멸망으로 들어갈 자니 땅에 거하는 자들로서 창세 이후로 생명책에 녹명되지 못한 자들이 이전에 있었다가 시방 없으나 장차 나올 짐승을 보고 기이히 여기리라 지혜 있는 뜻이 여기 있으니 그 일곱 머리는 여자가 앉은 일곱 산이요 또 일곱 왕이라 다섯은 망하였고 하나는 있고 다른 이는 아직 이르지 아니하였으나 이르면 반드시 잠깐 동안 계속하리라 전에 있었다가 시방 없어진 짐승은 여덟째 왕이니 일곱 중에 속한 자라 저가 멸망으로 들어가리라 네가 보던 열 뿔은 열 왕이니 아직 나라를 얻지 못하였으나 다만 짐승으로 더불어 임금처럼 권세를 일시 동안 받으리라 저희가 한 뜻을 가지고 자기의 능력과 권세를 짐승에게 주더라 저희가 어린 양으로 더불어 싸우려니와 어린 양은 만주의 주시요 만왕의 왕이시므로 저희를 이기실 터이요 또 그와 함께 있는 자들 곧 부르심을 입고 빼내심을 얻고 진실한 자들은 이기리로다 또 천사가 내게 말하되 네가 본 바 음녀의 앉은 물은 백성과 무리와 열국과 방언들이니라 네가 본 바 이 열 뿔과 짐승이 음녀를 미워하여 망하게 하고 벌거벗게 하고 그 살을 먹고 불로 아주 사르리라 하나님이 자기 뜻대로 할 마음을 저희에게 주사 한 뜻을 이루게 하시고 저희 나라를 그 짐승에게 주게 하시되 하나님 말씀이 응하기까지 하심이니라 또 네가 본 바 여자는 땅의 임금들을 다스리는 큰 성이라 하더라"(계 17:1-18).

1. 일곱 머리 열 뿔 짐승과 음녀의 비밀 도표

"천사가 가로되 왜 기이히 여기느냐 내가 여자와 그의 탄 바 일곱 머리와 열 뿔 가진 짐승의 비밀을 네게 이르리라 네가 본 짐승은 전에 있었다가 시방 없으나 장차 무저갱으로부터 올라와 멸망으로 들어갈 자니 땅에 거하는 자들로서 창세 이후로 생명책에 녹명되지 못한 자들이 이전에 있었다가 시방 없으나 장차 나올 짐승을 보고 기이히 여기리라 지혜 있는 뜻이 여기 있으니 그 일곱 머리는 여자가 앉은 일곱 산이요 또 일곱 왕이라 다섯은 망하였고 하나는 있고 다른 이는 아직 이르지 아니하였으나 이르면 반드시 잠깐 동안 계속하리라 전에 있었다가 시방 없어진 짐승은 여덟째 왕이니 일곱 중에 속한 자라 저가 멸망으로 들어가리라 네가 보던 열 뿔은 열 왕이니 아직 나라를 얻지 못하였으나 다만 짐승으로 더불어 임금처럼 권세를 일시 동안 받으리라 저희가 한 뜻을 가지고 자기의 능력과 권세를 짐승에게 주더라"(계 17:7-13).

[도표 16]

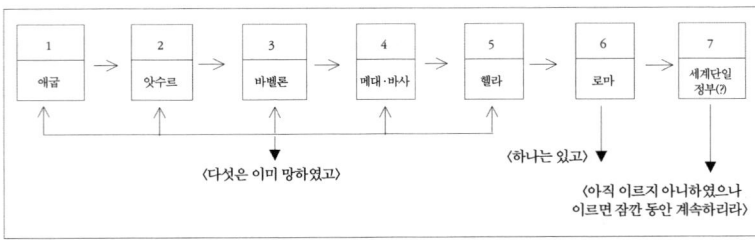

2. 일곱 머리 열 뿔 짐승 강해

우리는 종종 '나는 사탄에게 속지 않고 음녀에게 유혹되지 않을 자신이 있다'고 큰 소리 치곤 한다. 그러나 두아디라 교회(계 2:24)처럼 사탄의 깊은 것을 알지 못하는 자들은 누구나 음녀의 유혹에 넘어가 그녀와 더불어 음행에 빠질 수밖에 없고, 짐승의 핍박에 견디지 못하고 우상 앞에 무릎을 꿇게 되는 신앙의 패배자가 되기 쉽다.

주님은 음녀와 붉은 빛 짐승의 비밀에 대해 최대한으로 상세하게 계시해 주신다. 음녀와 짐승의 정체를 파악하고 그들의 상관관계를 규명하는 일이 영적 전쟁을 치르고 있는 교회와 성도들에게 대단히 중요한 사안(査案)임을 시사해 준다.

그러나 이 장의 계시내용이 묵시 문학의 특징인 상징적 계시의 극치를 이루고 있다는 사실 때문에 그 정확한 의미를 규명하기가 쉽지 않다. 그동안 큰 음녀와 짐승에 대한 성경학자들의 견해(見解)가 다양하게 나타나고 있는 것을 보아도 본 장의 계시내용에 대한 정확한 해석이 쉽지 않다는 것을 짐작할 수 있다.

9절 말씀에서 천사는 짐승의 비밀을 알려 주면서 먼저 "지혜 있는 뜻이 여기 있으니"라는 단서를 붙이고 있다.

공동번역은 이 부분을 "이제는 지혜로운 이해력이 필요하다"고 번역하고 있다. 세상이 온통 악하므로 의로운 자들은 악한 자들을 분별하고 그들의 행위를 정확히 파악할 수 있는 지혜가 절대적으로 필요함을 강조하는 말씀이다. 이 시대를 살아가는 교회와 성도들은 어두워져만 가는 이 시대의 악을 직시(直視)할 수 있는 밝은 영안을 소유해야 한다. 육의 눈으로 바라보지 말고 영의 눈으로 세상을 바라보며 성령이 주시는 지혜와 깨달음을 얻어야 한다.

"육에 속한 사람은 하나님의 성령의 일을 받지 아니하나니 저희에게는 미련하게 보임이요 또 깨닫지도 못하나니 이런 일은 영적으로라야 분변함이니라"(고전 2:14).

"형제들아 우리가 너희에게 구하는 것은 우리 주 예수 그리스도의 강림하심과 우리가 그 앞에 모임에 관하여 혹 영으로나 혹 말로나 혹 우리에게서 받았다 하는 편지로나 주의 날이 이르렀다고 쉬 동심하거나 두려워하거나 하지 아니할 그것이라 누가 아무렇게 하여도 너희가 미혹하지 말라 먼저 배도하는 일이 있고 저 불법의 사람 곧 멸망의 아들이 나타나기 전에는 이르지 아니하리니 저는 대적하는 자라 범사에 일컫는 하나님이나 숭배함을 받는 자 위에 뛰어나 자존하여 하나님 성전에 앉아 자기를 보여 하나님이라 하느니라 내가 너희와 함께 있을 때에 이 일을 너희에게 말한 것을 기억하지 못하느냐 저로 하여금 저의 때에 나타나게 하려 하여 막는 것을 지금도 너희가 아나니 불법의 비밀이 이미 활동하였으나 지금 막는 자가 있어 그중에서 옮길 때까지 하리라 그 때에 불법한 자가 나타나리니 주 예수께서 그 입의 기운으로 저를 죽이시고 강림하여 나타나심으로 폐하시리라"(살후 2:1-8).

1) 붉은 빛 짐승의 비밀과 정체(正體)

일곱 머리 열 뿔을 가진 붉은 빛 짐승에 대한 다양한 견해가 있다. 국내외 저자들의 다양한 해석을 살펴보면 다음과 같다.

- 국내 저자들의 견해

저자명	저자들의 견해
김재준	미래에 속한 지방 정권으로서 장차 올 그 짐승과 동조하는 세력인데, 그 짐승이 나와 득세할 때에 나타날 권력층을 상징
김응조	사도 요한 당시는 미래사인 장차 로마의 후신이 될 현재의 유럽 연합 10개국(EU)을 상징
조용기	적그리스도를 배출할 유럽 연합(EU) 10개국을 상징
박수암	당시로서는 네로가 재생하여 데리고 온다는 파르디안군을 의미하며 앞으로도 이같이 어떤 왕들이 사탄으로 말미암아 왕권을 얻고, 또 합심하여 사탄적 역사, 곧 인류의 최후 전쟁에 참가할 나라들을 상징
이상근	집합적 세력인 열 왕은 미래의 어떤 왕들이 사탄으로 말미암아 왕권을 얻고 또 합심하여 사탄적 역사에 종사할 것을 상징
석원태	짐승을 중심으로 동맹체제를 갖출 열 왕들을 상징
박윤선	적그리스도를 맹주(盟主)로 삼을 열 나라를 상징
이동원	모든 문화와 모든 나라 속에서 일어나게 될 인류역사의 마지막 제국을 상징
이광복	미래 대환기에 이 세상을 통치하게 될 적그리스도를 배출할 국가로 옛 로마 제국의 영토를 중심으로 출발한 유럽 연합(EU)을 상징
정근두	일곱 머리는 충만한 악의 세력, 열 뿔은 세계 모든 문화와 나라 속에서 일어날 인류의 마지막 나라들을 상징

- 외국 저자들의 견해

저자명	저자들의 견해
데이크	적그리스도를 배출할 옛 로마 제국 내의 열 왕국을 상징
존슨	열 뿔은 보통 황제 밑에서 봉사하는 로마 지방에 속한 자국의 통치자들이나 위성국가들의 통치자 또는 팔레스타인의 총독들을 상징
비더울프	그리스도에 대항해서 앞으로 전쟁을 벌일 이 세상의 최후의 왕국들을 상징
헨드릭슨	열 왕들은 실제로 지상의 영역 속에 유력한 것들, 즉 예술이나 교육, 상업과 산업, 그리고 정권들과 중심 권력층에 맹종하는 자들을 의미
렌스키	왕의 자태(姿態)로 지배와 통치를 가진 적그리스도의 짐승적 힘을 상징
월부어드	마지막 시대에 동시적으로 지배할 로마 제국의 형태를 상징
래드	적그리스도에게 복종하게 될 모든 나라들의 전체적인 권세를 나타내는 전적으로 종말론적인 상징

이상에서 많은 국내외 저자들의 제견해(諸見解)를 살펴보았다. 그렇다면 일곱 머리 열 뿔을 가진 붉은 빛 짐승의 비밀과 정체에 대한 성경의 설명은 무엇이라 되어 있는지 살펴보자.

> "네가 본 짐승은 전에 있었다가 시방 없으나 장차 무저갱으로부터 올라와 멸망으로 들어갈 자니……그 일곱 머리는 여자가 앉은 일곱 산이요 또 일곱 왕이라 다섯은 망하였고 하나는 있고 다른 이는 아직 이르지 아니하였으나 이르면 반드시 잠깐 동안 계속하리라 전에 있었다가 시방 없어진 짐승은 여덟째 왕이니 일곱 중에 속한 자라 저가 멸망으로 들어가리라 네가 보던 열 뿔은 열 왕이니 아직 나라를 얻지 못하였으나 다만 짐승으로 더불어 임금처럼 권세를 일시 동안 받으리라 저희가 한 뜻을 가지고 자기의 능력과 권세를 짐승에게 주더라"(계 17:8-13).

음녀가 올라탄 일곱 머리 열 뿔을 가진 붉은 빛 짐승은 하나님의 나라를 대적하는 '적그리스도의 나라'를 상징한다. 천사가 짐승에 대해 설명해 주는 말씀 속에서 이 사실을 증거 해 주고 있기 때문에 달리 생각할 여지가 없다. 역사의 시간 속에 등장한 적그리스도의 나라들에 대해 '다섯은 망하였다'고 말한다. 사도 요한 당시의 시점에서 이미 역사 위에 나타났다가 망한 다섯 제국들은 애굽, 앗수르, 바벨론, 메대·바사, 헬라의 다섯 제국을 의미한다. 이들은 모두 하나님의 나라인 이스라엘을 침략하여 다스리며 핍박했던 적그리스도 나라들이었다. 그리고 요한 당시 '하나는 있다'고 말하고 있다. 사도 요한 당시 이스라엘을 침략해서 다스리며 교회와 성도들을 핍박하고 있던 나라는 로마 제국이다. 사도 요한과 초대교회 성도들은 이 계시의 말씀을 들었을 때 어렵지 않게 받아들였을 것이다. 그리고 그들에 대해 반드시 하나님의 심판과 저주의 재앙이 쏟아지고 멸망을 당하게 될 것이며, 하나님의 어린 양 예수 그리스도와 그의 선택하심을 받은 성도들이 승리할 것임을 전해 들었을 때 큰 위로를 받고 용기를 얻게 되었을 것이다.

여기까지의 해석에는 큰 어려움이 없다. 이미 역사 위에 나타난 제국들이기 때문에 특별한 이견(異見)이 없다. 문제는 아직 이르지 않은 적그리스도의 나라가 어느 나라가 될 것인가 하는 것이다. 장차 무저갱으로부터 올라와 역사 위에 등장할 마지막 짐승, 즉 적그리스도의 나라가 어느 나라를 상징하고 있는가 하는 문제를 두고 다양한 의견을 보이고 있다.

지금 이 땅에서는 은밀한 중에 '세계 단일정부' 출현을 위해 다각도로 작업을 진행하고 있다. 지금의 추세로 볼 때 그리 머지않은 시기에 마지막 적그리스도 나라로 쓰임 받게 될 세계 단일정부가 역사 위에 등장하게 될 것이다.

사탄은 지금까지 하나님을 대적하는 적그리스도 나라의 출범을 서두르고 있다. 실로 그들이 추진하고 있는 세계 단일정부 출범은 강하고 거센 물결로 이 시대의 역사 위를 흐르고 있다. 누구도 막을 수 없고 거부할 수도 없는 막강한 힘과 기세를 가지고 세상을 삼키겠다고 달려들고 있다.

이 세상 나라와 권세자들은 붉은 빛 짐승의 출현을 위해 이미 오래전부터 다각도의 계획을 수립하고 비밀리에 활동을 전개해 오고 있다. 적그리스도의 등장을 위한 역사의 무대 장치가 꾸며지고 있다. 주께서 막고 있는 손길을 거두시면 그때는 불법한 자가 나타나게 될 것이다. 주님이 막고 있는 손길을 거두시는 그날이 언제일지 아무도 알 수 없지만, 종말적 현상들이 이 시대 역사 위에 우후죽순(雨後竹筍)처럼 동시다발적으로 드러나고 있는 것으로 보아 그때가 멀지 않았음을 느끼게 된다. 그러므로 이 시대를 살아가는 성도들과 교회들은 하나님의 말씀과 예수 그리스도의 복음으로 무장하고 죽으면 죽으리라는 신앙의 자세를 겸비하며 영적 싸움을 싸우는 십자가 군병이 되어야 한다.

2) 큰 음녀(淫女)의 비밀과 정체(正體)

국내외 학자들의 제 견해(諸見解)를 살펴보면 다음과 같다.

- 국내 저자들의 견해

저자명	저자들의 견해
김재준	많은 운하가 있는 가운데 자리 잡은 세계의 대제국이었던 바벨론으로 상징되는 로마 제국을 의미
김응조	사탄의 화신(化身)인 지상 정치, 경제, 문화, 종교를 종합한 로마를 상충한 권력자 거짓 교회를 상징
조용기	적그리스도에 이용당할 거대한 종교단체를 상징
박수암	사치와 음행으로 열국을 타락시킨 이방 도시 로마를 지칭
이상근	유브라데 강변에 있던 바벨론을 비유로 한 로마를 상징
석원태	적기독적인 이 세상, 즉 무신론적이요, 반신론적이요, 반신론적인 권력을 상징하는 이름
박윤선	하나님을 배반하는 이 세상 및 거기 속한 것들을 총칭(總稱)한다.
이동원	모든 종교를 뭉뚱그려서 하나님 없는 종교, 그리스도 없는 종교, 복음이 없는 종교, 사탄이 지배하는 종교를 만들기 위한 타락한 세상왕국
이광복	옛 바벨론의 사상을 받아들여 비진리로 사람들을 미혹하여 하나님을 떠나게 만든 교회
정근두	육신의 정욕, 안목의 정욕, 이생의 자랑으로 구체화된 세상 문명의 도시

• 외국 저자들의 견해

저자명	저자들의 견해
데이크	비진리로 타락을 유발시키는 종교적인 제도를 상징
존슨	큰 성 바벨론으로 묘사된 이 성은 모든 역사적 음녀들의 어미이며, 시간과 공간을 초월한 모든 우상숭배의 원형적인 근원을 상징
비더울프	배교한 미래의 교회를 상징
헨드릭슨	바벨론으로 상징되는 이 세상이 산업, 상업, 예술, 문화의 중심으로 성도들을 꾀어내고 유혹하여 하나님을 떠나도록 하는 것을 상징
렌스키	부분적인 유혹이 되는 가톨릭을 지나서 모든 적그리스도교와 그 적그리스도교의 유혹을 상징
월부어드	세상 정치권력과의 음행관계를 열심히 추구할 미래의 배교적인 교회
래드	바벨론으로, 사치스럽고 하나님께 대해 대적하기 위해 조직되어 있는 환경으로 이루어진 인간사회를 상징

이상에서 살펴본 국내외 저자들의 제 견해(諸見解)들은 음녀의 정체를 파악할 수 있는 충분한 정보를 제공해 준다.

땅의 임금들과 더불어 행음한 여인, 땅에 사는 자들을 음행의 포도주에 취하도록 미혹한 여자, 많은 물 위에 앉았고, 붉은 빛 짐승을 탄 여자, 땅의 음녀들과 가증한 것들의 어미…… 한결같이 부정적인 이미지로 표현되고 있는 큰 음녀의 비밀을 들추어내서 그 정체(正體)를 밝히는 것은 영적 싸움을 싸우는 교회와 성도들에게 매우 중요한 사안(査案)이다. 그래서 큰 음녀가 무엇을 상징하는가 하는 문제를 놓고 많은 성경학자들이 심사숙고(深思熟考)하여 견해(見解)를 밝혀 왔다.

국내외 저자들의 제 견해를 통해 얻을 수 있는 음녀의 정체는 모든 종교를 하나로 통합하여 하나님을 대적하고 예수 그리스도의 복음을 사라지게 할 거대한 종교단체며, 이 거대한 종교 통합단체는 적그리스도에게 이용당해 사탄의 지배 아래 놓이게 될 것이라는 결론을 내릴 수 있다. 기독교의 관심사 중 하나는 마지막 종말의 때에 나타날 세계 종교의 연합조직 출현이다. 왜냐하면 예수님의 계시말씀 중에 마지막 추수의 때가 되면 거짓 종교인 가라지들이 하나로 연합되는 사건이 이루어질 것이라는 말씀이 있기 때문이다.

> "둘 다 추수(秋收) 때까지 함께 자라게 두어라 추수 때에 내가 추수꾼들에게 말하기를 가라지는 먼저 거두어 불사르게 단으로 묶고 곡식은 모아 내 곳간에 넣으라 하리라"(마 13:30).

> "밭은 세상이요 좋은 씨는 천국의 아들들이요 가라지는 악한 자의 아들들이요 가라지를 심는 원수는 마귀요 추수 때는 세상 끝이요 추수꾼은 천사들이니 그런즉 가라지를 거두어 불에 사르는 것같이 세상 끝에도 그러하리라 인자가 그 천사들을 보내리니 저희가 그 나라에서 모든 넘어지게 하는 것과 또 불법을 행하는 자들을 거두어 내어 풀무불에 던져 넣으리니 거기서 울며 이를 갊이 있으리라 그때에 의인들은 자기 아버지 나라에서 해와 같이 빛나리라 귀 있는 자는 들으라"(마 13:38-43).

이 세상 종교가 하나로 묶여지는 사건이 이루어지면 그것은 곧 세상 끝이 이르렀다는 징조 중에 하나임을 성경은 예언하고 있다. 그런데 우리에게 경각심(警覺心)을 불러일으키는 중대한 사건이 우리가 살고 있는 이 시대의 역사 위에 성취되어 나타났다. 세계 종교가 하나로 연합하는 세계단일종교회(United Religion Organization-URO)가 1994년 인도 델리(Delhi)에서 발족(發足)된 사건이 그것이다. 1994년 12월 인도 델리에서 세계의 화려한 영적 지도자들이 모인 가운데 제7회 세계종교회의가 열렸다. 그곳에는 유대교, 기독교, 천주교, 유교, 정교회, 모슬렘, 불교, 유교, 힌두교 등 세계의 화려한 종교지도 자들이 모두 모였다. 그들은 한자리에서 세계 단일종교 단체를 출범시키고, 그 종교단체를 UN 산하기구에 두기로 서명했다(URO-United Religion Organization).

세계 모든 종교를 하나로 묶는 종교 통합운동은 1962년부터 천주교 교황이 제창(提唱)했던 에큐메니칼 운동(Ecumenical Movement)으로부터 시작되었다. 1962년 가톨릭 제2바티칸 회의에서 다음과 같은 내용을 결정했다.

- 모든 종교 간의 대화를 결정
- 바른 삶을 위해 애쓰면 복음 없이도 구원이 가능함
- 이방 종교의 선과 아름다운 것들은 절대자에게로 접근하는 길
- 예수 그리스도는 하나님께로 가는 하나의 길
- 다른 모든 종교도 하나님께 나아가는 하나의 길

천주교 바티칸 회의의 이와 같은 결정은 혼합주의를 합리화시키는 결정적인 증거다.

이 장에 계시된 음녀의 특징을 살펴보면 그 실체를 파악할 수 있다.

(1) 많은 물 위에 앉은 큰 음녀다.

1절에 보면, "많은 물 위에 앉은 큰 음녀"라고 계시해 주고 있다. 성경에서 음녀는 하나님의 사랑을 등지고 우상을 섬기는 영적 간음자를 지칭한다.

요한계시록 17장 15절은 음녀가 앉은 많은 물에 대해 "……음녀의 앉은 물은 백성과 무리와 열국과 방언들이니라"라고 설명해 주고 있다. 이는 하나님의 말씀과 예수 그리스도의 복음을 등지고 배교(背敎)할 음녀가 장차 마지막 종말의 때에 민족과 사상과 나라와 문화를 초월해서 혼합 세계단일종교를 만들고 그 세력의 구심점이

될 것임을 시사(示唆)해 주는 말씀이다.

로마 교황은 모든 종교와의 대화를 모색하고 전 세계 모든 종교를 통합하여 하나의 혼합된 통합종교를 만들기 위해 성경의 가르침과는 전혀 상반(相反)된 비진리를 거침없이 쏟아내며 배도(背道)의 길을 걷고 있다.

이광복 목사님의 저서 《성경종말론》에 보면 "로마 가톨릭의 모습은 교회라기보다는 말세에 나타날 배도하는 교회의 상징인 음녀로 본다"고 설명하고 있다.

칼빈도 요한계시록 17장의 음녀는 로마 가톨릭이라고 했다. "말세에 나타날 음녀의 상징인 가톨릭이 지금 종교 혼합주의의 배후에서 일하고 있음을 우리는 알아야 한다"고 지적하고 있다.

로마 가톨릭의 종교연합운동은 최근에 와서 세계 단일정부 출범을 꾀하는 자들이 주창(主唱)하는 '종교다원주의'(宗敎多元主義) 사상과 맥을 같이하여 세계단일종교회(URO)를 발족(發足)시키게 되었다. 세계단일종교회는 거대한 맘모스 단체다.

세계단일종교회가 탄생한 것은 이 땅에 '많은 물 위에 앉은 큰 음녀'가 등장한 사건이다.

종교다원주의는 뉴에이지운동(New Age Movement)를 펼치는 세계주의자들이 내세우는 종교통합을 위한 사상이다.

세계단일정부 출범을 적극 지지하며 후원하고 있는 그들은 세계의 급변한 변화와 교통의 발달, 통신의 혁명, 자유무역 질서의 확립, 환경과 자원의 인류 공유의식으로 인하여 획일적인 사고에서 탈피하여 자기와 견해가 다른 사상, 제도 등을 인정해야 한다는 이론에 근거하여 종교도 서로가 인정하는 공존의 삶을 살자는 이론이다.

타 종교와의 다양성을 인정하고, 동질성을 혼합시켜 세계화를 이루기 위해 종교도 하나로 통합하자는 주장이다.

종교다원주의가 반기독교적 사상인 것은 예수 그리스도의 복음이 아니고도 모든 종교에 구원이 있다고 인정하자는 사상이기 때문이다. 기독교가 인간이 구원을 얻고 하나님께 나아가는 유일한 길이 아니라, 절대자에게 이르는 특수한 한 길에 불과하다고 주장하는 비성경적 사상이다.

종교다원주의는 로마 가톨릭의 교황청이 선봉장 역할을 감당하고 있다고 볼 수 있다. 기독교 내에서 세계단일정부 출현과 세계단일종교회 출범을 주도하는 단체는 세계교회협의회(WCC: World Council of Church)다.

〈국민일보〉의 기사(2006. 5. 22) 내용 중에 세계교회협의회(WCC)와 로마 교황청이 개종에 대한 행동규범을 마련 중이라 기독교 내에서 비관론이 제기되고 있다는 내용이 실렸다. 기사 내용에 따르면, 타종교와 상호 이해를 도모하고 평화적인 관계를 유지하기 위해 개종에 대한 행동규범을 마련하여 2009년쯤 제도화할 방침이라고 밝히고 있다.

WCC와 로마 교황청은 최근 이슬람교, 불교 등 타 종교 지도자들과 '개종'과 관련된 회의를 열어 "타 종교인을 개종해야 한다는 강박관념이 그동안 타 종교의 권리를 침해했던 부분이 많다"면서 "종교는 신성한 인권이며 개종에 대한 강박관념은 치유돼야 마땅하다"고 권고했다고 보도하고 있다.

지난 3월 기독교로 개종했다는 이유로 사형 위기에 처했다가 석방된 아프가니스탄 압둘 라흐만 사건 이후 종교계 현안으로 급부상한 개종 논란을 해결하기 위해 타 종교인의 개종에 대한 공동 행동규범을 마련 중인 것으로 그 이유를 밝히고 있지만, 종교다원주의를 확산시키고 기독교의 선교활동을 위축시키려는 종교다원주의자들의 고도의 전략 전술적 행동임을 직시(直視)해야 한다.

이광복 목사님은 저서 《성경종말론》에서 "우리 시대에 혼합주의와 종교다원주의를 토대로 종교 통합을 이뤄 세계단일종교회를 출범시킨 종교적 주도세력으로는 로마 교황청과 WCC(세계교회협의회)를 들 수 있습니다. 1991년 2월 7일부터 호주 캔버라에서 개최된 제7차 세계교회협의회에는 각국 316개 교회에서 899명의 기독교 대표와 힌두교, 모하메드교, 유교, 불교, 시크교 등 14개 종교대표가 참석했는데, WCC 닥터 웨슬레이 회장은 '모든 종교가 다 하나님 앞으로 나아갈 수 있게 되었다. 진짜 신앙인이라면 다른 종교인에게 우리만 하나님을 믿는다고 말할 수 없다. 그래서 이제 설교라는 말은 없어졌다'고 말했습니다. 이들의 주장이 어찌 교회의 목소리가 될 수 있는가? 혼합주의 음녀 바벨론의 사상이 아니고 무엇이겠는가? 당시 이 회의장 밖에서 ICC 총재인 맥킨타이 박사는 87세의 고령임에도 불구하고 피켓을 들고 '너희는 여러 하나님을 믿으나 우리는 오직 한 분 하나님을 믿는다. 천국 가고 싶으면 지금이라도 예수 그리스도만 믿으라'고 시위하였다"고 역설(力說)하고 있다.

로마 교황청과 WCC는 우리 주님 예수 그리스도의 말씀을 전면적으로 부인하거나 대적하는 배교(背敎)한 음녀 집단임을 분명히 깨달아야 한다.

"예수께서 가라사대 내가 곧 길이요 진리요 생명이니 나로 말미암지 않고는 아버지께로 올 자가 없느니라"(요 14:6).

"이 예수는 너희 건축자들의 버린 돌로서 집 모퉁이의 머릿돌이 되었느니라 다른 이로서는 구원을 얻을 수 없나니 천하 인간에 구원을 얻을 만한 다른 이름을 우리에게 주신 일이 없음이니라 하였더라"(행 4:11-12).

바울 사도는 데살로니가후서 2장 3절을 통해 예수 그리스도의 재림의 날이 이르는 징조로 '먼저 배도하는 일이 있을 것'이라고 증거하고 있다.

로마 교황청과 WCC의 배교(背敎) 행위는 곧 그 말씀이 성취되어 나타나는 종말의 징조임을 부인할 수 없다.

(2) 땅의 임금들과 음행한 여인이다.

2절에서 "땅의 임금들도 그로 더불어 음행하였고 땅에 거하는 자들도 그 음행의 포도주에 취하였다"고 계시해 주고 있다.

3절에서는 "여자가 붉은 빛 짐승을 탔다"고 표현했고, 5절에서는 "땅의 음녀들과 가증한 것들의 어미"라고 부르고 있다. 이는 배교(背敎)한 교회인 음녀가 이 세상 나라를 다스리는 짐승의 정부와 야합(野合)하며, 하나님의 백성들을 미혹시키고, 이 세상 사람들을 자멸의 길로 이끌어 갈 것임을 의미한다.

음녀가 일곱 머리 열 뿔을 가진 붉은 빛 짐승을 탔다는 것은 어린 양의 군대와 싸우는 적그리스도 세력과 야합하는 단체가 될 것을 나타내는 상징으로 세계단일종교회가 UN 산하 기구가 됨으로 이 계시말씀이 성취되어 나타났다고 볼 수 있다. 특별히 주목할 것은 적그리스도가 통치할 정치세력과 야합한 그 종교단체를 '여자'로 부르고 있다는 것이다.

역사를 통해 얻을 수 있는 교훈은 하나님을 반역하고 대적하는 사탄의 제국은 언제나 자유와 평등, 화합과 평화라는 슬로건을 내걸고 풍요와 쾌락의 여신(女神)을 만들어 섬기는 우상종교의 길을 답습하고 있다는 사실이다.

김성일 장로님의 저서 《성경으로 여는 세계사 1권》의 내용 중에는 여신의 시작과 그 역사가 기록되어 있다.

"신앙의 자유란 하나님을 몰아내기 위하여 만들어낸 가나안과 니므롯의 음모였다……가나안 사람들이 하나님과 대결하기 위해 크레타 섬에서 만들어낸 복수의 여신 '카르'는 하나님을 대적하는 최초의 여신(女神)으로 나타났다.

'카르'는 '아스다롯'이라는 매력적인 이름으로 우가릿 해변에 상륙했다. 이 아스다롯은 이원론(二元論)의 논리적 바탕 위에서 사사건건 하나님과 대칭되었다.

하나님은 엄격하나 아스다롯은 상냥했다. 하나님은 절제를 요구하시나 아스다롯은 쾌락을 권유했다. 하나님은 툭하면 징계의 채찍을 드시나 아스다롯은 풍성한 수확을 약속했다.

사탄의 지혜를 전수받은 가나안 사람들은 이원론을 더욱 폭넓게 활용하기 시작했다. '남자는 하늘이요 여자는 땅이다. 하나님은 하늘의 신이요 아스다롯은 땅의 신이다. 너희들의 하나님은 하늘을 지키기 위하여 하늘로 올라가셨다. 이제부터 땅은 관대한 사랑의 여신 아스다롯이 다스린다. 모든 백성은 자유와 평등과 사랑을 구가하면서 평화롭게 살아도 좋다.'

이렇게 해서 가나안 사람들은 땅에서 하나님을 쫓아내었다. 하나님은 본래 '하늘과 땅'을 창조하신 하나님이시요(창 1:1), '하늘의 하나님 땅의 하나님'(창 24:3)이신데 예루살렘이 멸망하여 이스라엘 백성들이 바벨론에 포로로 잡혀갔다가 돌아온 후에 기록된 에스라서와 느헤미야서에서는 그냥 '하늘의 하나님'(스 7:12, 21, 23; 느 1:4, 5)으로 표기된다. 그래서 예수께서는 제자들에게 모범적인 기도를 가르치실 때 '하늘에 계신 우리 아버지여 이름이 거룩히 여김을 받으시오며 나라이 임하옵시며 뜻이 하늘에서 이룬 것같이 땅에서도 이루어지이다'(마 6:9-10)라고 그 첫머리를 시작하셨다. 이것은 곧 아스다롯의 음모에 의해 하늘로 물러가신 하나님께 어서 '땅의 통치권을 회복' 하시도록 간구하는 기도였던 것이다.

하나님을 땅에서 몰아낸 아스다롯의 가증한 음모는 그에서 그치지 않았다. 가나안 사람들은 아스다롯에 대한 제사가 끝난 후에 성대한 혼음(混淫)의 향연을 열었다. 그들의 논리에 의하면 남자는 하늘이요 여자는 땅이기 때문에 남자와 여자 사이에 교접이 많을수록 풍요가 약속된다는 것이 그 이유였다. 이때에 아스다롯 신전의 여사제들은 복을 준다는 명분으로 남자들에게 돈을 받고 쾌락을 나누어 주었다. 이것이 창녀의 기원이 된 것이다. 그래서 성경은 아스다롯을 '음란'의 우상으로 규정하고 있는 것이다.

그런데 더 가증한 일이 벌어지기 시작했다. 백성에게 음란을 가르치던 아스다롯 자신도 그 섹스의 파트너가 있어야 했다. 그러나 그 파트너로서 '하늘의 하나님'은 너무 어울리지 않는 신이었다. 그래서 마침내 가나안 사람들은 아예 하나님을 없애 버리고 '바알'이라는 남자 신을 만들어냈다. 이렇게 '사랑의 여신'의 섹스 파트너로 만들어진 것이 가나안의 '바알'이고, 바벨론의 '마르둑'이며 애굽의 '오시리스'이고 나중에 그리스의 '제우스'와 로마의 '유피테르'가 되는 것이다.

소위 신들 중에 주신(主神)으로 알려진 이들 남성 신들의 특징은 그들이 반역으로 통치권을 장악한 신들이라는 점이다. 바알은 그 아버지 '엘' 신을 내몰고 권좌에 올라섰고, 마르둑은 신들의 조상인 '야푸스'를 죽이고 권력을 잡았으며, 제우스는 자신의 아버지 '크로노스'에게서 통치권을 빼앗았다.

이 이야기들은 모두 하나님께 대한 니므롯의 반역을 정당화하기 위하여 만들어진 것이었다.

그러나 이렇게 남성 신을 만들어 놓고 나니 '사랑의 여신'에게 문제가 생겼다. 자유분방한 프리섹스를 주장해야 하는 사랑의 여신이 '한 남성 신의 아내'로 머물러 있을 수가 없었던 것이다. 그래서 이들 남성 신에게 이원론적인 논리로 '아내' 신들이 생겨나고 사랑의 여신은 본래의 음탕한 자리로 뒤돌아갔다.

이렇게 해서 생겨난 여신들이 바알의 아내 '아세라'이며, 오시리스의 아내 '이시스'이고, 제우스의 아내 '헤라', 유피테르의 아내 '유노'였던 것이다. 이들 아내 신들은 나중에 백성들의 어머니인 '모신'(母神)으로 승격하였다. 니므롯의 왕비였던 세미라미스가 니므롯의 유복자 '담무스'를 낳은 후로 자신의 지위를 높이기 위하여 이 여신들을 어머니 신으로 승격시켰던 것이다. 아들 호루스를 안고 있는 '이시스'의 신상이 그 대표적인 모습이며, 인도의 '데바키'도 그와 같은 것이며, 중국에서는 '서왕모'(西王母)로 나타나게 되는 것이다. 이렇게 해서 세미라미스가 만들어낸 '모신'(母神)들은 땅의 신들이 되었고 마침내 하늘에까지 올라가서 하나님의 자리까지 넘보게 되었다."

> "자식들은 나무를 줍고 아비들은 불을 피우며 부녀들은 가루를 반죽하여 하늘 황후를 위하여 과자를 만들며 그들이 또 다른 신들에게 전제를 부음으로 나의 노를 격동하느니라"(렘 7:18).

> "땅의 신들을 두려워 말라"(삿 6:10).

> "망령되고 허탄한 신화(神話)를 버리고 오직 경건(敬虔)에 이르기를 연습하라"(딤전 4:7).

이동원 목사님의 저서 《마지막 싸움 마지막 승리》라는 요한계시록 강해 설교집에도 사탄의 역사인 여성 신에 대한 내용이 증거되고 있다.

"알렉산더 시스로라는 학자가 쓴 《두 개의 바벨론》이라는 책에 보면, 하나님을 반역하고 있는 정치적인 바벨론에 그 우상 종교의 역사가 어디서부터 시작되었는가를 추적하는 내용이 나옵니다. 성경에 보면 바벨론 왕조의 시조가 니므롯이라고 되어 있습니다. 니므롯의 목표는 하나님을 반역하는 바벨탑을 쌓는 것이었습니다. 그런데 시스로가 그 당시의 설화나 역사를 추적하면서 발견한 재미있는 사실은 니므롯이 자기의 부인을 신격화시켜서 사람들이 여성 신을 통해서 쉽게 우상 앞에 접근하도록 했다는 것입니다. 그 니므롯 부인의 이름이 세미라미스입니다. 그때부터 소위 여신(女神)의 역사가 시작되었다고 합니다.

앗시리아에 오면 이쉬타르라는 여신이 있고, 세미티안 문화에 가면 아스페로싯이라는 여신이 있었고, 그다음에 이집트에는 이시스라는 여신이 있었습니다. 세계가 로마 주도권하에 놓이게 되었을 때, 로마에는 비너스라는 여신이 있었습니다. 로마가 기독교 국가가 되었을 때는 어떠했습니까? 기독교에는 하나님 아버지만 있고 여성 신이 없으니까 그 당시에 성경을 모르던 사람들이 여신을 만들 필요를 느꼈습니다. 그래서 그들의 필요 때문에, 더 정확히 말하면 사탄의 음모 때문에 만들어진 여성 신이 바로 마리아입니다.

예수님의 육신의 어머니인 마리아는 우리에게서 존경을 받으셔야 할 훌륭한 여성이긴 하지만 신(神)은 아닙니다. 그가 신이 된 배경에는 이런 사탄의 음모가 있다는 사실을 잊지 말아야 합니다. 이러한 면에서의 사탄의 역사는 지금까지 계속되고 있습니다.

붉은 빛 짐승을 타고 있는 여성, 음녀, 큰 음녀, 가증한 것들의 어미, 그것은 모든 종교를 뭉뚱그려서 하나님 없는 종교, 그리스도 없는 종교, 복음이 없는 종교, 결국 사탄이 지배하는 종교를 만들기 위해서 역사할 것이고, 세상은 점점 더 타락한 종교왕국이 될 것입니다."

세계단일정부 추진을 적극 찬송하고 후원하는 뉴에이지 운동(New Age Movemene)을 고발한 더글라스 그루트의 저서 《뉴에이지의 정체》를 보면, 이 운동의 다섯 가지 구체적 목표가 나와 있는데 그 두 번째가 남녀의 성 차별을 폐지하자는 것이다. 그들이 남녀평등을 주장하는 궁극적인 목표는 모계(母系)사회 운동, 여성 신격화 운동이다.

로마 교황청이 마리아를 성모(聖母)로 추앙하고 신격화하는 것과 뉴에이지 운동가들이 모계사회 운동, 여성 신격화 운동을 펼치는 것은 곧 하나님을 배격하고 예수 그리스도의 복음을 삭제하려는 사탄의 역사임을 깨달아야 한다.

사탄은 하나님의 교회와 백성들을 현혹시키고 미혹하기 위해서 그들을 사용하여 다시 한 번 이 땅의 역사 위에 여신(女神)을 부각시키고, 땅의 임금들로 영적 간음에 빠지게 하며, 이 세상 사람들에게 음행의 포도주에 취해 쾌락을 추구하도록 역사하고 있다.

사회적으로 남성이 여성으로 성(性)을 전환하고 그 법적 권리를 인정하는 것이 타당한가라는 문제가 이슈가 되고 있다. 하나님의 창조섭리를 인간이 인위적으로 뒤바꾸는 것은 비성경적이라 할 수 있다. 비성경적인 삶을 추구하는 사람들에 대해서 우리는 정상적인 삶을 살아가는 사람이라 말하지 않는다. 그들의 삶의 다양성을 인정한다 하더라도 누구나 그들을 특별한 삶을 사는 사람으로 쳐다보고 그렇게 말할 것임에는 틀림없을 것이다. 동성연애자들의 부부관계를 법적으로 인정해야 되는가라는 문제도 이와 같다.

이 시대가 여권이 신장되고, 여성의 사회 진출이 많아지고, 여성 정치인들이 수장(首長)이 되는 확률이 높아지는 사회현상은 곧 영적 현상의 그림자임을 시사해 준다.

"너는 나 외에는 다른 신(神)들을 네게 있게 말지니라 너를 위하여 새긴 우상을 만들지 말고 또 위로 하늘에 있는 것이나 아래로 땅에 있는 것이나 땅 아래 물 속에 있는 것의 아무 형상이든지 만들지 말며 그것들에게 절하지 말며 그것들을 섬기지 말라 나 여호와 너의 하나님은 질투하는 하나님인즉 나를 미워하는 자의 죄를 갚되 아비로부터 아들에게로 삼사 대까지 이르게 하거니와 나를 사랑하고 내 계명을 지키는 자에게는 천 대까지 은혜를 베푸느니라"(출 20:3-6).

"여호와 외에 다른 신에게 희생을 드리는 자는 멸할지니라"(출 22:20).

(3) 외모를 화려하게 치장한 여자다.

4절 말씀에 보면 "그 여자는 자줏빛과 붉은 빛 옷을 입고 금과 보석과 진주로 꾸미고 손에 금잔을 가졌는데 가증한 물건과 그의 음행의 더러운 것들이 가득하더라"라고 소개하고 있다.
화려한 색깔의 버섯은 독버섯이므로 먹으면 안 된다. 화려한 색상과 멋진 외모로 위장하고 있는 곤충은 대부분 치명적인 독을 가지고 있다. 이와 같은 자연계시를 통해 외모를 화려하게 치장하고 있는 음녀도 사람들의 생명을 빼앗는 치명적인 독(毒)을 품고 있다는 영적 진리를 깨달을 수 있다.
예수 그리스도는 자신의 피를 흘려 그 핏값으로 인류의 죄를 속하시고 생명을 얻게 하고 더 풍성히 얻게 하는 생명의 주로 오셨다. 그러므로 성경은 예수 그리스도의 속죄 피를 찬양하고 증거하는 복음적인 교회를 사람들의 생명을 영생으로 인도하는 주님의 거룩한 신부요 하늘나라의 거룩한 새 예루살렘 성이라 부르고 있다.

그러나 사탄은 사람들을 죄에 빠지게 유혹하여 그들이 죗값으로 피 흘려 죽게 하고 자신이 들어갈 영원한 지옥 불에 함께 들어가도록 멸망으로 이끄는 도적으로 왔다. 음녀 또한 사람들의 영혼을 마비시키고 성도들의 생명을 빼앗는 사탄의 도구다.

6절 말씀은 "이 여자가 성도들의 피와 예수의 증인들의 피에 취한지라"라고 계시해 주고 있다.

> "도적이 오는 것은 도적질하고 죽이고 멸망시키려는 것뿐이요 내가 온 것은 양으로 생명을 얻게 하고 더 풍성히 얻게 하려는 것이라"(요 10:10).

오늘도 음녀의 화려한 외모에 시선을 빼앗기고, 은밀한 유혹의 목소리에 귀기울이며, 그녀가 따라 주는 달콤한 음행의 포도주 잔을 들이키며 즐거워하는 자들은 장차 임할 하나님의 진노의 심판의 날에 하나님의 진노의 포도주 잔을 받아 마시고 멸망에 빠지게 될 것이다.

외모를 화려하게 치장한 음녀의 모습 속에는 사람들을 미혹시키는 세 가지 사상이 담겨 있다.

첫째, 그 여자가 자줏빛과 붉은 빛 옷을 입었다.

이는 사람들을 미혹하게 하는 권력선호사상(權力選好思想)을 나타낸다. 음녀가 입고 있는 자줏빛과 붉은 빛 의복은 황제나 장군이나 원로원 의원들과 같은 권력자들이 입는 옷이다. 음녀가 입고 있는 자줏빛과 붉은색 옷은 고대인들에게 있어서 명예와 권력을 상징하는 옷이었고, 누구나 입고 싶어 하는 옷이었다.

음녀는 누구나가 호감을 가지고 존귀하게 바라보는 자줏빛과 붉은색 옷을 입고 있지만 사실 그것은 예수 그리스도의 흘리신 피의 복음을 팔아 산 음란의 대가이고, 성도들의 핏값을 주고 산 멸망의 증표에 불과한 것이다.

《실낙원》(*Paradise Lost*)을 쓴 영국의 시인 존 밀턴(J. Milton)은 천주교를 비판하면서 "황제가 신부들에게 찬란한 법의(法衣)를 입히고 최고의 영예와 생활 보장을 부여하여 교회의 의자를 귀금속으로 꾸며 주었을 때, 하늘로부터 한 소리가 들렸다. '오늘 교회는 독소의 침입을 받아 그 영적 기능이 마비되기 시작했다'"고 말한다.

> "주께서 경건한 자는 시험에서 건지시고 불의한 자는 형벌 아래 두어 심판 날까지 지키시며 육체를 따라 더러운 정욕 가운데서 행하며 주관하는 이를 멸시하는 자들에게 특별히 형벌하실 줄을 아시느니라 이들은 담대하고 고집하여 떨지 않고 영광 있는 자를 훼방하거니와 더 큰 힘과 능력을 가진 천사들이라도 주 앞에서 저희를 거스려 훼방하는 송사를 하지 아니하느니라 그러나 이 사람들은 본래 잡혀 죽기 위하여 난 이성 없는 짐승 같아서 그 알지 못한 것을 훼방하고 저희 멸망 가운데서 멸망을 당하며 불의의 값으로 불의를 당하며 낮에 연락을 기쁘게 여기는 자들이니 점과 흠이라 너희와 함께 연회할 때에 저희 간사한 가운데 연락하며 음심(淫心)이 가득한 눈을 가지고 범죄하기를 쉬지 아니하고 굳세지 못한 영혼들을 유혹하며 탐욕에 연단된 마음을 가진 자들이니 저주의 자식이라 저희가 바른 길을 떠나 미혹하여 브올의 아들 발람의 길을 좇는도다 그는 불의의 삯을 사랑하다가 자기의 불법을 인하여 책망을 받되 말 못하는 나귀가 사람의 소리로 말하여 이 선지자의 미친 것을 금지하였느니라"(벧후 2:9-16).

요한계시록 19장에는 어린 양의 혼인 잔치에 신부로 등장하는 여인이 빛나고 깨끗한 세마포를 입고 등장한다.

깨끗하고 하얀 세마포는 성도들의 옳은 행실이다(계 19:8). 성도들의 옳은 행실은 무엇인가?

하나님의 말씀과 어린 양 예수 그리스도의 복음을 믿고 증거하는 복음의 제사장 사역을 감당하며, 이 땅에 빛과 소금의 사명을 감당하는 것이다.

예수 그리스도의 신부 된 교회와 지체 된 성도들은 신앙의 정절을 지키며, 옳은 행실로 신부가 입는 하얀 세마포 옷을 입고 단장하며, 신랑 되신 예수 그리스도의 재림을 기다리며 인내하는 사람들이다.

주님이 다시 오시는 그날까지 신앙의 순결을 지키며, 구속의 은혜에 감격하여 복음의 제사장 사역을 충성스럽게 감당한 승리자들은 주님과 함께 영원한 하나님의 나라에서 만왕의 왕으로 살아가게 될 것이다. 그러나 음녀가 입은 자줏빛과 붉은 빛 부드러운 옷 입기를 사모하며, 삶의 목표로 삼고 살아가는 사람들은 경쟁자를 미워하고, 시기하고, 모함하고, 비난하는 언행을 일삼게 되고 그의 머리를 밟고 올라서서 잠시 동안 권세를 누리며 살다가 결국 멸망의 길로 빠지게 될 것이다.

> "민간에 또한 거짓 선지자들이 일어났었나니 이와 같이 너희 중에도 거짓 선생들이 있으리라 저희는 멸망케 할 이단을 가만히 끌어들여 자기들을 사신 주를 부인하고 임박한 멸망을 스스로 취하는 자들이라 여럿이 저희 호색(好色)하는 것을 쫓으리니 이로 인하여 진리의 도(道)가 훼방을 받을 것이요 저희가 탐심을 인하여 지은 말을 가지고 너희로 이를 삼으니 저희 심판은 옛적부터 지체하지 아니하며 저희 멸망은 자지 아니하느니라"(벧후 2:1-3).

둘째, 금과 보석과 진주로 꾸미고 있다.

이는 사탄이 심어 준 외모지상주의 사상(外貌至上主義 思想)이다. 외모지상주의는 하나님의 사상이 아닌 사탄의 사상이다. 하나님은 중심을 보시는 분이다. 그런데 인생들은 외모를 보고 선택한다. 이는 아담과 하와에게 심었던 사탄의 외모지상주의 씨앗이 유전되어 내려오기 때문이다. 창세기 3장에 보면, 사탄이 하와를 미혹하여 선악을 알게 하는 나무의 실과를 따 먹도록 속일 때 "여자가 그 나무를 본즉 먹음직도 하고 보암직도 하고 지혜롭게 할 만큼 탐스럽기도 한 나무인지라 여자가 그 실과를 따 먹고 자기와 함께한 남편에게도 주매 그도 먹은지라"(창 3:6)라고 증거하고 있다.

외모지상주의는 인생들의 안목의 정욕을 만족시켜 죄악에 빠뜨리려는 사탄이 뿌린 죄악된 사상이다. 그래서 성경은 항상 하나님은 외모를 보고 취하지 아니하심을 강조하고 우리에게 외모를 보고 사람을 취하지 말라고 강조한다.

"여호와께서 사무엘에게 이르시되 그 용모와 신장을 보지 말라 내가 이미 그를 버렸노라 나의 보는 것은 사람과 같지 아니하니 사람은 외모를 보거니와 나 여호와는 중심을 보느니라"(삼상 16:7).

"베드로가 입을 열어 가로되 내가 참으로 하나님은 사람의 외모를 취하지 아니하시고 각 나라 중 하나님을 경외하며 의를 행하는 사람은 하나님이 받으시는 줄 깨달았도다"(행 10:34-35).

"하나님께서 각 사람에게 그 행한 대로 보응하시되 참고 선을 행하여 영광과 존귀와 썩지 아니함을 구하는 자에게는 영생으로 하시고 오직 당을 지어 진리를 좇지 아니하고 불의를 좇는 자에게는 노와 분으로 하시리라 악을 행하는 각 사람의 영에게 환난과 곤고가 있으리니 첫째는 유대인에게요 또한 헬라인에게며 선을 행하는 각 사람에게는 영광과 존귀와 평강이 있으리니 첫째는 유대인에게요 또한 헬라인에게라 이는 하나님께서 외모로 사람을 취하지 아니하심이니라"(롬 2:6-11).

"무슨 일을 하든지 마음을 다하여 주께 하듯 하고 사람에게 하듯 하지 말라 이는 유업의 상을 주께 받을 줄 앎이니 너희는 주 그리스도를 섬기느니라 불의를 행하는 자는 불의의 보응을 받으리니 주는 외모로 사람을 취하심이 없느니라"(골 3:23-25).

"내 형제들아 영광의 주 곧 우리 주 예수 그리스도를 믿는 믿음을 너희가 받았으니 사람을 외모로 취하지 말라 만일 너희 회당에 금가락지를 끼고 아름다운 옷을 입은 사람이 들어오고 또 더러운 옷을 입은 가난한 사람이 들어올 때에 너희가 아름다운 옷을 입은 자를 돌아보아 가로되 여기 좋은 자리에 앉으소서 하고 또 가난한 자에게 이르되 너는 거기 섰든지 내 발등상 아래 앉으라 하면 너희끼리 서로 구별하며 악한 생각으로 판단하는 자가 되는 것이 아니냐 내 사랑하는 형제들아 들을지어다 하나님이 세상에 대하여는 가난한 자를 택하사 믿음에 부요하게 하시고 또 자기를 사랑하는 자들에게 약속하신 나라를 유업으로 받게 아니하셨느냐 너희는 도리어 가난한 자를 괄시하였도다 부자는 너희를 압제(壓制)하며 법정으로 끌고 가지 아니하느냐 저희는 너희에게 대하여 일컫는 바 그 아름다운 이름을 훼방하지 아니하느냐 너희가 만일 경에 기록한 대로 네 이웃 사랑하기를 네 몸과 같이 하라 하신 최고한 법을 지키면 잘하는 것이거니와 만일 너희가 외모로 사람을 취하면 죄를 짓는 것이니 율법이 너희를 범죄자로 정하리라"(약 2:1-9).

이상에서 살펴본 바와 같이 하나님은 사람의 외모를 보지 아니하시고 그 중심을 보고 취하시는 반면에 우리 인생들은 외모를 보고 판단하고 선택하는 상반된 사상을 가지고 있다. 이는 우리 속에 사탄이 뿌린 외모지상주의 사상이 자리 잡고 있기 때문이다.

성경이 외모를 보고 취하는 것은 죄를 범하는 것임을 분명히 밝히고 있음에도 불구하고 이 시대는 외모지상주의가 만연(蔓延)해 있다. 여인들이 외모를 예쁘게 보이기 위해 여기저기 얼굴을 뜯어고치는 성형수술이 성행하고 있고, 억지로 굶어가며 살을 빼는 여성이 많아졌다. 얼굴과 몸매가 따라 주지 않으면 실력이 있어도 좋은 직장 구하기가 힘들고 좋은 신랑감 구하기가 힘든 세상이기에 돈 들이고 시간 빼앗기면서 외모를 치장하느라 갖은 고생을 한다. 어디 여성뿐이겠는가? 이제는 남자들도 외모가 받쳐 주지 않으면 사회에서 환영받지 못하고 찬밥 신세가 되는 세상이 되었다. 이 세상 사람들의 사고를 사탄의 외모지상주의가 완전히 사로잡고 있는 시대임을 보여준다.

이 시대 사탄의 사상을 전수받아 외모지상주의에 사로잡혀 있는 음녀의 집단은 바티칸 왕국(로마 교황청)이다. 교황의 화려한 의관이나 천주교의 화려한 예배의식 등은 모두 외모지상주의 사상에 기인한 것들임을 간과(看過)해서는 안 된다.

이광복 목사님 저서인 《성경종말론》에 보면 이렇게 증거하고 있다. "천국을 이 땅에 건설해 왔다면 그것은 아마도 호화스러운 로마 가톨릭의 본부건물인 베드로 성당과 박물관일 것이다. 이 박물관을 팔면 바티칸 국가가 400년간 먹고 살 수 있다고 하니 어느 정도 화려한지 알 만하지 않은가. 정말 지상에 이런 곳이 존재할 수 있는가 눈을 의심해야 할 정도의 초호화판 장식을 하고 있다. 그 자체가 하나의 거대한 예술품 같아서 마치 천국을 이 땅에 옮겨놓은 것 같은 착각을 일으킬 정도다. 세계를 주고 거기에 대형 박물관을 얹어서 준다 해도 안 바꾼다는 말이 그래서 나왔으리라.

시스타나 소성당이라는 곳은 교황을 뽑는 방으로 유명하다. 교황이 선출되면 하얀 연기가 나오고 그렇지 않을 경우엔 검은 연기가 나온다.

그 천장에는 유명한 〈천지창조〉 그림이 있고, 벽에는 최후심판을 묘사한 천국과 지옥이 그려져 있다. 이 작품을 완성했던 유명한 미켈란젤로는 장장 4년 5개월 동안 혼자서 이 일을 해냈다고 한다. 미켈란젤로는 화가로서 〈천지창조〉라는 불후의 작품을 남겼고, 조각가로서 유명한 〈비탄〉이라는 작품을, 그리고 건축가로서 돔을 건축했다. 이렇게 만들어진 성당에서 매월 거둬들이는 입장료 수입만 해도 자그마치 40억 이상이란다. 길이가 187m, 양폭이 58m인데다 높이가 15층 높이에, 5만여 명을 수용할 수 있는 대규모를 자랑하는 이곳은 호화스럽고 사치스러운 음녀의 모습을 있는 그대로 보여주는 곳이 아닐 수 없다."

음녀는 금과 보석과 진주로 외모를 꾸미고 있다. 그녀는 사탄의 외모지상주의 사상에 사로잡힌 여인이고, 그 사상을 찬미하고 사람들을 현혹시키는 데 앞장서는 존재다.

그녀의 거짓된 언행에 속지 말고 하나님의 말씀에 따라 행동하시는 지혜로운 예수 그리스도의 신부가 되길 바란다.

"뱀이 그 간계로 이와를 미혹케 한 것같이 너희 마음이 그리스도를 향하는 진실함과 깨끗함에서 떠나 부패할까 두려워하노라"(고후 11:3).

"너희는 이 세대를 본받지 말고 오직 마음을 새롭게 함으로 변화를 받아 하나님의 선하시고 기뻐하시고 온전하신 뜻이 무엇인지 분별하도록 하라"(롬 12:2).

"이는 세상에 있는 모든 것이 육신의 정욕과 안목의 정욕과 이생의 자랑이니 다 아버지께로 좇아온 것이 아니요 세상으로 좇아온 것이라 이 세상도, 그 정욕도 지나가되 오직 하나님의 뜻을 행하는 이는 영원히 거하느니라"(요일 2:16, 17).

"너희 단장은 머리를 꾸미고 금을 차고 아름다운 옷을 입은 외모로 하지 말고 오직 마음에 숨은 사람을 온유하고 안정한 심령의 썩지 아니할 것으로 하라 이는 하나님 앞에 값진 것이니라"(벧전 3:3-4).

셋째, 가증한 물건과 그의 음행의 더러운 것들이 가득한 금잔을 가졌다.

이는 사람들의 생각을 사로잡고 있는 황금만능주의 사상(黃金萬能主義 思想)을 지닌 모습이다.

돈이라면 무엇이라도 할 수 있다는 생각, 돈을 위해서라면 무슨 짓이라도 할 수 있다는 죄악된 생각이 황금만능주의 사상이다.

사도행전 8장에 보면, 돈이면 무엇이든 할 수 있다고 생각하는 대표적 인물인 마술사 시몬의 행위가 증거되고 있다. 그는 사마리아 성에서 오랫동안 마술로 백성들을 놀라게 한 장본인으로 '자칭 큰 자'였다. 그는 빌립 집사가 복음을 증거하며 세례를 베풀 때 그 나타나는 표적과 큰 능력을 보고 놀라며 믿고 세례를 받았다. 그 후 베드로와 요한이 사마리아 성에 도착해 성령 받기를 기도하고 안수할 때 성령이 임하는 모습을 보고 그가 사도들의 능력을 돈을 주고 사려고 한다.

"시몬이 사도들의 안수함으로 성령 받는 것을 보고 돈을 드려 가로되 이 권능을 내게도 주어 누구든지 내가 안수하는 사람은 성령을 받게 하여 주소서 하니"(행 8:18-19).

하나님의 선물을 돈으로 살 수 있다고 생각한 마술사 시몬의 생각은 사탄이 심어준 악한 생각이다.

시몬의 행동에 대해 사도 베드로는 "……네가 하나님의 선물을 돈 주고 살 줄로 생각하였으니 네 은과 네가 함께 망할지어다 하나님 앞에서 네 마음이 바르지 못하니 이 도에는 네가 관계가 없고 분깃될 것도 없느니라 그러므로 너의 이 악함을 회개하고 주께 기도하라 혹 마음에 품은 것을 사하여 주시리라 내가 보니 너는 악독이 가득하며 불의에 매인 바 되었도다"(행 8:20-23)라고 회개하기를 촉구한다.

이 세상을 살아가는 현대인들의 의식 속에 황금만능주의 사상이 가득 자리 잡고 있음을 부인할 수 없다. 돈이면 무엇이든지 살 수 있다고 믿는 사람은 사탄의 거짓말에 속고 있는 것이다. 세상에서 참으로 아름답고 소중한 것들은 사실 돈으로 살 수 없는 것들이다.

돈을 사랑하는 마음 때문에 가장 소중하고 아름다운 것들을 빼앗기는 시험과 올무가 될 수 있는 것이다. 바울 사도는 믿음의 아들 디모데에게 돈에 대한 교훈을 편지에 자세히 썼다.

> "부하려 하는 자들은 시험과 올무와 여러 가지 어리석고 해로운 정욕에 떨어지나니 곧 사람으로 침륜과 멸망에 빠지게 하는 것이라 돈을 사랑함이 일만 악의 뿌리가 되나니 이것을 사모하는 자들이 미혹을 받아 믿음에서 떠나 많은 근심으로써 자기를 찔렀도다"(딤전 6:9-10).

돈을 사랑하거나 돈의 힘을 너무 과신하는 어리석은 사람이 되어서는 안 된다.

돈이면 무엇이든지 살 수 있고, 무엇이든지 할 수 있고, 무엇이든지 될 수 있다고 생각하는 황금만능주의 사상은 전능하신 하나님을 섬기지 못하게 하려는 사탄의 가증하고 더러운 사술(邪術)이다.

사탄의 황금만능주의 사상을 손에 붙잡고 있는 음녀는 돈을 위하여 사람들의 영혼을 사탄에게 팔아먹은 여자다.

음녀가 파는 상품의 품목을 보면 '사람들의 영혼들'(계 18:13)이 들어 있다. 음녀는 돈이라면 자기 영혼뿐만 아니라 사람들의 영혼까지도 팔아먹는 사악한 여자다. 음녀는 성도들과 예수의 증인들의 핏값으로 자기를 영화롭게 하는 돈을 사랑하는 여자다.

그녀가 더럽고 가증한 모든 것을 담은 금잔을 손에 가지고 있는 모습은 음녀가 황금만능주의 사상을 붙잡고 예수 그리스도의 복음을 배도하고 하나님을 대적하는 종교단체임을 시사해 주고 있다.

이광복 목사님의 저서 《성경종말론》에 보면 "로마 가톨릭의 베드로 성당 안에 금으로 치장한 호화스러운 모습은 바로 음녀의 모습인 것이다"라고 지적하고 있을 뿐만 아니라 가톨릭에 대한 역사적 비판을 증거해 주고 있다.

- 칼빈(《기독교강요》에서)

교황과 추기경의 신학(가톨릭 신학)은

제1조 : 하나님이 없다는 것
제2조 : 그리스도에 대한 모든 기록과 교훈은 허위요 기만이라는 것
제3조 : 내세와 최후의 부활에 관한 교리들은 우화에 지나지 않는다.

- 로이드 존스

"로마 가톨릭은 마귀의 최대 걸작품이다."

- 웨스트민스트 신앙고백 25장 46항(1647년 장로교)

"로마 교황은 교회 안에서 그리스도와 하나님을 대적하여 자신을 높이는 자로서 적그리스도요 죄의 사람이고 멸망의 아들이다."

- 영국 성공회 신앙개요 제7항(1615년)

"모든 왕들과 군주들 위에 군림하고 있는데 교황이 휘두르는 교황의 권력은 하나님의 말씀에 반대되는 권력이다. 그러므로 로마 교황의 이러한 권력은 왕이신 예수 그리스도 주권의 범위와 영역 내에서 반드시 제거되어야 할 가장 우선적인 목표이다."

- 회중교회(사보이 선언서 26장 45항)

"로마 교황은 장차 예수 그리스도에게 대적할 죄의 사람, 혹은 불법의 아들인 적그리스도로 자기를 하나님이라 부르면서 지상의 교회에서 자기를 높이게 될 것이다."

- 침례교회(침례교회 신앙고백 26장 4항, 1688년)

"지상 교회의 수장이라고 주장하는 자가 있다면 그는 죄의 사람 혹은 멸망의 아들인 적그리스도로 장차 그는 자기를 하나님이라 칭하며 예수 그리스도를 대적하게 될 것인데 그는 재림의 때에 예수 그리스도의 광채로 반드시 죽임을 당하게 될 것이다."

- 감리교회 존 웨슬리(1754년)

"교황은 이중적인 사람으로 교황인 동시에 죄의 사람이며 그는 날마다 죄의 사람의 특징을 쌓아 가고 있다."

주님은 하나님과 재물(돈)을 겸하여 섬길 수 없다고 말씀하신다.

> "한 사람이 두 주인을 섬기지 못할 것이니 혹 이를 미워하며 저를 사랑하거나 혹 이를 중히 여기며 저를 경히 여김이라 너희가 하나님과 재물을 겸하여 섬기지 못하느니라"(마 6:24).

만약 하나님보다 돈을 더 좋아하고, 의지하고, 사랑하며, 섬긴다면 당신은 하나님 나라와 전혀 관계가 없는 사람이 될 수 있다.

사마리아 성의 마술사 시몬이나 다를 바 없는 신앙모습일 수 있다. 음녀가 손에 붙잡고 있는 황금만능주의 사상의 올무에 걸려 있는 것이다.

지금까지 돈이라면 능치 못할 일이 없다고 생각하는 황금만능주의 사상에 빠져 살았다면 이제 더 이상 속지 말고 그 올무에서 벗어나기 바란다. 쉽지 않을 것이지만, 돈이면 능치 못할 일이 없다는 황금만능주의 사상은 사탄의 거짓말임을 깨달아야 한다. 그 사실을 인정하면 하나님의 말씀과 예수 그리스도의 복음을 배도한 음녀의 사상에서 벗어나기 바란다.

> "네가 이것을 알라 말세에 고통하는 때가 이르리니 사람들은 자기를 사랑하며 돈을 사랑하며 자긍하며 교만하며 훼방하며 부모를 거역하며 감사치 아니하며 거룩하지 아니하며 무정하며 원통함을 풀지 아니하며 참소하며 절제하지 못하며 사나우며 선한 것을 좋아 아니하며 배반하여 팔며 조급하며 자고하며 쾌락을 사랑하기를 하나님 사랑하는 것보다 더하며 경건의 모양은 있으나 경건의 능력은 부인하는 자니 이 같은 자들에게서 네가 돌아서라" (딤후 3:1-5).

> "하늘로서 다른 음성이 나서 가로되 내 백성아, 거기서 나와 그의 죄에 참예하지 말고 그의 받을 재앙들을 받지 말라" (계 18:4).

8 어린 양의 혼인 잔치

"우리가 즐거워하고 크게 기뻐하여 그에게 영광을 돌리세 어린 양의 혼인 기약이 이르렀고 그 아내가 예비하였으니 그에게 허락하사 빛나고 깨끗한 세마포를 입게 하셨은즉 이 세마포는 성도들의 옳은 행실이로다 하더라 천사가 내게 말하기를 기록하라 어린 양의 혼인 잔치에 청함을 입은 자들이 복이 있도다 하고 또 내게 말하되 이것은 하나님의 참되신 말씀이라 하기로"(계 19:7-9)

"예수께서 다시 비유로 대답하여 가라사대 천국은 마치 자기 아들을 위하여 혼인 잔치를 베푼 어떤 임금과 같으니 그 종들을 보내어 그 청한 사람들을 혼인 잔치에 오라 하였더니 오기를 싫어하거늘 다시 다른 종들을 보내며 가로되 청한 사람들에게 이르기를 내가 오찬을 준비하되 나의 소와 살진 짐승을 잡고 모든 것을 갖추었으니 혼인 잔치에 오소서 하라 하였더니 저희가 돌아보지도 않고 하나는 자기 밭으로, 하나는 자기 상업차로 가고 그 남은 자들은 종들을 잡아 능욕하고 죽이니 임금이 노하여 군대를 보내어 그 살인한 자들을 진멸하고 그 동네를 불사르고 이에 종들에게 이르되 혼인 잔치는 예비되었으나 청한 사람들은 합당치 아니하니 사거리 길에 가서 사람을 만나는 대로 혼인 잔치에 청하여 오너라 한대 종들이 길에 나가 악한 자나 선한 자나 만나는 대로 모두 데려오니 혼인 자리에 손이 가득한지라 임금이 손을 보러 들어올새 거기서 예복을 입지 않은 한 사람을 보고 가로되 친구여 어찌하여 예복을 입지 않고 여기 들어왔느냐 하니 저가 유구무언이어늘 임금이 사환들에게 말하되 그 수족을 결박하여 바깥 어두움에 내어던지라 거기서 슬피 울며 이를 갊이 있으리라 하니라 청함을 받은 자는 많되 택함을 입은 자는 적으니라"(마 22:1-14).

1. 어린 양의 혼인 잔치 도표

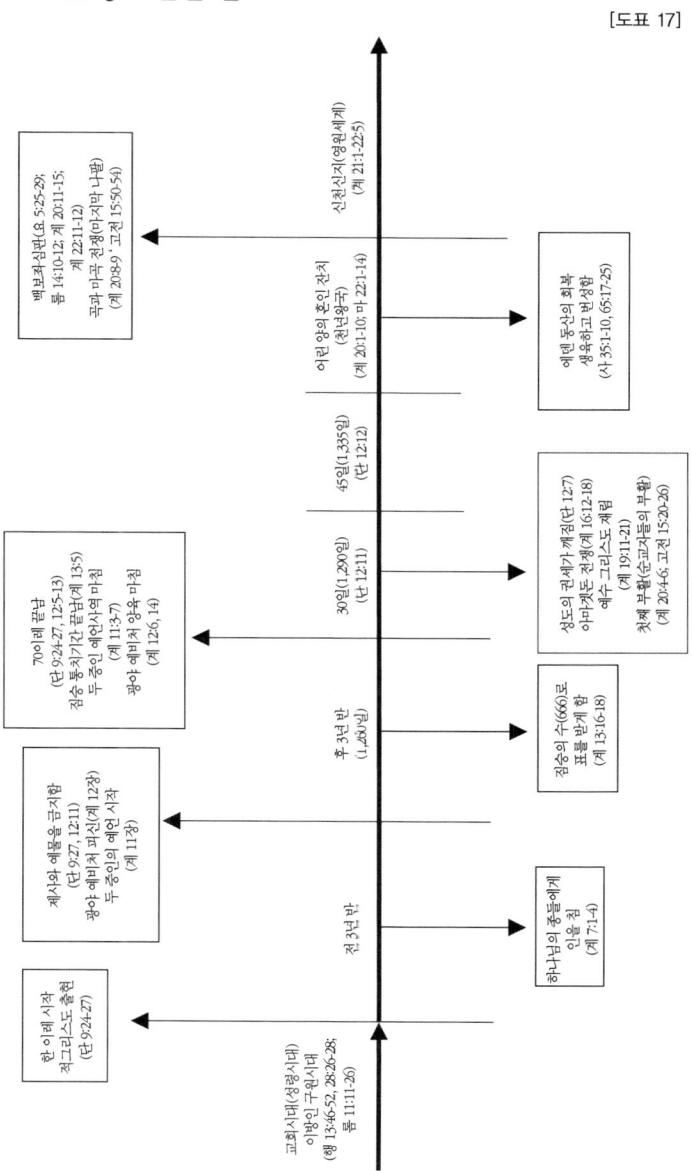

[도표 17]

3부 요한계시록 도표 강해 403

2. 어린 양의 혼인 잔치 강해

"우리가 즐거워하고 크게 기뻐하여 그에게 영광을 돌리세 어린 양의 혼인 기약이 이르렀고 그 아내가 예비하였으니 그에게 허락하사 빛나고 깨끗한 세마포를 입게 하셨은즉 이 세마포는 성도들의 옳은 행실이로다 하더라 천사가 내게 말하기를 기록하라 어린 양의 혼인 잔치에 청함을 입은 자들이 복이 있도다 하고 또 내게 말하되 이것은 하나님의 참되신 말씀이라 하기로"(계 19:7-9).

성도의 삶은 신부가 혼인식을 기다리는 것과 같다. 교회는 예수 그리스도와 정혼(定婚)한 신부이기 때문이다.

사도 바울은 고린도 교회에 편지하면서 "내가 하나님의 열심으로 너희를 위하여 열심내노니 내가 너희를 정결한 처녀로 한 남편인 그리스도께 드리려고 중매함이로다"(고후 11:2)라고 말씀하고 있다.

우리가 예수 그리스도와 신부 된 교회의 관계를 복음적으로 이해하기 위해서는 유대인의 결혼풍습에 대해 알 필요가 있다.

유대인의 결혼식 풍습은 정혼(定婚)과 결혼식(結婚式)의 두 단계로 나누어진다.

남녀가 정혼을 한 후에 일정한 기간을 보내고 나서야 결혼예식을 거행하게 되어 있다. 정혼한 두 남녀는 결혼식을 하기까지 일정 기간 동안에 부부로서의 합법적인 권리와 의무를 지닌다. 이런 점에서 우리나라 약혼과는 차이가 있다. 신약성경에 보면 요셉과 정혼했던 마리아를 "네 아내"라고 칭하고 있다.

"다윗의 자손 요셉아 네 아내 마리아 데려오기를 무서워 말라 저에게 잉태된 자는 성령으로 된 것이라"(마 1:20).

정혼한 남자는 혼인식을 치르기 위해 신부 집에 지참금(持參金)을 지불해야 한다. 우리나라 국어사전에는 지참금이 '신부(新婦)가 시집 갈 때 친정에서 가지고 가는 돈'이라고 설명하고 있다. 결혼풍습에 있어서 지참금 풍습이 유대와 우리나라가 정반대의 개념으로 사용되고 있음을 본다.

유대인의 풍습은 정혼한 신랑이 신부 집에 지참금을 모두 지불하고 나면 신랑은 어느 때든지 친구를 앞세우고 신부 집으로 가서 신부를 자기 집으로 데려와 7일간의 혼인잔치를 벌이게 되어 있다.

교회와 정혼한 신랑 되신 예수님도 신부를 위해 지참금을 모두 지불하셨다. 성경은 신랑 되신 예수 그리스도께서 십자가에 피 흘리심으로 신부 된 교회를 핏값으로 사신 바 되었다고 증거하고 있다.

> "너희는 자기를 위하여 또는 온 양 떼를 위하여 삼가라 성령이 저들 가운데 너희로 감독자를 삼고 하나님이 자기 피로 사신 교회를 치게 하셨느니라"(행 20:28).

> "너희 몸은 너희가 하나님께로부터 받은 바 너희 가운데 계신 성령의 전인 줄을 알지 못하느냐 너희는 너희의 것이 아니라 값으로 산 것이 되었으니 그런즉 너희 몸으로 하나님께 영광을 돌리라"(고전 6:19-20).

> "⋯⋯일찍 죽임을 당하사 각 족속과 방언과 백성과 나라 가운데서 사람들을 피로 사서 하나님께 드리시고"(계 5:9).

신랑 되신 예수 그리스도는 이미 지참금을 모두 지불하셨기 때문에 언제든지 신부와 혼인식을 치르기 위해 신부를 데리러 오실 수 있다. 그러기에 성경은 신부 된 교회가 어느 순간에라도 나타나실 신랑 되신 예수 그리스도를 맞을 준비를 하고 기다리는 신부가 될 것을 교훈하고 있다.

> "그때에 천국은 마치 등을 들고 신랑을 맞으러 나간 열 처녀와 같다 하리니 그중에 다섯은 미련하고 다섯은 슬기 있는지라 미련한 자들은 등을 가지되 기름을 가지지 아니하고 슬기 있는 자들은 그릇에 기름을 담아 등과 함께 가져갔더니 신랑이 더디 오므로 다 졸며 잘새 밤중에 소리가 나되 보라 신랑이로다 맞으러 나오라 하매 이에 그 처녀들이 다 일어나 등을 준비할새 미련한 자들이 슬기 있는 자들에게 이르되 우리 등불이 꺼져 가니 너희 기름을 좀 나눠 달라 하거늘 슬기 있는 자들이 대답하여 가로되 우리와 너희의 쓰기에 다 부족할까 하노니 차라리 파는 자들에게 가서 너희 쓸 것을 사라 하니 저희가 사러 간 동안에 신랑이 오므로 예비하였던 자들은 함께 혼인 잔치에 들어가고 문은 닫힌지라 그 후에 남은 처녀들이 와서 가로되 주여 주여 우리에게 열어 주소서 대답하여 가로되 진실로 너희에게 이르노니 내가 너희를 알지 못하노라 하였느니라 그런즉 깨어 있으라 너희는 그 날과 그 시를 알지 못하느니라"(마 25:1-13).

요한계시록 19장 7-9절에 계시된 어린 양의 혼인 잔치가 어느 시점에 성취되는 사건인가 하는 질문에는 각기 다른 네 가지 시점으로 보는 견해가 있다. 대부분 이 네 시점 중의 한 시점이 어린 양의 혼인 잔치 시점이라고 믿는 견해를 취하고 있을 것이다.

필자는 개인적으로 7년 대환란이 끝나고 예수 그리스도의 재림 이후에 성취되는 천년왕국 기간을 어린 양 혼인 잔치 기간으로 보는 견해에 동의한다. 왜 7년 대환란 후에 있을 천년왕국 기간을 어린 양의 혼인 잔치 기간으로 보는 것이 타당한 견해인지 그 이유를 살펴보기로 하자.

1) 7년 대환란 전 시점으로 보는 견해

대부분 세대주의 전천년설을 따르는 사람들이 주장하는 견해다. 이 견해를 주장하는 사람들은 7년 대환란 전에 교회가 공중으로 휴거되어 공중에서 7년 동안 어린 양의 혼인 잔치가 벌어지고 땅에서는 7년 동안 대환란의 심판이 진행된다고 믿는다.

이 견해를 주장하는 사람들은 요한계시록 4장 1절의 "……나팔 소리 같은 그 음성이 가로되 이리로 올라오라 이후에 마땅히 될 일을 내가 네게 보이리라"는 말씀을 교회 휴거 사건으로 해석한다.

이 견해를 주장하는 이들에 따르면, 사도 요한을 교회 대표로 보고 "이리로 올라오라"는 말씀은 곧 교회를 공중으로 이끌어 올리는 것과 동일한 의미를 나타낸다고 말한다.

4장에서 교회를 공중으로 이끌어 올려 7년 동안 어린 양의 혼인 잔치를 치르기 때문에 4장 이후에 일어나는 사건들은 교회와는 무관한 사건이며, 오직 육적 유대인들을 구원하기 위한 기간이라고 주장한다. 그러나 이 견해는 다음과 같은 여러 가지 문제점을 가지고 있다.

(1) 요한계시록의 전체 계시내용과 상충(相衝)되는 견해다.

요한계시록의 계시내용을 살펴볼 때 4장 1절의 사건을 교회의 휴거 사건으로 해석함이 요한계시록 계시내용과 문맥에 전혀 맞지 않는 해석임을 드러내고 있다.

이 견해를 주장하는 사람들은 요한계시록 2장 3장은 아시아의 일곱 교회에 보내는 서신내용이 계시되고, 4장, 1절에서 교회를 공중으로 이끌어 올려 공중에서 7년 동안 어린 양의 혼인 잔치 기간을 보내게 되므로 4장 이후의 사건은 교회와 무관한 사건이라고 주장한다.

4장 이전에는 '교회'라는 말이 자주 등장하지만, 4장 이후에는 교회가 휴거되었기 때문에 교회라는 말이 전혀 등장하지 않는다고 말한다. 그러나 이들의 주장은 요한계시록 22장 16절의 계시에 상충된다.

> "나 예수는 교회들을 위하여 내 사자를 보내어 이것들을 너희에게 증거하게 하였노라 나는 다윗의 뿌리요 자손이니 곧 광명한 새벽 별이라 하시더라"(계 22:16).

요한계시록 22장 16절은 4장 이후의 모든 말씀이 교회들에게 주신 말씀임을 분명하게 계시하고 있다.

6장 9절 이하의 계시말씀을 보면 다섯째 인을 떼실 때에 하나님의 말씀과 예수 그리스도의 복음을 증거하다가 순교당한 영혼들이 하늘의 제단 아래에서 하나님께 자신들의 피를 신원해 주실 것을 큰 소리로 호소하고 있다.

> "다섯째 인을 떼실 때에 내가 보니 하나님의 말씀과 저희의 가진 증거를 인하여 죽임을 당한 영혼들이 제단 아래 있어 큰 소리로 불러 가로되 거룩하고 참되신 대주재여 땅에 거하는 자들을 심판하여 우리 피를 신원하여 주지 아니하시기를 어느 때까지 하시려나이까 하니 각각 저희에게 흰 두루마기를 주시며 가라사대 아직 잠시 동안 쉬되 저희 동무 종들과 형제들도 자기처럼 죽임을 받아 그 수가 차기까지 하라 하시더라"(계 6:9-11).

4장 1절의 사건이 교회의 휴거와 어린 양의 혼인 잔치 시점이라면, 6장에서 순교한 성도들이 아직 그 피를 신원받지 못하고 호소하는 장면이 계시될 이유가 없다. 이미 그 피를 신원받고 빛나는 부활체를 입고 어린 양의 혼인 잔치에 기쁨으로 참여하고 있을 것이기 때문이다. 그러나 6장 9절 이하의 말씀은 순교자들이 자신들의 피를 신원해 주실 것을 호소하고 있을 뿐만 아니라, 저희 동무 종들과 형제들 또한 하나님의 말씀과 예수 그리스도의 복음을 증거하다가 순교당할 사건이 임박해 있음을 계시해 주고 있다. 그러므로 4장 1절의 사건이 교회 휴거 사건이며 7년 동안 공중에서 어린 양의 혼인 잔치가 있다고 해석하는 주장은 타당성이 없는 견해다.

9장에서도 다섯째 나팔재앙인 황충재앙이 이 땅에 임할 때 하나님의 인 맞은 주의 종들이 하나님의 말씀과 예수 그리스도의 복음을 증거하기 위해 이 땅에 남아 있음을 증거하고 있다.

> "또 황충이 연기 가운데로부터 땅 위에 나오매 저희가 땅에 있는 전갈의 권세와 같은 권세를 받았더라 저희에게 이르시되 땅의 풀이나 푸른 것이나 각종 수목은 해하지 말고 오직 이마에 하나님의 인 맞지 아니한 사람들만 해하라 하시더라"(계 9:3-4).

11장에서도 두 감람나무와 두 촛대로 비유되는 두 증인이 1,260일 동안 이 땅에서 예언사역을 감당하다가 순교당할 것임을 계시해 주고 있다(계 11:1-14).

12장에서는 해를 입은 한 여자가 장차 철장으로 만국을 다스릴 남자아이를 해산한 뒤 용(마귀, 사탄)의 핍박을 피해 하나님이 예비하신 광야 예비처에 피신하여 후 3년 반 동안인 1,260 일 동안 양육 받게 될 것임을 계시해 주고 있다(계 12:1-6).

13장에서는 마흔두 달 동안(후 3년 반) 다스릴 권세를 받은 적그리스도가 짐승의 우상을 만들어 경배하게 하고, 짐승의 표(666)를 받도록 강요하며 성도들과 싸워 이기며 수많은 성도들을 죽이게 될 것임을 계시하고 있다(계 13:1-18).

이상의 많은 계시내용과 상충됨에도 불구하고 4장 1절의 사건이 교회 휴거 사건이며, 공중에서 7년 동안 어린 양의 혼인 잔치를 치르게 되므로 4장 이하의 계시내용은 교회와 무관한 사건이라고 해석하는 것은 요한계시록의 계시내용을 전혀 무시하고 반박하는 비성경적 해석임을 드러낼 뿐이다.

(2) 복음서의 혼인 잔치 비유 증거와 전혀 조화되지 않는 해석이다.

마태복음 22장 1-14절에서는 예수님이 혼인 잔치 비유를 교훈해 주고 계신다.

"예수께서 다시 비유로 대답하여 가라사대 천국은 마치 자기 아들을 위하여 혼인 잔치를 베푼 어떤 임금과 같으니 그 종들을 보내어 그 청한 사람들을 혼인 잔치에 오라 하였더니 오기를 싫어하거늘 다시 다른 종들을 보내며 가로되 청한 사람들에게 이르기를 내가 오찬을 준비하되 나의 소와 살진 짐승을 잡고 모든 것을 갖추었으니 혼인 잔치에 오소서 하라 하였더니 저희가 돌아보지도 않고 하나는 자기 밭으로, 하나는 자기 상업차로 가고 그 남은 자들은 종들을 잡아 능욕하고 죽이니 임금이 노하여 군대를 보내어 그 살인한 자들을 진멸하고 그 동네를 불사르고 이에 종들에게 이르되 혼인 잔치는 예비되었으나 청한 사람들은 합당치 아니하니 사거리 길에 가서 사람을 만나는 대로 혼인 잔치에 청하여 오너라 한대 종들이 길에 나가 악한 자나 선한 자나 만나는 대로 모두 데려오니 혼인 자리에 손이 가득한지라 임금이 손을 보러 들어올새 거기서 예복을 입지 않은 한 사람을 보고 가로되 친구여 어찌하여 예복을 입지 않고 여기 들어왔느냐 하니 저가 유구무언이어늘 임금이 사환들에게 말하되 그 수족을 결박하여 바깥 어두움에 내어던지라 거기서 슬피 울며 이를 갊이 있으리라 하니라 청함을 받은 자는 많되 택함을 입은 자는 적으니라"(마 22:1-14).

예수님의 혼인 잔치 비유 말씀은 어린 양의 혼인 잔치가 7년 대환란이 있고 난 후에 있을 것임을 계시해 주고 있다.

7절 말씀에서 "임금이 노하여 군대를 보내어 그 살인한 자들을 진멸하고 그 동네를 불사르고"라고 증거하신 말씀은 7년 대환란의 심판에 대한 증거말씀임을 알 수 있다.

11절 이하에서는 "임금이 손을 보러 들어올새 거기서 예복을 입지 않은 한 사람을 보고 가로되 친구여 어찌하여 예복을 입지 않고 여기 들어왔느냐 하니 저가 유구무언이어늘 임금이 사환들에게 말하되 그 수족을 결박하여 바깥 어두움에 내어던지라 거기서 슬피 울며 이를 갊이 있으리라 하니라"라고 증거하고 있다.

만일 어린 양의 혼인 잔치가 공중에 휴거된 성도들과 공중에서 7년 동안 치러지는 사건이라면, 공중에 휴거된 성도들 중에 예복을 입지 않은 성도가 있을 수 있겠는가?

공중에 휴거된 성도들은 이미 그 신앙을 인정받은 사람들이기 때문에 예복을 입지 않은 성도가 있을 수 없음이 자명한 일이다. 그러므로 어린 양의 혼인 잔치가 공중으로 휴거된 성도들과 7년 동안 공중에서 치러진다고 해석하는 것은 복음서의 혼인 잔치 비유와 상충되는 비성경적 견해임을 보여준다.

(3) 바울 서신의 증거말씀과도 맞지 않는 해석이다.

바울 사도는 데살로니가 교회에 편지하면서 예수 그리스도의 강림과 성도들의 휴거에 대해 증거해 주고 있다.

> "형제들아 자는 자들에 관하여는 너희가 알지 못함을 우리가 원치 아니하노니 이는 소망 없는 다른 이와 같이 슬퍼하지 않게 하려 함이라 우리가 예수의 죽었다가 다시 사심을 믿을진대 이와 같이 예수 안에서 자는 자들도 하나님이 저와 함께 데리고 오시리라 우리가 주의 말씀으로 너희에게 이것을 말하노니 주 강림하실 때까지 우리 살아남아 있는 자도 자는 자보다 결단코 앞서지 못하리라 주께서 호령과 천사장의 소리와 하나님의 나팔로 친히 하늘로 좇아 강림하시리니 그리스도 안에서 죽은 자들이 먼저 일어나고 그 후에 우리 살아남은 자도 저희와 함께 구름 속으로 끌어올려 공중에서 주를 영접하게 하시리니 그리하여 우리가 항상 주와 함께 있으리라"(살전 4:13-17).

데살로니가에 보낸 바울 서신이 휴거에 대해 증거하는 본문에는 예수 그리스도의 강림하심이 증거되고 있으나, 사도 요한의 승천 장면에는 예수 그리스도의 강림하시는 언급이 없고 오히려 하늘 보좌에 앉으사 찬양과 경배를 받고 계심을 보여주고 있다. 그러므로 요한계시록 4장 1절의 사건은 교회의 휴거 사건과는 전혀 다른 사도 요한 개인의 체험사건임을 보여준다.

바울 서신이 증거하는 휴거 장면에는 예수 안에서 자는 자들을 하나님이 함께 데리고 강림하시고, 죽은 자들이 부활하고, 살아남은 자들은 공중에 휴거되어 주를 영접하고 항상 주와 함께 있게 된다. 그런데 사도 요한의 승천 사건을 다루고 있는 요한계시록 4장 1절 이하의 말씀은 성도들의 강림이나 부활이나 휴거에 대해 전혀 언급이 없고, 다만 사도 요한이 성령에 감동되어 그의 영혼만 하늘로 이끌림을 받아 장차 있을 종말의 사건을 계시받고 있음을 보여준다. 그러므로 요한계시록 4장의 사건을 교회의 휴거나 어린 양의 혼인 잔치와 연계할 아무런 근거가 없다.

    4장의 사건을 교회의 휴거나 어린 양의 혼인 잔치 사건으로 해석하는 것은 성경을 넘어선 지나친 추리의 산물이다.

2) 전 3년 반 후의 시점으로 보는 견해

    7년 대환란의 전 3년 반이 지난 후에 교회가 휴거되고 어린 양의 혼인 잔치가 시작된다고 주장하는 사람들은 요한계시록 11장의 두 증인이 전 3년 반 동안 예언사역을 감당하고 짐승에게 죽임을 당한 뒤 3일 반 후에 되살아나 승천하는 사건이 곧 교회의 휴거 사건이라고 해석한다. 이 견해 또한 7년 대환란 전에 휴거되어 공중에서 어린 양의 혼인 잔치가 시작된다는 견해의 오류와 동일한 오류를 범하고 있으므로 받아들일 수 없는 해석이다.

    (1) 요한계시록의 계시내용과 상충(相衝)되는 견해다.

    이 견해를 주장하는 사람들의 첫 번째 오류는 두 증인의 사역기간이 전 3년 반이라고 보는 것이다. 두 증인의 예언사역 기간을 전 3년 반으로 해석하는 것은 요한계시록의 계시내용과 맞지 않는 해석이다.

    요한계시록의 계시내용을 자세히 고찰해 보면, 두 증인의 사역기간은 전 3년 반이 아니라 후 3년 반임을 알 수 있다. 요한계시록 11장 1절 이하에 계시되고 있는 두 증인의 예언사역과 부활·승천 사건의 말씀은, 여섯째 나팔이 불어질 때 발생하는 둘째 화의 사건임을 분명히 밝혀 주고 있다.

> "이 두 선지자가 땅에 거하는 자들을 괴롭게 한 고로 땅에 거하는 자들이 저희의 죽음을 즐거워하고 기뻐하여 서로 예물을 보내리라 하더라 삼 일 반 후에 하나님께로부터 생기가 저희 속에 들어가매 저희가 발로 일어서니 구경하는 자들이 크게 두려워하더라 하늘로부터 큰 음성이 있어 이리로 올라오라 함을 저희가 듣고 구름을 타고 하늘로 올라가니 저희 원수들도 구경하더라 그 시에 큰 지진이 나서 성 십분의 일이 무너지고 지진에 죽은 사람이 칠천이라 그 남은 자들이 두려워하여 영광을 하늘의 하나님께 돌리더라 둘째 화는 지나갔으나 보라 셋째 화가 속히 이르는도다"(계 11:10-14).

둘째 화는 7년 대환란의 후 3년 반이 끝나는 시점에 발생하는 유브라데 전쟁으로 여섯 번째 나팔재앙 사건이다.

> "첫째 화는 지나갔으나 보라 아직도 이후에 화 둘이 이르리로다 여섯째 천사가 나팔을 불매 내가 들으니 하나님 앞 금단 네 뿔에서 한 음성이 나서 나팔 가진 여섯째 천사에게 말하기를 큰 강 유브라데에 결박한 네 천사를 놓아주라 하매 네 천사가 놓였으니 그들은 그 년 월 일 시에 이르러 사람 삼분의 일을 죽이기로 예비한 자들이더라 마병대의 수는 이만만이니 내가 그들의 수를 들었노라"(계 9:12-16).

대부분의 학자들이 두 증인과 십사만 사천의 하나님의 인 맞은 주의 종들과(계 7:1-8, 14:1-5), 짐승과 그 우상에게 경배하지도 아니하고 이마와 손에 그의 표를 받지도 않고 하나님의 말씀과 예수 그리스도의 말씀을 증거하다 순교하여 첫째 부활에 참여하게 될 영혼들(계 20:4-6)을 모두 같은 무리들로 해석한다. 그러므로 두 증인의 사역기간은 전 3년 반이 아니라 후 3년 반으로 해석함이 타당하고, 두 증인의 부활·승천사건도 예수 그리스도의 재림으로 이루어지는 첫째 부활 사건으로 보는 것이 성경적 해석이다.

두 증인의 부활·승천 사건이 전 3년 반이 끝나는 시점이고, 그 사건이 교회의 휴거 사건이며 어린 양의 혼인 잔치가 시작되는 시점으로 해석한다면, 후 3년 반 동안 광야 예비처에 피신하여 하나님의 보호를 받으며 양육 받고 있는 교회가 있다는 12장의 계시내용과도 조화를 이루지 못한다.

> "그 여자가 광야로 도망하매 거기서 1,260 일 동안 저를 양육하기 위하여 하나님의 예비하신 곳이 있더라"(계 12:6).

> "용이 자기가 땅으로 내어쫓긴 것을 보고 남자를 낳은 여자를 핍박하는지라 그 여자가 큰 독수리의 두 날개를 받아 광야 자기 곳으로 날아가 거기서 그 뱀의 낯을 피하여 한 때와 두 때와 반 때를 양육 받으매"(계 12:13-14).

전 3년 반이 끝난 직후에 교회가 휴거되고 공중에서 어린 양의 혼인 잔치가 시작된다면, 짐승이 통치할 권세를 받은 후 3년 반 동안 이 땅에 남아서 신앙의 정절을 지키기 위해 짐승의 우상에게 경배하지도 아니하고, 짐승의 표(666)를 받지도 않으며, 하나님의 말씀과 예수 그리스도의 복음을 증거하다 순교할 순결한 예수 그리스도의 성도들은 어떻게 되겠는가?

> "또 짐승이 큰 말과 참람된 말 하는 입을 받고 또 마흔두 달 일할 권세를 받으니라……또 권세를 받아 성도들과 싸워 이기게 되고 각 족속과 백성과 방언과 나라를 다스리는 권세를 받으니 죽임을 당한 어린 양의

생명책에 창세 이후로 녹명되지 못하고 이 땅에 사는 자들은 다 짐승에게 경배하리라……저가 권세를 받아 그 짐승의 우상에게 생기를 주어 그 짐승의 우상으로 말하게 하고 또 짐승의 우상에게 경배하지 아니하는 자는 몇이든지 다 죽이게 하더라 저가 모든 자 곧 작은 자나 큰 자나 부자나 빈궁한 자나 자유한 자나 종들로 그 오른손에나 이마에 표를 받게 하고 누구든지 이 표를 가진 자 외에는 매매를 못하게 하니 이 표는 곧 짐승의 이름이나 그 이름의 수라 지혜가 여기 있으니 총명 있는 자는 그 짐승의 수를 세어 보라 그 수는 사람의 수니 육백육십육이니라"(계 13:5-18).

이상에서 살펴본 것같이 전 3년 반이 지난 직후에 교회가 휴거되고 어린 양의 혼인 잔치가 시작된다고 해석하는 견해는 요한계시록의 여러 계시내용과 조화를 이루지 못하고 상충되는 견해이므로 성경적 해석이라고 할 수 없다.

(2) 다른 성경의 증거말씀과도 조화를 이루지 못하는 견해다.

7년 대환란 전에 휴거된다는 주장에서 살펴봤던 복음서의 혼인 잔치 비유와 조화되지 못하고, 사도 바울의 증거와도 맞지 않는 동일한 이유가 적용된다.

3) 7년 대환란 후의 시점으로 보는 견해

역사적 전천년설을 따르는 사람들을 필두(筆頭)로 많은 사람들이 지지하는 견해로, 7년 대환란이 끝나고 예수 그리스도가 재림하심으로 이루어질 천년왕국 기간을 어린 양의 혼인 잔치 기간으로 보는 견해다.

후 3년 반 동안 광야 예비처에서 양육 받고 있던 성도들과 첫째 부활에 참예한 성도들이 예수님과 함께 천년왕국 동안 복락원의 기쁨을 누리며 번성하게 되는 천년왕국 기간을 혼인 잔치 기간으로 해석하는 견해로 필자는 역시 이 해석을 취한다. 이 견해는 요한계시록의 계시내용과도 잘 조화되며, 다른 성경의 증거들과도 상충됨이 없이 조화를 이루고 있어 가장 성경적 해석으로 받아들일 수 있다.

마태복음 22장 1절 이하의 말씀에 증거하신 예수님의 혼인 잔치 비유는 예수님의 재림 직전에 성취될 사건들을 증거해 주신 말씀이다.

6절에서 "그 남은 자들은 종들을 잡아 능욕하고 죽이니"라는 말씀은 7년 대환란의 후 3년 반 동안 일어날 사건으로, 적그리스도가 짐승의 우상에게 경배하지 아니하고 짐승의 표(666)를 받지도 아니한 하나님의 신실한 종들을 몇이든지 죽이게 되는 요한계시록 13장의 사건을 나타낸다.

> "저가 권세를 받아 그 짐승의 우상에게 생기를 주어 그 짐승의 우상으로 말하게 하고 또 짐승의 우상에게 경배하지 아니하는 자는 몇이든지 다 죽이게 하더라"(계 13:15).

> "또 내가 보좌들을 보니 거기 앉은 자들이 있어 심판하는 권세를 받았더라 또 내가 보니 예수의 증거와 하나님의 말씀을 인하여 목 베임을 받은 자의 영혼들과 또 짐승과 그의 우상에게 경배하지도 아니하고 이마와 손에 그의 표를 받지도 아니한 자들이 살아서 그리스도로 더불어 천 년 동안 왕 노릇 하니"(계 20:4).

7절에서 "임금이 노하여 군대를 보내어 그 살인한 자들을 진멸하고 그 동네를 불사르고"라는 말씀은 7년 대환란이 끝나는 시점에 예수 그리스도께서 하늘군대와 함께 백마 타고 공의의 심판주로 재림하여 이 세상에 속한 불신자들을 멸하시는 요한계시록 19장 11절 이하의 사건을 나타낸다.

> "또 내가 하늘이 열린 것을 보니 보라 백마와 탄 자가 있으니 그 이름은 충신과 진실이라 그가 공의로 심판하며 싸우더라 그 눈이 불꽃 같고 그 머리에 많은 면류관이 있고 또 이름 쓴 것이 하나가 있으니 자기밖에 아는 자가 없고 또 그가 피 뿌린 옷을 입었는데 그 이름은 하나님의 말씀이라 칭하더라 하늘에 있는 군대들이 희고 깨끗한 세마포를 입고 백마를 타고 그를 따르더라 그의 입에서 이한 검이 나오니 그것으로 만국을 치겠고 친히 저희를 철장으로 다스리며 또 친히 하나님 곧 전능하신 이의 맹렬한 진노의 포도주 틀을 밟겠고 그 옷과 그 다리에 이름 쓴 것이 있으니 만왕의 왕이요 만주의 주라 하였더라……또 내가 보매 그 짐승과 땅의 임금들과 그 군대들이 모여 그 말 탄 자와 그의 군대로 더불어 전쟁을 일으키다가 짐승이 잡히고 그 앞에서 이적을 행하던 거짓 선지자도 함께 잡혔으니 이는 짐승의 표를 받고 그의 우상에게 경배하던 자들을 이적으로 미혹하던 자라 이 둘이 산 채로 유황 불 붙는 못에 던지우고 그 나머지는 말 탄 자의 입으로 나오는 검에 죽으매 모든 새가 그 고기로 배불리우더라"(계 19:11-21).

9-10절에서 "사거리 길에 가서 사람을 만나는 대로 혼인 잔치에 청하여 오너라 한대 종들이 길에 나가 악한 자나 선한 자나 만나는 대로 모두 데려오니 혼인 자리에 손이 가득한지라"라고 증거하신 말씀은 어린 양의 혼인 잔치 기간인 천년왕국 동안 사람들이 번성하여 충만하게 될 것임을 나타낸다. 천년왕국에 들어가 번성할 사람들

은 후 3년 반 동안 광야 예비처에서 양육 받던 성도들과 후 3년 반 동안 두 증인의 복음증거를 받고 그들이 부활 승천할 때 회개한 백성들이 육신을 입고 천년왕국에 들어가 번성하게 될 것이다.

> "이 두 선지자가 땅에 거하는 자들을 괴롭게 한 고로 땅에 거하는 자들이 저희의 죽음을 즐거워하고 기뻐하여 서로 예물을 보내리라 하더라 삼 일 반 후에 하나님께로부터 생기가 저희 속에 들어가매 저희가 발로 일어서니 구경하는 자들이 크게 두려워하더라 하늘로부터 큰 음성이 있어 이리로 올라오라 함을 저희가 듣고 구름을 타고 하늘로 올라가니 저희 원수들도 구경하더라 그 시에 큰 지진이 나서 성 십분의 일이 무너지고 지진에 죽은 사람이 칠천이라 그 남은 자들이 두려워하여 영광을 하늘의 하나님께 돌리더라"(계 11:10-13).

11-14절에서 "임금이 손을 보러 들어올새 거기서 예복을 입지 않은 한 사람을 보고 가로되 친구여 어찌하여 예복을 입지 않고 여기 들어왔느냐 하니 저가 유구무언이어늘 임금이 사환에게 말하되 그 수족을 결박하여 바깥 어두움에 내어던지라 거기서 슬피 울며 이를 갊이 있으리라 하니라 청함을 받은 자는 많되 택함을 입은 자는 적으니라"고 증거하신 말씀은 천년왕국에서 번성한 백성들 중에 예수 그리스도의 복음을 믿지 않고 잠시 놓인 사탄의 미혹에 넘어가는 불신자들이 있을 것임을 나타내고, 이들은 곡과 마곡의 전쟁을 통해 멸망받게 될 것임을 나타낸다.

> "천 년이 차매 사탄이 그 옥에서 놓여 나와서 땅의 사방 백성 곧 곡과 마곡을 미혹하고 모아 싸움을 붙이니 그 수가 바다 모래 같으리라 저희가 지면에 널리 퍼져 성도들의 진과 사랑하시는 성을 두르매 하늘에

서 불이 내려와 저희를 소멸하고 또 저희를 미혹하는 마귀가 불과 유황 못에 던지우니 거기는 그 짐승과 거짓 선지자도 있어 세세토록 밤낮 괴로움을 받으리라"(계 20:7-10).

이상에서 살펴본 것같이 혼인 잔치에 대한 예수님의 비유 말씀을 통해서 어린 양의 혼인 잔치 기간은 예수 그리스도의 재림 이후 성취될 천년왕국 기간 동안으로 보는 것이 타당한 해석임을 볼 수 있다.

4) 천년왕국이 끝난 후의 시점으로 보는 견해

어린 양의 혼인 잔치가 천년왕국이 끝나고 백보좌 심판으로 모든 심판이 완전하게 끝난 뒤 최종적인 완성으로 이루어지는 사건이라고 해석하는 견해다.

이 견해를 주장하는 사람들에 따르면, 짐승의 멸망, 사탄의 결박, 천 년 동안의 통치, 사탄이 잠시 놓임, 사탄과 그 미혹된 자들의 최종적인 멸망, 그리고 만인의 심판과 사망과 음부가 둘째 사망의 불못에 던져지는 악에 대한 최후의 심판이 모두 끝나고 최종적인 완성으로 어린 양의 혼인 잔치가 베풀어지며, 혼인식을 마친 신부는 신천신지에서 하나님 아버지와 영원히 함께 살면서 영생복락을 누리게 될 것이라고 말한다.

이 견해 또한 마태복음에 증거하신 예수님의 혼인 잔치 비유에 상충되는 견해다. 혼인 잔치 비유에서 혼인 잔치 자리에 예복을 입지 않은 사람도 청함 받을 수 있다는 사실에 비추어 볼 때, 최후 심판이 모두 끝나고 거룩한 성도들만이 어린 양과 혼인 잔치를 치르고 신천신지에 입성하여 성부 하나님과 영원히 함께한다는 주장은 성경의 지지를 얻지 못한다.

첫째 부활과 둘째 부활

"또 내가 보매 천사가 무저갱 열쇠와 큰 쇠사슬을 그 손에 가지고 하늘로서 내려와서 용을 잡으니 곧 옛 뱀이요 마귀요 사탄이라 잡아 일천 년 동안 결박하여 무저갱에 던져 잠그고 그 위에 인봉하여 천 년이 차도록 다시는 만국을 미혹하지 못하게 하였다가 그 후에는 반드시 잠깐 놓이리라 또 내가 보좌들을 보니 거기 앉은 자들이 있어 심판하는 권세를 받았더라 또 내가 보니 예수의 증거와 하나님의 말씀을 인하여 목 베임을 받은 자의 영혼들과 또 짐승과 그의 우상에게 경배하지도 아니하고 이마와 손에 그의 표를 받지도 아니한 자들이 살아서 그리스도로 더불어 천 년 동안 왕 노릇 하니 (그 나머지 죽은 자들은 그 천 년이 차기까지 살지 못하더라) 이는 첫째 부활이라 이 첫째 부활에 참예하는 자들은 복이 있고 거룩하도다 둘째 사망이 그들을 다스리는 권세가 없고 도리어 그들이 하나님과 그리스도의 제사장이 되어 천 년 동안 그리스도로 더불어 왕 노릇 하리라 천 년이 차매 사탄이 그 옥에서 놓여 나와서 땅의 사방 백성 곧 곡과 마곡을 미혹하고 모아 싸움을 붙이리니 그 수가 바다 모래 같으리라 저희가 지면에 널리 퍼져 성도들의 진과 사랑하시는 성을 두르매 하늘에서 불이 내려와 저희를 소멸하고 또 저희를 미혹하는 마귀가 불과 유황 못에 던지우니 거기는 그 짐승과 거짓 선지자도 있어 세세토록 밤낮 괴로움을 받으리라 또 내가 크고 흰 보좌와 그 위에 앉으신 자를 보니 땅과 하늘이 그 앞에서 피하여 간 데 없더라 또 내가 보니 죽은 자들이 무론대소하고 그 보좌 앞에 섰는데 책들이 펴 있고 또 다른 책이 펴졌으니 곧 생명책이라 죽은 자들이 자기 행위를 따라 책들에 기록된 대로 심판을 받으니 바다가 그 가운데서 죽은 자들을 내어주고 또 사망과 음부도 그 가운데서 죽은 자들을 내어주매 각 사람이 자기의 행위대로 심판을 받고 사망과 음부도 불못에 던지우니 이것은 둘째 사망 곧 불못이라 누구든지 생명책에 기록되지 못한 자는 불못에 던지우더라"(계 20:1-15).

사망이 사람으로 말미암았으니 죽은 자의 부활도 사람으로 말미암는도다 아담 안에서 모든 사람이 죽은 것같이 그리스도 안에서 모든 사람이 삶을 얻으리라 그러나 각각 자기 차례대로 되리니 먼저는 첫 열매인 그리스도요 다음에는 그리스도 강림하실 때에 그에게 붙은 자요 그 후에는 나중이니 저가 모든 정사와 모든 권세와 능력을 멸하시고 나라를 아버지 하나님께 바칠 때라 저가 모든 원수를 그 발 아래 둘 때까지 불가불 왕 노릇 하시리니 맨 나중에 멸망받을 원수는 사망이라"(고전 15:21-26).

1. 첫째 부활과 둘째 부활 도표

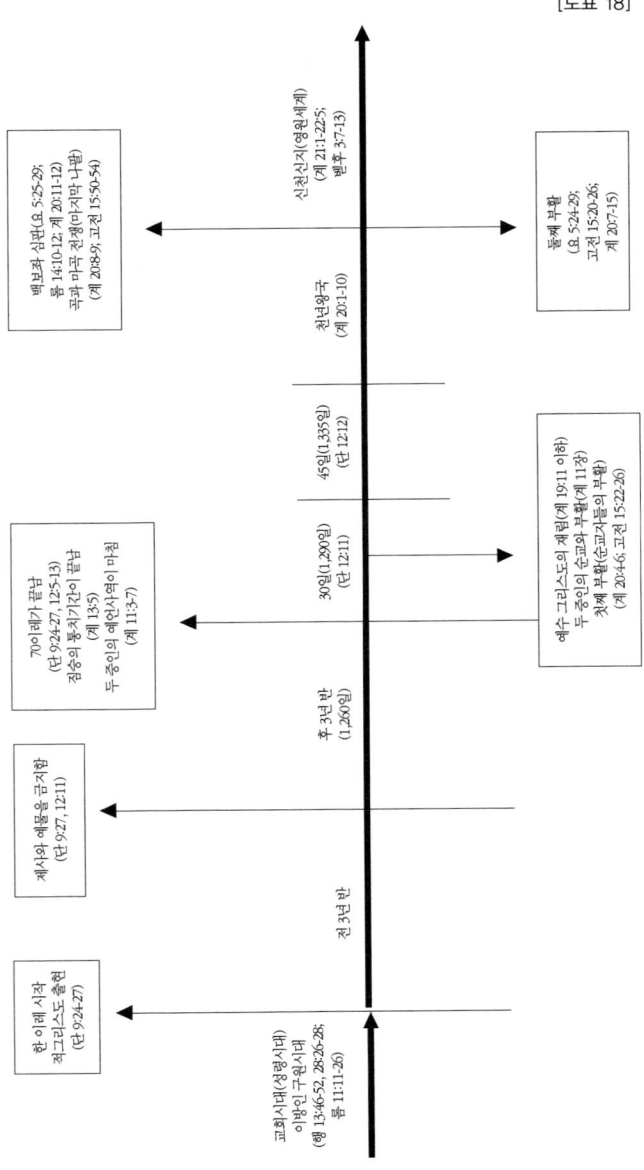

[도표 18]

2. 첫째 부활과 둘째 부활 강해

요한계시록 20장에 계시되고 있는 '첫째 부활'을 어떻게 해석하느냐에 따라 요한계시록 해석의 전체적 방향이 완전히 달라진다.

'요한계시록 해석의 제 견해'에서 살펴본 바와 같이 무천년설을 주장하는 사람들은 '첫째 부활'이 성도들의 영적 거듭남인 '중생'을 의미한다고 해석한다. 이 견해는 성경의 계시 증거와 맞지 않는 비성경적 해석이다.

4-5절에 두 번 나오는 '살아서'라는 헬라어 ἔζησαν(에제산)은 영적 부활인 중생을 의미하는 데 사용되는 단어가 아니라 육체적 부활을 의미하는 데 사용되는 단어다.

무천년설의 대표적 학자라고 할 수 있는 렌스키조차도 '에제산'은 항상 완전한 몸과 영이 혼합된 사람에게 적용되는 단어이며 몸 없는 상태로서의 '영'(靈)에게는 결코 적용되지 않는 단어라고 주장하고 있음을 다시 한 번 강조하지 않을 수 없다.

요한계시록 20장에 계시되고 있는 첫째 부활에 대한 계시말씀을 제대로 파악하지 못하면, 요한계시록 해석이 실 엉키듯 엉켜서 복잡하고 난해함에 빠지게 된다. 그러므로 첫째 부활과 둘째 부활에 참예할 대상을 깊이 있게 고찰하여 올바르게 해석함으로 요한계시록 해석이 꼬이거나 막힌 부분이 없이 모두가 수긍할 수 있는 성경적 해석에 이르기를 바란다. 첫째 부활과 둘째 부활에 참예할 대상에 대해서는 대체적으로 두 가지 견해로 갈라진다.

첫째는, 첫째 부활에 참예하여 천년왕국에서 예수 그리스도와 더불어 왕 노릇 하게 될 사람들을 '모든 성도들'로 보고, 둘째 부활에 참예하는 사람들은 예수 그리스도의 복음을 받아들이지 않은 '악인의 부활'로 보는 견해.

둘째는, 첫째 부활에 참예하여 천년왕국에서 예수 그리스도와 더불어 왕 노릇 하게 될 사람들은 '순교자들'로 보고, 둘째 부활에 참예하는 사람들은 첫째 부활에 참예하지 않은 모든 죽은 자의 부활로 보는 견해다.

둘째 부활 때는 첫째 부활 때(순교자들) 참예하지 않은 모든 성도들과 예수 그리스도의 복음을 믿지 않고 죽은 모든 불신자(악인들)가 모두 부활하여 백보좌 심판대 앞에 서서 그들의 행위대로 심판을 받게 될 것으로 보는 견해다.

이 두 가지 견해 중 후자의 견해가 보다 더 성경적 해석이다. 성경 해석의 원칙 중에 중요한 사실 하나는 본문내용에 충실하고 본문의 계시의도에 충실한 해석이 되어야 한다는 것이다. 첫째 부활에 대해 계시하고 있는 본문의 의도에 가장 충실한 해석은 그 대상이 '순교자들의 부활'이라고 해석하는 견해임은 의심할 여지가 없다.

본문의 계시내용은 그 대상의 혼동을 일으키지 않도록 첫째 부활에 참예하여 천 년 동안 왕 노릇 하게 될 대상에 대해 상세하게 밝혀 강조해 주고 있음을 보여주고 있다.

> "또 내가 보좌들을 보니 거기 앉은 자들이 있어 심판하는 권세를 받았더라 또 내가 보니 예수의 증거와 하나님의 말씀을 인하여 목 베임을 받은 자의 영혼(靈魂)들과 또 짐승과 그의 우상에게 경배하지도 아니하고 이마와 손에 그의 표를 받지도 아니한 자들이 살아서 그리스도로 더불어 천 년 동안 왕 노릇 하니 (그 나머지 죽은 자들은 그 천 년이 차기까지 살지 못하더라) 이는 첫째 부활이라 이 첫째 부활에 참예하는 자들은 복이 있고 거룩하도다 둘째 사망이 그들을 다스리는 권세가 없고 도리어 그들이 하나님과 그리스도의 제사장이 되어 천 년 동안 그리스도로 더불어 왕 노릇 하리라"(계 20:4-6).

본문의 계시말씀은 순교자들이 첫째 부활에 참예하게 되는 복을 받게 될 것임을 강조하고 있는 것으로 해석하는 데 전혀 어려움이 없는 말씀이다. 더 이상의 부연설명이 필요없고, 더 이상의 가감이 필요없는 본문이 계시해 주고 있는 말씀 그대로 순수하게 받고 해석함이 본문의 의도에 충실한 해석임에 이견(異見)이 있겠는가?

"예수의 증거와 하나님의 말씀을 인하여 목 베임을 받은 자의 영혼들"이 순교자들의 영혼들임에 틀림없다. 그리고 "또 짐승과 그의 우상에게 경배하지도 아니하고 이마와 손에 그의 표를 받지도 아니한 자들" 또한 7년 대환란의 후 3년 반 동안 예수 그리스도의 복음과 하나님의 말씀을 증거하다 순교를 당한 자들을 지칭하고 있음이 확실하다. 이들이 첫째 부활에 참예하여 천년왕국에서 예수 그리스도와 더불어 왕 노릇 하게 되는 복을 받게 될 것을 계시해 주심으로 성도들에게 죽기까지 충성하도록 신앙을 독려(督勵)하고 용기를 심어주시려는 것이 주님의 계시의도임을 확신할 수 있다.

하나님의 인 맞은 십사만 사천의 종들에 대해 요한계시록 14장 4절에서 증거하기를 "이 사람들은 여자로 더불어 더럽히지 아니하고 정절이 있는 자라 어린 양이 어디로 인도하든지 따라가는 자며 사람 가운데서 구속을 받아 처음 익은 열매로 하나님과 어린 양에게 속한 자들이니"라고 말씀하고 있다. 이들에 대한 동일한 계시내용이 20장 4-6절의 계시말씀이다. '처음 익은 열매'와 '첫째 부활에 참예할 자'는 동일한 의미의 다른 표현임을 보여주는 말씀이다.

"……또 내가 보좌들을 보니 거기 앉은 자들이 있어 심판하는 권세를 받았더라 또 내가 보니 예수의 증거와 하나님의 말씀을 인하여 목 베임을 받은 자의 영혼들과 또 짐승과 그의 우상에게 경배하지도 아니하고 이마와 손에 그의 표를 받지도 아니한 자들이 살아서 그리스도로 더불어 천 년 동안 왕 노릇 하니……이는 첫째 부활이라……그들이 하나님과 그리스도의 제사장이 되어 천 년 동안 그리스도로 더불어 왕 노릇 하리라"(계 20:4-6).

첫째 부활에 참예하여 천년왕국에서 하나님과 그리스도의 제사장이 되어 천 년 동안 그리스도로 더불어 왕 노릇 하게 되는 사건은, 다섯째 인이 떼어질 때 순교자들의 영혼들이 대주재이신 하나님께 자신들의 피를 신원해 주시기를 원하는 호소에 응답하시는 사건으로 볼 수 있다.

"다섯째 인을 떼실 때에 내가 보니 하나님의 말씀과 저희의 가진 증거를 인하여 죽임을 당한 영혼들이 제단 아래 있어 큰 소리로 불러 가로되 거룩하고 참되신 대주재여 땅에 거하는 자들을 심판하여 우리 피를 신원하여 주지 아니하시기를 어느 때까지 하시려나이까 하니 각각 저희에게 흰 두루마기를 주시며 가라사대 아직 잠시 동안 쉬되 저희 동무 종들과 형제들도 자기처럼 죽임을 받아 그 수가 차기까지 하라 하시더라"(계 6:9-11).

하나님께서 순교자들의 피를 신원하시는 방편이 두 가지인데, 하나는 그들을 죽였던 이 세상 바벨론을 멸망시키는 사건이며, 다른 하나는 그들을 첫째 부활에 참예하여 천년동안 하나님과 그리스도의 제사장이 되어 그리스도로 더불어 왕 노릇 하게 하시는 사건이다.

"하늘과 성도들과 사도들과 선지자들아 그를 인하여 즐거워하라 하나님이 너희를 신원하시는 심판을 그에게 하셨음이라 하더라 이에 한 힘센 천사가 큰 맷돌 같은 돌을 들어 바다에 던져 가로되 큰 성 바벨론이 이같이 몹시 떨어져 결코 다시 보이지 아니하리로다……선지자들과 성도들과 및 땅 위에서 죽임을 당한 모든 자의 피가 이 성중에서 보였느니라 하더라"(계 18:20-24).

대주재이신 하나님께서 순교자들의 피를 신원해 주시는 때는 불신 세상을 상징하는 큰 성 바벨론을 심판하사 멸망시키실 때이고, 이때가 곧 순교자들이 첫째 부활에 참예하여 기쁨과 즐거움으로 하나님과 예수 그리스도의 제사장이 되어 천 년 동안 그리스도로 더불어 왕 노릇 하게 되는 시기가 될 것이다.

본문이 첫째 부활에 참예하여 하나님과 예수 그리스도의 제사장이 되어 천 년 동안 그리스도로 더불어 왕 노릇 하는 사람들이 순교자들임을 뚜렷하게 계시하고 있기 때문에, 천년왕국에서 왕 노릇 하게 될 사람들을 예수 믿는 모든 성도들로 보는 견해는 본문의 계시에 충실치 못한 해석이며, 본문의 계시내용을 무시하고 인위적 해석을 주장함으로 뒤따르는 의문들에 대답하기 어려운 난제를 갖게 된다.

역사적 전천년설을 주장하는 사람들 중에 첫째 부활에 참예하여 천년왕국에서 하나님과 예수 그리스도의 제사장이 되어 천 년 동안 예수 그리스도로 더불어 왕 노릇 하게 될 대상에 대해 '예수 믿는 모든 성도들'이라는 견해를 주장하는 사람들은 이 견해에 동감하지 않는 사람들에게서 "예수 믿는 모든 성도들이 모두 왕 노릇 하면 천년왕국에서 다스림을 받는 사람들은 누구인가?"라는 질문을 받게 된다.

이 질문에 성경적으로 만족할 만한 대답을 제시해 주지 못할 때, 역사적 전천년설이 성경적 오류를 범하고 있는 듯한 인상을 가져다 줄 수밖에 없다.

역사적 전천년설이 성경적 해석임이 분명함에도 그런 인상을 남기는 것은 첫째 부활과 둘째 부활에 참예할 대상에 대한 해석에 있어 본문의 계시내용에 충실하지 않기 때문임을 깨달아야 한다.

본문의 계시말씀처럼 첫째 부활에 참예하여 천년왕국에서 하나님과 예수 그리스도의 제사장이 되어 예수 그리스도와 더불어 천 년 동안 왕 노릇 하게 되는 사람들은 하나님의 말씀과 예수 그리스도의 복음을 증거하며 신앙의 정절을 지키다 순교당한 순교자들이며, 천년왕국에서 다스림을 받으며 번성하게 될 백성들은 전 3년 반이 끝나고 후 3년 반 동안 광야 예비처에서 보호되고 양육 받은 성도들과 두 증인의 복음증거를 받은 사람들이 그들의 순교와 부활 승천 때 회개하고 돌이켜 천년왕국에 들어가 다스림을 받으며 번성하게 될 것으로 해석하는 것이 이 책의 앞뒤 증거와 자연스럽게 조화를 이루는 성경적 해석이다.

신약성경에서 부활장이라고 불리는 고린도전서 15장의 말씀을 살펴보면 첫째 부활과 둘째 부활에 참예할 대상들에 대해 증거해 주고 있다. 사도 바울은 고린도전서 15장 20절 이하에서 성도들의 부활에 순서가 있음을 증거해 주고 있는데, 이 말씀은 요한계시록에 계시되고 있는 계시내용들과 상통(相通)하는 증거임을 알 수 있다.

> "그러나 이제 그리스도께서 죽은 자 가운데서 다시 살아 잠자는 자들의 첫 열매가 되셨도다 사망이 사람으로 말미암았으니 죽은 자의 부활도 사람으로 말미암는도다 아담 안에서 모든 사람이 죽은 것같이 그리스도 안에서 모든 사람이 삶을 얻으리라 그러나 각각 자기 차례대로 되리니 먼저는 첫 열매인 그리스도시요 다음에는 그리스도 강림하실 때에 그에게 붙은 자요 그 후에는 나중이니 저가 모든 정사와 모든 권세와 능력을 멸하시고 나라를 하나님 아버지께 바칠 때라 저가 모든 원수

를 그 발 아래 둘 때까지 불가불 왕 노릇 하시리니 맨 나중에 멸망받을 원수는 사망이니라"(고전 15:20-26).

위 말씀에 보면 아담 안에서 모든 사람이 죽은 것같이 그리스도 안에서 모든 사람이 삶을 얻게 될 것임을 증거하고 있는데, 각각 자기 차례대로 될 것임을 밝혀 주고 있다.

먼저는 첫 열매인 그리스도시요, 다음에는 그리스도 강림하실 때에 그에게 붙은 자요, 그 후에는 나중이니 저가 모든 정사와 모든 권세와 능력을 멸하시고 나라를 하나님 아버지께 바칠 때다. 이미 성취된 예수 그리스도의 부활 외에 장차 예수 그리스도 안에서 삶을 얻게 되는 부활의 사건이 두 번 남아 있음을 증거해 주고 있다. 그 두 번의 부활의 사건 중에 예수 그리스도 강림하실 때에 그에게 붙어 첫째 부활에 참예하는 자들은 요한계시록 20장에 계시되고 있는 첫째 부활에 참예하게 될 순교자들임을 나타내고, 그 후에 곧 예수 그리스도께서 나라를 하나님 아버지께 바칠 때 생명의 부활에 동참하게 될 사람들은 그 나머지 모든 성도들을 나타낸다.

마지막 생명의 부활에 참예하게 될 성도들의 둘째 부활은 천년왕국이 끝나고 마지막 나팔인 일곱 번째 나팔이 불린 뒤에 일어날 사건이다.

사도 바울이 증거해 주고 있는 부활의 비밀에 대한 증거말씀은 둘째 부활이 백보좌 심판이 있은 뒤 사망과 음부가 둘째 사망에 던져지고 예수 그리스도께서 그 나라를 하나님 아버지께 바칠 때임을 분명히 하고 있다.

"일곱째 천사가 나팔을 불매 하늘에 큰 음성들이 나서 가로되 세상 나라가 우리 주와 그 그리스도의 나라가 되어 그가 세세토록 왕 노릇 하시리로다 하니 하나님 앞에 자기 보좌에 앉은 이십사 장로들이 엎드려 얼굴을 대고 하나님께 경배하여 가로되 감사하옵나니 옛적에도 계셨고 시방도 계신 주 하나님 곧 전능하신 이여 친히 큰 권능을 잡으시고 왕 노릇 하시도다 이방들이 분노하매 주의 진노가 임하여 죽은 자를 심판하시며 종 선지자들과 성도들과 또 무론대소하고 주의 이름을 경외하는 자들에게 상 주시며 또 땅을 망하게 하는 자들을 멸망시키실 때로소이다 하더라"(계 11:15-18).

"또 내가 크고 흰 보좌와 그 위에 앉으신 자를 보니 땅과 하늘이 그 앞에서 피하여 간 데 없더라 또 내가 보니 죽은 자들이 무론대소하고 그 보좌 앞에 섰는데 책들이 펴 있고 또 다른 책이 펴졌으니 곧 생명책이라 죽은 자들이 자기 행위에 따라 책들에 기록된 대로 심판을 받으니 바다가 그 가운데서 죽은 자들을 내어주고 또 사망과 음부도 그 가운데서 죽은 자들을 내어주매 각 사람이 자기의 행위대로 심판을 받고 사망과 음부도 불못에 던지우니 이것은 둘째 사망 곧 불못이라 누구든지 생명책에 기록되지 못한 자는 불못에 던지우더라"(계 20:11-15).

부활에 관해 증거하고 있는 데살로니가전서 4장 13절 이하는 예수님 재림 때에 있을 첫째 부활에 관한 증거말씀이다.

"형제들아 자는 자들에 관하여는 너희가 알지 못함을 우리가 원치 아니하노니 이는 소망 없는 다른 이와 같이 슬퍼하지 않게 하려 함이라 우리가 예수의 죽었다가 다시 사심을 믿을진대 이와 같이 예수 안에서 자는 자들도 하나님이 저와 함께 데리고 오시리라 우리가 주의 말씀으로 너희에게 이것을 말하노니 주 강림하실 때까지 우리 살아남아 있는 자도 자는 자보다 결단코 앞서지 못하리라 주께서 호령과 천사장의 소리와 하나님의 나팔로 친히 하늘로 좇아 강림하시리니 그리스도 안에서 죽은 자들이 먼저 일어나고 그 후에 우리 살아남은 자도 저희와 함께 구름 속으로 끌어올려 공중에서 주를 영접하게 하시리니 그리하여 우리가 항상 주와 함께 있으리라"(살전 4:13-17).

주께서 호령과 천사장의 소리와 하나님의 나팔로 친히 하늘로 좇아 강림하시는 모습은 예수 그리스도의 재림의 모습임에 다른 이견(異見)이 없을 것이다.

예수 그리스도께서 재림하실 때 그리스도 안에서 죽은 자들이 먼저 일어난다고 증거하고 있다. 이는 고린도전서 15장 23절의 증거와 상통(相通)하는 증거말씀으로, "그리스도 강림하실 때에 그에게 붙은 자"와 동일한 대상임을 나타낸다. 이들은 예수 그리스도 재림 시 첫째 부활에 참예하게 될 순교자들의 부활을 증거해 주는 말씀으로, '예수 그리스도 안에서 죽은 자들이 먼저 일어난다'는 말씀에서 '먼저 일어난다'는 헬라어 원어 '아나스테손타이 프로톤'($\dot{\alpha}\nu\alpha\sigma\tau\eta\sigma\acute{o}\nu\tau\alpha\iota\ \pi\rho\tilde{\omega}\tau o\nu$)은 요한계시록 20장에 계시되고 있는 '첫째 부활'에 사용되고 있는 '아나스타시스 헤 프로테'($\dot{\alpha}\nu\dot{\alpha}\sigma\tau\alpha\sigma\iota\varsigma\ \dot{\eta}\ \pi\rho\acute{\omega}\tau\eta$)와 동일한 단어를 사용하고 있음을 볼 수 있다.

데살로니가전서 4장 13절 이하의 증거는 예수 그리스도 강림하실 때에 예수 그리스도 안에서 죽은 순교자들이 첫째 부활에 참예하게 될 것이며, 후 3년 반 동안 두 증인의 복음증거를 들었던 자들 중에서 두 증인의 순교와 부활 승천하는 모습을 보고 회개하여 복음을 믿고 하나님께 영광을 돌리는 무리들이 휴거되어 공중에서 주를 영접한 뒤 천년왕국에 들어가게 될 것을 증거해 주는 말씀이다.

부활에 대해 증거하고 있는 또 다른 성경말씀은 고린도전서 15장 50절 이하로, 이 말씀은 천년왕국이 끝나고 사망이 이김의 삼킨 바 되는 백보좌 심판 이후에 있을 둘째 부활에 대한 증거말씀임을 보여준다.

"형제들아 내가 이것을 말하노니 혈과 육은 하나님 나라를 유업으로 받을 수 없고 또한 썩은 것은 썩지 아니한 것을 유업으로 받지 못하느니라 보라 내가 너희에게 비밀을 말하노니 우리가 다 잠잘 것이 아니요 마지막 나팔에 순식간에 홀연히 다 변화하리니 나팔 소리가 나매 죽은 자들이 썩지 아니할 것으로 다시 살고 우리도 변화하리라 이 썩을 것이 불가불 썩지 아니할 것을 입겠고 이 죽을 것이 죽지 아니함을 입으리로다 이 썩을 것이 썩지 아니함을 입고 이 죽을 것이 죽지 아니함을 입을 때에는 사망이 이김의 삼킨 바 되리라고 기록된 말씀이 응하리라"(고전 15:50-54).

마지막 나팔인 일곱째 나팔이 불려지면 첫째 부활에 참예하지 않았던 모든 자가(의인이나 악인이나 모두가) 부활되고, 살아 있는 자들은 변화되어 백보좌 심판대 앞에 서게 될 것이다. 창세 이후로 생명책에 이름이 기록되지 못한 악인들은 영벌(永罰)인 둘째 사망의 불못에 던져지고, 생명책에 이름이 기록된 의인들은 생명의 부활로 부활하여 그들이 행한 행위대로 상급을 받고 신천신지에 입성하여 영생(永生)하는 복을 누리게 될 것이다.

"이를 위하여 그리스도께서 죽었다가 다시 살으셨으니 곧 죽은 자와 산 자의 주가 되려 하심이니라 네가 어찌하여 네 형제를 판단하느뇨 어찌하여 네 형제를 업신여기느뇨 우리가 다 하나님의 심판대 앞에 서리라 기록되었으되 주께서 가라사대 내가 살았노니 모든 무릎이 내게 꿇을 것이요 모든 혀가 하나님께 자백하리라 하였느니라 이러므로 우리 각인이 자기 일을 하나님께 직고(直告)하리라"(롬 14:9-12).

"이는 우리가 다 반드시 그리스도의 심판대 앞에 드러나 각각 선악간에 그 몸으로 행한 것을 따라 받으려 함이라"(고후 5:10).

"하나님 앞과 산 자와 죽은 자를 심판하실 그리스도 예수 앞에서 그의 나타나실 것과 그의 나라를 두고 엄히 명하노니"(딤후 4:1).

"그리스도께서 이미 육체의 고난을 받으셨으니 너희도 같은 마음으로 갑옷을 삼으라 이는 육체의 고난을 받은 자가 죄를 그쳤음이니 그 후로는 다시 사람의 정욕을 좇지 않고 오직 하나님의 뜻을 좇아 육체의 남은 때를 살게 하려 함이라 너희가 음란과 정욕과 술 취함과 방탕과 연락과 무법한 우상숭배를 하여 이방인의 뜻을 좇아 행한 것이 지나간 때가 족하도다 이러므로 너희가 저희와 함께 그런 극한 방탕에 달음질하지 아니하는 것을 저희가 이상히 여겨 비방하나 저희가 산 자와 죽은 자 심판하기를 예비하신 자에게 직고(直告)하리라"(벧전 4:1-5).

천년왕국이 끝나고 백보좌 심판이 있을 때에 악인들만 부활해서 심판을 받는 것이 아니라는 사실은 성경이 여러 곳에서 반복하여 증거해 주는 진리다. 특히 요한복음 5장 24절 이하를 보면 예수님께서 친히 부활에 대해 가르치신 말씀이 증거되고 있다.

"내가 진실로 진실로 너희에게 이르노니 내 말을 듣고 또 나 보내신 이를 믿는 자는 영생을 얻었고 심판에 이르지 아니하나니 사망에서 생명으로 옮겼느니라 진실로 진실로 너희에게 이르노니 죽은 자들이 하나님의 아들의 음성을 들을 때가 오나니 곧 이때라 듣는 자는 살아나리라 아버지께서 자기 속에 생명이 있음같이 아들에게도 생명을 주어 그 속에 있게 하셨고 또 인자 됨을 인하여 심판하는 권세를 주셨느니라 이를 기이히 여기지 말라 무덤 속에 있는 자가 다 그의 음성을 들을 때가 오나니 선한 일을 행한 자는 생명의 부활로, 악한 일을 행한 자는 심판의 부활로 나오리라"(요 5:24-29).

이 말씀을 보아도 무덤 속에 있던 자들이 주님의 음성을 듣고 선한 일을 행한 자는 생명의 부활로 살아나고, 악한 일을 행한 자는 심판의 부활로 살아나게 되는 사건이 동시적 사건임을 보여주고 있다. 그러므로 첫째 부활 때 모든 성도들이 부활되거나 변화되고, 둘째 부활 때는 악인만 부활한다는 주장은 성경적 지지를 얻지 못하는 비성경적 해석이며, 첫째 부활은 순교자들의 부활이며, 둘째 부활은 그 나머지 모든 죽은 자의 부활로 보는 견해가 성경의 증거에 일치되는 해석임을 확신할 수 있다.

천년왕국(千年王國)과 신천신지(新天新地)

"또 내가 새 하늘과 새 땅을 보니 처음 하늘과 처음 땅이 없어졌고 바다도 다시 있지 않더라 또 내가 보매 거룩한 성 새 예루살렘이 하나님께로부터 하늘에서 내려오니 그 예비한 것이 신부가 남편을 위하여 단장한 것 같더라 내가 들으니 보좌에서 큰 음성이 나서 가로되 보라 하나님의 장막이 사람들과 함께 있으매 하나님이 저희와 함께 거하시리니 저희는 하나님의 백성이 되고 하나님은 친히 저희와 함께 계셔서 모든 눈물을 그 눈에서 씻기시매 다시 사망이 없고 애통하는 것이나 곡하는 것이나 아픈 것이 다시 있지 아니하리니 처음 것들이 다 지나갔음이러라 보좌에 앉으신 이가 가라사대 보라 내가 만물을 새롭게 하노라 하시고 또 가라사대 이 말은 신실하고 참되니 기록하라 하시고"(계 21:1-5).

"광야와 메마른 땅이 기뻐하며 사막이 백합화같이 피어 즐거워하며 무성하게 피어 기쁜 노래로 즐거워하며 레바논의 영광과 갈멜과 사론의 아름다움을 얻을 것이라 그것들이 여호와의 영광 곧 우리 하나님의 아름다움을 보리로다 너희는 약한 손을 강하게 하여 주며 떨리는 무릎을 굳게 하여 주며 겁내는 자에게 이르기를 너는 굳세게 하라, 두려워 말라, 보라 너희 하나님이 오사 보수하시며 보복하여 주실 것이라 그가 오사 너희를 구하시리라 하라 그때에 소경의 눈이 밝을 것이며 귀머거리의 귀가 열릴 것이며 그때에 저는 자는 사슴같이 뛸 것이며 벙어리의 혀는 노래하리니 이는 광야에서 물이 솟겠고 사막에서 시내가 흐를 것임이라 뜨거운 사막이 변하여 못이 될 것이며 메마른 땅이 변하여 원천이 될 것이며 시랑의 눕던 곳에 풀과 갈대와 부들이 날 것이며 거기 대로가 있어 그 길을 거룩한 길이라 일컫는 바 되리니 깨끗지 못한 자는 지나지 못하겠고 오직 구속함을 입은 자들을 위하여 있게 된 것이라 우매한 행인은 그 길을 범치 못할 것이며 거기는 사자가 없고 사나운 짐승이 그리로 올라가지 아니하므로 그것을 만나지 못하겠고 오직 구속함을 얻은 자만 그리로 행할 것이며 여호와의 속량함을 얻은 자들이 돌아오되 노래하며 시온에 이르러 그 머리 위에 영영한 희락을 띠고 기쁨과 즐거움을 얻으리니 슬픔과 탄식이 달아나리로다"(사 35:1-10).

"보라 내가 새 하늘과 새 땅을 창조하나니 이전 것은 기억되거나 마음에 생각나지 아니할 것이라 너희는 나의 창조하는 것을 인하여 영원히 기뻐하며 즐거워할지니라 보라 내가 예루살렘으로 즐거움을 창조하며 그 백성으로 기쁨을 삼고 내가 예루살렘을 즐거워하며 나의 백성을 기뻐하리니 우는 소리와 부르짖는 소리가 그 가운데서 다시는 들리지 아니할 것이며 거기는 날수가 많지 못하여 죽는 유아와 수한이 차지 못한 노인이 다시는 없을 것이라 곧 백 세에 죽는 자가 아이겠고 백세 못 되어 죽는 자는 저주받은 것이리라 그들이 가옥을 건축하고 그것에 거하겠고 포도원을 재배하고 열매를 먹을 것이며 그들의 건축한 데 타인이 거하지 아니할 것이며 그들의 재배한 것을 타인이 먹지 아니하리니 이는 내 백성의 수한이 나무의 수한과 같겠고 나의 택한 자가 그 손으로 일한 것을 길이 누릴 것임이며 그들의 수고가 헛되지 않겠고 그들의 생산한 것이 재난에 걸리지 아니하리니 그들은 여호와의 복된 자의 자손이요 그 소생도 그들과 함께 될 것임이라 그들이 부르기 전에 내가 응답하겠고 그들이 말을 마치기 전에 내가 들을 것이며 이리와 어린 양이 함께 먹을 것이며 사자가 소처럼 짚을 먹을 것이며 뱀은 흙으로 식물을 삼을 것이니 나의 성산에서는 해함도 없겠고 상함도 없으리라 여호와의 말이니라"(사 65:17-25).

1. 천년왕국과 신천신지 도표

[도표 19]

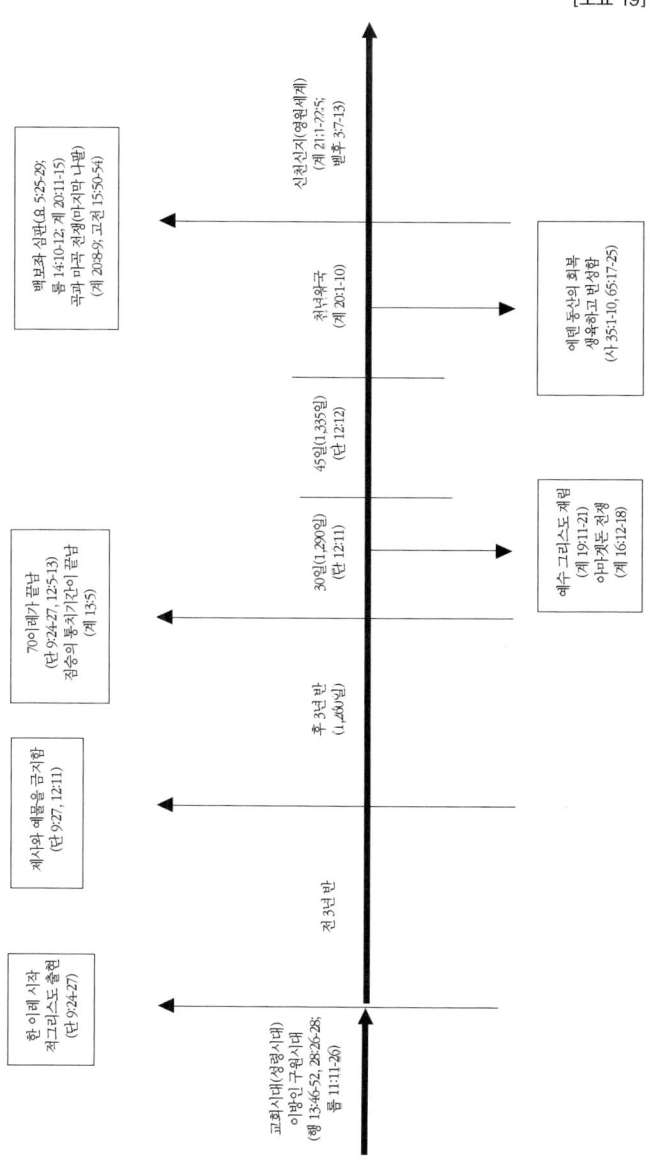

3부 요한계시록 도표 강해 437

2. 천년왕국과 신천신지 강해

천년왕국 때 이루어질 새 하늘과 새 땅과 요한계시록 21장에서 증거되고 있는 새 하늘과 새 땅에 대한 견해는 크게 둘로 나뉜다.

먼저는 이 둘을 동일한 신천신지로 보는 견해다. 이 견해를 주장하는 사람들은 첫 창조에 속한 지금의 땅과 하늘을 새롭게 갱신함으로 신천신지가 이루어지며, 천년왕국이 시작돼 영원세계까지 계속된다고 해석한다. 또 다른 하나는 이 둘이 동일하지 않다고 보는 견해다. 이 견해를 주장하는 사람들은 천년왕국이 이루어지는 새 하늘과 새 땅은 첫 창조에 속한 이 땅에서 성취될 사건이며, 요한계시록 21장에 계시된 새 하늘과 새 땅은 첫 창조에 속한 처음 하늘과 처음 땅과 바다가 다시 있지 않고 완전히 질적으로 새로운 신천신지가 새롭게 창조되어 영원한 천국이 이루어진다고 해석한다. 두 견해 중 후자의 견해를 성경적 해석으로 받아들일 수 있다. 그 이유를 들자면 다음과 같다.

1) 천년왕국의 새 하늘과 새 땅과 요한계시록 21장에 계시된 영원천국의 신천신지는 그 계시내용이 전혀 다르기 때문이다

천년왕국이 이루어지는 이 땅의 새 하늘과 새 땅은 이사야 65장의 예언 성취로 이 땅에 복락원(復樂園)이 이루어짐을 나타낸다.

천년왕국은 처음 하늘과 처음 땅이 새롭게 갱신되어 아담과 하와의 범죄 이후에 실낙원(失樂園)했던 사건이 마지막 아담으로 오신 예수 그리스도의 재림으로 회복되는 사건임을 알 수 있다.

천년왕국 때 이루어지는 새 하늘과 새 땅을 요한계시록 21장에서 계시하고 있는 신천신지와 동일한 것으로 보는 사람들은 이사야 65

장에서 예언된 새 하늘과 새 땅을 요한계시록 21장에 계시되고 있는 새 하늘과 새 땅과 동일한 사건으로 본다. 하지만 이 두 증거말씀을 자세히 고찰해 보면 두 사건이 전혀 다른 상태를 나타내고 있음을 발견하게 된다.

이사야 65장에서 예언되고 있는 새 하늘과 새 땅은 이 땅이 새롭게 갱신되어 이루어지는 천년왕국을 증거해 주는 사건으로 생육하고 번성하는 일이 있다. 그러나 요한계시록 21장에 계시되고 있는 신천신지는 영원한 생명을 얻는 부활체와 변화체를 입은 성도들이 입성하게 되는 영원천국이기 때문에 그곳에서는 생육하고 번성하는 일이 없다.

마가복음 12장 18절 이하를 보면 부활이 없다 하는 사두개인들이 예수님과 부활에 대해 논쟁을 벌이는 사건이 증거되고 있다.

> "부활이 없다 하는 사두개인들이 예수께 와서 물어 가로되 선생님이여 모세가 우리에게 써 주기를 사람의 형이 자식이 없이 아내를 두고 죽거든 그 동생이 그 아내를 취하여 형을 위하여 후사를 세울지니라 하였나이다 칠 형제가 있었는데 맏이 아내를 취하였다가 후사가 없이 죽고 둘째도 그 여자를 취하였다가 후사가 없이 죽고 셋째도 그렇게 하여 일곱이 다 후사가 없었고 최후에 여자도 죽었나이다 일곱 사람이 다 그를 아내로 취하였으니 부활을 당하여 저희가 살아날 때에 그중에 뉘 아내가 되리이까 예수께서 가라사대 너희가 성경도, 하나님의 능력도 알지 못하므로 오해함이 아니냐 사람이 죽은 자 가운데서 살아날 때에는 장가도 아니 가고 시집도 아니 가고 하늘에 있는 천사들과 같으니라"(막 12:18-25).

천년왕국에서는 육체를 입고 생육하고 번성하는 결혼생활이 이루어지지만, 요한계시록 21장의 영원천국을 나타내는 신천신지에서는 부활체와 변화체를 입은 성도들이 영생의 몸을 입고 천사들과 같이 생활하며, 결혼하여 생육하고 번성하는 일이 없음을 증거해 주고 있다.

또 이사야 65장에 예언된 새 하늘과 새 땅에서는 죽음이 있고 저주가 남아 있다. 100세에 죽은 아이가 어린아이 같고 인생의 수명이 나무의 수한과 같이 장수하는 축복이 이루어지는 낙원이 이루어지지만 그곳에는 아직도 죽음이 있고 저주가 있음을 증거해 주고 있다.

천 년 동안 마귀가 무저갱에 갇힘으로 미혹이 없는 평화의 나라가 이루어질 것이지만 천 년이 차면 마귀가 잠시 놓여 곡과 마곡의 사방 백성을 미혹하여 하나님의 백성들과 전쟁을 벌이게 되고, 이 땅은 하나님께로부터 불이 내려와 멸망을 받게 될 것임을 성경은 증거하고 있다. 그러므로 이 땅에 이루어지는 천년왕국 동안의 신천신지는 요한계시록 21장에 계시되고 있는 신천신지와 전혀 다른 사건임을 알 수 있다.

요한계시록 21장에 계시되고 있는 신천신지는 다시 사망이 없고 애통하는 것이나 곡하는 것이나 아픈 것이 다시 없는 영원한 천국을 나타내고 있다. 그러므로 요한계시록 21장이 계시하고 있는 영원천국의 새 하늘과 새 땅은 본질적으로 전혀 다른 사건을 나타낸다고 해석함이 타당하다.

2) 천년왕국은 처음 하늘과 처음 땅이 갱신되어 이루어지는 천 년 동안의 낙원이지만 그 기간이 끝나면 처음 하늘과 처음 땅은 하나님께로부터 내려오는 불 심판을 받고 완전히 사라질 것임을 증거하는 말씀이 다른 성경의 증거말씀과 상통(相通)하는 해석이기 때문이다

"사랑하는 자들아 주께는 하루가 천 년 같고 천 년이 하루 같은 이 한 가지를 잊지 말라 주의 약속은 어떤 이의 더디다고 생각하는 것같이 더딘 것이 아니라 오직 너희를 대하여 오래 참으사 아무도 멸망치 않고 다 회개하기에 이르기를 원하시느니라 그러나 주의 날이 도적같이 오리니 그날에는 하늘이 큰 소리로 떠나가고 체질이 뜨거운 불에 풀어지고 땅과 그중에 있는 모든 일이 드러나리로다 이 모든 것이 이렇게 풀어지리니 너희가 어떠한 사람이 되어야 마땅하뇨 거룩한 행실과 경건함으로 하나님의 날이 임하기를 바라보고 간절히 사모하라 그날에 하늘이 불에 타서 풀어지고 체질이 뜨거운 불에 녹아지려니와 우리는 그의 약속대로 의의 거하는 바 새 하늘과 새 땅을 바라보도다"(벧후 3:8-13).

"천 년이 차매 사탄이 그 옥에서 놓여 나와서 땅의 사방 백성 곧 곡과 마곡을 미혹하고 모아 싸움을 붙이리니 그 수가 바다 모래 같으리라 저희가 지면에 널리 퍼져 성도들의 진과 사랑하시는 성을 두르매 하늘에서 불이 내려와 저희를 소멸하고 또 저희를 미혹하는 마귀가 불과 유황 못에 던지우니 거기는 그 짐승과 거짓 선지자도 있어 세세토록 밤낮 괴로움을 받으리라 또 내가 크고 흰 보좌와 그 위에 앉으신 자를 보니 땅과 하늘이 그 앞에서 피하여 간 데 없더라"(계 20:7-11).

첫 창조에 속한 처음 하늘과 처음 땅과 바다는 구원사역이 끝나는 천년왕국까지 존재하다가 그 목적이 달성되면 하나님께로부터 내려오는 불로 완전히 소멸된다.

복음을 부인하고 하나님을 대적한 악한 무리들은 마귀와 거짓 선지자들과 함께 둘째 사망인 유황 못에 던져지는 영벌에 처해지고, 복음을 듣고 예수 그리스도를 구주로 영접하고 하나님을 아버지라 부르는 성도들은 생명의 부활로 부활하여 행위에 따라 상급을 받되 영생할 수 있는 부활체와 변화체를 입고 새롭게 창조된 신천신지(新天新地)에 입성하여 영생복락을 누리는 천국을 유업으로 받을 것이다.

"보좌에 앉으신 이가 가라사대 보라 내가 만물을 새롭게 하노라 하시고 또 가라사대 이 말은 신실하고 참되니 기록하라 하시고 또 내게 말씀하시되 이루었도다 나는 알파와 오메가요 처음과 나중이라 내가 생명수 샘물로 목마른 자에게 값 없이 주리니 이기는 자는 이것들을 유업으로 얻으리라 나는 저의 하나님이 되고 그는 내 아들이 되리라"(계 21:5-7).

백보좌 심판과 상급

⟨백보좌 심판⟩

"또 내가 크고 흰 보좌와 그 위에 앉으신 자를 보니 땅과 하늘이 그 앞에서 피하여 간 데 없더라 또 내가 보니 죽은 자들이 무론대소하고 그 보좌 앞에 섰는데 책들이 펴 있고 또 다른 책이 펴졌으니 곧 생명책이라 죽은 자들이 자기 행위를 따라 책들에 기록된 대로 심판을 받으니 바다가 그 가운데서 죽은 자들을 내어주고 또 사망과 음부도 그 가운데서 죽은 자들을 내어주매 각 사람이 자기의 행위대로 심판을 받고 사망과 음부도 불못에 던지우니 이것은 둘째 사망 곧 불못이라 누구든지 생명책에 기록되지 못한 자는 불못에 던지우더라"(계 20:11-15).

"진실로 진실로 너희에게 이르노니 죽은 자들이 하나님의 아들의 음성을 들을 때가 오나니 곧 이때라 듣는 자는 살아나리라 아버지께서 자기 속에 생명이 있음같이 아들에게도 생명을 주어 그 속에 있게 하셨고 또 인자 됨을 인하여 심판하는 권세를 주셨느니라 이를 기이히 여기지 말라 무덤 속에 있는 자가 다 그의 음성을 들을 때가 오나니 선한 일을 행한 자는 생명의 부활로, 악한 일을 행한 자는 심판의 부활로 나오리라"

(요 5:25-29).

"네가 어찌하여 네 형제를 판단하느뇨 어찌하여 네 형제를 업신여기느뇨 우리가 다 하나님의 심판대 앞에 서리라 기록되었으되 주께서 가라사대 내가 살았노니 모든 무릎이 내게 꿇을 것이요 모든 혀가 하나님께 자백하리라 하였느니라 이러므로 우리 각인이 자기 일을 하나님께 직고하리라"(롬 14:10-12).

〈상급〉

"불의를 하는 자는 그대로 불의를 하고 더러운 자는 그대로 더럽고 의로운 자는 그대로 의를 행하고 거룩한 자는 그대로 거룩되게 하라 보라 내가 속히 오리니 내가 줄 상이 내게 있어 각 사람에게 그의 일한 대로 갚아 주리라"(계 22:11-12).

"스스로 속이지 말라 하나님은 만홀히 여김을 받지 아니하시나니 사람이 무엇으로 심든지 그대로 거두리라"(갈 6:7).

"이는 우리가 다 반드시 그리스도의 심판대 앞에 드러나 각각 선악간에 그 몸으로 행한 것을 따라 받으려 함이라"(고후 5:10).

"이것이 곧 적게 심는 자는 적게 거두고 많이 심는 자는 많이 거둔다 하는 말이로다 각각 그 마음에 정한 대로 할 것이요 인색함으로나 억지로 하지 말지니 하나님은 즐겨 내는 자를 사랑하시느니라"(고후 9:6-7).

1. 백보좌 심판과 상급 도표

[도표 20]

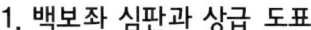

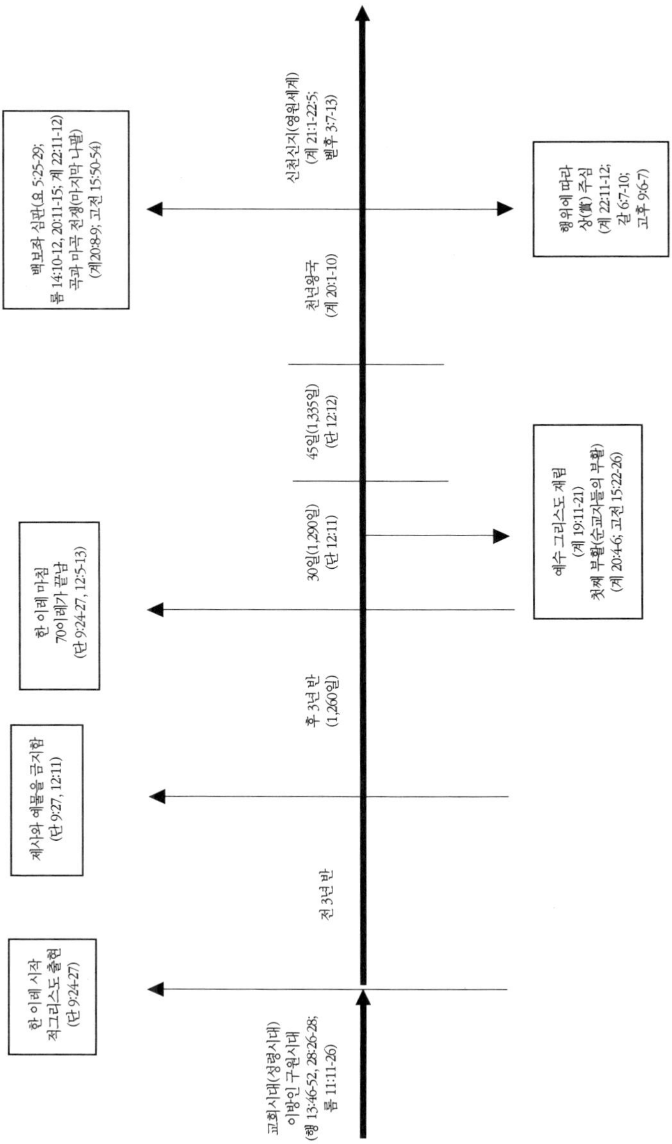

2. 백보좌 심판과 상급 강해

《천국의 상급》이라는 책에서 권성수 목사님은 저자 서문에 상급론의 필요성에 대해 다음과 같이 밝히고 있다.

"기독교 신자들이 '믿음으로 의롭다 함을 받는다'는 '칭의'(justification)의 교리를 붙잡고 살면서도 의롭다 함을 받은 사람들이 하나님의 칭의 된 자녀답게 살아야 한다는 성화 교리에 매우 약하다. 일단 의롭다 함을 받아 천국행 티켓을 확보해 놓았기 때문에 이 땅에서 어떻게 살든 별로 관심을 기울이지 않는 것 같다. 그렇게 된 이유 중의 하나가 하나님의 백성이 이 땅에서 어떻게 사느냐 하는 것이 하나님의 공정한 평가를 받는다는 상급(reward)교리가 무시되거나 등한시된 데 있다고 생각된다.

개신교는 특별히 가톨릭의 공로사상에 반기를 들고 나온 탓에 신자가 무엇을 하여 그 결과 하나님께 평가를 받는다는 상급 교리 자체가 또 하나의 공로인 것처럼 생각하는 경향을 지니고 있다.

개신교 신자들이 상급 교리에 대해서 얼마나 심각한 체질적인 반감을 가지고 있는지 우리는 넉넉히 짐작할 수 있다.

하나님 나라 백성이 하나님의 백성답게 살지 못함으로 인해서 오늘의 기독교는 대사회적인 공신력을 상실한 지 오래되었다. 이런 상황 속에서 하나님의 백성이 된 사람이 이 땅에서 어떻게 사느냐에 대해서 하나님께서 보시고 평가하시며 그 결과 상급을 주신다는 교리를 다시 회복해야 할 필요성을 절감하게 되었다.

하나님의 백성이 되는 것은 결코 우리의 공로가 아니라 전적으로 하나님의 은혜와 그 은혜를 받아들이는 믿음이지만, 일단 하나님의 백성이 된 후에는 어떻게 사느냐에 따라 하나님의 공정한 평가가 있고 그 평가에 근거한 상급이 있다는 것이 필자의 확신이다."

참으로 이 시대에 필요한 적절한 말씀이다.

상급의 차등에 관한 성경적 교훈을 가르쳤을 때 많은 반박과 질문이 쏟아져 나왔다. 어느 집사님은 "목사님! 천국도 이 세상처럼 빈부의 격차가 있고, 계급의 차등이 있는 곳이라면 저는 그런 천국에는 가지 않겠어요" 하고 반감을 나타내기도 했다.

당신은 어떻게 생각하는가?

내가 가지고 있는 생각, 내가 생각하고 있던 천국과 성경이 말하고 있는 천국이 다르다면 당신은 어떻게 할 것인가?

성경은 그리스도의 심판대와 상급에 관하여 강조하여 말함으로써 경건한 생활을 살도록 중요한 동기를 부여하고 있다.

우리 시대의 신자들이 이 성경의 사실을 확언하지 않은 이유는 무엇일까?

첫째, 그리스도인에 대한 평가와 비그리스도인들에 대한 심판을 혼동하기 때문이다.

불신자들에 대한 심판은 구원문제에 대한 심판이다. 이 세상에서 예수 그리스도를 구주로 믿어라, 그렇지 않으면 이 세상이 끝났을 때 하나님 앞에서 심판을 받게 될 것이다.

그리스도의 심판대 앞에서 생명책에 기록되지 않은 자 곧 이 세상에 사는 동안 예수 그리스도를 구주로 영접하지 않은 자는 지옥에 던져지는 영벌의 심판을 받게 될 것을 말하고 있다. 그러나 신자들의 문제는 그와는 전혀 다르다. 신자들의 심판은 구원에 관한 심판이 아니다. 이미 예수 그리스도를 구주로 영접하여 생명책에 그 이름이 기록되어 있는 성도들은 그리스도의 심판대에서 행위에 대한 상급의 심판을 받게 되는 것이다.

하나님의 자녀 된 자로서 말씀에 대한 순종과 의를 위한 핍박을 당한 것에 대한 철저한 심판이 있은 뒤 그의 믿음의 분량에 따른 상급이 주어지는 곳이 그리스도의 심판대다.

둘째, 그리스도인들 중에 많은 성도들이 자신이 예수님이 원하시는 경건한 삶을 살지 못하고 있음으로 인해 그리스도의 심판대에 대해 의식적으로 회피하고 싶은 생각을 갖고 있기 때문이다.

바울 사도는 디모데후서 3장에서 "말세에 고통하는 때가 이르리니 사람들은 자기를 사랑하며 돈을 사랑하며 자긍하며 교만하며 훼방하며 부모를 거역하며 감사치 아니하며 거룩하지 아니하며 무정하며 원통함을 풀지 아니하며 참소하며 절제하지 못하며 사나우며 선한 것을 좋아 아니하며 배반하여 팔며 조급하며 자고하며 쾌락을 사랑하기를 하나님 사랑하는 것보다 더하며 경건의 모양은 있으나 경건의 능력은 부인하는 자니 이 같은 자들에게서 네가 돌아서라"(딤후 3:1-5)고 충고한다.

성경은 언젠가는 반드시 우리 모두가 예수 그리스도의 심판대 앞에 서서 내 삶의 진실을 공개적으로 알리는 공의의 심판을 받게 될 것에 대해 증거하고 있다.

마지막 심판 날에 예수님은 흰 보좌에 앉아 내 인생의 모든 언행을 공개적으로 심판하시고 내 삶의 모든 언행을 우리 스스로 직고하게 하시리라 말씀하고 있다. 내 언행의 결과에 따라 부끄러움을 느끼기도 하고, 즐겁고 기쁜 상급의 결과도 나타날 것이라고 말씀한다.

어느 날인가 그 심판대에서 내가 내 인생의 공정한 기록을 대하게 될 것이다. 이제 우리는 모든 생각과 말과 행동을 경건하게 해야 한다는 것을 잊어서는 안 된다. 그리스도의 심판대는 이 세상을 살아가는 성도들에게 우리 생각과 언행이 지니고 있는 영원한 중요성에 대해 좀 더 정신을 바짝 차리고 경건한 생활을 하도록 인도하는 중요한 성경의 가르침이다.

베드로 사도는 베드로전서 4장에서 하나님의 심판이 있음을 증거하면서 "사랑하는 자들아 너희를 시련하려고 오는 불 시험을 이상한 일 당하는 것같이 이상히 여기지 말고 오직 너희가 그리스도의 고난에 참예하는 것으로 즐거워하라 이는 그의 영광을 나타내실 때에 너희로 즐거워하고 기뻐하게 하려 함이라……하나님의 집에서 심판(審判)을 시작할 때가 되었나니 만일 우리에게 먼저 하면 하나님의 복음을 순종치 아니하는 자들의 그 가지막이 어떠하며 또 의인이 겨우 구원을 얻으면 경건치 아니한 자와 죄인이 어디 서리요 그러므로 하나님의 뜻대로 고난을 받는 자들은 또한 선을 행하는 가운데 그 영혼을 미쁘신 조물주께 부탁할지어다"(벧전 4:12-19)라고 권면하고 있다.

그리스도의 심판대는 그리스도인들이 경건한 생활을 하도록 이끄는 중요한 교리다. 예수 그리스도께서는 어느 때든지 오실 수 있다. 그때는 우리가 은밀히 생각하고 행했던 모든 것들이 그리스도의 심판대 앞에서 공개적으로 드러나 심판을 받게 될 것이다.

우리 모두는 그날 그 순간을 맞이하게 될 것이다. 누구도 예외일 수 없다. 그날을 위해 모든 죄를 주 앞에 회개하여 진실되고 경건한 믿음의 길을 걷는 성도가 되길 바란다.

이제 성경이 계시하는 말씀들을 통해 상급론을 확실히 정립함으로 이 세상을 살아가는 동안 믿음의 경주를 행하되 최선을 다해 달려가고, 인내하면서 피 흘리기까지 충성하길 기뻐하는 성도가 되길 바란다.

> "만일 땅에 있는 우리의 장막 집이 무너지면 하나님께서 지으신 집 곧 손으로 지은 것이 아니요 하늘에 있는 영원한 집이 우리에게 있는 줄 아나니 과연 우리가 여기 있어 탄식하며 하늘로부터 오는 우리 처소로 덧입기를 간절히 사모하노니 이렇게 입음은 벗은 자들로 발견되지 않으려 함이라 이 장막에 있는 우리가 짐 진 것같이 탄식하는 것은 벗고

자 함이 아니요 오직 덧입고자 함이니 죽을 것이 생명에게 삼킨 바 되게 하려 함이라 곧 이것을 우리에게 이루게 하시고 보증으로 성령을 우리에게 주신 이는 하나님이시니라 이러므로 우리가 항상 답대하여 몸에 거할 때에는 주와 따로 거하는 줄을 아노니 이는 우리가 믿음으로 행하고 보는 것으로 하지 아니함이로라 우리가 답대하여 원하는 바는 차라리 몸을 떠나 주와 함께 거하는 그것이라 그런즉 우리는 거하든지 떠나든지 주를 기쁘시게 하는 자 되기를 힘쓰노라 이는 우리가 다 반드시 그리스도의 심판대 앞에 드러나 각각 선악간에 그 몸으로 행한 것을 따라 받으려 함이라"(고후 5:1-10).

"네가 어찌하여 네 형제를 판단하느뇨 어찌하여 네 형제를 업신여기느뇨 우리가 다 하나님의 심판대 앞에 서리라 기록되었으되 주께서 가라사대 내가 살았노니 모든 무릎이 내게 꿇을 것이요 모든 혀가 하나님께 자백하리라 하였느니라 이러므로 우리 각인이 자기 일을 하나님께 직고하리라"(롬 14:10-12).

"또 내가 크고 흰 보좌와 그 위에 앉으신 자를 보니 땅과 하늘이 그 앞에서 피하여 간 데 없더라 또 내가 보니 죽은 자들이 무론대소하고 그 보좌 앞에 섰는데 책들이 펴 있고 또 다른 책이 펴졌으니 곧 생명책이라 죽은 자들이 자기 행위를 따라 책들에 기록된 대로 심판을 받으니 바다가 그 가운데서 죽은 자들을 내어주고 또 사망과 음부도 그 가운데서 죽은 자들을 내어주매 각 사람이 자기의 행위대로 심판을 받고 사망과 음부도 불못에 던지우니 이것은 둘째 사망 곧 불못이라 누구든지 생명책에 기록되지 못한 자는 불못에 던지우더라"(계 20:11-15).

"각각 공력이 나타날 터인데 그날이 공력을 밝히리니 이는 불로 나타내고 그 불이 각 사람의 공력이 어떠한 것을 시험할 것임이니라 만일 누구든지 그 위에 세운 공력이 그대로 있으면 상을 받고 누구든지 공력이 불타면 해를 받으리니 그러나 자기는 구원을 얻되 불 가운데서 얻은 것 같으리라"(고전 3:13-15).

"하늘에 속한 형체(形體)도 있고 땅에 속한 형체도 있으나 하늘에 속한 자의 영광이 따로 있고 땅에 속한 자의 영광이 따로 있으니 해의 영광도 다르며 달의 영광도 다르며 별의 영광도 다른데 별과 별의 영광이 다르도다 죽은 자의 부활도 이와 같으니 썩을 것으로 심고 썩지 아니할 것으로 다시 살며 욕된 것으로 심고 영광스러운 것으로 다시 살며 약한 것으로 심고 강한 것으로 다시 살며 육의 몸으로 심고 신령한 몸으로 다시 사나니 육의 몸이 있은즉 또 신령한 몸이 있느니라"(고전 15:40-44).

"보라 내가 속히 오리니 내가 줄 상이 내게 있어 각 사람에게 그의 일한 대로 갚아 주리라"(계 22:12).

"스스로 속이지 말라 하나님은 만홀히 여김을 받지 아니하시나니 사람이 무엇으로 심든지 그대로 거두리라 자기의 육체를 위하여 심는 자는 육체로부터 썩어진 것을 거두고 성령을 위하여 심는 자는 성령으로부터 영생을 거두리라"(갈 6:7-8).

"이것이 곧 적게 심는 자는 적게 거두고 많이 심는 자는 많이 거둔다 하는 말이로다"(고후 9:6).

"외모로 보시지 않고 각 사람의 행위대로 판단하시는 자를 너희가 아버지라 부른즉 너희의 나그네로 있을 때를 두려움으로 지내라"(벧전 1:17).

부록 1-도표

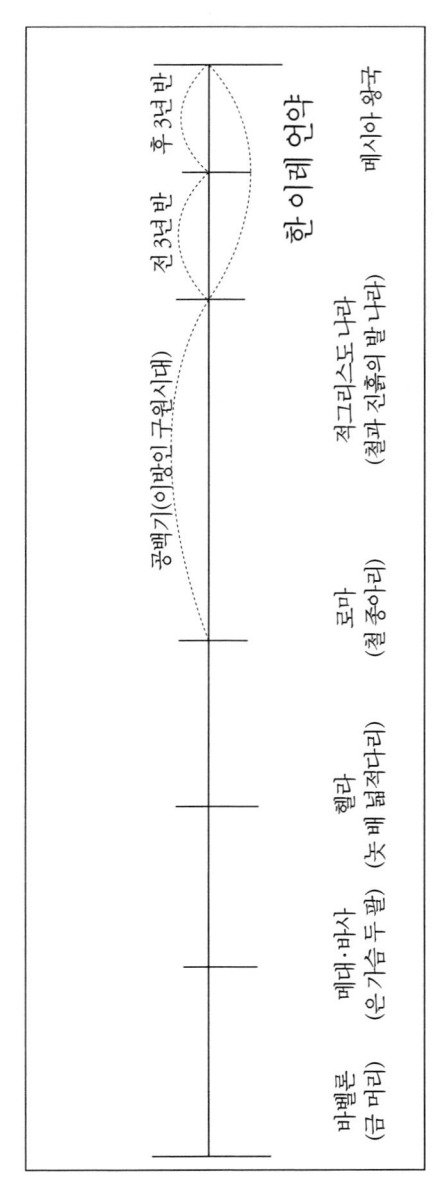

〈도표 1〉 다니엘 2장에 나타난 바벨론에서 종말까지의 신상 국가

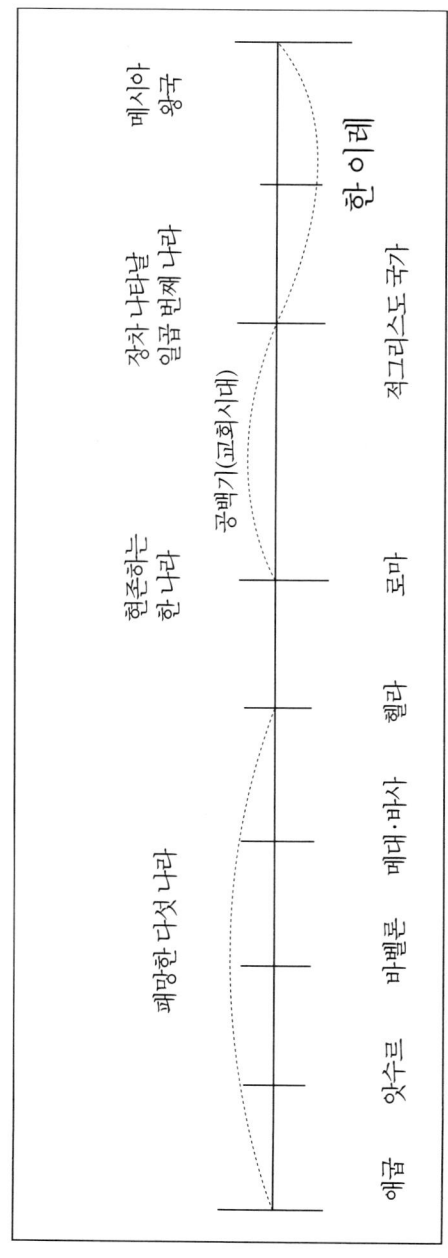

〈도표 2〉 요한계시록 17장에 나타난 일곱 머리 열 뿔 짐승의 나라

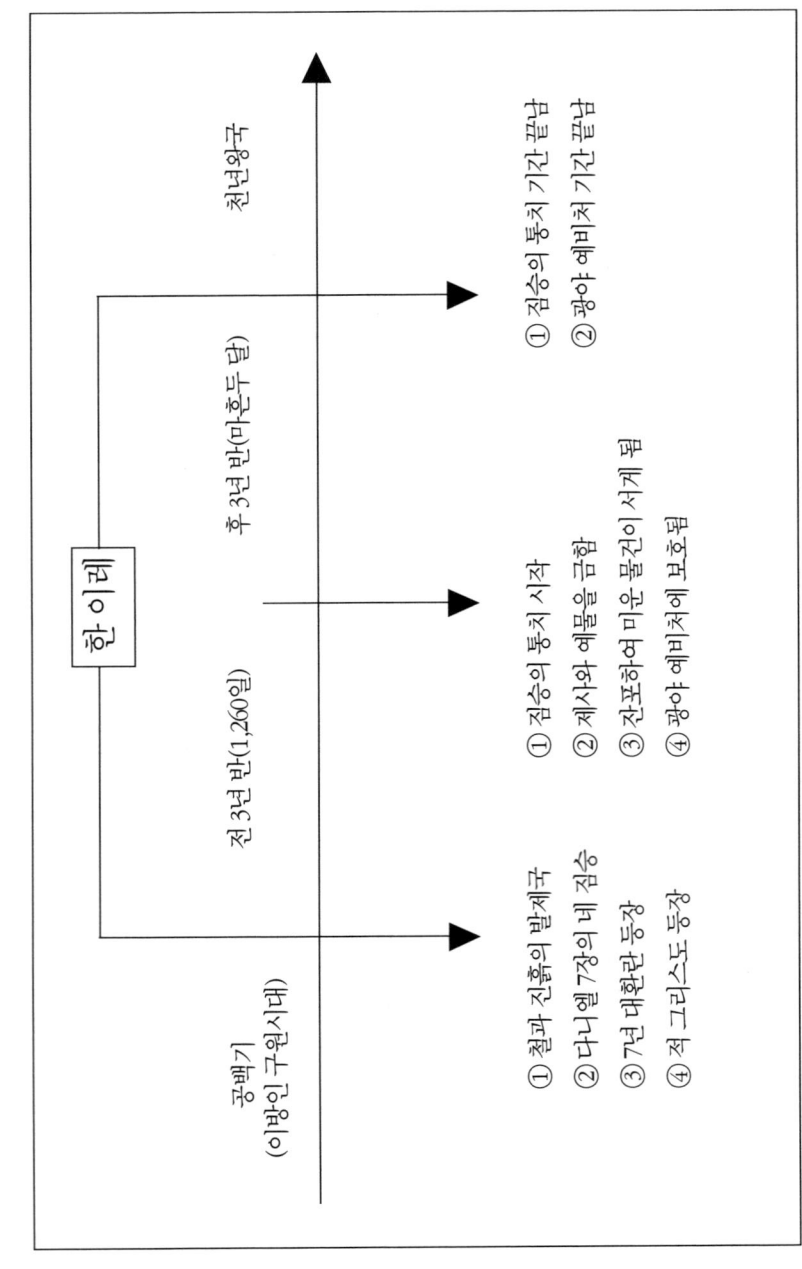

454 종말론 도표 강해

〈도표 4〉 다니엘 8장의 역사 도표

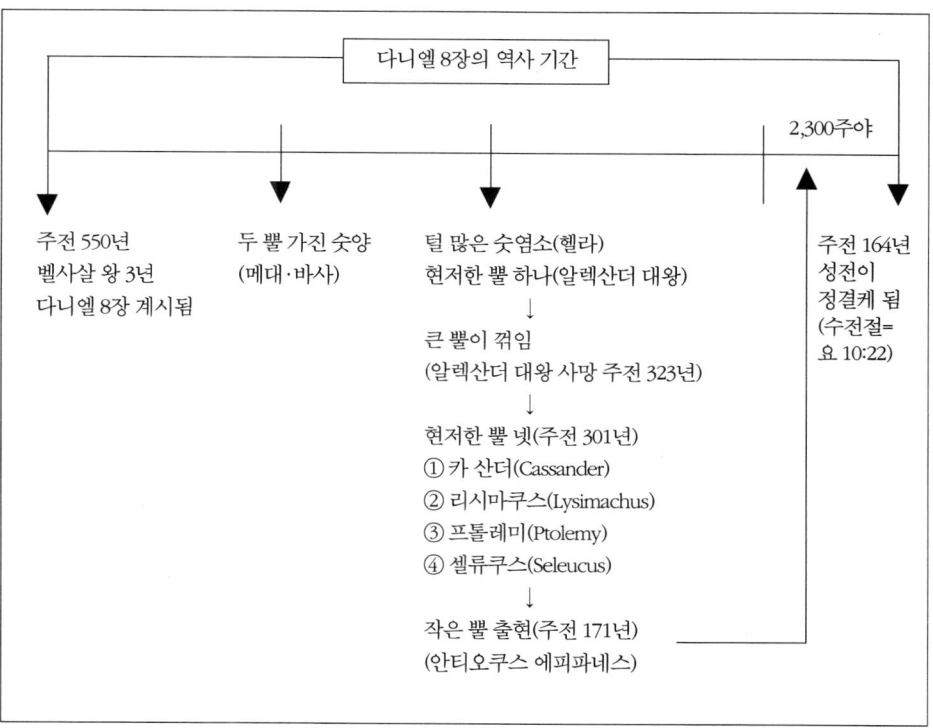

부록 1-도표 455

〈도표 5〉 다니엘서 작은 뿔 역사 도표

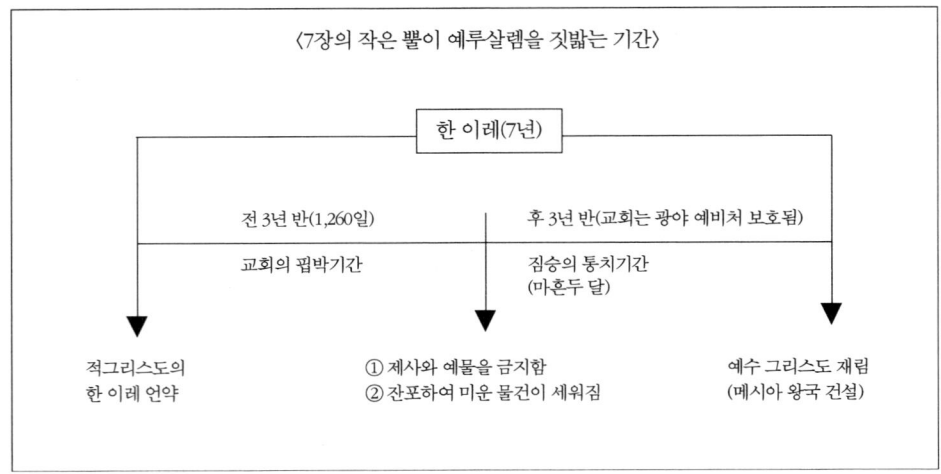

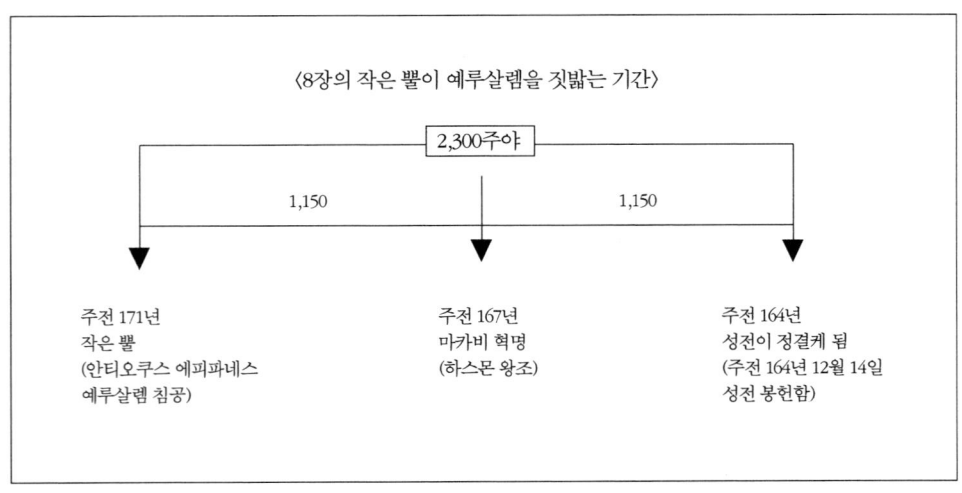

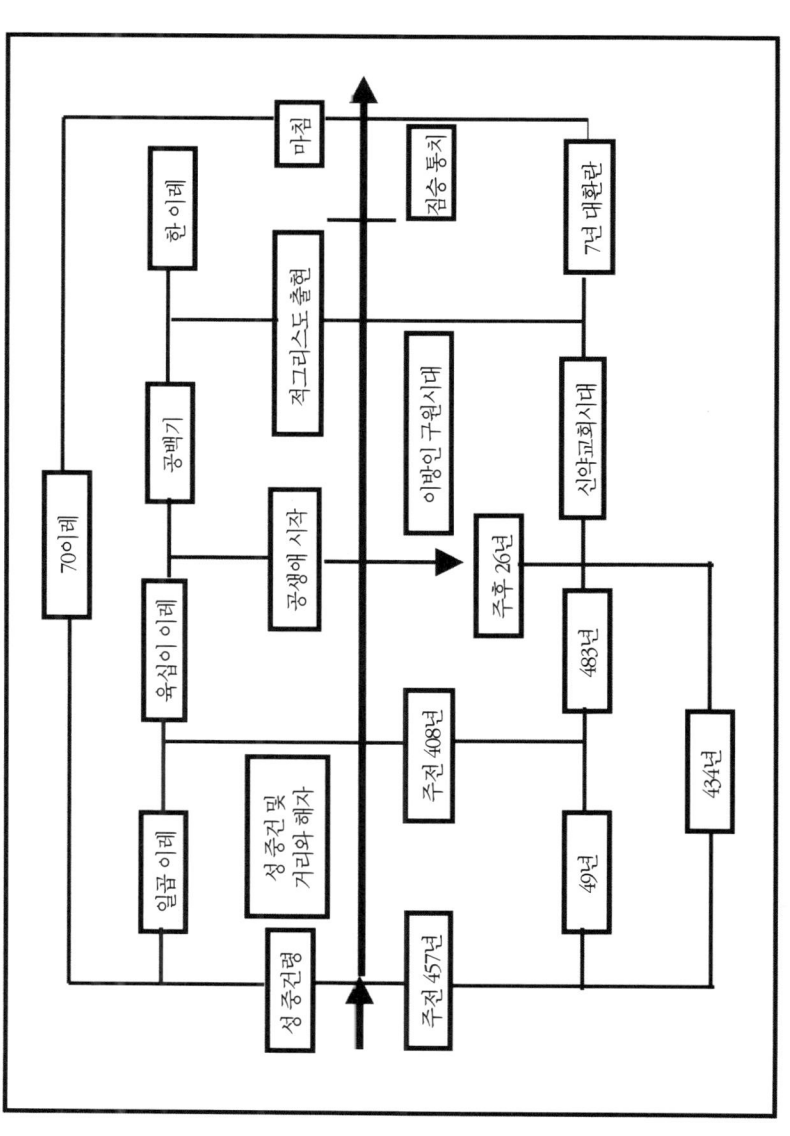

〈도표 6〉 70이레 도표

부록 1-도표 457

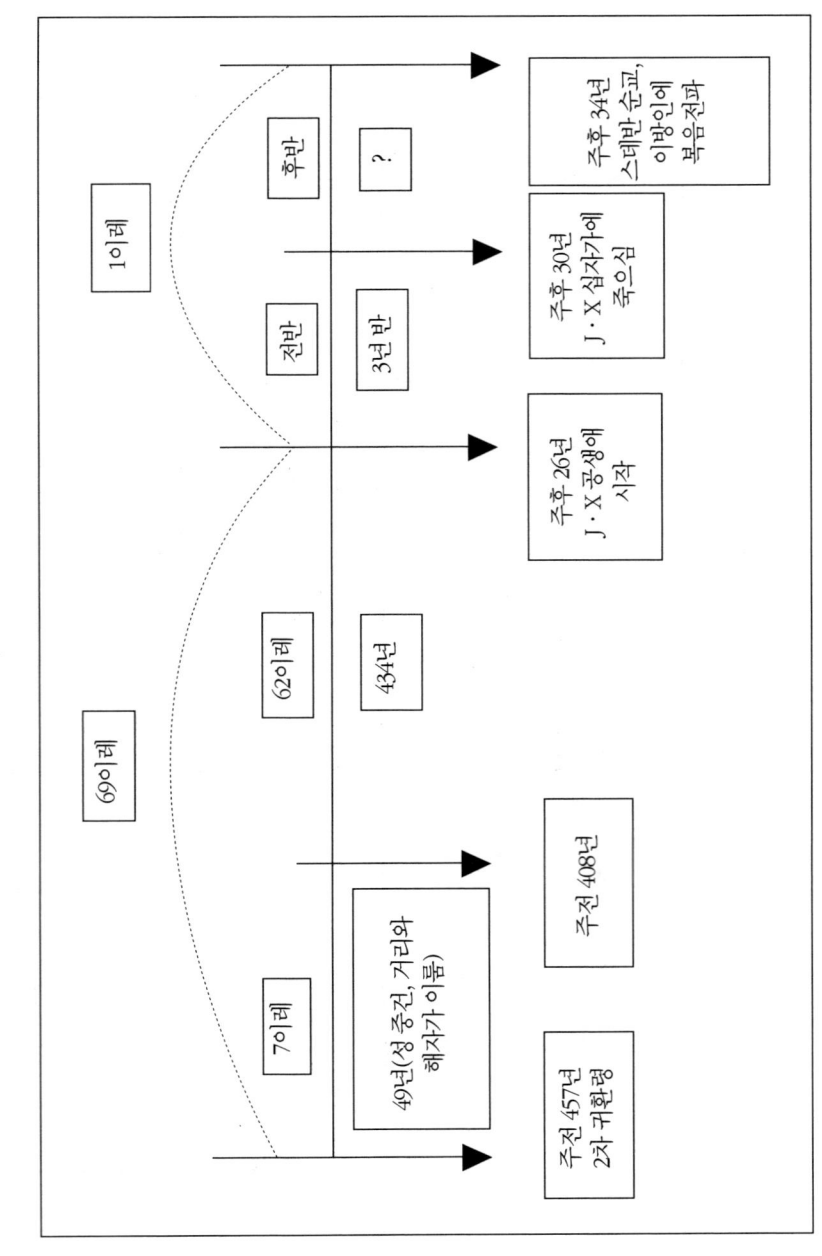

458 종말론 도표 강해

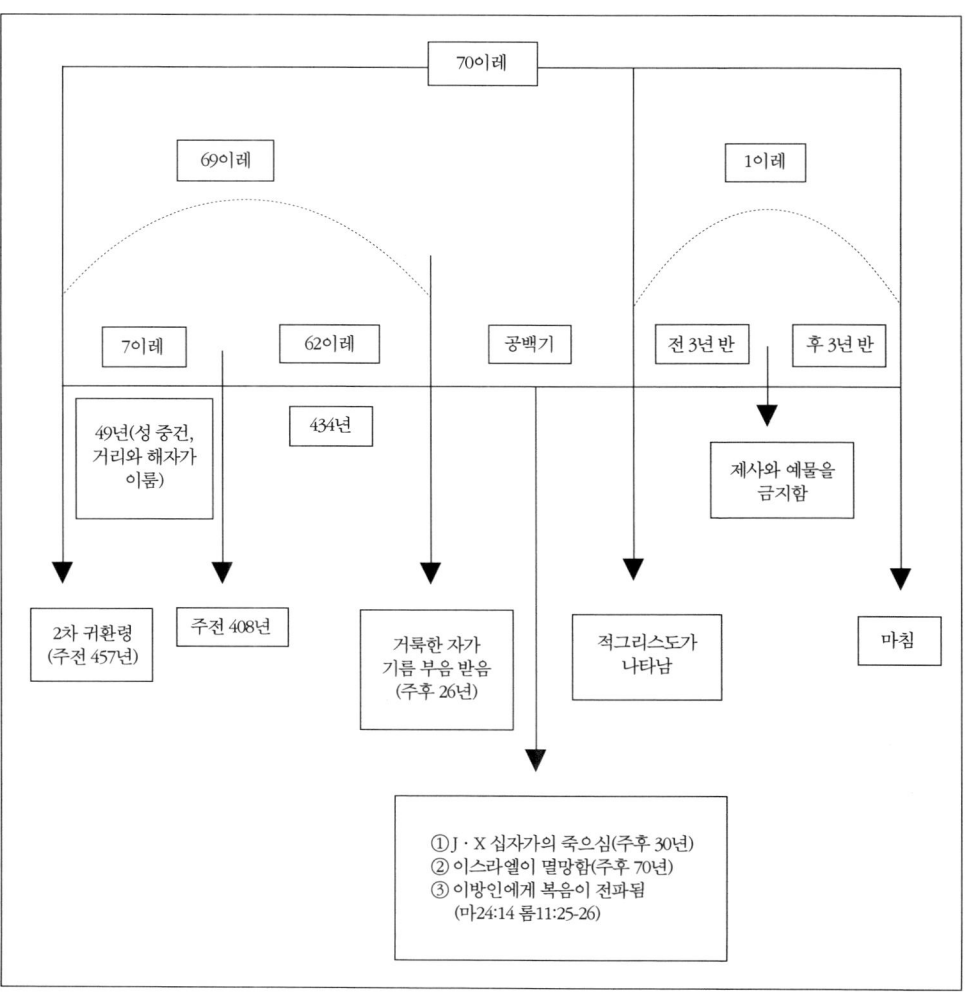

〈도표 8〉

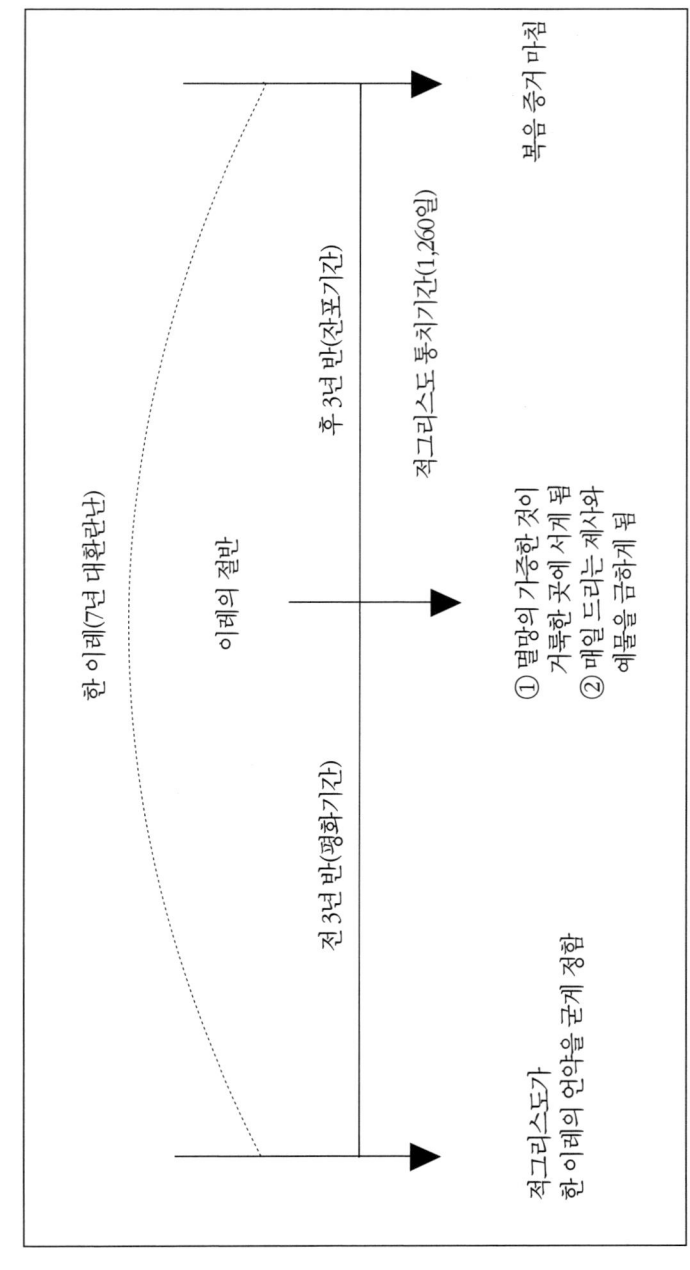

〈도표 9〉 한 이레 도표

<도표 10> 요한계시록 해석의 제(諸) 견해 도표

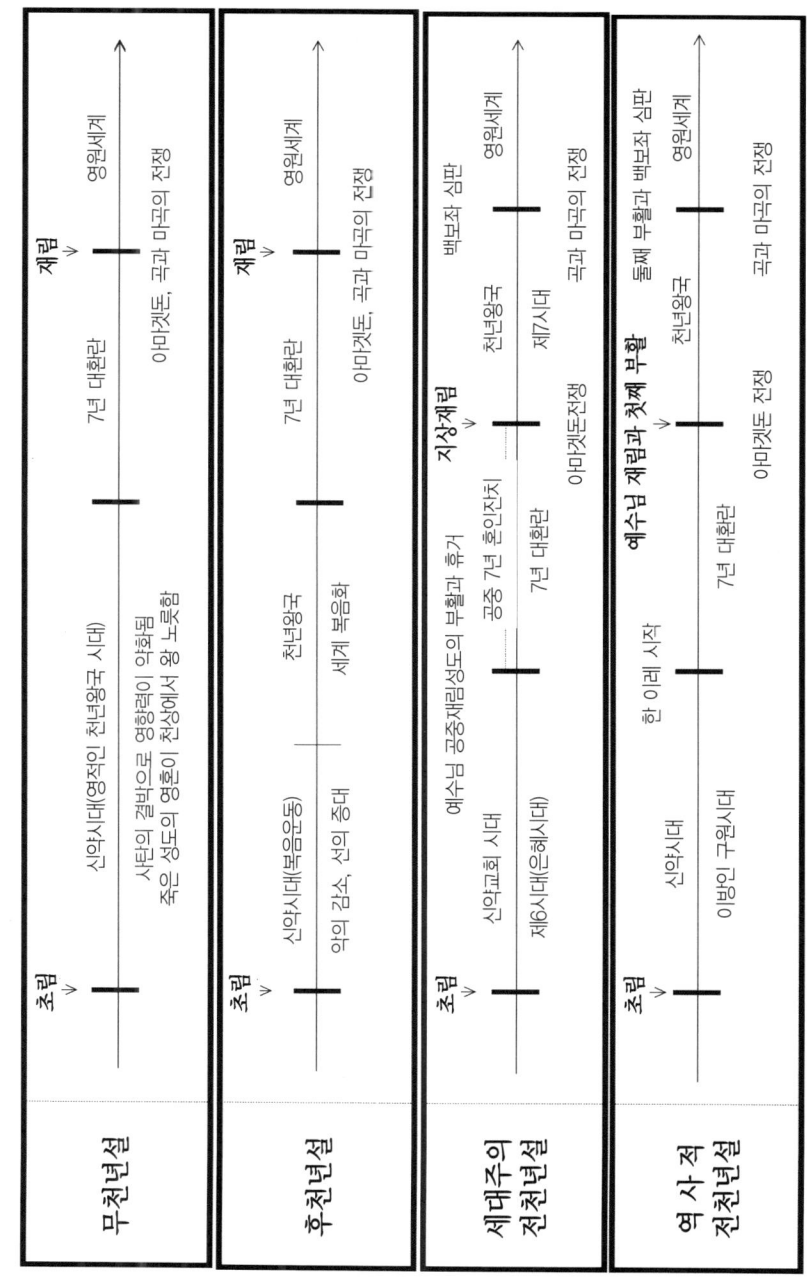

부록 1-도표 461

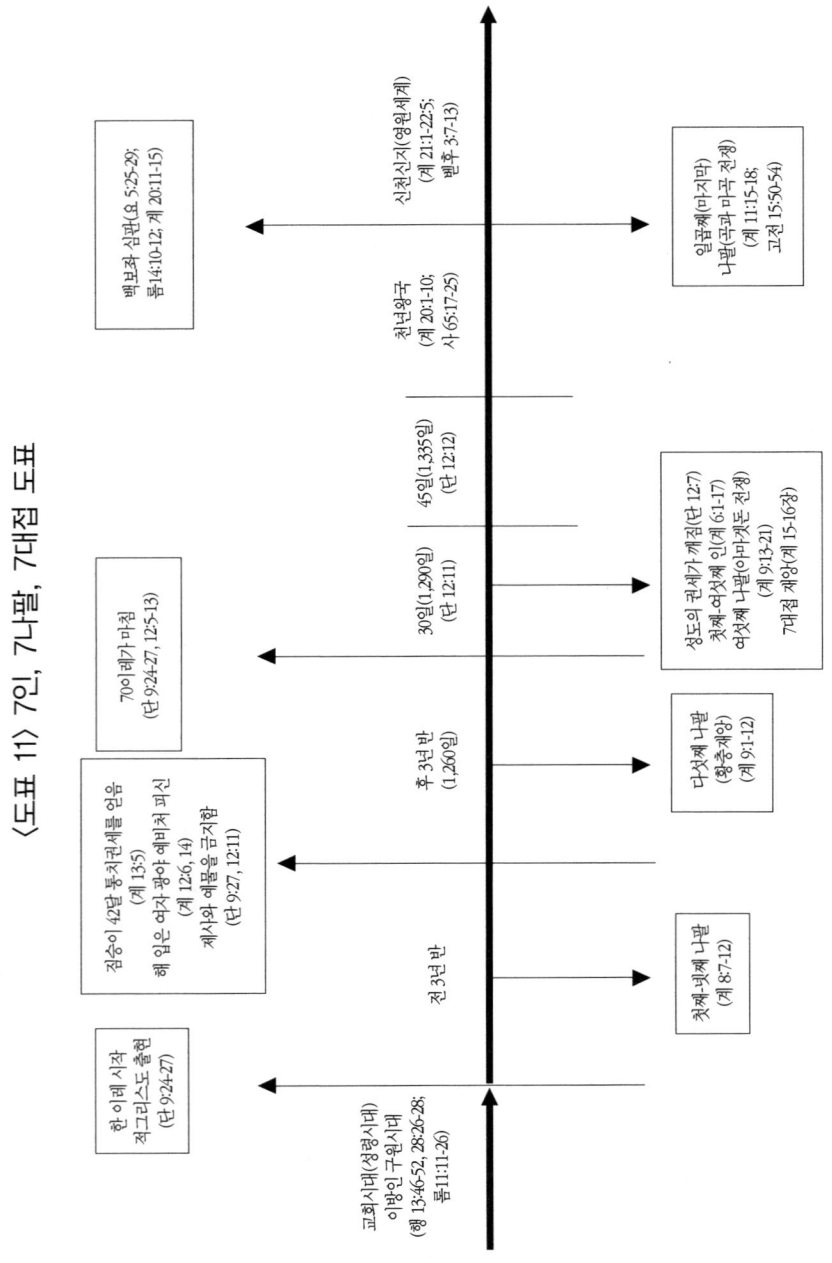

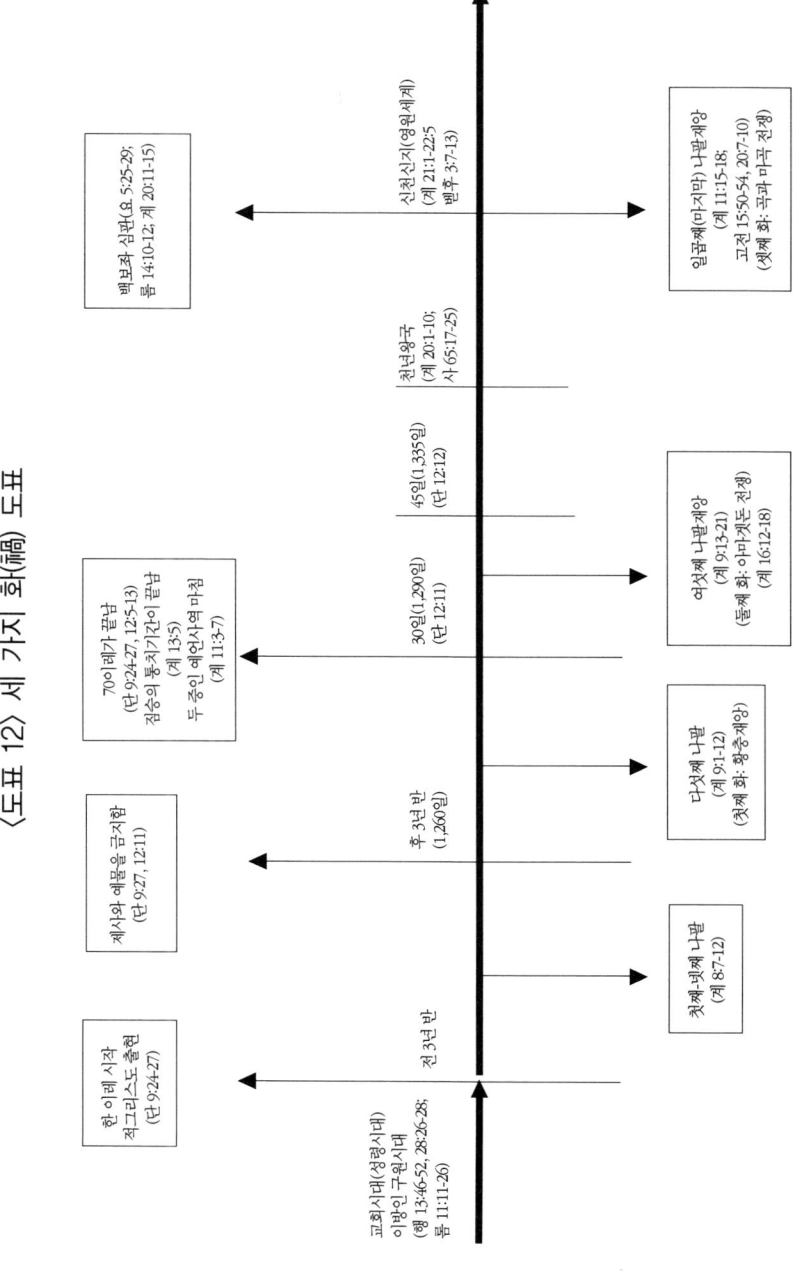

〈도표 12〉 세 가지 환(環) 도표

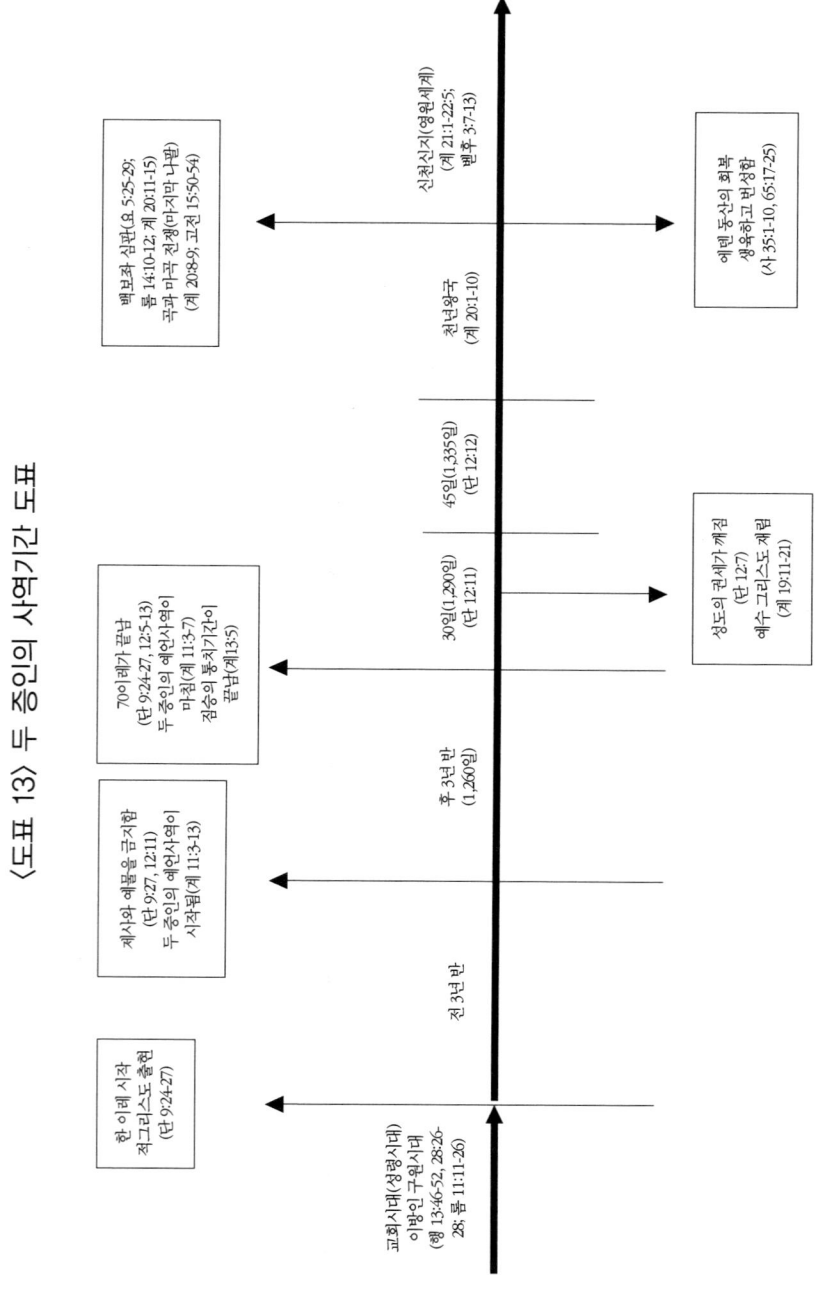

〈도표 13〉 두 증인의 사역기간 도표

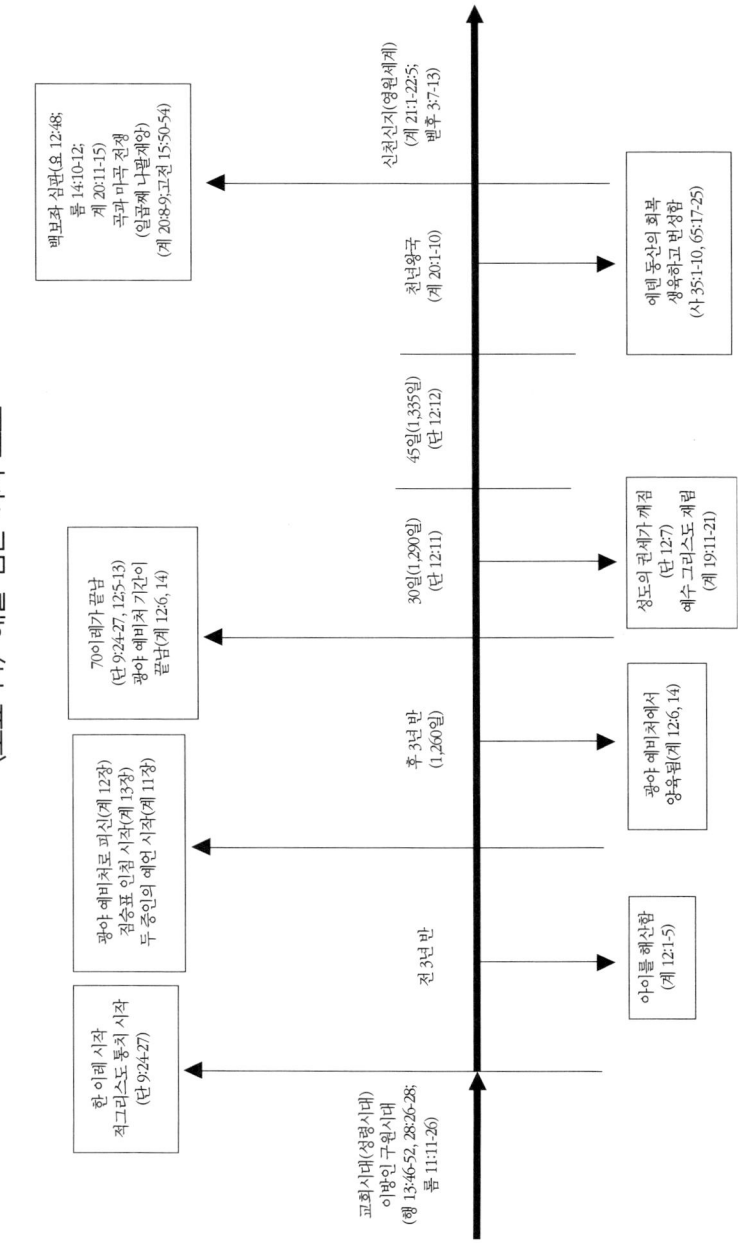

〈도표 14〉 해를 입은 여자 도표

부록 1-도표 465

〈도표 15〉 하나님의 인과 짐승의 표(666) 도표

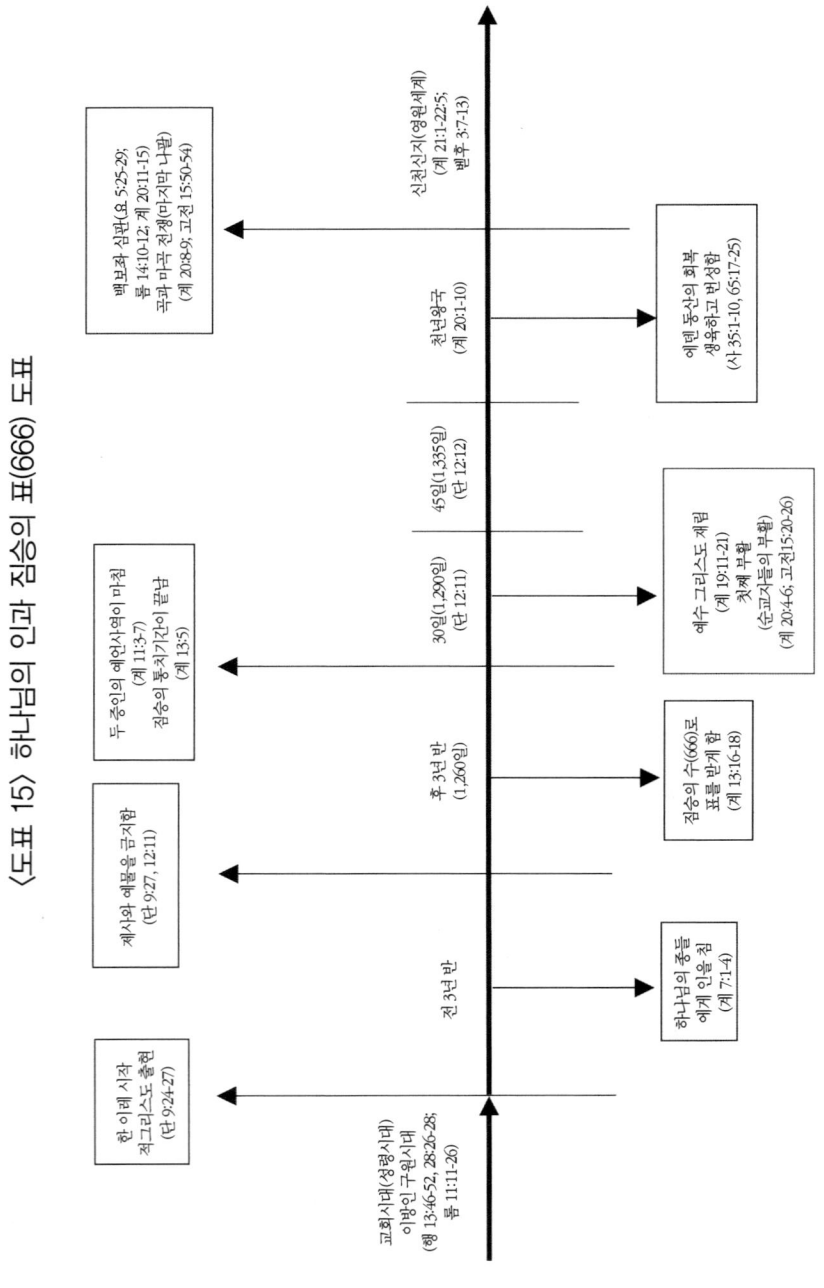

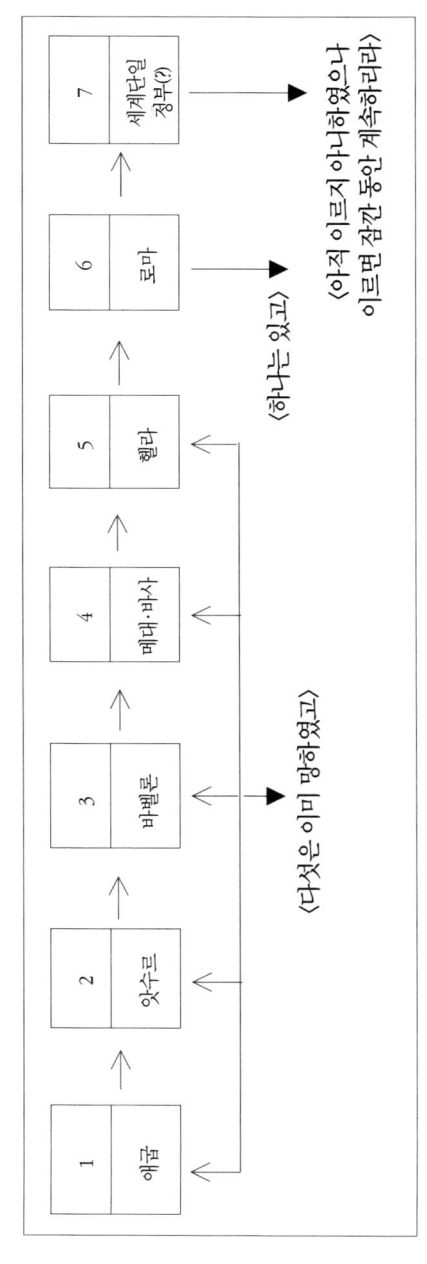

〈도표 16〉 일곱 머리 열 뿔 짐승과 음녀의 비밀 도표

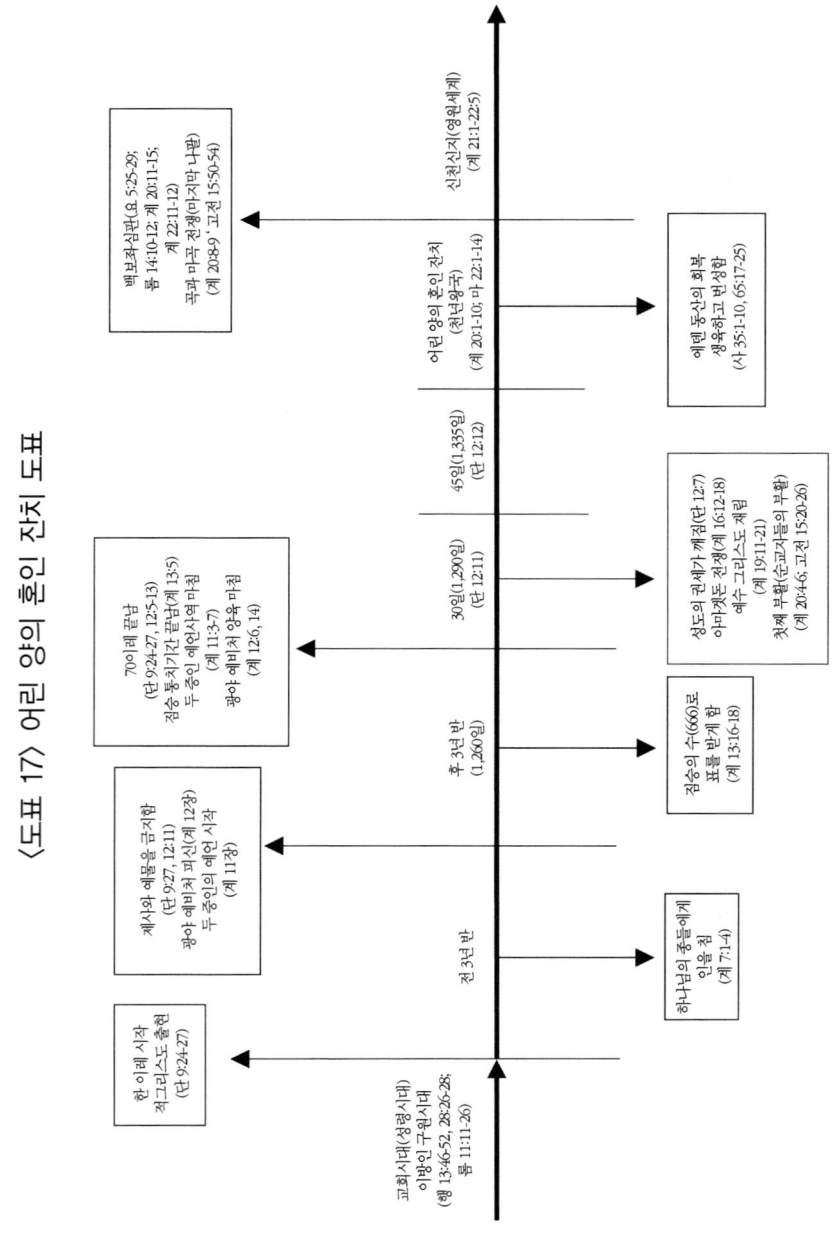

〈도표 17〉 어린 양의 혼인 잔치 도표

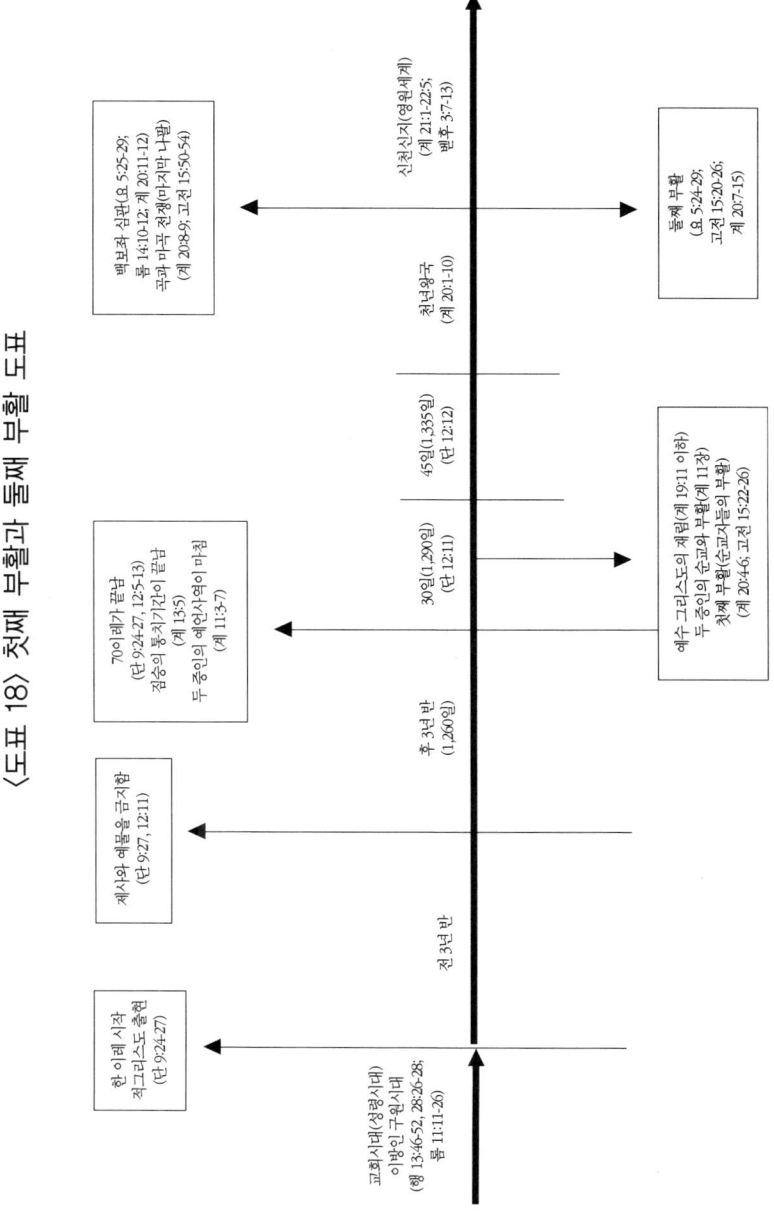

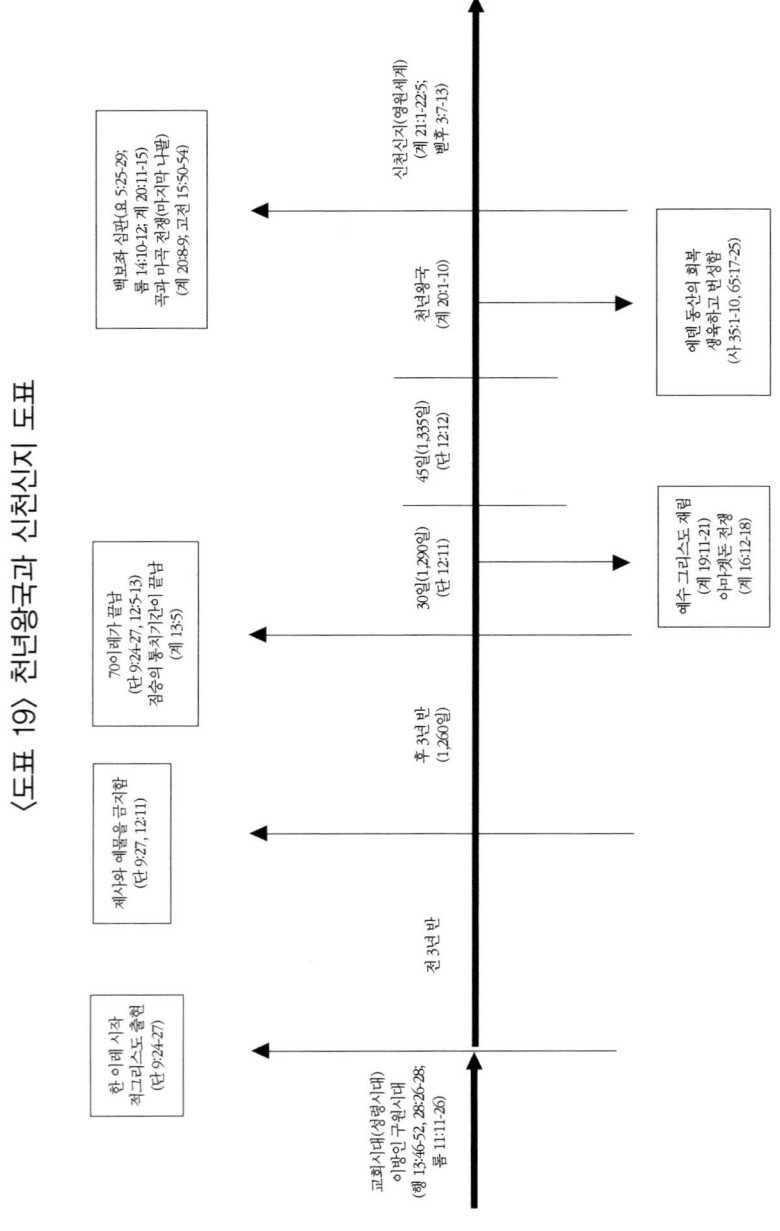

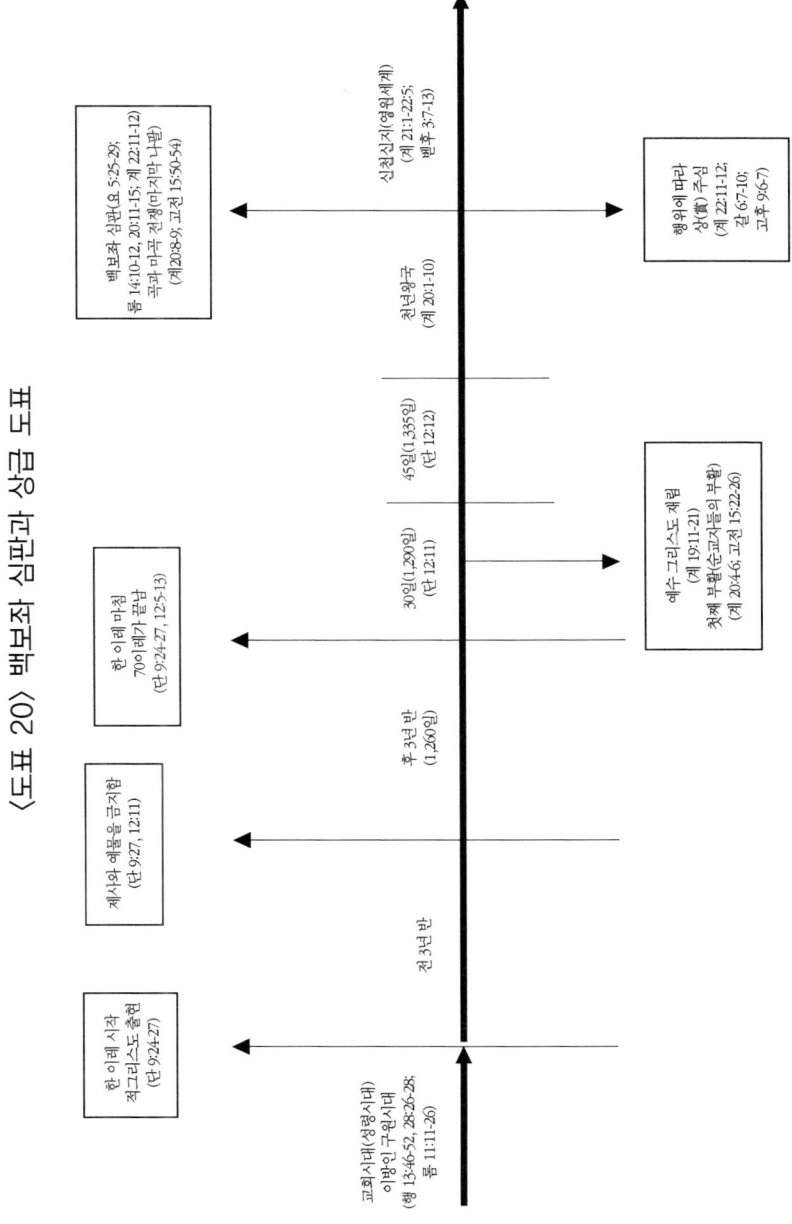

종말론 도표 강해

1판 1쇄 인쇄 _ 2015년 6월 15일
1판 1쇄 발행 _ 2015년 6월 20일

지은이 _ 변동철
펴낸이 _ 이형규
펴낸곳 _ 쿰란출판사

주소 _ 서울특별시 종로구 이화장길 6
편집부 _ 745-1007, 745-1301~2, 747-1212, 743-1300
영업부 _ 747-1004, FAX 745-8490
본사평생전화번호 _ 0502-756-1004
홈페이지 _ http://www.qumran.co.kr
E-mail _ qrbooks@gmail.com/qrbooks@daum.net
한글인터넷주소 _ 쿰란, 쿰란출판사
등록 _ 제1-670호(1988.2.27)
책임교열 _ 박은아

ⓒ 변동철 2015 ISBN 978-89-6562-760-9 93230

책값은 뒤표지에 있습니다.
이 출판물은 저작권법에 의해 보호를 받는 저작물이므로 무단 복제할 수 없습니다.
파본(破本)은 구입처에서 교환해 드립니다.

부록 2 - 요한계시록 전체 도표

- 배도하는 일이 있을 것임
  (살후 2:1-3)
- 적그리스도가 나타남
  (단 9:24-27; 살후 2:3-4)
- 7년 대환란 시작됨
  (단 9:26-27; 마 24:2-14)

- 해 입은 여자를 광야 예비처로 피신시킴
  (계 12:6, 14; 7:9-17)
- 뱀이 홍수로 여인을 떠내려가게 하려 함
  (계 12:15)
- 택한 자들을 위해 환난의 날들을 감해 주심(마 24:21-22, 40-41)
- 짐승이 마흔두 달 동안 통치 권세를 받음
  (계 13:5)
- 적그리스도가 제사와 예물을 금하고 잔포하여 미운 물건이 날개를 의지하고 설 것임(단 9:27; 마 24:15-28)
- 용이 여인의 남은 자손과 싸우려고 준비함
  (계 12:17)
- 두 증인의 예언사역이 시작됨(계 11:3)

② ④

교회(은혜)시대	전 3년 반	후 3년 반

①   ③ ⑤

- 땅 끝까지 복음이 증거됨
  (마 24:14; 행 1:8)
- 이방인의 충만한 수가 구원받음
  (롬 11:25; 행 13:46; 갈 2:8)
- 이스라엘의 독립
  (마 24:32-33)
- 복음이 유대인에게 돌아감
  (롬 11:25-27)

※ 복음의 이동 경로
예루살렘→로마→프랑스→독일→화란→영국→덴마크→스웨덴→노르웨이→불가리아→러시아→서유럽→동부지역→아메리카(미국)→아프리카→아시아→이스라엘(땅 끝)

- 해 입은 여자가 장차 철장으로 만국을 다스릴 남자아이를 해산함
  (계 12:1-5)
- 붉은 용이 아이를 삼키고자 함
  (계 12:3-4)
- 하늘의 전쟁에서 패배한 사탄과 그 선지자들이 땅으로 내어쫓김
  (계 12:7-12)
- 붉은 용이 아이를 낳은 해 입은 여자를 핍박함(계 12:13)
- 하나님의 종들에게 인침(계 7:1-8)
- 첫째 나팔부터 넷째 나팔재앙
  (계 8:6-12)

- 교회가 광야 예비처
  (계 12:6, 14)
- 사탄과 짐승이 광야 거하는 교회를 훼방
  (계 12:14-15, 13:6)
- 짐승의 통치기간(계
- 이방인의 뜰이 짓밟
- 두 증인의 예언사역
- 짐승의 우상에게 경
  (계 13:14-15)
- 짐승의 표인 666 ㅈ 매매를 금지시킴(계
- 용과 해 입은 여자의 싸움 기간(계 12:17)
- 다섯째 나팔재앙(첫

- 예수 그리스도의 재림(마 24:29–31)
- 예수 그리스도가 백마를 타고 하늘군대를 거느리고 공의로 심판하며 싸우심(계 19:11–21)
- 음녀와 바벨론 심판(계 17장, 18장)
- 두 증인의 순교와 부활 승천(계 11:7–12)
- 남은 자들이 회개함(계 11:13)
- 순교자들의 피를 신원해 주심 (계 6:10–11, 18:20, 24, 19:2)
- 첫째 부활(계 20:4–6, 14:4; 살전 4:14–17; 고전 15:22–25, 15:51–54)
- 첫째~여섯째 인 사건(계 6:1–17)
- 여섯째 나팔재앙(둘째 화-계 9:13–21, 11:14)
- 일곱 대접재앙(계 16장)
- 아마겟돈 전쟁(계 16:12–16, 19:11–19)
- 짐승과 거짓 선지자가 사로잡힘(계 19:20)
- 마귀가 천 년 동안 무저갱에 갇힘(계 20:1–3)
- 나팔절 절기 성취(레 23:23–25)

- 마귀가 잠시 놓임(계 20:7)
- 곡과 마곡의 전쟁(계 20:8–9)
- 일곱째 나팔(셋째 화) (계 11:15–18; 고전 15:50–54)
- 둘째 부활 (계 20:11–15; 요 5:27–29; 행 24:15)
- 백보좌 심판(계 20:11–15; 고후 5:8–10; 롬 14:10–12; 마 25:31–46; 벧전 4:5)
- 마귀와 사망이 불못에 던져짐 (계 20:10, 14, 21:8; 마 13:47–50, 25:41)
- 처음 하늘과 땅이 사라짐 (계 20:11, 21:1; 벧후 3:8–13)
- 새 예루살렘 성이 내려옴(계 21:2)
- 나라를 아버지 하나님께 바침 (고전 15:24; 계 11:15–18)
- 초막절 절기 성취(레 23:33)

⑥ ⬆   ⑧ ⬆

| 30일 | 45일 | 천년왕국시대 | 영 원 세 계 |

⑦ ⬇   ⑨ ⬇

에서 양육됨

예비처에
함

13:5)
힘(계 11:1–2)
기간(계 11:3)
배하도록 강요함

를 받게 하고
13:16–18)
남은 자손과의

째 화-계 9:1–12)

- 이사야 65장 새 하늘과 새 땅 예언 성취(사 65:17–25)
- 번성과 저주와 죽음이 있음
- 광야 예비처 성도와 두 증인의 부활 승천 때 회개한 백성들이 들어감
- 에덴 동산의 회복기간임
- 첫째 부활에 참여한 성도들이 주님과 함께 왕 노릇 함 (계 20:4–6; 고전 15:25)
- 속죄일 절기 성취(레 23:26–32)

- 하나님의 장막이 사람들과 함께하며 하나님께서 친히 다스리심 (계 11:15–17, 21:3, 22:3–5)
- 이기는 자는 하나님의 나라를 유업으로 받고 영생복락을 누림 (마 25:46; 고전 15:50; 갈 3:29, 4:7; 골 3:24; 약 2:5; 계 21:7)
- 눈물, 사망, 애통, 곡하는 것, 저주가 없음(계 21:4, 22:3)
- 해와 달의 비침이 필요없음 (계 21:23–25, 22:3–5)
- 생명수 강가에 생명나무가 달마다 열두 가지 실과를 맺음(계 22:1–2)
- 사탄과 짐승과 거짓 선지자와 불신자들은 지옥에서 영원한 형벌을 받게 됨 (마 25:41–46; 계 20:10–15)